中国输美食品生产企业合规指南丛书

中国输美食品生产企业合规指南
总　论

李　莉　主编

中国林业出版社
China Forestry Publishing House

图书在版编目（CIP）数据

中国输美食品生产企业合规指南. 总论 / 李莉主编. --北京：中国林业出版社，2024.6

ISBN 978-7-5219-0068-2

Ⅰ.①中… Ⅱ.①李… Ⅲ.①出口贸易-食品企业-企业法-中国-指南 Ⅳ.①D922.291.91-62

中国版本图书馆 CIP 数据核字（2019）第 084514 号

策划编辑：许　玮

责任编辑：许　玮

———————————————

出版发行：中国林业出版社

　　　（100009，北京市西城区刘海胡同 7 号，电话 83143576）

印刷：河北京平诚乾印刷有限公司

网址：https：//www.cfph.net

版次：2024 年 6 月第 1 版

印次：2024 年 6 月第 1 次印刷

开本：787mm×1092mm 1/16

印张：21.5

字数：510 千字

定价：80.00 元

中国输美食品生产企业合规指南
总　论

编写人员名单

主　　编　李　莉

副 主 编　陈志峰　李　立　王铁龙

参编人员　秦　红　晁　曦　李　轩　吴　刚
　　　　　高　磊　杨　倩　解　卉　侯　阳
　　　　　许凌云　李　珍　王　芳　李　征
　　　　　孙晓飞　杨　骁　毕孝瑞

◀◀◀ 前 言

2011年1月4日，美国总统奥巴马签署了《FDA食品安全现代化法案》(FDA Food Safety Modernization Act，简称FSMA)。这是美国70多年来对现行主要食品法律《联邦食品、药品及化妆品法》最大的修订，是美国食品安全监管体系的重大变革。

美国是世界上第一大经济体，发达国家之一。随着FSMA的颁布、实施，新一轮的食品安全管理已经从酝酿到正式实施。随着中美之间贸易往来加深，美国食品药品监督管理局(FDA)加强进口食品监管，逐年增加海外工厂检查频次并推动进口商对国外工厂进行验证，同时每年中国被美国FDA预警或是扣留的企业总数量达到上百家次，造成了巨大的损失，在此叠加背景下，如何有效识别并且实施FSMA法规成为一个巨大的挑战。

基于此，为了帮助中国输美食品企业更好地符合FSMA法规的要求，我们组织专家编写了这套"中国输美食品生产企业合规指南丛书"，丛书一共分为十册：总论、注册分册、低酸罐头分册、酸化食品分册、水产品分册、饮料分册、速冻食品分册、调味品分册、膳食补充剂分册、其他类产品分册。该丛书基本上按照该种类食品介绍、应符合法规介绍、FDA关注要点分析、食品安全计划(或HACCP计划)、FDA检查记录、附录等内容进行编写，实际编写过程中，因产品情况不同上述顺序可能存在一定差异，但是遵循每种产品针对不同的分册来进行设计，有些产品种类没有囊括进来，涉及的产品可以参考相近产品的种类。

希望本丛书的出版能够对我国的输美食品企业、食品安全监管部门、食品研究机构、高等院校、科研院所等开展食品安全合规性检查及体系研究、提升我国食品安全水平起到一定的借鉴作用。

由于FSMA法规是一个系统性很强的法规，且在实际应用过程中存在着灵活性和原则性，加之作者水平有限及编写时间仓促，编写过程中难免有错漏之处，希望广大读者批评指正。

编 者
2021年12月

▶▶▶目 录

前　言

上　篇

第一章　美国食品法规体系概况 ··· 3

　第一节　美国食品法律法规体系建立的历史沿革 ················· 3

　　一、法律法规体系建立的历程 ··· 3

　　二、法规的修订 ··· 4

　第二节　美国食品法律法规概述 ··· 4

　　一、法律法规体系框架 ··· 4

　　二、主要法律法规介绍 ··· 5

第二章　美国现代化法规及配套法规介绍 ·························· 7

　　一、背景和目的 ··· 7

　　二、FSMA 的基本框架和主要特征 ·································· 8

　　三、FSMA 配套法规简介 ··· 9

第三章　美国食品安全监管机构介绍 ······························· 14

　第一节　美国食品安全监管体系的机构设置 ····················· 14

　　一、联邦政府食品安全机构设置 ····································· 14

　　二、各州的食品安全监管机构 ··· 16

　第二节　美国两大负责食品安全部门的监管机制介绍 ········· 16

　　一、食品安全监管职责介绍 ··· 16

　　二、进口食品查验制度介绍 ··· 18

　　三、进口食品流程介绍 ··· 19

　　四、对不合格食品的进口监管介绍 ··································· 21

第四章　FDA 检查食品企业关注点 ································· 22

　第一节　企业收到 FDA 检查通知后处置 ························· 22

　　一、向检查企业寄发检查通知 ··· 22

　　二、企业在规定时间内予以答复 ····································· 22

　　三、拒绝检查的后果 ··· 23

第二节　FDA 检查食品企业常规程序介绍 ……………………………… 23
　一、见面会 ………………………………………………………………… 23
　二、现场检查 ……………………………………………………………… 24
　三、记录检查 ……………………………………………………………… 24
　四、总结会 ………………………………………………………………… 25
第三节　FDA 检查主要关注点 …………………………………………… 25
第四节　企业迎检准备 ……………………………………………………… 25
　一、迎检准备工作内容 …………………………………………………… 25
　二、迎检准备细节要求 …………………………………………………… 26
　三、企业迎检应注意事项 ………………………………………………… 29

第五章　美国 FDA 检查流程介绍 ……………………………………… 53
第一节　企业名单确认 ……………………………………………………… 53
第二节　相关信息确认 ……………………………………………………… 54
第三节　确认具体行程 ……………………………………………………… 63
第四节　根据企业情况及类型确定检查内容 …………………………… 64
第五节　根据检查情况反馈检查结果 …………………………………… 65

第六章　本套丛书对应美国食品大类分册表 ………………………… 80

第七章　美国产品实验室检查 …………………………………………… 85
　一、企业人员是否满足实验室的基本要求 ……………………………… 85
　二、企业自身实验室是否能够满足企业必检项目的基本要求 ………… 86
　三、实验室的基本操作方法是否符合标准要求 ………………………… 87
　四、企业的记录过程是否具有可追溯性 ………………………………… 87
　五、企业的化学试剂及耗材存贮和使用、相关仪器的操作及使用等是否符合相关
　　　要求 ………………………………………………………………………… 88
　六、检测结果的判定及纠偏是否具有合理性 …………………………… 90

下　篇

第八章　微生物标准 ……………………………………………………… 95
第一节　SN 微生物标准 …………………………………………………… 95
　一、SN/T 0169—2010 进出口食品中大肠菌群、粪大肠菌群和大肠杆菌检测方法 … 95
　二、SN/T 0176—2013 出口食品中蜡样芽胞杆菌检测方法 ……………… 108
　三、SN/T 0177—2011 出口食品中产气荚膜梭状芽孢杆菌计数方法 …… 120
　四、SN/T 0178—2011 出口食品嗜热菌芽胞(需氧芽胞总数、平酸芽胞和厌氧芽胞)
　　　计数方法 ………………………………………………………………… 127
　五、SN/T 0330—2012 出口食品微生物学检验通则 …………………… 132
　六、SN/T 0865—2000 进出口食品中肉毒梭菌及其肉毒毒素的检验方法 … 162

第二节　GB 微生物标准 ……………………………………………………………… 170

一、GB 4789.1—2016 食品安全国家标准　食品微生物学检验 总则 ……………… 170

二、GB 4789.2—2022 食品微生物学检验　菌落总数测定 ………………………… 174

三、GB 4789.3—2016 食品微生物学检验　大肠菌群计数 ………………………… 179

四、GB 4789.4—2016 食品微生物学检验　沙门氏菌检验 ………………………… 186

五、GB 4789.5—2012 食品微生物学检验　志贺氏菌检验 ………………………… 207

六、GB 4789.6—2016 食品微生物学检验　致泻大肠埃希氏菌检验 ……………… 221

七、GB 4789.7—2013 食品微生物学检验　副溶血性弧菌检验 …………………… 238

八、GB 4789.10—2016 食品微生物学检验　金黄色葡萄球菌检验 ……………… 250

九、GB 4789.12—2016 食品微生物学检验　肉毒梭菌及肉毒毒素检验 ………… 264

十、GB 4789.14—2014 食品微生物学检验　蜡样芽胞杆菌检验 ………………… 274

十一、GB 4789.15—2016 食品微生物学检验　霉菌和酵母计数 ………………… 290

十二、GB 4789.26—2013 食品微生物学检验　商业无菌检验 …………………… 295

十三、GB 4789.30—2016 食品微生物学检验　单核细胞增生李斯特氏菌检验 … 307

十四、GB 4789.38—2012 食品微生物学检验　大肠埃希氏菌计数 ……………… 321

上　篇

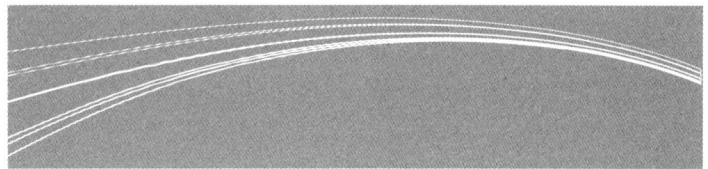

中国输美食品生产企业合规指南　总论 //

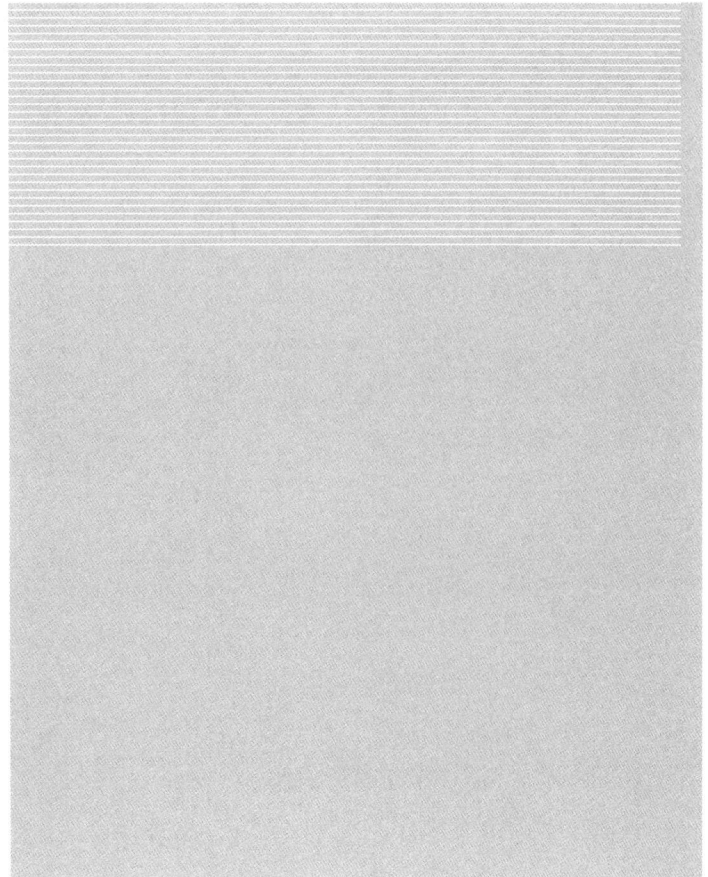

第一章

美国食品法规体系概况

通过立法来防止食品污染、保障消费者健康权益已成为美国食品安全监管的主要特点。美国经过多年的发展和经验积累已形成了一个较为成熟、完善的食品安全监管体系，多年来受到世界公众的高度信赖及各国政府的推崇。

第一节　美国食品法律法规体系建立的历史沿革

一、法律法规体系建立的历程

（一）各自为政阶段

从美国建国到 19 世纪早期，由于资本主义经济尚未大规模发展，与食品有关的商业贸易多限于各州境内。因此，当时主要由州政府负责对食品的生产和销售活动进行监督，而联邦政府则主要负责管理食品的出口。

（二）初步规范阶段

1850 年到 20 世纪初期，由于资本主义大工业的迅猛发展，食品贸易由各州扩展至全国，在巨额利润的驱使下，食品市场出现了制伪、掺假、掺毒、欺诈现象。据说牛奶掺水、咖啡掺炭对当时的纽约老百姓来说是司空见惯的事。更有甚者，不法奸商在牛奶中加甲醛、肉类用硫酸、黄油用硼砂做防腐处理。当时，肉类食品加工厂里的环境肮脏不堪，生产商在食品中添加大量有毒的防腐剂和色素。由于州政府在食品和药品监管上的无力，联邦政府在 1906 年出台了全国性的食品药物监管立法——《纯净食品和药品法》和《联邦肉类检验法》，在公共福利领域中开始承担更多的责任。《纯净食品和药品法》是美国历史上第一部联邦管制食品和药品的综合性法案，是美国食品和药品监管进程中的一个重要里程碑。

（三）奠定基础阶段

20 世纪早期，《纯净食品和药品法》中还有一个所谓的"特殊名称附带条款"，根据这一条款，食品商在制造传统食品的时候，可以随意加入别的原料，然后再起一个特别的名称就可以了。例如，生产果酱的企业，在果酱中只用少量的水果，却加入大量的人造果胶、草籽，然后附以漂亮的包装，使用巧妙的广告，这样一种新的食品出炉了，这样的低劣食品在 20 世纪 20 年代开始充斥美国市场。1938 年，国会制定了《联邦食品、药品和化妆品法》（FFDCA）。该法案对食品安全监管体制做了较大的调整，扩大了美国食品药品监督管理局（FDA）在食品安全监管方面的权力，奠定了美国现代食品安全监管体制的基础。

（四）发展完善阶段

《联邦食品、药品和化妆品法》颁布以后，有关部门加强了对食品安全的监管，此后出台的与食品安全有关的法律都以该法所确立的基本框架为前提，或者对该法的部分条款进行修改，或者对某种食品的管理专门作出规定，以应对食品安全领域不断出现的新问题。经过几代人的努力，美国终于成为食品最安全的国家之一，极大地提高了美国人民的健康水平。发展到今天，美国的食品安全监管工作出现了新的特点：自20世纪中期开始，美国改进了肉禽屠宰加工厂已实施百年的食品安全管理体系，建立了现代化的"危害分析与关键控制点体系（HACCP）"。新体系的主要特点是，以预防为主，通过风险评估协助厂家及时发现在食品生产过程中可能出现的风险，减少病毒侵入食品生产链的机会。"9·11事件"后，美国更是加强了在食品安全方面的投资力度，制定了《动物健康保护法》《2002年公共卫生安全和生物恐怖防范应对法》（简称《生物反恐法》），在法律中规定了一系列食品反恐的措施，如对国内外食品厂商实施更加严格的注册登记和通报制度等。

二、法规的修订

美国立法机构2009年启动了修订《联邦食品、药品和化妆品法》的进程，分别出现了众议院的《美国2009食品安全加强法案》（众议院于2009年7月30日通过并于2009年8月3日提交参议院审议）和参议院的《FDA食品安全现代化法》（参议院卫生、教育、劳动和养老金委员会通过并提交。参议院和众议院审议）两个版本。最终两个版本合并，并分别经参、众两院审议通过后方可成为正式法案并付诸实施。

2011年1月4日，美国总统奥巴马签署了《FDA食品安全现代化法》（FDA Food Safety Modernization Act，FSMA），使该法案成为第111届国会第353号法律并付诸实施。这是70多年来美国对现行主要食品安全法律《联邦食品、药品和化妆品法》的重大修订，也是美国食品安全监管体系的重大变革。

《FDA食品安全现代化法》和《联邦食品、药品和化妆品法》比较，有三大方面提升：（1）扩大FDA对国内食品和进口食品安全监督管理权限；（2）构建更为积极的和富有战略性的现代化食品安全"多维"保护体系，妥善解决食品安全和食品防护问题；（3）确保美国国家食品供应安全继续走在世界前列。美国食品药品监督管理局、美国海关边境保护局及其他有关部门将于短期内开始实施《FDA食品安全现代化法》。

第二节 美国食品法律法规概述

一、法律法规体系框架

美国的法律法规主要来源于两个方面：

（一）法

通过议会制定的法案（即法令）。美国将建国以来由国会制定的所有立法加以整理编纂，按 50 个类目系统地分类编排，命名为《美国法典》（USC），是联邦政府发布的总的永久性法规，涉及联邦规定的各个领域。

在《美国法典》上发布的与食品安全有关的法主要有《联邦食品、药品和化妆品法》《FDA 食品安全现代化法》《公共健康服务法》（PHSA）、《公共卫生服务法》（PEESA）、《生物反恐法》《联邦肉类检验法》（FMIA）、《禽类及禽产品检验法》（PPIA）、《蛋类产品检验法》（EPIA）、《联邦杀虫剂、杀真菌剂和灭鼠剂法》（FIFRA）、《食品质量保护法》（FQPA）等。

（二）联邦法规

联邦法规是指由权力机构根据议会的授权所制定的具有法律效力的规则和命令，如政府行政当局颁布的法规。这些法规、条例和规章均载入《美国联邦法规》（Code of Federal Regulation，CFR），共分 50 篇。每一主管机关实施的法规、条例和规定都有一个特定的卷号，查阅极为方便。CFR 在任何主题下的法规都应当与《美国法典》中相对应的部分一起应用。

与食品有关的主要有美国农业部（USDA）的第 9 编"动物与动物产品"、食品药品监督管理局的第 21 篇"食品与药品"和环境保护署（EPA）的第 40 篇"环境保护"，美国食品安全相关法律体系见表 1-1。

表 1-1　美国食品安全相关法律体系表

法律类型	法律名称	主要内容
综合性法律	《联邦食品、药品和化妆品法》	包括控制食品假冒、规范标签、紧急事件、农药残留标准、添加剂控制、食品企业检查、有毒成分容许量等
主要食品产品安全法	《鲜活农产品法》（PACA）、《联邦谷物标准化法》（USGSA）、《蛋类产品检验法》《联邦肉类检验法》《禽类及禽产品检验法》等	对蛋类、肉品、禽类等具体产品形式的卫生、包装、屠宰、认证、销毁、处罚标准进行详细规定
与食品流通环节有关的法律	《正确包装与标签法》（FPLA）、《食品运输卫生法》（SFTA）、《联邦进口乳品法》（FIMA）等	包括工具使用、检查、管理、处罚、豁免等
与生产投入相关的法律	《食品质量保护法》（FQPA）、《营养标签与教育法》（NLEA）等	农药残留标准、农药注册等

二、主要法律法规介绍

（一）《联邦食品、药品和化妆品法》

美国食品安全监管的基本大法。该法于 1906 年首次通过，当时称为《联邦食品药品法》，1938 年修订时改称为《联邦食品、药品和化妆品法》。该法明确了食品安全生产的基本要求以及监管部门的主要职责，授予美国食品药品监督管理局对假冒伪劣食品强制召回的权力。

（二）《联邦肉类检验法》

该法是专门针对猪、牛、羊等家畜屠宰及其肉产品生产加工的法律。1906 年美国作家辛克莱发表了纪实小说《屠宰场》，揭露了芝加哥屠宰场的恶劣生产条件，引起人们对肉产品质量的极大担忧和对肉产品生产企业的极大愤怒，促使美国国会通过了《联邦肉类检验法》。该法授权美国农业部对家畜屠宰场及肉产品生产企业进行严格的监督检查。

（三）《禽类及禽产品检验法》

该法是专门针对鸡、鹅、鸭等家禽屠宰及禽肉产品生产加工的法律。该法于 1957 年通过，授权美国农业部对家禽屠宰场及禽肉产品生产企业进行严格监督检查。

（四）《蛋类产品检验法》

该法主要是针对禽蛋及蛋制品的安全检验，内容包括蛋制品检验、卫生操作规范、蛋制品的巴氏消毒和标签、禁止的行为、政府机构的合作、处罚、进出口等。

（五）《联邦杀虫剂、杀真菌剂和灭鼠剂法》

国会于 1947 年通过该法，它与《联邦食品、药品和化妆品法》联合赋予国家环境保护署（简称环保署）对用于特定作物的杀虫剂的审批权，并要求环保署规定食品中最高残留限量（容许量）；保证人们在工作中使用或接触杀虫剂、食品清洁剂和消毒杀菌剂时是安全的；避免环境中的其他化学物质以及空气和水中的细菌污染物可能威胁食品供给安全性的物质。

（六）《食品质量保护法》

1996 年美国国会一致通过了《食品质量保护法》，该法对应用于所有食品的全部杀虫剂制定了一个单一的、以健康为基础的标准，为婴儿和儿童提供了特殊的保护，对安全性提高的杀虫剂进行快速批准，要求定期对杀虫剂的注册和容许量进行重新评估，以确保杀虫剂注册的数据不过时。

（七）《公共卫生服务法》

美国国会于 1994 年通过的《公共卫生服务法》，又称《美国检疫法》，是美国关于防范传染病的联邦法律，该法明确了严重传染病的界定程序，制定传染病控制条例，规定检疫官员的职责，同时对来自特定地区的人员、货物、有关检疫站、检疫场所与港口，民航与民航飞机的检疫等均做出了详尽规定，此外还对战争时期的特殊检疫进行了规范。它要求美国食品药品监督管理局负责制定防止传染病传播方面的法规，并向州和地方政府相应机构提供有关传染病法规的协助。

第二章

美国现代化法规及配套法规介绍

一、背景和目的

《FDA 食品安全现代化法》于 2011 年 1 月 4 日由美国国会通过并由时任美国总统奥巴马签署实施。该法案建立在 1938 年实施的《联邦食品、药品和化妆品法》基础之上，着重强调食品危害的预防性控制，是 FDA 在几十年的监管工作中积累的丰富经验的应用，也体现了 FDA 在新的食品安全形势下的监管方法和手段的更新。

根据美国疾病控制和预防中心（CDC）的统计数据，美国每年约有 4800 万人（即每 6 个美国人中有 1 人）感染食源性疾病，其中约有 128 000 人住院治疗、3000 人死亡；其中导致食源性疾病的食品有来自美国本土的食品，也有进口食品。据不完全统计，每年业界的相关损失约为 750 亿美元，美国政府则因食品安全问题引发的多重疾病支出高达 1500 亿美元。频繁发生的大规模召回事件更引起了政府的高度关注和民众的深切忧虑，对经济的健康稳定发展产生了极大的负面影响。美国政府认为，如果全球食品链上每个环节都能对食品安全进行有效控制，那么很多食源性疾病是可以预防的，即上述沉重的公共卫生负担是可以消除的。另一方面，国内外食品行业发展的新形势给政府监管部门造成了很大压力。在美国，FDA 是实施食品安全监管工作的主要机构，有统计数据显示，FDA 归管的食品约占美国流通食品总量的 80%；此外，FDA 还承担着 13.6 万多家国内注册食品企业的监管工作，以及 18.9 万多家国外注册食品生产、加工、包装和贮存企业的监督工作。如此庞大的境内外食品生产企业数量、食品种类和进口贸易量的增长速度已远远超过 FDA 监管和检测资源的承受力，人力和财力配备不足严重阻碍了 FDA 工作的开展，口岸监管压力相当大，急需通过监管体系的改革来缓解压力，提高官方监管有效性，确保实现保护公众健康的目标。

为此，美国国会希望通过 FSMA 来构建更为有效和富有战略性的现代食品监管体系，以保证美国在食品安全供应方面更安全、有效。FSMA 强调食品危害的预防性控制，FDA 首次有立法授权，要求在整个食品供应中实施全面、科学的预防性控制措施，要求食品安全危害能被有效识别和系统控制，从而防止危害的发生。它使 FDA 更专注于预防食品安全问题的发生，而不是事后的被动应对；使 FDA 能够通过加强食品安全体系管理更好地保护公众健康。法律还为 FDA 提供了新的执法机构，旨在实现更高的"事先预防"和基于风险的食品安全标准，并在发生问题时更好地应对和遏制。该法同时还为 FDA 提供了重要的新工具，使进口食品与国内食品保持相同的标准，并要求 FDA 与各州和地方当局合作建立国家综合食品安全体系。

FSMA 正在改变美国的食品安全体系，它将政府监管工作的重心从被动应对食源性疾病的发生转移到对其的预防上来。以立法的形式授权 FDA 对食品供应实行全面的预防控制，扩大了 FDA 对国内食品和进口食品的安全监督管理权限，构建更为积极的和富有战略性的现代化食品保护体系，妥善解决食品安全和食品防护问题，防止美国食品供应遭受无意污染和蓄意污染，以增强食品安全，确保美国食品安全继续走在世界前列。

二、FSMA 的基本框架和主要特征

（一）基本框架

FSMA 共分为 4 个部分，41 节，可理解为从 41 个方面对原《联邦食品、药品和化妆品法》的相关条款作了修订，其中新增 13 个独立章节。FSMA 的 4 个部分包括：第 I 部分是提高预防食品安全问题的能力（共 16 节）；第 II 部分是提高发现和应对食品安全问题的能力（共 11 节）；第 III 部分是提高进口食品的安全性（共 9 节）；第 IV 部分是其他规定（共 5 节）。

（二）主要特征

FSMA 的主要特征可简要概括为推崇预防性理念、强化官方监管、注重进口监管、实现多元共治。

预防性管理理念贯穿 FSMA 始终，是 FSMA 的灵魂、主线和基石。预防性管理理念并非新概念，在低酸罐头、水产品、果蔬汁、肉类和禽肉产品的管理中早已实行多年，此次与众不同之处在于通过法律授权的形式明确赋予 FDA 广泛运用的权限，强化了全体企业的预防性主体责任。FDA 食品安全监管重点由事后应对转为事前预防，通过更为科学合理的资源配置，加强风险分析，有的放矢地采取差异性监管手段，预防食品安全问题的发生。另一方面，预防性管理理念由原先的个别产品类型的应用拓展至整个食品供应链，从初级农产品、食品和饲料延伸至蓄意掺杂和运输过程，实现了点到面的飞跃式发展。

FSMA 赋予 FDA 新的法律权限，丰富官方管理手段，强化监管力度。对于国内外不同类型的企业分别强制规定了官方检查频率，提高检查覆盖面；启动官方强制召回机制，不再倚仗业界自主召回，加大官方威慑力；扩大记录查阅权限，有助于深入生产细节，发现存在的问题和隐患；对于拒不接受 FDA 检查的企业予以注册暂停处理，惩戒有力，维护官方严明形象。同时，在各州和地方政府相关部门的配合下，FDA 的官方检查无须亲力亲为，可由上述部门代为开展从而将有限的资源投入到高风险产品和企业的监管中，整体调度、有张有弛。

FSMA 要求 FDA 制定相关措施着力加大进口监管，以全球性眼光实现食品安全终极目标。首次明确提出进口商具有确保食品安全的责任，开创性地将预防性管理理念扩展至进口商环节，由进口商确保国外供方所实施的预防性控制措施的充分性，确保进口食品的生产加工满足美国法律法规和标准要求。此外，正视第三方认证机构在食品安全管理中的积

极作用，建立第三方认证项目，充分调动和发挥第三方认证机构的积极性和专业性，用他人之力为己所用。由第三方机构对国外食品企业满足美国要求的情况予以认证，FDA对第三方认证机构予以采信，形成进口官方监管的有力补充。

在FSMA框架下，强调了各方协作配合，实现多元共治。摒弃单纯加大国外企业检查的方式，加强同输美食品出口国官方的沟通合作，通过帮助其提升食品安全能力，最终实现预防性管理理念的落地生根和食品安全目标的实现。加强食源性疾病的监控，通过农业和食品防护规划、实验室网络构建，信息共享，紧密联结联邦其他机构以及各州、地方政府和相关部门，协调一致、步调统一。

三、FSMA配套法规简介

建立一个基于危害分析和预防的新食品安全体系需要时间，自2011年起，FDA用了5年的时间，完成了该体系的7项配套法规的制定和发布。每一项法规从制定草案到最终发布都经历了至少两年的征求意见期，FDA致力于通过开放的态度和渠道，使所有利益相关者有机会表达他们的诉求。这7项配套法规依照正式发布时间分别为：

（一）《食品现行良好操作规范、危害分析以及基于风险的预防控制措施》

该法规是FSMA框架下发布的第一个配套法规，是FSMA其他配套法规围绕的核心和实施的基础，全文共7个部分，60个条款。法规正式发布于2015年9月17日，普通食品企业的最晚合规期限为2016年9月19日；小型食品企业的最晚合规期限为2017年9月18日；极小型食品企业的最晚合规期限为2018年9月17日。另外需要特别说明的是，117法规的g部分有独立的合规期限。由于其主要内容在《美国联邦法规》中的编号为第21篇第117部分，因此也被简称为117法规。

117法规显著提升了食品生产企业安全卫生的基准要求，在食品企业中全面推行"预防为主"的理念。法规对食品企业的要求主要包括三大部分：第一部分是依照FSMA的要求，加入了"预防性控制措施"的全新内容，要求食品企业建立食品安全计划（food safety plan），对其生产、加工、包装或储存的食品进行危害分析，并制定预防性控制措施来消除这些危害。同时，法规要求企业对控制措施进行监控、验证、纠偏和记录。第二部分是对美国自1986年沿用至今的食品企业"现行良好操作规范（CGMP）"，即110法规（21CFR Part 110）的升级和修订。第三部分是要求企业以风险为基础，对需要预防性控制措施的原辅料建立"供应链计划"，实施文件审核、现场审核、取样检测等验证活动。

所有由FDA监管，并在美国销售的食品（包括进口食品和美国国内生产的食品），其生产、加工、包装及储存都需满足117法规的要求，否则即属违规行为。

（二）《动物食品现行良好操作规范、危害分析以及基于风险预防控制措施》

该法规正式发布于2015年9月17日，全文共6个部分，60个条款。基本框架主要包括了现行良好操作规范（B子部分）和危害分析及基于风险的预防性控制措施（C子部分）。其中针对B子部分的要求，普通动物食品企业的最晚合规期限为2016年9月19日；小型动物食品企业的最晚合规期限为2017年9月18日；极小型动物食品企业的最晚合规期限为2018年9月17日；针对C子部分的要求，普通动物食品企业的最晚合规期限为

2017 年 9 月 18 日；小型动物食品企业的最晚合规期限为 2018 年 9 月 17 日；极小型动物食品企业的最晚合规期限为 2019 年 9 月 17 日。其主要内容在《美国联邦法规》中的编号为第 21 篇第 507 部分。

法规要求：所有法规涵盖范围内的企业都必须遵循"现行良好操作规范（CGMP）"进行动物食品的生产；所有法规涵盖范围内的企业都必须建立并实施食品安全管理体系，该体系需包括危害分析，必要时需建立基于风险的预防控制体系。该法规制定了关于书面的食品安全计划的要求，包括危害分析、预防性控制措施、对预防性控制措施的监督管理；召回计划等。某些动物食品生产企业需要建立一套供应链体系来确认原料和其他配料成分的风险所在。

所有从事生产、加工、包装或储存在美国消费的动物食品的企业须遵守本法规要求；某些符合豁免条件的企业除外，如仅储存用于进一步分销或加工的原料性农产品（不包括水果和蔬菜）的设施、年平均销售额在 50 000 美元以下且销售范围在 275 英里①以内的小型企业、全职员工少于 500 人的低风险农产式作业工厂等。企业如特定现行良好操作规范涵盖的动物食品还须遵守低酸罐头食品和药用饲料相关法规的规定。

（三）《国外供应商验证计划》（FSVP）

该法规正式发布于 2015 年 11 月 17 日，全文共 14 个条款。普通进口商，即其国外供应商无需符合预防性控制措施法规（117 法规）或农产品标准法规（112 法规），其最晚合规期限为 2017 年 5 月 30 日。如果进口商的国外供应商须符合其他法规要求的，其最晚合规期限则依据其他法规有相对应的要求。由于本法规被编入《美国联邦法规》第 21 卷第 1 卷（通用实施条例）的 L 部分，因此可简写为 21CFR 1. L。

该法规共包括 9 个部分内容，根据要求，进口商须对所有进口食品建立国外供应商验证计划，对进口食品的安全进行验证，以确保进口到美国境内的人类食品和动物食品是在等同于美国国内公共健康保护水平下生产的。目的是将现行的主要依靠 FDA 检查人员在口岸检验发现问题，转变为在加工过程中实施预先防控。在 FSVP 法规中首次明确了进口商在进行国外供应商验证过程中的义务，即必须建立一定的计划来识别进口食品的潜在危害并对危害进行适当的控制；FDA 则负责对这些计划进行审查。

对该法规的关注点主要包括：国外供应商验证计划、进口商职责、危害分析、食品风险及供应商表现评估、供应商验证活动和纠偏措施。

尽管该法规直接要求的主体是美国的进口商而非我国出口食品企业，但法规正式生效后，我国广大输美企业有可能面临来自 FDA 官方和进口商的双重检查。另外，法规还规定了特定企业的豁免情况，具体使用范围和豁免情况可以通过法规中的"适用范围自我判定表"来进行初步判断。可豁免的食品类别主要包括：已遵循且符合了 FDA 对进口鱼类和水产品、果蔬汁的 HACCP 法规的、用于研究或评估的食品，用于个人消费的食品，进口后用于再加工并出口的食品等。

---

① 1 英里 = 1.609 344km。

（四）《认可第三方实施食品安全认证》

该法规正式发布于 2015 年 11 月 17 日，被编入《美国联邦法规》第 21 篇第 1 卷（通用实施条例）的 M 部分，因此可简写为 21CFR 1. M。

该法规是依据 FSMA 第 307 节的规定，FDA 须新建立的一项自愿性项目，由第三方认证机构实施食品安全审核并向法定责任主体出具食品/企业证书。FDA 的三方项目属于资源型项目，认可机构、认证机构和法定责任主体均可自愿申请参加。该法规旨在通过多方介入，有机联动，资源整合，实现资源优化、效率提高和结果采信。

FDA 三方项目中，认可机构在满足权限、能力、利益冲突、质量保障、记录 5 个方面要求的基础上自愿向 FDA 申请获得认定。FDA 按照"先提交先审批"的原则一次受理认可机构认定申请，有效期上限为 5 年。在三方法规中，获得认可的第三方认证机构所出具的食品/企业证书具有两大作用：一是进口商利用企业证书满足参加第 806 节所规定的自愿性合格进口商项目（VQIP），从而实现进口食品的快速验放；二是针对 FDA 依据第 801 节（q）所行使的强制索证的权限，产品随附食品/企业证书方可进口。

该认证规则还规定，FSMA 下的强制性进口认证机构不适用于：在某些情况下由外国工厂生产的酒精饮料；某些在进口时受到美国农业部监管的肉类、家禽和蛋制品。

（五）《用于人类消费的农产品种植收获包装和贮存标准》

该法规正式发布于 2016 年 1 月 26 日，法规全文共 15 个部分，76 个条款。普通涉及芽菜相关活动的企业最晚合规期为法规生效后一年，其他符合农业用水的特殊要求的最晚合规期限为法规生效后四年，符合全部要求为法规生效后两年。由于法规的主要内容在《美国联邦法规》中的编号为第 21 篇第 112 部分，因此也被简称为 112 法规。

112 法规的主要目标是提升农产品生产经营的基准安全卫生要求，在生产过程中全面推广"预防为主"的管理理念。法规对农产品生产涉及的健康和卫生、生产用水、投入品管理、交叉污染、场所管理及芽菜等提出了系统性过程控制要求。新法规更新和补充了原有的危害控制的内容，结合危害分析与风险控制措施，形成对种植、收获、处理、包装或贮存农产品企业的强制性要求。同时，该法规对人员能力提出更高的要求，农产品生产企业应至少有一位主管或负责人已经成功完成了等同于美国食品药品监督管理局（FDA）认可的标准化大纲下所接受的食品安全培训，相关人员卫生及防护措施更加严格，不仅包括了传统的良好农业规范（GAP）中针对不同农产品生产活动的关键点控制，还包括了生物危害、放射性控制、过敏原控制、卫生控制、分析方法和其他控制等内容，控制措施的建立和实施更加立体和完善。

新法规实施后，除符合豁免条件的"良好农业规范"要求外，主要鲜食农产品企业的生产过程全部纳入 GAP 管理范围。

（六）《人类和动物食品卫生运输》

该法规于 2016 年 6 月 6 日正式实施，500 人以下小企业的合规日期为 2018 年 6 月 6 日，其他企业的合规日期为 2017 年 6 月 6 日。该法规为《美国联邦法规》第 21 篇第 1 部分的新增内容——21CFR Part 1 Subpart O。

《人类和动物食品卫生运输》以美国现行食品运输行业最好的操作规范为基础。该法规确定了食品卫生运输方面的具体要求，要求在美国境内通过机动车辆或铁路车辆运输人类和动物食品的发货人、承运人、装运人和收货人实施卫生运输作业，以确保运输期间人类和动物食品安全；法规同时界定了食品运输各相关方（如发货人、承运人、装货人、卸货人、接收人）的责任，要求各相关方采取卫生运输的方式，例如有效冷藏、在不同装载间充分清洗车辆、防止食品受到掺杂，使得运输过程不会产生食品安全问题。

该法规共包括 4 部分内容，重点是确保食品运输的从业者在运输过程中遵循卫生运输规范，避免食品受污染。此法规准许食品运输行业继续使用行业最好的操作规范，包括清洗、检查、维修、装卸、车辆和运输设备的操作规范，从而确保食品是在相应的条件和控制下运输，避免发生影响食品安全的掺杂。该法规提出对运输工具和设备、运输作业、培训、记录、豁免 5 个方面的要求。

该规则适用于在美国境内通过机动车辆或铁路车辆运输食品的发货人、收货人、装运人和承运人，无论食品是否用于不同州之间的贸易。此法规不适用于船舶或航空运输；且仅关注可导致食品安全风险的行为，而不关注腐败或品质缺陷等问题。该法规同样适用于运输出口食品的企业，直到食品到达美国港口或边境。该法规不适用于通过机动车辆或铁路车辆运输食品穿越美国（如从加拿大到墨西哥）但不在美国销售的食品出口商。

当能证明某运输条件不会造成食品不安全且不会损害公众利益时，可以申请豁免。本法规的豁免对象包括：①参与食品运输操作且年销售总额不足 50 万美元的发货人、收货人或承运人；②农场的运输活动；③途经美国将食品转运至其他国家或地区的食品；④进口以供未来出口且不在美国食用和销售的食品；⑤容器完全密封食品的运输，除非该食品需要温度控制；⑥压缩食品气体（用于食品或饮料的二氧化碳、氮气或氧气）和接触食品物质的运输；⑦用作动物食品且不需要进一步加工的人类食品副产品的运输；⑧除软体贝类之外的可食用活体动物的运输。

（七）《保护食品防止被故意掺杂的缓解策略》

该法规正式发布于 2016 年 5 月 27 日，2016 年 7 月 26 日法规生效，全文共 5 个部分，20 个条款。普通食品企业的最晚合规期限为 2019 年 7 月 26 日，小型食品企业的最晚合规期限为 2020 年 7 月 26 日；极小型食品企业的最晚合规期限为 2021 年 7 月 26 日。法规被编入《美国联邦法规》第 21 篇第 121 部分，因此也被简称为 121 法规。

法规旨在为了保护食品免受以导致大范围公众健康不良后果为目的的故意掺杂危害，法规内容贯彻了 FSMA 中修订的《联邦食品、药品和化妆品法》的 3 个条款，主要涉及食品故意掺杂的问题。该法规提出企业必须建立并实施食品防护计划。食品防护计划必须是书面的，内容包括：薄弱性评估文件，包括确认显著薄弱环节及其可采取措施的工序以及说明；缓解策略文件，包括解释说明；涉及实施缓解策略的食品防护监控程序；食品防护纠偏程序；食品防护验证程序。

本法规分为 5 部分内容（实际为 4 部分）：A 部分，通用条款，分别规定法规的适用范围、名词定义、人员资质要求及豁免条件等；B 部分，预留部分，没有内容；C 部分，食品防护措施，分别规定食品防护计划的要求、识别可以采取措施的工艺环节、缓解策略

（针对可采取措施的工序）、监控、纠偏行动、验证、再分析等；D 部分，记录保持程序，分别规定记录的要求、记录的通用要求、食品防护计划的附加要求、记录保存要求、官方检查要求、公众信息披露等；E 部分，合规要求，规定相关企业应遵守《联邦食品、药品和化妆品法》的相关规定。

该法规"适用于产品在美国市场销售的国内外食品生产、加工、包装、储存企业的所有者、经营者或负责人"，因此中国输美食品企业也必须合规。此外，法规也设立了一系列豁免情况，如下所示：

不适用于平均人类食品销售额及产品市场价值总和不超过 1 千万美元的企业、极小型企业、暂存食品的企业（液体储藏罐的食品储藏企业除外）；不适用于包装、再包装、贴标或重贴标签等不改变直接接触食品容器的情况；不适用于《联邦食品、药品和化妆品法》第 419 节（农产品安全标准）中规定的各种农业活动；不适用于符合某些特定条件企业中的酒精饮料产品；不适用于生产、加工、包装或存放动物食品的情况；不适用于小型或极小型对确认为低风险食品进行的农场现场生产、加工、包装或存放类活动。

第三章 ▶▶▶
美国食品安全监管机构介绍

第一节 美国食品安全监管体系的机构设置

美国是农产品食品大国和强国,美国政府建立了被公认为世界上最为科学、系统、综合、高效的食品安全监管体系,非常有借鉴性。

美国采取"以品种监管为主、分环节监管为辅"和多部门协调的监管模式。联邦食品安全监管机构和地方政府食品安全监管机构组成了美国食品安全监管主体。以品种监管为主,按照食品种类进行责任划分,不同种类的产品由不同的部门管理,一个部门负责一个或者数个产品的全程监管工作,各部门分工明确,在总统食品安全管理委员会的统一协调下,对食品安全进行一体化监管。

美国在食品物流各环节中涉及的食品安全管理职能机构据统计达 20 多个,但起主要作用的有美国农业部下属的食品安全检验局(FSIS)、卫生与人类服务部下属的食品药品监督管理局(FDA)和环境保护署(EPA)。

一、联邦政府食品安全机构设置

(一)总统食品安全管理委员会

总统食品安全管理委员会由农业部部长、商业部部长、卫生与公众服务部部长、管理与预算办公室主任、环境保护局局长、科学与技术政策办公室主任、总统国内政策助理、国家政府重组联合会主席组成的机构。该机构协调全国的食品安全工作。

(二)食品药品监督管理局(FDA)

隶属于卫生与人类服务部。负责除肉、禽等以外 80% 的食品,以及部分化妆品的安全管理(美国两大食品监管机构之一,下节会详述)。

(三)疾病预防和控制中心(CDC)

隶属于卫生与人类服务部。负责调查食源性疾病的爆发;维护国家范围食源性疾病调查的体系;设计、采取快速行动、电子系统报道食源性感染;与其他机构合作监测食源性疾病暴发的速率和趋势;开发快速检验病原菌的技术、制定公众健康方针预防食源性疾病;开展研究,帮助预防食源性疾病;培训地方和州的食品安全人员。

（四）食品安全检验局（FSIS）

隶属于农业部。管理肉、禽、蛋等食品安全危险性较高的产品，包括生产、流通、包装等环节的安全控制（美国两大食品监管机构之一，下节会详述）。

（五）动植物健康监测服务局（APHIS）

隶属于农业部。保护动植物健康，免受病虫害的侵袭；负责监督和处理可能发生在农业方面的生物恐怖活动、外来物种入侵、外来动植物疫病传入、野生动物及家畜疫病监控等。

（六）环境保护署（EPA）

负责保护公众免受环境污染的伤害。根据《联邦杀虫剂、杀真菌剂和灭鼠药法》的规定，环境保护署负责对用于庄稼的农药进行审批，并制定食物中农药的残留限量标准。FDA 和 FSIS 负责执行这些标准。此外，环境保护署还负责制定安全饮用水的标准；管理有毒物质和废物，预防其进入环境和食物链；帮助各州监测饮用水的质量，探求预防饮用水污染的途径。

（七）酒精、烟草和火器管理局（BATF）

隶属于财政部。负责对大多数的酒精饮料（精馏酒精、葡萄酒和啤酒）进行监管；管理这些饮料的命名、标签，制定相关的标准。酒类中的农药残留限量标准由环境保护署制定，但是由 FDA 执行。FDA 还负责监管酒精度低于 7% 的酒和烹饪用的酒以及酒中的添加剂的管理。

（八）国家海洋和大气管理局（NOAA）

隶属于商业部。通过"收费的海鲜检查计划"，检查渔船、海鲜加工厂和零售店是否符合国家卫生标准，并颁发许可证。

（九）国家海产品服务局（NMFS）

隶属于商业部。负责推荐性的海产品检验项目，包括海产品的检验、检测、风险分析、风险管理、风险传播及产品等级的确定。

（十）美国海关边境保护局（CBP）

隶属于国土安全部。防范恐怖分子和恐怖武器进入美国，保护农业及经济利益免遭有害动植物和疾病侵害，保护美国商业免遭知识产权侵权损害，规范与便利国际贸易，征收进口关税。

（十一）联邦贸易委员会（FTC）

根据 1938 年修改的《联邦贸易委员会法》的规定，联邦贸易委员会负责食品广告的管理。

（十二）国防部和海军部（DF/DN）

负责军队的食品供应安全。

二、各州的食品安全监管机构

美国是联邦制国家，联邦政府与州政府有着各自的权力范围。前者负责跨州的或者全国性的食品安全管理事务，后者负责本州内的食品安全管理事务。各州议会都制定了相关的法律，对本州的食品安全管理体制作出了规定。大部分州都有自己的"小联邦贸易法"（Little Federal Trade Commission Act）对州的食品安全管理问题作出了规定。这些法律主要以联邦的法律为模版，有的还提出了更为严格的要求。各州的食品由州的卫生部或者几个州政府的职能机构负责监管。

一般而言，州政府的卫生部负责对下级卫生部门进行指导、咨询，并培训卫生监督管理员以及从事食品服务业的人员。市、县政府的卫生部门负责监督本地区的食品服务业（Food Service）（餐馆、单位食堂以及食品摊贩等）、食品生产加工企业。

州政府负责食品监督的部门与农业部、FDA和环境保护署等联邦机构在各州的分支机构进行合作。例如，目前有28个州制订了肉类和禽类食品监督管理计划，与农业部的官员进行联合执法。联邦机构对州政府的食品管理人员进行培训，帮助其掌握有关知识和技能。

各州的法律对违法行为处罚较严。例如，新哈芬市的地方性法规规定：任何没有取得许可证或者许可证被吊销后从事食品服务业的，将被判为轻罪，罚款不超过100美元，或者监禁不超过90天，或者两种处罚都适用。违法行为持续的，将会对每天的处罚合并执行。

第二节 美国两大负责食品安全部门的监管机制介绍

一、食品安全监管职责介绍

（一）食品药品监督管理局（FDA）

FDA全称为Food and Drug Administration，即美国食品药品监督管理局，是美国政府在健康与人类服务部（DHHS）和公共卫生部（PHS）中设立的执行机构之一。FDA的职责是确保美国本国生产或进口的食品、化妆品、药物、生物制剂、医疗设备和放射产品的安全。它是最早以保护消费者为主要职能的联邦机构之一。在国际上，FDA被公认为是世界上最大的食品与药物管理机构之一。其他许多国家都通过寻求和接收FDA的帮助来促进并监控其本国产品的安全。

美国食品药品管理机构共有职工超15 000人，FDA总部约有10 000人，其中药品局为4350人。

FDA总部设在马里兰州，下设7个中心和1个区域管理机构。

（1）食品安全和实用营养中心（CFSAN）；

（2）药品评估和研究中心（CDER）；

（3）设备安全和放射线保护健康中心（CDRH）；

（4）生物制品评估和研究中心（CBER）；

（5）兽用药品中心（CVM）；

（6）烟草制品中心（CTP）；

（7）国家毒理研究中心（NCTR）。

主管范围：包括所有的国产和进口的包装食品（包括带壳的蛋，但不包括肉类和禽类）和瓶装水以及酒精含量小于7%的葡萄酒，具体范围如下。

（1）食品（食品添加剂，动物食品）；

（2）酒精含量低于7%的葡萄酒饮料；

（3）药品（包括兽药）；

（4）医疗器械；

（5）化妆品；

（6）产品在使用或消费过程中产生离子、非离子辐射影响人类健康的电子产品。

食品药品监督管理局（FDA）对食品的主要监管职责是通过其"食品安全与实用营养中心"（Center for Food Safety and Applied Nutrition，CFSAN）来实施的。

FDA主要通过颁布食品标准来监管。为了防止食物受到污染而感染有害的微生物，或者因本身生长的原因而产生有害病菌而对人体造成剧烈的毒性危害，FDA针对食品的选择、准备、储存以及食品原料和成品的运输，制定、执行一系列的标准。该机构颁布了所有食品生产者都应当遵守的"良好生产规范"（Good Manufacturing Practices），还针对特定的食品制定了相应类别的标准，例如针对低酸的罐装食品的标准。

就国内的食品而言，FDA不对食品实施许可，一般是由州政府或者其他地方政府发放许可证，FDA只对企业进行不定期的抽查。FDA要求所有的食品都必须实施"现行良好操作规范"（CGMP）；制定了海产品和果汁的HACCP规定。2002年的《反生物恐怖法》要求FDA在该法施行18个月以内完成对所有的国内食品企业和进口食品企业的登记工作。

就进口食品而言，FDA只对婴儿配方食品、酸奶以及蚝等活海鲜实施许可证管理；FDA对进口食品生产企业实施现场监督检查，每年去15~20个国家进行现场检查；所有的进口食品在进入美国时，都要在关口接受FDA的抽查，未经FDA检查且合格的，海关不得放行。

实验室检测是FDA一种重要的监督管理方式。FDA共有12个实验室，分布在全国5个地区。每个实验室负责为本地区的FDA地区办公室以及执法人员的执法活动服务，不向社会提供服务。FDA的实验室在实施检测活动时，一般会保留同样多的样品，以供当事人再次检测使用。如果当事人不服FDA的实验室检测结果，可以聘请社会上的实验室再次检验，而不得再次请FDA的实验室检测。如果两次检测的结果不同，当事人可以申请FDA总部裁决，或者提请法院审查。

为了及时应对食源性疾病，FDA与国家疾病预防控制中心（CDC）还有密切的合作。FDA有CDC的官员常驻，CDC也有FDA的官员常驻。双方在食源性疾病的信息方面互通有无。二者都属于"卫生与人类服务部"。

FDA 还通过对兽药和饲料进行监管来保证食品安全，因为有的兽药能够通过控制动物体内的微生物来减少或者避免人感染食源性疾病，有的则产生有害的残留通过食物链进入人体。FDA 设有一个兽药中心，负责对新上市的兽药进行审批，并与和农业部进行合作，对兽药的使用进行监控以减少兽药残留所带来的风险。

（二）食品安全检验局（FSIS）的食品安全监管职责

食品安全检验局（Food Safety and Inspection Service，FSIS）隶属于农业部，其食品安全监管活动由负责食品安全的副部长（Under Secretary for Food Safety）负责领导。负责食品安全的副部长是于 1994 年专门为了推动农业部与农业有关的食品安全工作而新设立的一个职位。食品安全检验局，负责执行食品安全法律，管理国内和进口肉（含量 ≥ 3%）、禽产品（含量 ≥ 2%）和蛋产品（去壳）；对用作食品的动物屠宰前和屠宰后进行检验；检验肉、禽屠宰厂和肉、禽加工厂；与美国农业部市场服务局合作监测和检验加工的蛋制品；收集和分析食品样品，进行微生物和化学污染物、感染物和毒素的监测和检验；在准备、包装肉、禽产品、热加工和其他处理时，建立食品添加剂和食品其他配料使用的生产标准；建立工厂卫生标准，确保所有进口到美国的外国肉、禽加工符合美国标准；肉、禽加工者对其加工的不安全产品自愿召回；资助肉、禽加工食品安全的研究；教育行业和消费者安全的食品处理规程。

FSIS 拥有人数最多的食品安全监管队伍，对畜类和禽类食品及其标签拥有绝对的监管权。将 88% 的人头经费用于畜类和禽类的加工厂的监管，雇用了 7300 名全职的监督人员驻在 6200 个畜类和禽类加工厂。FSIS 与 FDA 的一个最大的区别是：FDA 只是不定期地对食品进行检查，而 FSIS 则要求其监管人员对畜类和禽类加工厂加工的全过程进行监督。

FSIS 负责发放大多数畜类、禽类食品的标签许可，而 FDA 不对单个的食品的标签进行审批。FSIS 还对肉类、禽类产品的化学物质残留（包括直接投放到有关动物体内的兽药、杀虫剂等化学物质）进行监管。环境保护署负责制定这些化学物质的残留标准。FSIS 与 FDA 在畜类、禽类食品的监管问题方面有分工：前者负责畜类、禽类食品加工环节的监督，后者负责畜类、禽类食品市场流通环节的监管。

二、进口食品查验制度介绍

（一）FDA 的进口查验制度

FDA 对进口食品采取直接放行、抽查和自动扣留（Detention Without Physical Examination，DWPE）3 种措施。绝大部分食品采取直接放行的方式，不过产品进入市场后，FDA 还会对其进行抽查和监管，以保证送到消费者手中的都是安全的食品。3%~5% 的食品进行口岸抽查，对于存在潜在问题的食品逐批检验，即"自动扣留"的方式。只要符合下述情况之一，FDA 即可宣布对某项产品实施自动扣留。

（1）抽样检查时发现对人体健康有明显危害，如：有害元素，农药残留超标，存有毒素、致病微生物、化学污染等，违反了低酸罐头食品的有关规定，或含有未经申报批准的成分如色素等添加剂。

（2）如果有资料或历史记录，或接到其他国家有关部门的通报，表明某一国家或地区的产品有可能对人体健康产生危害，并经 FDA 对上述消费来源进行评估，确认该类产品在美国也可能造成同样危害。

（3）多个样品经检验不合格，尽管这种不合格未存在对人体健康的明显危害，例如：变质异味、夹杂异物、标签不合格等，可根据不同的情况分别对生产商、出口商或国家（地区）宣布采取自动扣留措施。

凡被施以"自动扣留"措施的产品运抵美国后，必须经美国当地实验室检验合格并经 FDA 驻当地的分支机构审核认可后，海关才准予放行，有关食品的检验费用由进口商承担。被 FDA 宣布采取"自动扣留"产品的国家，其生产企业需要连续 5 批输美产品，经美国当地实验室检验合格，并经 FDA 审核同意放行后，方可将该厂商列入解除"自动扣留"名单。对全国性自动扣留，如果经过对该国（地区）的整体评估，质量问题出现率低于 10% 时，由该国（地区）的有关主管部门提出申请，经 FDA 对改进情况进行评估认可后，可对该国解除自动扣留。

（二）FSIS 的进口查验制度

FSIS 对肉、禽和蛋产品的进口监管不仅仅局限于口岸查验，还采取与出口企业所在国家的政府主管机构共同合作的监管方式，确认出口肉、禽和蛋产品国家的食品法规体系与美国的等效，能够提供与美国相同的公共卫生保护水平。当 FSIS 通过文件审核认为出口国能够满足上述 2 项目标的要求，就会派一个多学科的专家团队到该国进行实地考察。考察通过后，FSIS 会发布一份将该国列入合格供应商名单的法规草案供公众评议。评议期内公众的评议意见将帮助 FSIS 在发布最终法规时决定是否将该国列入向美国出口肉、禽和蛋产品的合格国家。

所有想对美国出口肉、禽和蛋产品的国外企业，必须向所在国家的政府主管部门提出申请，由该国的首席检验官向 FSIS 提交一份由该国注册的、能满足美国进口要求的所有企业名单。FSIS 在其网站上公布允许向美国出口肉、禽和蛋产品的国家/企业名单。目前，33 个国家获得了进口资格。

需要说明的是，FSIS 并不派员到出口国进行食品检验，也不对国外出口企业逐一进行注册。在认为出口国具有与美国等效的食品法规体系后，FSIS 就会依靠该国的管理体系对食品生产进行日常的检验和监管，并要求出口国官方机构在产品出口前进行检验并出具卫生证书，在产品运抵美国进境口岸时由 FSIS 检验官实施进口查验。

三、进口食品流程介绍

（一）FDA 的进口食品流程

蔬菜和水果（包括新鲜和冷冻水果）在进口前要获得 APHIS（动植物检疫局）签发的许可证。

进口商或代理人必须在 FDA 管制的食品到达美国后 5 天内，向美国海关提交入境申报单（ENTRY NOTICE）。海关通知 FDA（蔬菜和水果还要先经 APHIS 审核看是否满足植物卫生要求），并附上有关商业发票。FDA 将对海关提交的文件进行审阅，以便决定是否要进行实物检查、码头检查或抽样检查。如果 FDA 在审阅文件后认为无需检查，它会分别向海关和进口商发出放行通知。

如果 FDA 决定要对货物进行抽样检查，它会分别向海关和进口商发出抽样通知。FDA 是否要对货物进行抽样检查取决于多重因素，主要包括：货物性质、货物以往历史，以及进口商的进口历史业绩。

FDA 通常将抽样送往其所在地区实验室检验，如符合法定要求，FDA 会通知海关和进口商，同意放行被抽样货物；若 FDA 的检验结果表明进口货物可能违反有关法规，它将发出扣留和听证通知；进口商必须在收到扣货和听证通知后 10 个工作日内提交辩护证据并在听证时作证。任何对进口商有利的证据，如进口商具有良好信誉、经可靠实验室检验、符合已公布的相关产品标准和抽样结果在内的证据等等，都可以在听证时提交。如果辩护证据不足以说明货物符合法定要求，FDA 会发出拒绝放行通知。

（二）FSIS 的进口食品流程

肉、禽和蛋产品、乳制品（黄油和奶酪除外）在进口前还要获得 APHIS（动植物检疫局）签发的许可证。

肉、禽和蛋产品在到达入境口岸时，向美国海关申报，经 APHIS 审核满足动物卫生要求后，全部转交 FSIS 官方检验员实施进境口岸查验（point-of-entry，POE）。FSIS 在全国设有约 130 个官方进口检验机构，位于主要的海运港口和陆路边境口岸。主要核查每批货物及产品是否附有恰当的卫生证书，以及货物的装箱数量、整体情况、标签及在运输途中的受损情况等。

除 POE 信息确认外，FSIS 还要对每批进口的肉、禽和蛋产品抽样检查，包括货物的物理检查、装箱情况检查以及实验室检测，如：微生物抽样检测、食品化学分析、食品类别确认和化学残留检测。

进口抽样检查分为正常抽样（normal sampling）、扩大抽样（increased sampling）和强化抽样（intensified sampling）3 种抽样方式。

（1）正常抽样是按照 FSIS 进口食品微生物监控计划和国家残留监控计划制订的抽样方案，对进口产品进行随机抽样检测。

（2）扩大抽样是主管机构管理人员在正常抽样的进口监管中发现问题，在正常抽样的基础上增加抽样数量。如：当 FSIS 确认某国外生产企业是大肠杆菌阳性追溯系统中的"多来源"提供者，就会对该企业进口产品扩大抽样。其他原因，如未送检，或在审核出口国家或者国外生产企业期间发现问题，都会触发管理者启动对该国或企业进行扩大抽样。抽样频率由 FSIS 来决定，一般会连续对之后进口的至少 15 批该类产品进行该项目的检测，如果所有的检测结果都是阴性，则取消扩大抽样回到正常抽样水平。

（3）强化抽样是针对进口监控时被检出不合格的某类（肉/禽/蛋产品）产品的抽样，要求对之后进口的至少 15 批该类产品进行该项目的连续检测，或者检测的重量是不合格批次重量的 15 倍。如果所有的检测结果都是阴性，则取消强化抽样回到正常抽样水平。

对于正常抽样和扩大抽样这 2 种抽样方式，不要求货物在港口存放等待实验室检测结果。但如果货物不在港口存放，一旦检出不合格，则该批产品必须全部被召回。强化抽样则要求产品必须留在港口直至实验室给出检测结果后方可放行。

整个抽样过程是在 FSIS 的"自动进口信息系统"（automated import information system，AIIS）的协助下完成的。AIIS 是 FSIS 设计的一个中央电脑数据库，它可以对进口抽样数量进行分配，生成并存储包括实验室检测在内的监控结果，并编辑为输出国家监控体系所允许的出口企业的历史表现。

查验合格的产品盖上"检验合格，准予放行"的章，不合格的产品盖上"拒绝入境"的章，禁止进入美国市场。对于不合格产品的生产企业，其后续出口到美国的产品会自动受到更严密的进口监控。

四、对不合格食品的进口监管介绍

（一）FDA 对口岸检出的不合格食品处理

对 FDA 在口岸检出不合格食品，进口商可以提出"改善或采取其他措施授权"申请，要求允许将误贴标签的食品通过重新贴标签或采取其他措施使其符合要求，或将其转换成非食用产品，同时提出使该食品符合要求的具体办法。整个补救程序都须经过 FDA 批准，并在海关和 FDA 监督下进行。在执行这些补救措施时，FDA 可以要求进口商支付一笔保证金，以担保整个程序符合法规。进口货物在重新包装或瑕疵被纠正后，FDA 进行重新检查。检查结果若符合法律，它会发出放行通知，若还是不符合法律规定，进口商必须将货物退运或就地销毁。不仅如此，进口商还须支付 FDA 为上述货物进行有关工作的所有费用。

（二）FSIS 对口岸检出的不合格食品处理

FSIS 在口岸检出的不合格肉、禽产品，要求在 45 天之内退运、销毁，如果符合 FDA 要求并取得同意可以转变为动物食品。

（三）召回制度

进口食品进入美国消费市场后，若发现问题，需要进行召回。通常情况下，召回是企业的自主行为，在法律授权的情况下，FDA 和 FSIS 可以命令或者要求厂商召回其产品，以保证市场上所销售产品的品质不会对消费者造成任何可能的健康损害。

第四章 ▶▶▶
FDA检查食品企业关注点

随着美国 FDA 对美国《FDA 食品安全现代化法》（FSMA）实施的进一步深入，全球输美的食品企业受到来自美国 FDA 现场检查的频率也越来越高。对输美的中国食品企业来说，无疑迎检前期如何准备、FDA 在生产现场检查关注要点、企业应对技巧等是食品企业最关心的问题。如果企业能全面熟悉这些要点，针对性地采取应对措施，就能较轻松地通过美国 FDA 的官方检查，不仅有利于本企业的产品顺利进入美国市场，而且通过迎检成功，也能极大地提高本企业的生产管理水平。下面就从 6 个方面，介绍 FDA 常规检查方法、现场检查关注重点以及企业迎检应对的一些技巧策略。

第一节　企业收到 FDA 检查通知后处置

一、向检查企业寄发检查通知

FDA 食品安全和应用营养中心（CFSAN）一旦将企业列入检查对象后，会以电子邮件、传真和/或邮寄信函的方式通知各食品企业。FDA 会从 FDA 的食品企业注册数据库中获取相关企业的联络信息。根据食品企业注册法规 21CFR 第 1 部分的 H 子部分的要求，食品企业必须随时注意更新在 FDA 注册的联络信息，以保证与 FDA 的联络通畅。

企业收到的初始通知中将包含英语和该企业所在国的官方语言两种语言。其他有关即将进行的检查（包括安排日期和检查协调）等进一步沟通都将以英语进行。此外，其他任何监管性通信（例如违规函，即警告或无标题信函）都将仅以英语进行。

二、企业在规定时间内予以答复

首先，企业应回复确认已收到 FDA 的检查通知。

在企业确认已知悉 FDA 的检查意图之后，FDA 会再次通过信函联络该企业，其中将具体说明拟检查日期及后勤信息，包括检查过程中是否安排翻译；生产、加工、包装或存储设施的完整邮寄和实际地址；以及相关负责人的联系方式信息。主管部门会获得此通知副本。在对食品企业的检查安排确定后，FDA 会与主管部门分享最终行程计划。

一般情况下，企业应在 5 天内给 FDA 答复。

如果某一食品企业未能回复 FDA 的检查通知，该企业的产品将可能被拒绝进入美国。

三、拒绝检查的后果

《FDA 食品安全现代化法》（FSMA）第 306 款对《联邦食品、药品和化妆品法》第 807（b）款作出如下修订：除其他方面之外，如果食品来自拒绝接受检查的海外工厂、仓库或其他企业，则 FDA 可拒绝允许该食品进入美国。

当 FDA 被拒绝执行检查时，FDA 将考虑其所有监管选项，以判定相关产品是否符合被拒绝进入美国贸易市场的条件。FDA 可采取的措施包括：将该企业列入进口警告名单中；增加采样和/或检测；拒绝入境；或其他监管、司法和行政措施。若企业未能对 FDA 计划检查的通知进行回应，FDA 即可将其视为该企业已经拒绝检查。因此，若某一食品企业未能回复 FDA 的检查通知可使其被列入进口警告名单，并且该企业的产品将被拒绝进入美国。

第二节　FDA 检查食品企业常规程序介绍

一、见面会

1. 自我介绍，并出示其检查证件。

2. 逐一询问、记录参会人员姓名、工作岗位。

您叫什么名字？您的职务是？

3. 介绍 FDA 注册、海外检查计划，本次检查目的、依据等基本情况，并向企业递交一些企业应知晓的材料。

主要包括 FSMA 及其配套法规简介，海外检查计划介绍，海外检查以及重新检查的费用问题等。

声明本次检查是随机抽查，主要依据产品风险、检查依据等，声明检查目的是为了评估企业是否遵守了相关美国法规规定，并非对该国主管部门监管体系的审查。

4. 确认企业在 FDA 网站注册的信息，记录信息变更情况，包括名称、地址、联系方式等。

通过了哪些认证？——ISO9001、ISO22000。有没有 HACCP？

5. 询问产品、工艺等信息。

产量、出口额及占总量的比例、有无行政处罚记录、平均工作时长、员工数、产品品名、规格、包装、食品安全防护培训、投诉处理、召回处理等有关情况。年出口美国金额多少 RMB（人民币）？出口美国金额占总销售额百分比？

其他出口国的官方机构来现场检查你们吗？——没有，只有美国。

谁负责产品召回？召回是由谁决定的？食品安全小组成员是谁？谁负责客户投诉处理？

客户有哪些投诉渠道？

收到客户投诉后你怎么处理？

查看厂区平面图、提出了拟查看的记录清单。

（FDA 需了解的问题清单请详见附件 1）

二、现场检查

(一) 员工卫生、健康、受培训程度的检查

员工疾病控制、工服的卫生管理、生产过程中操作卫生管理、员工教育及培训情况、监督人员资质等情况。

检查人员会通过书面记录、现场提问、现场观察、查看文件规定等形式获得上述信息。

(二) 企业构造、设计及卫生操作情况检查

1. 厂区整体环境卫生、虫害控制检查。

2. 车间硬件构造、设计是否合理并易于清洗消毒;储存容器、闲置设备是否妥当放置、保护;洗手及工器具清洗消毒设施是否充足、适用?

企业是否制定符合要求的卫生标准操作程序 (SSOP) 程序?执行力度如何?食品接触面管理控制如何?班前、班中、班后的卫生管控及记录;消毒剂配制规定及记录。

要求提供供水、排水设施图,现场核对是否一致;重点检查供水、贮水设施卫生及清洗消毒频次及记录、防护程度。

厂区卫生间是否符合要求?垃圾废弃物处置是否合理?锅炉房卫生?若用到软化剂,是否为食用级?

3. 仓库整体卫生情况;产品堆垛、代码标识是否符合法规要求。

(三) 生产和工艺控制检查

1. 是否对整个生产过程进行了危害分析,并提出基于风险的预防性控制措施;可能查看书面规定。

2. 现场查看生产流程是否与书面一致;针对不同产品特点,重点查看预防性控制措施执行充分性、有效性:如原辅料验收、杀青、封口杀菌、金属探测、配汤、酸化等工序。

3. 生产过程出现偏差如何处理?不合格品隔离、评估规范否?相应记录完整否?

4. 过敏原识别及控制有否书面程序要求,现场核对管控效果。

5. 化学品管理是否规范?是否有专门保管场所?是否专人管理?

6. 车间、冻库温度控制是否达到工艺要求?

7. 现场监控仪器仪表的完好性、充分性?计量情况?

8. 对关键控制点会完整观察整个过程,抽查监控人员演示熟练性。

美国 FDA 良好操作规范及解读详见附件 2。

三、记录检查

查看合格供方清单、美国客户清单、原料验收报告、产品委托检测报告、出口美国发票、箱单、厂检报告、虫害控制记录等。并要求企业提供扫描件供带走。

详细询问了检测项目名称,产品有无 pH 控制要求,虫害控制记录上的问题。

检查产品标签、日常水质检查记录、官方水质报告、微生物检测记录等。

然后填写检查记录 Form 483（483 表）。

四、总结会

向企业传达检查中发现的问题，向企业递交检查记录表格（Form 483），逐条告知企业不符合项，询问企业拟如何整改，何时整改完毕，边询问边记录。告知企业须在 15 个工作日（3 周）内把整改报告发到指定邮箱。

第三节　FDA 检查主要关注点

1. 备案的反恐登记资料是否与企业现状吻合，包括企业名称、地址、生产品种等。

2. 企业在美国登记备案的低酸罐头及酸化食品的热加工过程呈报号（SID）资料上全部信息是否真实准确，是否有对应的杀菌公式来源资料（比如，热穿透报告），杀菌公式来源资料内容是否能支持 SID 资料，二者是否一致。

3. 企业实际生产加工过程是否与 SID 资料一致。备案的关键因子是否得到有效控制并记录。记录是否真实，记录内容是否与 SID 要求相符，若出现偏差，有无进行纠偏。

4. 企业是否建立完善的追溯体系，是否在加工现场（杀菌前）对包装容器进行喷码（生产日期、卫生注册号、产品代码），相应的罐码信息是否在封口和杀菌记录体现。企业若使用暗码，是否有相应的程序规定。

5. 企业杀菌锅的安装是否规范，监控仪表是否校准计量，是否有热分布报告，实际排汽过程是否符合热分布报告规定。

6. 企业是否对生产设施设备进行维护保养，生产设施设备是否处于良好卫生和正常使用状态。

7. 企业加工用水及其安全卫生防护是否符合卫生控制要求，是否有官方水质检测报告和企业日常监测记录。

8. 酸化罐头的酸化过程是否得到有效控制，是否按规定检测 pH，pH 计的使用和标定是否符合要求。

9. 企业加工过程是否使用食品添加剂，若有使用，是否符合美国相关标准的规定，并在出口商标上标注其成分。

第四节　企业迎检准备

一、迎检准备工作内容

准备好企业的美国反恐注册材料（可参考附件 3）；如是低酸罐头及酸化食品加工企业，还应重点审核 SID 材料、相关技术性支持材料、HACCP 计划中关键因子的一致性问题（可参考附件 4）；收集好最近两年输美产品的品种、规格、数量、美国进口商、质量反馈等信息；准备好企业介绍材料，突出生产规范、产品防护、品质保障等方面的优势；

明确翻译人员、主答人员、辅答人员、记录人员、后勤人员等主要的接待人员；制定合适的检查路线；合理安排检查当天的生产，提前计划好各车间生产品种，尽量安排生产出口美国产品；整理档案存放场所和相关记录存放位置，方便查找检查时可能查看的文件、记录；全面做好厂区和周边环境卫生等。

二、迎检准备细节要求

（一）质量控制体系文件

1. 公司建有完善的质量控制体系，并且有相关的质量控制记录对该体系的正常、正确运行提供足够的支持证据。

2. 提供公司相关资料，如建厂时间、厂房面积、生产能力、年产量、厂区平面图、车间平面图、供水网络图、人流物流图。

3. 所有出口美国的产品，需要提供完善的生产加工记录，包括原料的感官验收记录、原料的农药残留（以下简称农残）检验记录、原料的出入库记录、车间生产 HACCP 体系运行记录、产品包装运行记录、金属探测（以下简称金探）或 X 光检查记录、产品的监装放行记录、辅助材料的验收记录，尤其是关键控制点记录必须完善，包括卫生控制记录、虫鼠害控制记录，并必须前后对应，确保真实，字迹不能出自一人之手。记录要求保持两年以上。

4. 收集并认真审核企业内部纠偏、不合格品和顾客投诉的控制及处理记录。

5. 再次确认企业自己的反恐登记信息准确性。如是生产低酸罐头或酸化食品的企业，则还需确定食品罐装企业（FCE）号准确性；核对所有产品的水分活度及 pH，是否已全部按法规要求向 FDA 作 SID 登记。

6. 企业必须制订供应商审核计划及监督审核计划（以及资质证书以及自我声明），车间所加工的半成品、成品，库房存放的原料、半成品、产成品都必须有相关的追溯标识，这些标识并且有相关的记录加以印证，确保该追溯标识有迹可循。

（二）工厂结构设施的设计施工应合理，以便确保生产出安全优质的产品

应很好地维护设施。工厂设计与结构要求如下：

1. 建筑设计与结构包括公用固定设施应防止并杜绝成为产品生产与处理的潜在污染源。

2. 内/外部结构应无裂缝、孔洞、开口或其他任何会让害虫藏匿或进入的地方。

3. 外部房门应能够自动关闭，关闭时应有良好的密封性。装卸区应维护良好无害虫，根据情况可设风幕等限制空气进入。

4. 屋顶应排雨通畅无渗漏。

5. 门、窗或其他开口处应禁止非工作人员进入。

6. 地板、墙壁、天花板及高架设施应易于清洁，材质上应能够抵抗产品或清洁剂的侵蚀。

7. 地板应封缝，保持良好状态并有适当的倾斜以便避免存水。

8. 所有地面排水道都应配备防鼠设施，还应该易于触及和清洁。

9. 车间内所有有可能浸入液面以下的水管都必须加装止回阀。

10. 水处理系统。水是食品生产中用量最大、使用最广的重要原料，水质的优劣直接影响到食品质量，企业应特别做好水处理系统，另外还应注意离子交换树脂活化用盐禁止使用工业盐。

11. 由于部分蒸汽会直接或间接接触食品，企业使用的锅炉清洗剂应为食品级。

（三）设备维护与保养

1. 生产所选设备与材料应适用且维护良好，文件规定的计划性维护应为预防维修与故障检修。该规范应包括：食品处理设备清单、维修频率与维修记录。对可能影响到食品安全与员工安全的设备应优先维护。

2. 在生产中进行维修维护时应采取适当的措施保护产品，应将维护区域与运行中的生产线隔离，应对维修完成后重修恢复的生产线实施规划（在修好的设备正式投入生产前，设备应被适当的清洁及消毒）。

3. 对于所有加工设备来说，预防性维护规划应该及时更新。该规划应该包括实施明确的检查，以便对纱网、过滤器、磁铁、垫圈等等以及任何潜在的金属之间的结合处的情况进行评估。如果生产线沿线没有探测设备（比如说，金属探测器、磁力棒），就应该定期地并且更加经常地实施详细的评估。评估内容包括产品接触设备的条件（例如：刮刀刀刃、传送带、螺旋式热交换器的管状物、巴氏杀菌器的板片、研磨机的金属板、阀门、泵和垫圈）。评估的目的是检测潜在的污染。对于用于产品生产和包装的压缩空气的空气压缩机例行预防性维护应该记录备案。其内容包括检查或清洗或替换空气过滤器、垫圈、泵、轴承等等。预防性措施的频率应该根据上一次的调节和设备历史情况做出调整。

4. 在食品加工设备上应该使用食用级润滑剂。在此类设备上，润滑剂或热载体油与食物产品之间可能有直接和/或间接接触。

5. 在产品接触区域所有的金属焊接应该是无毒性、能清洁、无凹陷、无褶皱、无裂痕、无缺口并且无夹杂物。

6. 工具应该被清洁和消毒，并且应该有一个特别的区域来做清洗和消毒。当工具从生区移入熟区时，应实施适当的消毒程序。

7. 设备维修的目的是使设备持久运行，并且应该使用适当的材料（比如临时性维修可能对产品的食品安全/质量产生负面影响，因此应该适时地用持久性维修来替换）。

8. 在维护活动之后（比如，钻孔、切割、打磨和焊接），应该确保设备和设施在开始生产之前是清洁的、消毒的，并且处于良好状态。

9. 生产区域的标识。包括生产区域的总平面图，不同洁净级别区域的标识，按照管理要求划分的不同区域进入控制区的程序等。

10. 生产设备容器和管线的标识，包括设备容器的名称、编号、型号规格和安装日期等，以及用不同颜色区分不同类型的管线并标明流向。

11. 设备运转状态的标识、标明设备处于生产、清洗、维修还是停用等。

12. 生产过程的各种物料的标识，包括原辅料、包装材料、半成品或中间体和成品的品名、批号、数量、来源等标识及标明检验状态的标识（待验、合格或不合格）。

13. 仪器、仪表、量具和衡器的校验，生产和检验的仪器、仪表、量具和衡器等准备与否，关系到工艺参数的控制与检验结果的准确性。工厂要制定严格的控制规程并保证其有效的执行。

（四）虫害的控制

1. 应制订虫害管理计划，以便有效地监控和控制虫害在工厂设施内及其周围的活动。虫害控制行动应该由有虫害控制执照的承包者或经过相应培训的员工来施行。

2. 应绘制完整精确的平面图，指示室内捕鼠器、粘鼠板、灭蝇灯、室外毒饵投放点、生化信息素捕杀等的位置。

3. 残留杀虫剂不得以烟雾、气雾等的形式使用。当目标是某种具体的害虫时，可使用诱饵。在使用的场所，诱饵装盒应该是一个坚固的、不易被毁损的并且安全的结构。灭鼠剂只可以块状或固体膏状的形式投放（不允许以粒状、丸状或粉状等形式使用灭鼠药）。灭鼠剂通常应着重在厂区外投放。捕鼠器和诱饵装盒最好在建筑物内部使用。灭蝇灯的灯泡必须定期更换（根据各生产商的要求）以便发挥它们的最高效能。灭蝇灯应该安装在靠近出口的接收区或是仓储区，但是不应该安装在容易把害虫吸引到建筑物内部的位置。

4. 用于虫害控制的化学品必须附上精确标签，详细编目，当不使用时要安全存放（有闭锁的门的地方），只有经过授权或是指定的人员才可以接触到。例行检查应按必要的频率进行，以确定害虫活动、其藏匿处和侵入点。

虫害检查的结果应做记录。有关杀虫剂使用的文件记录应该包括：杀虫剂的品牌名称、可追溯性信息（比如说批号）、使用量、使用杀虫剂的方法、目标害虫和处理时间。厂家应附有所有杀虫剂的标签和材料安全数据单（MSDS）或是相应的材料、选址安全注意事项。

5. 必须分析虫害活动数据以找出其活动的去向。如果发现有虫害活动，针对性的控制级别也要相应的升级。

（五）车间现场参照公司制定的 SSOP/GMP 个人规范执行，在 GMP 区域内不允许出现下列行为

1. 未在厂区指定许可的区域内饮食。

2. 嚼口香糖、糖果、润喉糖、止咳糖与烟草等。

3. 嘴内含有牙签、火柴棍或其他物件。

4. 耳朵后面夹钢笔或香烟等物。

5. 戴假睫毛或假指甲，指甲不能有任何装饰（包括贴花、涂指甲油等）。

6. 腰带或腰部以上携带物件（如钢笔、手电筒、温度计等。）

7. 在生产区吐痰（吐唾沫）。

8. 在 GMP 区域内禁止佩戴戒指、手表、耳环、项链及其他珠宝首饰（包括在如鼻、舌等身体暴露部分穿孔装饰）。

9. 如果厂区允许吸烟，只能在指定区域内进行，不能出现在 GMP 区域内。

10. 使用徽章或佩戴用夹子夹的身份证必须在腰部以下，允许使用来宾身份标识徽章、但绝不能成为厂区的一种污染源。

11. 午餐应在指定区域内贮存，午餐应装在可清洗、可再用的或一次性容器内（午餐纸袋或塑料袋/包装）。

12. 个人锁柜必须保持无垃圾及油污衣服，禁止在锁柜内存放食物、药品及直接接触产品的工具。

13. 所有服装都应清洗干净及品相良好，员工服装不应该成为一种污染源。

14. 在 GMP 区域内工作的员工只能穿公司指定的服装，服装应确保头发、汗液或其他异物不能污染产品（例如，不穿短裤、紧身短背心、无袖衬衫等）。非生产人员、承包商、来宾等进入 GMP 区域的人员必须着实验服（或其他指定服装），鞋子也要与厂方要求一致。

15. 腰部以上的口袋要拆除或缝闭，只允许用拉链、夹子、粘拉链作为衬衫、外套、实验室工作服或工作服的扣件。

16. 如果有关于着装与穿鞋的规定存在，在微生物敏感区域工作的员工禁止把公司的服装与鞋子穿到厂区之外。不用时，此类服装应以卫生的方式贮存（如用衣架或衣钩）。

17. 在 GMP 区域内工作的职员在下列情况下一定要洗手：在进入 GMP 以前；每次去盥洗室、洗手间、午餐室以及休息室重返 GMP 以前；在接触产品或与产品接触表面以前；其他任何双手被弄脏或污染的时候，双手都应经清洗和消毒处理。此外，在微生物敏感区域工作的职员一定要先洗手后消毒；如果看到手脏了，必须洗手后重新消毒。

18. 在 GMP 区域内工作，应避免用手从事未消毒的操作。手尤其不能用于：挠头部或身体，摸脸或擦额头，把手指放在口、鼻或耳朵里。

19. 如果手直接接触产品或与产品相接触的表面时，不能使用护手霜。如果不违反工作条件和规章制度，可以使用无香味的护手霜外面戴上被认可的手套。指甲必须保持洁净，适当修剪，毫无装饰（如假指甲或指甲油）。在 GMP 区域内工作的员工禁止使用假指甲。

三、企业迎检应注意事项

1. 在 FDA 官员来工厂检查前，公司内部应进行多次的核查、确认和演练。

2. 现场检查时，企业应指定专人负责协调和掌控，并及时与 FDA 检查员沟通，搜集汇总及回答 FDA 检查员在现场检查过程中提出的问题。

3. 在回答 FDA 的现场提问时，相关人员应首先确保完全理解问题，并做出真实、具体和完整的回复，不要答非所问或主动提供与 FDA 所提问题没有直接关联的信息。如果厂区存在较为复杂的与食品安全生产相关的工艺流程，技术人员要时刻准备好接受 FDA 的提问。

4. 企业一线员工在检查期间要正常生产，并遵守相应的岗位安全生产规范。

5. 生产现场应确保卫生清洁。食品生产设施只有在清洁的环境中才能运行。如果有任何需要修理的设备或需要清洁的区域，一般来讲企业应主动发现并采取相应的整改措施，而非等到 FDA 检查员指出这些纰漏才进行整改。

6. 企业应确保在现场检查中可以提供食品安全的相关记录。现场记录一定要真实准确。

7. 对 FDA 检查中发现的问题，如可以在短时间内整改，应立即整改到位并最好请检查官员予以确认。

如果企业在现场检查结束后收到 483 表，FDA 通常会给企业 15 个工作日的时间让其准备书面回复。在回复中，企业应确保对 483 表中提到的每一项检查发现都进行完整的回复。为避免遗漏，企业可以对 483 表中列出的问题逐项列出，且在回复中将提到的整改计划具体化。若整改可以在回复准备过程的 15 个工作日内完成，应该立即进行；若不能，企业应列出预计完成的时间表。如果整改计划涉及长期的资本投入（例如新设备的采购和安装），在整改完成前应向 FDA 提供周期性进展报告，并对已完成的整改内容提供相关记录，其中应包括新设备采购单、完成整改区域或设备的照片、升级的 SSOP 和其他可以证明整改的文件或记录等。通常情况下，FDA 会选择在企业的整改全部完成后对企业再次进行检查以确认企业的合规性。

附件 1   Annex 2 Factory Profile

FDA U.S. FOOD & DRUG
ADMINISTRATION

U.S. Food and Drug Administration
Division of Foreign and Human and Animal Food Operations (DFHAFO)
Office of Human and Animal Food Operations (OHAFO) – East
12420 Parklawn Dr., Room 2136
Rockville, MD 20857

PACTORY PROFILE

Please provide the following information by email to: USFDAForeignFoodInspectionPlanning@fda.hhs.gov
to assist the US FDA in planning and scheduling an inspection of your Facility.

Facility Information
1. Facility Name:
2. Address of the Main Office or Headquarters (if different than the manufacturing address):
3. Manufacturing Address (English) include City, State/Province/Area, Country, Country code or Zip code:
4. Manufacturing Address (Native/Local Language) include City, State/Province/Area, Country, Country code or Zip code:
5. Using http://www.mapcoordinates.net/en, what is your Firm's Manufacturing location: Latitude: 谷歌定位经纬度   Longitude:
6. Does the Firm conduct business under any other name? ☐ YES ☐ NO   If "YES", please list:
7. Is the Firm associated with a parent company, holding company, group organization, or have subsidiary or affiliate firms? ☐ YES ☐ NO If "YES", please list:
8. Does the Firm, including all associated companies and subsidiaries, have over $1,000,000 in annual sales? ☐ YES ☐ NO
9. Does the Firm have additional manufacturing locations (i.e. farm or additional packing site)? ☐ YES ☐ NO IF "YES", please list (submit a separate Factory Profile form for each location):
10. The manufacturing location is near what major city?

11. Facility Contact Information:
  i.   Telephone number:
  ii. E-mail Address:
  iii. Website(s):

12. What are the DAYS and HOURS of production?

13. Is your Facility in operation the entire year?
  ☐ YES ☐ NO
    If "NO", when is the growing season or seasonality? Specify months of peak operation:

  i.   Please describe any issue(s) that may impact the scheduling of this inspection (Holidays/Planned Shutdown):

14. Number of full time employees:

15. Number of seasonal employees:

16. Facility size (example- 200m^2):

17. What types of activities are conducted at your Facility? ☐ Ambient Storage ☐ Refrigerated Storage ☐ Frozen Storage ☐ Manufacturer/Processor ☐ Warehouse ☐ Packer/Repacker ☐ Labeler/Relabeler ☐ Farm ☐ Other:

18. Manufactured products/commodities: ☐ Cheese ☐ Low Acid Canned Food (LACF) ☐ Acidified Food (AF) ☐ Grower/Farm ☐ Seafood/HACCP ☐ Juice/HACCP ☐ Dietary Supplements ☐ Infant Formula ☐ Others:

Low Acid Canned Food (LACF)/ Acidified Food (AF)

19. Please provide your Food Canning Establishment (FCE) number if you manufacture LACF or AF products.
    FCE Number:

LACF products are any food (other than alcoholic beverages) with a finished equilibrium pH greater than 4.6 and a water activity greater than 0.85 (excluding tomatoes and tomato products having a finished equilibrium pH less than 4.7) placed into a hermetically sealed container that can include cans, bottles, pouches, etc.

AF products low-acid food (pH > 4.6) to which acid(s) or acid food(s) are added and which has a finished equilibrium pH of 4.6 or below and a water activity (aw) greater than 0.85 that are placed into hermetically sealed container that can include cans, bottles, pouches, etc.

Exclusions from LACF/AF: Carbonated beverages, jams/jellies, acid foods, fermented foods, and refrigerated/frozen products. However, carbonated beverages, acid foods, and jams or jellies containing small amounts of low acid ingredients (≤10%) that cause a significant shift in the finished pH from that of the predominate acid food or acid are considered acidified foods; if the low acid ingredient(s) are >10% then it is an acidified food. Fermented foods with low acid ingredients added are also considered acidified foods.

If you manufacture LACF or AF products that are exported to the United States, you must have a Food Canning Establishment Registration and a Process Filling for each product, product style, container size/type and processing method. For questions contact the LACF Team by email LACF@FDA.HHS.GOV or you can file online electronically at https://www.access.fda.gov/.

Dietary Supplements

20. Do you manufacture a dietary supplement or dietary supplement ingredients?
  ☐ YES ☐ NO
    If "YES", Answer the following questions:
  i.   Do any of the dietary supplements or dietary supplement ingredients that you manufacture consist of more than one ingredient?
  ☐ YES ☐ NO
  ii. If you manufacture a single ingredient, is it sold to the consumer without further processing?
  ☐ YES ☐ NO   NA

Dietary Supplements
iii. Do you send a single or blended ingredient to another firm for further processing or manipulation? ☐ YES ☐ NO Explain: iv. Do you package, label, or distribute a dietary supplement manufactured by another firm? ☐ YES ☐ NO v. Do you manufacture a dietary supplement that is packaged or labeled by another firm? ☐ YES ☐ NO vi. Is the name of your firm on the label of any product being shipped to the United States? ☐ YES ☐ NO vii. Do you sell your product directly to consumers? ☐ YES ☐ NO viii. Is your Dietary Supplement manufactured/produced for: ☐ Human consumption ☐ Animal consumption ☐ Both

Firm Operations
21. What products does your facility process?
22. Enter the manufacturing process the Firm uses (i.e. canning, freezing, packing/repacking):
23. Describe your Firm's manufacturing process (raw material to finish product):
24. Is your facility a vessel (boat/ ship)? ☐ YES ☐ NO
25. What is the date and commodity last shipped to US?
26. Are you a supplier (do you sell bulk products for further processing)? ☐ YES ☐ NO If "YES", list product:
27. List Name/Address of any company that provides manufacturing/processing services for your products.
28. What is the US FDA Food Facility Registration (FFR) associated with your manufacturing location?
29. Does your Firm have additional buildings at the inspectional location? ☐ YES ☐ NO i. Can you walk to this building from the manufacturing address? ☐ YES ☐ NO ii. Please list activities of each building:
30. Has this Firm location been inspected by US FDA before? ☐ YES ☐ NO If "YES", please provide dates of inspection and any actions:
31. Has your Firm had any of the following in the past 3 years? ☐ Consumer complaints ☐ Import Alerts ☐ Recalls ☐ YES ☐ NO If "YES", When?

31. Has your Firm had any of the following in the past 3 years?
☐ Consumer complaints ☐ Import Alerts ☐ Recalls
☐ YES ☐ NO
　　If "YES", When?

Inspection Information

32. Contact information for the most responsible person:
　i.　Name:
　ii.　Title:
　iii.　Phone Number:

33. Local point of contact during inspection:
　i.　Name:
　ii.　Title:
　iii.　Email address:
　iv.　Phone number/mobile cell:

34. U.S. agent contact information:
　i.　Name:
　ii.　Title:
　iii.　Email address:
　iv.　Phone number/mobile cell:

35. Will an English speaking staff member or Interpreter be present during the inspection?
☐ YES ☐ NO
　　If "NO", what is the official language spoken by facility personnel and management?

36. What is the best mode of transportation to your Facility?

37. Is your Facility willing to provide transportation for the inspector from their hotel to your Facility and return?
☐ YES ☐ NO

38. Is your Facility willing to provide transportation for the inspector from the airport to their hotel and return?
☐ YES ☐ NO

Additional Information

Use this area to add information that would not fit in designated section (list the question number):

Recommendation(s) for Hotel, Airport, Taxi, and Rail

Hotel name: Gaoming Country Garden Phoenix Hotel	
Address: Sanzhou Country Garden,Gaoming District, Foshan,Guangdong,China	
City, State/Province/Area, Zip Code: Gaoming District, Foshan,Guangdong,China,528500	
Telephone: 0086-757-88611111	
Fax:	
Website: http://www.bgyhotel.com/clients/home	
Cost per night: 400RMB	
Approximate travel time to your Facility: 40min	

Hotel name: Fuwanhu Hotel	
Address: Guangdong Foshan Gaoming Holland rich main road Fuwan Heng jiangreservoir side	
City, State/Province/Area, Zip Code: Gaoming District, Foshan,Guangdong,China,528500	
Telephone: 0086-757-88911388	
Fax: 0086-757-88911666	
Website: http://www.fuwanhuhotel.com/	
Cost per night: 400RMB	
Approximate travel time to your Facility: 25 min	

Recommended Airport

Airport name (airport code): China Southern Airlines
Approximate travel **time** to hotel from closest airport: 2 hours
Approximate travel **distance** to hotel from closest airport: 100 km

Recommended Taxi service

Taxi service and address:
Telephone: 0086-757-83366998;0086-757-82220888
Website:

Recommended Rail/Train

Train station and address: Guangzhou station;No.159,West Ring Road,Yuexiu District,Guangzhou,China
Telephone: 0086-20-12306
Website: http://www.12306.cn/mormhweb/

附件2　美国良好操作规范
（GMP—21CFR Part 110，参考译文）

A 分部：总则

110.3　定义

联邦食品、药物及化妆品条例（以下简称条例）第201节中术语的定义和解释适用于本部分的同类术语。下列定义亦同样适用：

1. 酸性食品或酸化食品：是指平衡 pH 为 4.6 或低于 4.6 的食品。

2. 适当的：指为达到良好的公共卫生规范的预期目的所需要满足的要求。

3. 面糊：是指一种半流体物质，通常包含面粉和其他辅料，食品的主要成分可浸在其中，或用它涂膜，或直接用来形成烘烤的食品。

4. 热烫：除坚果和花生外，指在包装前对食品进行足够时间和充分温度的热处理，以使天然形成的酶部分地或完全失活，并使该食品产生物理或生化方面的变化。

5. 关键控制点：是指食品加工过程中的一个点，在这个点上控制不当时，就可能造成或导致危害，或使成品受到杂质污染，或造成成品的腐败。

6. 食品：指条例201（F）节所定义的食品．包括各种原料和辅料。

7. 食品接触面：指与人类食品的接触表面以及在正常加工过程中因污水滴溅污染的并与食品接触的设备和工器具表面。"食品接触面"包括与食品接触的工器具及设备的表面。

8. 批：指在某一段时间生产的由具体代号标记的食品。

9. 微生物：是指酵母菌、霉菌、细菌和病毒，包括（但不仅限于）对公众健康有影响的微生物种类。"有害微生物"这个术语包括对公众健康有影响的，或使食品发酵分解的，或使食品受到杂质污染的、或使食品成为条例所指的劣质食品的微生物。有时，美国食品与药物管理局在这些法规中使用"微生物"这个词，而不使用包含"微生物"一词的短语。

10. 害虫：指令人厌恶的任何动物或昆虫，包括，但不仅限于鸟、啮齿动物、蝇和幼虫。

11. 厂房：指用于人类食品加工、包装、标识或存放，或与人类食品的加工、包装、标识或存放有关的建筑物或设施或其中的某些部分。

12. 质量控制操作：是指一种有计划的系统操作，并采取一切必要的行动防止食品成为条例所指的劣质食品。

13. 返工品：是指由于一些不卫生因素而从加工过程中检选出的、干净的、未被掺杂的食品，或经过重新加工而再次调制，并适于消费的食品。

14. 安全水分含量：指在预期的加工、贮存和分销条件下足以防止有害微生物生长的低水分含量。一种食品的最高安全水分含量取决于它的水分活度（A_w），如果有足够的数据证明，某一水分活度（A_w）或低于食品水分活度（A_w）时可以阻止有害微生物生长繁殖，那么就可以认为这种食品的水分活度（A_w）具有安全性。

15. 消毒：是指用一种对食品接触面进行充分处理的方法，这种方法能有效地消灭危害公众健康的微生物细胞，并大量减少其他有害微生物的数量。但消毒对食品的安全性不得产生不利的影响。

16. 必须（Shall）：用于说明强制性的要求。

17. 应该（Should）：用于表述推荐性或建议性的程序或用以确定推荐性的设备。

18. 水分活度（A_w）：是食物中游离水分的量度，它是物质的水蒸气压力与相同温度下纯水的蒸汽压力的比率。

110.5　现行的良好操作规范

1. 必须用本部分的标准和定义来确定①某种食品是否为条例402（a）（3）节所讲的劣质食品，也就是说这种食品是在不适合生产食品的条件下加工的，或者是②条例402（a）（1）节所讲食品。就是说食品是在不卫生的条件下制作、包装或存放的。因而可能已经受到污染，或者已经变得对人体健康有害。

本部分的标准和定义也适用于确定某种食品是否违反了公共卫生服务条例（42 U. S. C. 264）的361节。

2. 受特殊的"现行良好操作规范"法规管理的食品也必须符合本法规的要求。

110.10　员工

生产加工企业管理机构必须采取合理的措施和预防方法确保做到下列几点：

1. 疾病控制：经体检或监督人员观察，凡是患有或疑似患有疾病、创伤，包括疖、疮或感染性的创伤，或可成为食品、食品接触面或食品包装材料的微生物污染源的员工，直至上述病症消除之前，均不得参与食品生产加工，否则会造成污染。必须要求员工在发现上述疾病时向上级报告。

2. 清洁卫生：凡是在工作中直接接触食品、食品接触面及食品包装材料的员工必须严格遵守卫生操作规范，使食品免受到污染。保持清洁的方法包括，但不仅限于：

（1）穿戴适合生产加工的工作衣，防止食品、食品接触面或食品包装材料受污染。

（2）保持良好的个人卫生。

（3）开始工作之前、每次离开工作台之后、以及手被污染或其他任何情况下受到污染时，应在合适的洗手设施上彻底洗净双手（如要防止有害微生物的污染，则应进行消毒）。

（4）除去不牢靠的，可能掉入食品、设备或容器中的珠宝饰品和其他饰物，除去在手工操作食品时无法彻底消毒的首饰。如果无法除去首饰，可以用一块完整无损的、清洁卫生的、并能有效地防止食品、食品接触面或食品包装材料受污染的物料将首饰包套起来。

（5）使用的手套（如果用它们处理食品）应完整无损、清洁卫生。手套应当用不渗透的材料制作。

（6）在适当的场合，应戴发网、束发带、帽子、胡须套，或其他有效的须发约束物。

（7）将衣物或其他个人物品应存放在不与食品接触或被清洗设备用具之外的场所。

（8）将以下行为限制在不与食品接触或被清洗设备及用具之外的区域：吃东西、咀嚼口香糖、喝饮料或吸烟。

（9）采取其他必要的预防措施，防止食品、食品接触面或食品包装材料受到微生物或异物（包括，但不仅限于：汗水、头发、化妆品、烟草、化学物及皮肤用药物）的污染。

3. 教育与培训：负责检查评定卫生不良或食品污染的人员应当受过教育培训或具有经验，或两者皆具备，这样才能保证生产出干净和安全的食品。食品加工和监督人员应当接受食品加工技术及食品保护原理的适当培训，而且应当认识到不良的个人卫生及不卫生操作的危险性。

4. 监督：必须明确地指定由符合要求的监督人员监管全体员工。务必使员工遵守本章的一切规定（51 FR24475，1986 年 6 月 19 日发布实施；1989 年 6 月 12 日修改为54FR24892）。

110. 19   例外情况

1. 下述情况不属本规范的范围：仅从事于一种或数种条例 201（r）节所指的"生的农产品"的收获、贮存或分销的企业，在将这些"生的农产品"销售给消费者之前，只对其所进行的一般清洗、预制、处理或其他形式的加工。

2. 然而，如果有必要将上述例外情况纳入规范时，食品药物管理局会将颁布特别的法规。

B 分部：建筑物与设施

110. 20   厂房与地面

1. 地面：食品生产加工企业的地面必须保持良好的状态，防止食品受污染。维护地面的方法包括，但不仅限于：

（1）合理放置设备，清除垃圾和废料，铲除厂房及其构造物附近可能成为害虫习惯生活的孳生地或藏身处的杂草。

（2）搞好道路、厂区和停车场卫生，这些区域不得成为食品生产加工区域的污染源。

（3）凡因渗漏、鞋上的污染物或害虫孳生地可能污染的食品区域，不得有积水。

（4）废物处理系统不得成为食品裸露区域的污染源。如果毗连厂房的场地不在操作人员的管辖范围之内，而且不是按照本节 1.（1）至（3）段所说的方法管理时，那么必须在厂区内认真地检查、灭虫或采取其他措施以消除可能成为食品污染源的害虫、废料和污染物。

2. 厂房结构与设计：厂房建筑物的大小、结构与设计必须便于食品生产的维修和卫生操作。厂房及各种设施必须：

（1）提供足够的场地安装设备，存放物料，以利于进行卫生操作和食品的安全生产。

（2）应采取适当的预防措施以减少食品、食品接触面或食品包装材料受到微生物、化学物、污物或其他外来物污染的潜在危害。可以通过适当的食品安全控制及操作规范或有效设计，包括将可能发生污染的不同生产加工分开（可采用以下任何一种或数种手段：地点、时间、隔墙、气流、封闭的操作系统或其他有效方法），以减少食品受污染的潜在危害。

（3）采取适当的预防措施以保护露天发酵容器中的散装食品，可以采用以下任何一种有效的保护手段：

① 使用保护性的覆盖物；

② 有效控制食品容器周围的区域，使害虫无藏身之处；

③ 定期检查害虫及其活动情况；

④ 必要时除去发酵容器的表层漂浮物。

（4）结构合理。地板、走道、天花板应易于清扫，保持清洁及维护状况良好；支架和管道上滴下的冷凝水滴或冷凝物不得污染食品、食品接触面或食品包装材料；设备与墙面之间应留出通道和工作场地，且不能堵塞，其空间足以使员工进行操作，而且不使食品接触面与员工的衣裤或人体相接触而污染。

（5）洗手区、更衣室及衣帽间、卫生间，以及食品检验、加工或贮存，设备或工器具清洗的一切区域均应有充分的照明；在食品生产加工的任何环节，在裸露食品的上方须安装安全灯泡、防护罩或者用其他方法防止玻璃碎裂时污染食品。

（6）凡是在有害的气体可能污染的食品区域都应安装足够的通风或控制设备，以将各种气体和蒸气（包括水蒸气和各种有害的烟气）减少到最低限度；同时，将风扇及其他换气设备安装在适当的位置，以符合卫生要求，尽量减少污染食品、食品包装材料及食品接触面的潜在危害。

（7）在必要之处设置防止害虫的网板或其他防护装置。

110.35 卫生操作

1. 一般保养：生产加工企业的建筑物、固定装置及其他有形设施必须在卫生的条件下进行维护和保养，防止食品成为条例所指的劣质食品。对工器具和设备进行清洗和消毒时必须认真操作，防止食品、食品接触面或食品包装材料受到污染。

2. 用于清洗和消毒的物质、有毒化合物的存放：

（1）用于清洗和消毒的清洗剂和消毒剂不得被有害微生物污染，而且必须在使用时绝对安全和有效。可以通过一些有效的手段来证实是否符合上述要求，比如根据供货商的担保或证明书或检验这些物质是否存在污染而确定能否购买这些物质。在加工食品或食品裸露的厂房内，只许使用或存放下列有毒物质：

① 为保持清洁和卫生状况所需的物质；

② 化验室检验用的必须物质；

③ 厂房和设备保养及运转所需的物质；

④ 生产加工企业生产加工必须使用的物质。

（2）有毒的清洁剂、消毒剂及杀虫剂必须易于识别、妥善存放，防止食品、食品接触面或食品包装材料受其污染。必须遵守联邦、州及地方政府机构制定的关于使用或存放这些产品的一切有关法规。

3. 虫害控制：食品生产加工企业的任何区域均不得存在害虫。看门或带路的狗可以养在生产加工企业的某些区域，但它们在这些区域不得构成对食品、食品接触面或食品包装材料的污染。必须采取有效措施在加工区域内除虫，以避免食品在上述区域内受害虫污染。只有认真谨慎且有限制地使用杀虫剂和灭鼠剂才能避免其对食品、食品接触面及食品包装材料的污染。

4. 食品接触面的卫生：所有食品接触面，包括工器具及设备的食品接触面，均必须尽可能经常地进行清洗，以免食品受到污染。

（1）用于加工或存放低水分含量食品的接触面，必须处于干燥和卫生状态。这些食品表面用水清洗后，必须在下次使用前进行消毒并彻底干燥。

（2）在湿加工过程中，为了防止微生物进入食品而必须进行清洗时，所有食品接触面在使用前或可能被污染时都必须清洗和消毒。如使用该设备和工器具进行连续生产加工时，必须对这些工器具以及设备的食品接触面进行清洗和消毒。

（3）食品生产设备的非食品接触面也应当尽量经常进行清洗消毒，以防止食品受到污染。

（4）一次性用品（如一次性用具、纸杯、纸巾）均应存放在适当的容器里，并且必须认真处理、分发、使用和弃置，以防止污染食品或食品接触面。

（5）使用消毒剂时必须适量而且安全。如果已经证实某种装置、方法或机械能经常性地使生产设备和工器具保持清洁，并能充分地进行清洗和消毒，那么就可采用这种装置、方法或机械清洗和消毒生产设备用具。

5. 已经清洗干净、可移动的设备及工器具的存放和处理。与食品接触面、已清洗干净并消毒的、可移动的设备以及工器具应以适当的方法存放在适当的场所，防止食品接触面受污染。

110.37　卫生设施及控制

每个生产加工企业都必须配备足够的卫生设施及用具，它们包括，但不仅限于：

1. 供水：供水必须满足预期的生产加工要求，而且必须来源充足。凡是接触食品或食品接触面的设备表面的水必须安全卫生并有良好的卫生质量。凡是需用水加工食品，用水清洗设备、工器具及食品包装材料、或需用水的员工卫生设施等均必须提供适当温度和所需压力的自来水。

2. 输水设施：输水设施的设计及安装必须得当，并得到良好的维护，使其能：

（1）将充足的水输送到厂区所需用水的场所。

（2）将厂区的污水、废液顺畅地排除。

（3）避免对食品、供水、设施或工器具构成污染，或造成不卫生的状况。

（4）清洁地面时，在大量用水处或在地面正常加工时排水或其他液体排放处，提供足够的地面排水管道。

（5）排放废水或污水的管道系统与食品或食品加工用水的管道系统之间不得有回流或交叉连接现象。

3. 污水处理：污水必须通过适当的排污系统排放，或通过其他有效途径排除。

4. 卫生间设施：每个生产加工企业必须为其员工提供足够的、方便进出的卫生间设施。通过下列措施可以达到这一要求：

（1）保持设施的干净卫生。

（2）在任何时候必须保持设施良好。

（3）安装自动关闭门。

（4）卫生间的门不能直接开向食品裸露区域避免使食品受不洁空气的污染，但是已采取其他措施防止这种污染的情况例外（如安装双重门或合理的气流系统）。

5. 洗手设施：洗手设施安装的位置必须恰当、方便，同时必须提供适当温度的流动水。只有满足下列条件即可达到这一要求：

（1）在生产加工区内的适当位置提供合理足够的手清洗和消毒设施，按照良好卫生规范要求员工洗手和/或消毒。

（2）做好有效洗手和消毒手的准备工作。

（3）提供干手用的卫生（纸）巾或合适的烘干装置。

（4）洗手消毒设施，如供水阀（水龙头等）的设计及结构应为非手动式，防止清洁消毒过的手再次受到污染。

（5）设立简明易懂的标语牌，提示负责加工未受保护的食品、食品包装材料及食品接触面的员工，在开始工作之前、每次离开工作岗位之后以及手可能被污染时，一定要洗手，并在适当的位置对手进行清洗消毒。这些标语牌可以贴在加工间及员工们可能接触上述食品、材料或表面的所有区域。

（6）存放废料的容器结构及其维护须达到防止食品受污染的要求。

6. 垃圾及废料：垃圾及废料必须适时运送、存放和清除，以减少气味，尽量不使其招引害虫或成为害虫的藏身处或孳生地，并避免食品、食品接触面、供水及地面受其污染。

C 分部：设备

110.40　设备及工器具

1. 生产加工企业的所有设备和工器具，其设计、采用的材料和制作工艺，必须便于适当的清洗和维护，这些设备和工器具的设计、结构和使用，必须防止食品中润滑剂、燃料、金属碎片、污水或其他污染物的掺杂。在安装和维修所有设备时必须考虑到，应便于设备及其邻近位置的清洗。接触食品的表面必须耐腐蚀。设备和工器具必须采用无毒的材料制成，在设计上应能耐受加工环境、食品本身以及清洁剂、消毒剂（如果可以使用）的侵蚀作用。必须维护好食品接触面，防止食品受到任何有害物，包括未按标准规定使用食品添加剂的污染。

2. 食品接触面的接缝必须平滑，而且维护良好，以尽量减少食品颗粒、异物及有机物的堆积，将微生物生长繁殖的机会降低到最低限度。

3. 食品加工、处理区域内不与食品接触的设备必须安装在合理的位置，以便于卫生清洁的维护。

4. 食品的存放、输送和加工系统，包括重量分析系统、气体流动系统、封闭系统及自动化系统等，其设计及结构必须能使其保持良好的卫生状态。

5. 凡用于存放食品并可抑制微生物生长繁殖的冷藏库及冷冻库，必须安装准确显示库内温度的测量显示装置或温度记录装置，并且还须安装调节温度的自动控制装置或人工操作控制温度的自动报警系统。

6. 用于测量、调节或记录控制或防止有害微生物在食品中生长繁殖的温度、pH、酸度、水分活度或其他条件的仪表和控制装置，必须精确并维护良好，同时其计量范围必须与所指定的用途相匹配。

7. 用以注入食品，或用来清洗食品接触面或设备的压缩空气及其他气体，必须经过严格的处理，防止食品受到气体中有害物质的污染。

D 分部：预留作将来补充

E 分部：生产加工控制

110.80 加工及控制

食品的进料、检查、运输、分选、预制、加工、包装及贮存等所有生产加工环节都必须严格按照卫生要求进行控制，必须采用合适的质量管理措施，确保食品适合人类食用，并确保包装材料安全无害。生产加工企业的整体卫生必须由一名或数名被指定的专职的人员进行监督。必须采取一切合理的预防措施，确保各生产工序不受任何污染物的污染。在必要时，必须采用化学的、微生物的或外来杂质的检测方法验证卫生控制的缺陷或可能发生的食品污染。凡是污染已达到条例规定的劣质程度的食品时必须全部召回，或者如果许可时，再经处理或加工以消除其污染。

1. 原料及其他辅料

（1）原料和其他辅料必须经过检查、分选或用其他方法进行必要的处理，确保其干净卫生；同时，必须将原料和其他辅料贮存在适当的条件下，使其免受污染并将腐败变质降低到最小程度，以确保适合食品的生产加工。必要时必须对原料进行清洗以除去泥土或其他污物。用于洗、涮、清洗或输送原料的水必须安全卫生，并完全符合卫生质量标准。如果用过的水不会增加对原料的污染程度，可以再次用于洗、涮、清洗或输送食品原料。盛装原料的容器或运载工具必须进行检查，确保它们具有良好的卫生状况，不得因此使原料污染而变质。

（2）原料和其他辅料中的微生物不得超标，避免使人发生食物中毒或患其他疾病。在加工过程中必须对原料和辅料进行巴氏灭菌或其他方法的处理，确保其中的微生物不得超标，使产品不会成为条例所指的劣质品。原料和其他辅料是否达到了上述要求，可以采用任何有效的方法加以证实，包括依据供应商的担保或证明书购入原料和其他辅料。

（3）易受黄曲霉毒素或其他天然毒素污染的食品原料和其他辅料必须符合食品药物管理局关于各种有毒或有害物质的现行法规、指标和作用水平，只有这样，才能将其用于生产加工食品。可以通过从有担保或证明书的供应商处购买原料和其他辅料而达到这一要求，或者通过分析原料和辅料中的黄曲霉毒素及其他天然毒素而证实是否符合这一要求。

（4）容易受害虫、有害微生物或外来物质污染的原料、其他辅料及返工品必须符合食品药物管理局关于天然的或不可避免的缺陷的法规、指标和作用水平。如果制造商利用这些原料生产加工食品时，可以通过任何有效的方法来证实是否符合这一要求，包括根据供应商的担保或证明书而购入这些原料，或检验这些原料的污染情况。

（5）原料、其他辅料及返工品必须散装存放，或盛入设计及结构能防止污染的容器中，并且以一定的方式存放在一定的温度和相对湿度下，以防止食品成为条例所讲的劣质制品。返工的原料必须有明确的标识。

（6）冷冻的原料及其他冷冻辅料必须保存在冷冻状态。如果在使用前需要解冻，解冻的方式必须能防止原料和辅料成为条例所指的劣质品。

（7）散装购进和贮存的液体或固体原料及其他辅料必须注意存放，防止污染。

2. 加工生产

（1）设备、工器具及装载成品的容器，必须通过适当的清洗和消毒，使其保持良好的卫生状态。必要时，必须拆卸设备进行彻底清洗。

（2）所有的食品加工，包括包装和贮存，都必须在必要的条件和控制下进行，尽量减少微生物生长繁殖的可能性，或尽量防止食品受污染。达到这一要求的一种办法就是对时间、温度、水分活度、pH、压力、流速等物理因素予以控制，通过对冷冻、脱水、热加工、酸化及冷藏等加工工序进行监控，确保不因机械故障、时间延缓、温度波动及其他因素而导致食品的分解或污染。

（3）凡是利于有害微生物，特别是对公众健康有危害的微生物快速生长繁殖的食品必须注意存放方式，防止其成为条例所指的劣质食品。可以采用下列任何一种有效的方法达到这一要求：

① 冷藏食品保持在 7.2℃，或特殊的食品保持在 7.2℃ 以下的适当温度；

② 冷冻食品保持在冻结状态；

③ 热的食品保持在 60℃ 或 60℃ 以上；

④ 当酸性或酸化食品需在常温下置于密闭的容器中存放时，应对其进行热处理以消

灭嗜热微生物。

（4）为消灭或防止有害微生物，尤其是对公众健康有害的微生物的生长繁殖而采取的各种措施，如消毒、辐射、巴氏杀菌、冷冻、冷藏、控制 pH 或控制水分活度，必须确保符合加工、运输和销售的条件要求，以防止食品成为条例所指的劣质品。

（5）正在进行的操作必须认真仔细，防止污染。

（6）必须采取有效措施防止成品食品受到原料、其他辅料或废料的污染。当原料、其他辅料或废料未得到保护时，如果它们在收缴、装卸或运输、加工中会污染食品，那么必须加以防护。必须采取必要的措施防止用传送带输送的食品受污染。

（7）用来传送、放置或贮存原料、半成品、返工品或食品的设备、容器及工器具，在加工和贮藏中必须结构合理，便于操作，易于维护以防止污染。

（8）必须采取有效措施防止金属或其他外来物质掺入食品。可通过筛网、捕捉器、磁体、电子金属探测器或其他适当的有效手段达到这一要求。

（9）在处理条例所指的劣质食品、原料及其他辅料时必须避免其他食品受到污染。如果劣质的食品能再处理，必须用切实有效的方法进行处理，或者必须再检验，证实它不是条例所指的劣质食品时才能加入其他食品。

（10）进行清洗、剥皮、修边、切割、分选以及检验、捣碎、脱脂、成形等机械加工步骤时必须防止食品污染。可以通过物理防护手段防止食品受滴入、排入或吸入食品的污染物的污染，从而达到上述要求。防护手段包括对一切食品接触面进行彻底的清洗和消毒，以及在每个加工步骤及各步骤间进行时间和温度的控制。

（11）制备食品需要热漂烫时，应该将食品加热到一定的温度，并在此温度下维持一定时间，然后或快速冷却或立即送往下一加工步骤。应当通过足够的操作温度和定期的清洗将漂烫机中耐热微生物的生长繁殖及污染降低到最小程度。在罐装前对漂烫食品的清洗用水必须安全卫生，而且完全符合卫生质量的要求。

（12）面糊、面包糖、调味汁、浇汁、调料及其他预制物必须以适当的方式处理和维护，防止污染。采用下列一种或数种有效的方法即可达到这一要求：

① 使用未受污染的辅料；

② 凡是可行的工序均采用充分加热的方法；

③ 采用准确的时间和温度控制措施；

④ 采取充分有效的物理防护手段防止各种食品成分免受滴入、排入或吸入的污染物的污染；

⑤ 在加工过程中将食品冷却至适当的温度；

⑥ 每隔一段时间将面糊清除一次，以防止微生物的生长繁殖。

（13）必须以适当的方式进行装填、配套、包装以及其他生产加工，防止食品受污染。采用下列任何一种有效手段即可达到这一要求：

① 在加工过程中对已确定的所有关键控制点加以控制；

② 彻底清洗和消毒食品接触面和食品容器；

③ 采用本章 130.3（d）规定的安全适用性材料作为食品容器和食品包装材料；

④ 采用物理防护措施防止污染，特别是空气污染；

⑤ 采用良好的卫生操作方法。

（14）以下食品，但不仅限于这些食品，如干燥的混合料、坚果、中等水分食品、脱水食品，以及其他同类通过控制水分活度（A_w）以防止有害微生物生长繁殖的食品，必须加工至保持安全的水分含量，采用下列一种或多种有效措施即可达到这一要求：

① 监测食品的水分活度（A_w）；

② 控制成品食品中可溶性固形物与水的比例；

③ 采用密封隔绝水分或其他手段防止食品吸收水分，使其水分活度（A_w）达到安全水平。

（15）以下食品，但不仅限于这些食品，如酸性及酸化食品（它们主要通过控制 pH 防止有害微生物的生长繁殖）必须监测 pH 并使其保持在 4.6 或 4.6 以下。采用下列一种或数种有效的办法即可达到这一要求：

① 对原料、正在加工的食品以及成品食品的 pH 进行监测。

② 控制加入低酸食品中的酸性或酸化食品的数量。

（16）食品在生产、存放过程中需与冰接触时，制冰用水必须安全卫生，并且完全符合卫生质量标准。只有按照前述的现行良好操作规范制成的冰才能与食品接触。

（17）为保障供人类食用食品免受污染，不得使用供人类食用食品的加工区域和设备生产加工动物饲料或非食用性产品。

110.93　仓储与销售

食品成品的储藏与运输必须有一定条件，避免食品受物理的、化学的与微生物的污染，同时避免食品变质和容器的再次污染。

F 分部：预留作将来补充

G 分部：缺陷水平（Defect Action Level）

110.110　供人食用的食品中对健康无危害的、天然的、不可避免的缺陷

1. 有些食品，即使按照现行良好操作规范生产，但也可能带有天然的或不可避免的缺陷，这些缺陷在低水平时对人体健康无害。FDA 为按照现行良好操作规范生产加工食品的缺陷制定了其上限标准，并用这些标准判断是否需要采取法律措施。

2. 在必要和理由充分时，FDA 将为食品制定缺陷行动水平。这些标准也是随着新技术的发展或新信息的获得而变化。

3. 虽然食品符合缺陷行动水平，但不能以此作为借口而违反条例 402（a）（4）节的规定，使食品不得在卫生不良的条件下生产加工、包装或存放，或本章提出的食品制造者、销售者及贮存者必须遵守现行的良好操作规范的要求。即使食品中天然的或不可避免

的缺陷水平低于当前制定的缺陷行动水平时，如果事实证明确实存在违反上述要求的现象，那么，食品将成为条例所规定的劣质品。无论什么时候，食品制造者、销售者及贮存者都必须采用质量控制方法将天然的或不可避免的缺陷减少到最低限度。

4. 不得将含有高于现行缺陷水平的食品与其他食品相混合，不管该混合食品的缺陷水平的高低，这些混合食品均被认为属于条例所规定的劣质品。

5. 可向食品安全及应用营养中心的工业计划分部（HFF-326）去函索取人类食品中对健康无危害的、天然的或不可避免缺陷的现行水平标准汇编。地址为：Industry Programs Branch（HFF-326），Center for Satety and Applied Nutrition，Food and Drug Administration，200C，St，SW.，Washington，DC 20204。

附件3　FDA反恐法规企业注册信息表

一、企业名称/地址信息：	
企业名称：	
英文名：	
企业地址（生产实际地址）：　　　　省　　　　　　市	
县　　　　　　　　　　号	
英文地址：	
邮编：	区号：
电话：	传真：
E-MAIL：	
二、联系人 1#：	
职务：	办公电话：
E-MAIL：	移动电话：
三、联系人 2#：	
职务：	办公电话：
移动电话：	家庭电话：
E-MAIL：	
四、总公司（如果本企业为子公司，填写此项)	

名称：
英文名：
总公司地址：　　　省　　　　　　　　　　　　市 县　　　　　　　　　　　　号
英文地址：

邮编：	区号：
电话：	传真：

E-MAIL：	

五、贸易名称及所用贸易公司名称（必填）　　□有　　　□无

注：1 如果企业在出口时还使用不同于本表第一项中企业名称的其他名称，请选"有"，
　　　并写明该名称的中英文名称。

　　2 如果企业的产品通过或部分通过贸易公司进行出口，请选"有"，并写明所用贸
　　　易公司的中英文名称，同时注明其为贸易公司。

　　3 如果以上两项都没有，请选"无"

备用贸易名称#1：
备用贸易名称#2：
备用贸易名称#3：
备用贸易名称#4：

六、企业类型（你企业是否有以下生产过程，请仔细选择适合项，可多选）（必填）

□酸化/低酸性食品加工	□贴标签/重贴标签
□长途运输	□生产/加工
□加工软体贝类动物食品	□包装/再包装
□代理	□废料回收（再利用）
□加工果蔬汁	□饲料生产/加工/储存

□仓库/储藏设施（例如，储藏设备，包括储藏罐、粮仓）

七、单一仓储企业（如企业主要功能为仓储，选此项）

□常温储藏	□冷藏	□冷冻

八、季节性经营企业请填写此栏

经营日期：

九、产品类型（请选择适合项）

□食品	□饲料

食品类别（请选择本企业所有涉及的供人消费的食品类别）

□1. 酒精饮料
　　［21 CFR 170.3（n）（2）］

□2. 婴幼儿食品，包括婴儿配方食品
　　（选填）

□3. 烘焙食品、焙烤调制食品或糖衣食品
　　［21 CFR 170.3（n）（1），（9）］

□4. 饮料基料
　　［21 CFR 170.3（n）（3），（16），（35）］

□5. 不含巧克力的糖果、特殊糖果和口香糖
　　［21 CFR 170.3（n）（6），（9），（25），（38）］

□6. 粮/谷制品、早餐食品、速熟型谷类食品
　　［21 CFR 170.3（n）（4）

□7. 奶酪和干酪制品，
　　［21 CFR 170.3（n）（5）］

□8. 巧克力和可可食品
　　［21 CFR 170.3（n）（3），（9），（38），（43）］

□9. 咖啡和茶
　　［21 CFR 170.3（n）（3），（7）］

□10. 食品色素
　　［21 CFR 170.3（o）（4）］

□11. 常规饮食或三餐替代品（包括药用食品）
　　［21 CFR 170.3（n）（31）］

□12. 常规饮食补充成分
　　蛋白质、氨基酸、脂肪和油脂
　　［21 CFR 170.3（o）（20）］
　　维生素和矿物质
　　［21 CFR 170.3（o）（20）］

动物副产品和提取物（选填）

中草药（选填）

☐13. 调味品

[21 CFR 170.3（n）（8），（12）]

☐14. 鱼类/海产品

[21 CFR 170.3（n）（13），（15），（39），（40）]

☐15. 食品添加剂，一般认为安全（GRAS）的成分，或者其他用于食品处理的成分

[21 CFR 170.3（n）（42）；21 CFR 170.3（o）（1），（2），（3），（5），（6），（7），（8），（9），（10），（11），（12），（13），（14），（15），（16），（17），（18），（19），（22），（23），（24），（25），（26），（27），（28），（29），（30），（31），（32）]

☐16. 食品甜味剂（有营养的）

[21 CFR 170.3（n）（9），（41），21 CFR 170.3（o）（21）]

☐17. 水果和水果制品

[21 CFR 170.3（n）（16），（27），（28），（35），（43）]

☐18. 明胶、凝乳酶、布丁混合物、或馅饼填充物

[21 CFR 170.3（n）（22）]

☐19. 冰激凌和相关食品

[21 CFR 170.3（n）（20），（21）]

☐20. 仿奶制品

[21 CFR 170.3（n）（10）]

☐21. 通心粉或面食

[21 CFR 170.3（n）（23）]

☐22. 肉、肉制品和禽类（受 FDA 监管的）

[21 CFR 170.3（n）（17），（18），（29），（34），（39），（40）]

☐23. 牛奶、黄油、或干乳制品

[21 CFR 170.3（n）（12），（30），（31）]

☐24. 混合食品、肉汤、沙司和特殊食品

[21 CFR 170.3（n）（11），（14），（17），（18），（23），（24），（29），（34），（40）]

☐25. 坚果和食用种子制品

[21 CFR 170.3（n）（26），（32）]

☐26. 沙拉制品

[21 CFR 170.3（n）（11），（17），（18），（22），（29），（34），（35）]

☐27. 去壳蛋和蛋制品

[21 CFR 170.3（n）（11），（14）]

☐28. 小吃（以面粉、肉或蔬菜为主要成分）

[21 CFR 170.3（n）（37）]

☐29. 香料调味料和盐

[21 CFR 170.3（n）（26）]

☐30. 汤

[21 CFR 170.3（n）（39），（40）]

☐31. 软饮料和水

[21 CFR 170.3（n）（3），（35）]

☐32. 蔬菜和蔬菜制品

[21 CFR 170.3（n）（19），（36）]

☐33. 植物油（包括橄榄油）

[21 CFR 170.3（n）（12）]

☐34. 植物蛋白制品（人造肉类）

[21 CFR 170.3（n）（33）]

☐35. 整粒谷物、磨制谷物制品（面粉）、或淀粉

[21 CFR 170.3（n）（1），（23）]

☐36. 大多数/所有供人食用的食品类别（选填）

☐37. 非上述种类

饲料类别（请选择本企业所有涉及的供动物消费的产品类别）	
□1. 谷类产品（比如说，大麦、高粱、玉米、燕麦、稻米、黑麦和小麦）	□13. 海产品
	□14. 奶制品
□2. 含油种子产品（比如说，棉籽、大豆、其他含油种子）	□15. 矿物质
	□16. 混合和特殊用途制品
□3. 苜蓿和胡枝子制品	□17. 糖蜜
□4. 氨基酸	□18. 非蛋白质氮制品
□5. 动物制成食品	□19. 花生制品
□6. 酿造食品	□20. 动物废物再生制品
□7. 化学防腐剂	□21. 筛余物（麸皮、糠等）
□8. 柑橘制品	□22. 维生素
□9. 蒸馏产品	□23. 酵母产品
□10. 酶	□24. 混合饲料（禽类、家畜、和马）
□11. 脂肪和油	□25. 宠物食品
□12. 发酵制品	□26. 大多数/所有动物性食品类别

附件4　杀菌关键因子

产品的相关的关键因子	包装部分的关键因子	杀菌过程的关键因子
产品的组成（比如黏度）	空气残留量	杀菌温度
产品内最大成分的填充重量	罐体大小	转速
固液比	罐体形式	升温时间
配方改变	摆放形式	操作程序
产品颗粒大小	杀菌剂浓度和温度（无菌灌装）	篮筐装载形式
最小顶系隙度	无菌包装材料包装速度	加热介质流量
水分活度	最小控制压	预杀菌时间、温度（无菌灌装）
最低初温		无菌灌装的最小超高压
糖度		
最大平衡 pH		
产品流速		
产品在保温管尾端的温度		

备注：以上的关键因子，并不是全部关键因子。

第五章

美国FDA检查流程介绍

在熟悉美国 FDA 检查流程之前，我们首先明确一下美国的财年概念。财年，是指财经年度，英文表述为：fiscal year，美国政府的财年是从前一年的 10 月 1 日到第二年的 9 月 30 日，但美国很多企业的财年是从前一年的 7 月 1 日到第二年的 6 月 30 日。

检查的大体流程如图 5-1 所示：

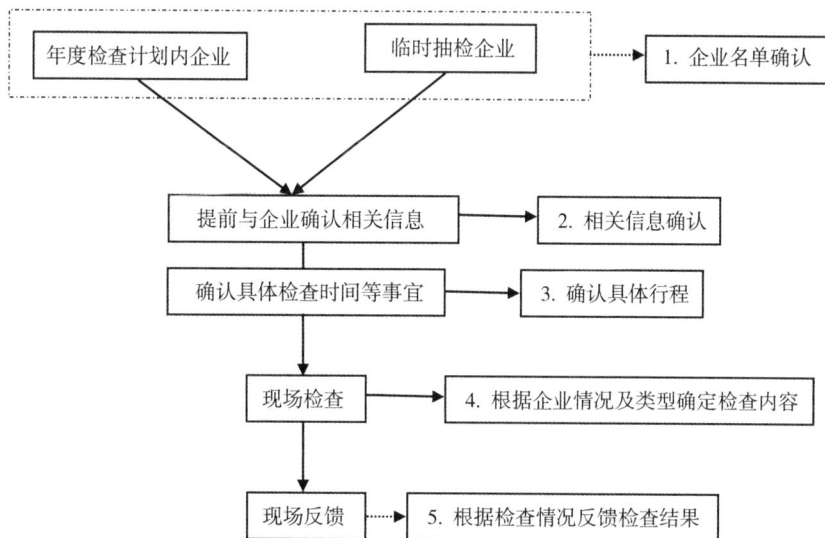

图 5-1　美国 FDA 检查流程图

第一节　企业名单确认

这是美国 FDA 检查之前的第一步，先确认检查的对象。一般在美国 FDA 检查之前，每年的 9 月底或是 10 月初，会有检查名单下发，一般都会把名单给到国家相关的监管机构，相关监管机构会和地方机构与企业进行信息确认。这种情况下企业可以提前知道自己的情况，可以提前准备一下。还有一种情况就是美国 FDA 会临时抽检很多企业，直接通知企业来检查。

第二节 相关信息确认

在检查之前，FDA 还会和企业进行确认，这个确认过程会因为 FDA 检察官的出发地而不同，如果是北京美国 FDA 驻华办的，那就会发给一个调查表，称为调查表一（表 5-1）；如果是美国本土过来的，也会发一个调查表，称为调查表二（表 5-2），但是此表与美国 FDA 驻华办发的表格内容不同。

一、调查表一

Please provide the following information by email to：USFDAForeignFoodInspectionPlanning @ fda. hhs. gov to assist the US FDA in planning and scheduling an inspection of your Facility.

请通过邮箱：USFDAForeignFoodInspectionPlanning@ fda. hhs. gov 提供以下信息，以协助美国 FDA 计划和安排对贵公司的检查。

表 5-1 调查表一

Factory Profile 企业概况	
Please provide the following information by email to：USFDAForeignFoodInspectionPlanning@ fda. hhs. gov to assist the US FDA in planning and scheduling an inspection of your Facility. 请通过邮箱：USFDAForeignFoodInspectionPlanning@ fda. hhs. gov 提供以下信息，以协助美国 FDA 计划和安排对贵公司的检查。	
Facility Information 企业信息	
该部分为 FDA 原文件部分	此部分为汉语翻译及增加的相关的备注及解释
1. Facility Name：	1. 公司名称： ——建议与当时反恐登记的公司名称相一致，如果是贸易公司，简单填写，切勿填写你的供货商信息
2. Address of the Main office or Headquarters （if different than the manufacturing address）：	2. 公司总部或主要办公地点地址（如果地址不同于加工厂地址的话）： ——这里面他们主要确认办公和加工地址不一致的情况
3. Manufacturing Address （English） include City, State/ Province/Area, Country, Country code or Zip code：	3. 用英文编写公司的地址，包含城市，省份，国家，邮编等信息： ——这里面与 1 是一样的，必须登记注册反恐与 ID 时候的地址都需要一致
4. Manufacturing Address （Native/Local Language） include City, State/Province/Area, Country, Country code or Zip code：	4. 用母语编写公司的地址，包含城市，省份，国家，邮编等信息： ——FDA 出发点就是为了防止由于语言的误区翻译出现偏差的问题
5. Using http：//www. mapcoordinates. net/en, what is your Firm′s Manufacturing location：Latitude：（谷歌定位经纬度）Longitude：	5. 用谷歌地图确认加工厂的经纬度

（续）

Facility Information 企业信息	
6. Does the Firm conduct business under any other name? □YES □NO If "YES", please list：	6. 公司是否用其他名字从事生意？ □是 □否 如果选择"是"，请列出来： ——因为美国 FDA 发现，在中国很过工厂有很多名字，而且每一个名字都在 FDA 进行了备案
7. Is the Firm associated with a parent company, holding company, group organization, or have subsidiary or affiliate firms? □YES □NO If "YES", please list：	7. 公司是否与母公司、控股公司、集团组织、子公司或附属公司有关联？ □是 □否 如果选择"是"，请列出来：
8. Does the Firm, including all associated companies and subsidiaries, have over ＄1 000 000 in annual sales? □YES □NO	8. 该公司，包括所有关联公司和子公司，年销售额是否超过 100 万美元？ □是 □否
9. Does the Firm have additional manufacturing locations (i. e. farm or additional packing site)? □YES □NO If "YES", please list (submit a separate Factory Profile form for each location)：	9. 该公司是否有额外的生产地址（例如农场或额外的包装地)？ □是 □否 如果选择"是"，请列出来（为每一个地点提交一份单独的工厂简介表格)：
10. The manufacturing location is near what major city?	10. 生产地靠近哪个主要城市？
11. Facility Contact Information： i. Telephone number： ii. E-mail Address： iii. Website（s)：	11. 工厂联系信息： i. 电话号码： ii. 邮箱地址： iii. 网址：
12. What are the DAYS and HOURS of production?	12. 生产的日期和时间是什么？
13. Is your Facility in operati on the entire year? □YES □NO If "NO", when is the growing season or seasonality? Specify months of peak operation： Please describe any issue（s）that may impact the scheduling of this inspection（Holidays/Planned Shutdown)：	13. 贵工厂是否全年运行？ □是 □否 如果选择"否"，什么时候是旺季？指出高峰运行的月份： 请描述可能影响此次检查日程安排的任何问题（节假日/计划停工)：
14. Number of full time employees：	14. 全职员工的数目：
15. Number of seasonal employees：	15. 季节性员工数目：
16. Facility size（example-200 m²)	16. 工厂规格（例如，200m²)
17. What types of your Facility? □Ambient Storage □Refrigerated Storage □Frozen Storage □Manufacture/Processor □Warehouse □Packer/Repacker □Labeler/Relebeler □Farm □Other	17. 工厂类型是什么？ □室温仓库 □冷藏仓库 □冻藏仓库 □制造/处理器 □仓库 □包装器/重新包装器 □贴标机/再贴标机 □农场 □其他

（续）

Facility Information 企业信息

| 18. Manufactured products/commodities：

　□Cheese　□Low Acid Canned Food（LACF）

　□Acidified Food（AF）□Grower/Farm

　□Seafood/HACCP □Dietary Supplements

　□Infant Formula □Others | 18. 生产的产品/商品：

　□奶酪 □低酸罐头食品（LACF）

　□酸化食品（AF）□种植者/农场

　□海鲜/ HACCP □膳食补充剂

　□婴儿配方奶粉 □其他 |

Low Acid Canned Food（LACF）/Acidified Food（AF） 低酸罐头（LACF）/酸化食品（AF）	
19. Please provide your Food Canning Establishment（FCE）number if you manufacture LACF or AF products. FCE Number：	19. 如果生产 LACF 或 AF 食品，请提供罐头食品工厂注册号（FCE）。 FCE 编号：
LACF products are any food（other than alcoholic beverages）with a finished equilibrium pH greater than 4.6 and a water activity greater than 0.85（excluding tomatoes and tomato products having a finished equilibrium pH less than 4.7）placed into a hermetically sealed container that can include cans, bottles, pouches, etc. AF products low-acid food（pH>4.6）to which acid（s）or acid food（s）are added and which has a finished equilibrium pH of 4.6 or below and a water activity（A_w）greater than 0.85 that are placed into hermetically sealed container that can include cans, bottles, pouches, etc. Exclusions from LACF/AF：Carbonated beverages, jams/jellies, acid foods, fermented foods, and refrigerated/frozen products. However, carbonated beverages, acid foods, and jams or jellies containing small amounts of low acid in gredients（≤10%）that cause a significant shift in the finished pH from that of the predominate acid food or acid are considered acidified foods；if the low acid in gredient（s）are >10% then it is an acidified food. Fermented foods with low acid in gredients added are also considered acidified foods. If you manufacture LACF or AF products that are exported to the United States, you must have a Food Canning Establishment Registration and a Process Filling for each product, product style, container size/type and processing method. For questions contact the LACF Team by email LACF@ FDA. HHS.gov or you can file online electronically at https：//www.access.fda.gov/.	LACF 产品（酒精饮料除外）是任何成品平衡 pH 大于 4.6 和水分活度大于 0.85 的食品（不包括成品平衡 pH 小于 4.7 的番茄和番茄产品）。产品一般放于密封容器中，容器可以包括罐、瓶、袋等。 AF 产品是低酸性食品（pH>4.6），向其中添加酸或酸性食品后其成品平衡 pH 为 4.6 或更低，且水分活度（A_w）大于 0.85。产品一般放于密封容器中，容器可以包括罐、瓶、袋等。 LACF/AF 中的例外情况：碳酸饮料、果酱/果冻、酸性食品、发酵食品和冷藏/冷冻产品。然而，由于碳酸饮料、酸性食品、果酱或果冻中含有少量低酸成分（≤10%），这些成分会导致成品 pH 与主要酸性食品或酸成分的 pH 显著偏离，所以这些食品也认为是酸化食品。如果低酸成分>10%，则认为是酸化食品。添加低酸成分的发酵食品也认为是酸化食品。 如果你生产出口到美国的 LACF 或 AF 产品，你必须有食品罐头厂注册以及每个产品的工艺合规、产品类型、容器尺寸/类型和加工方法。如有疑问，请通过电子邮件 LACF@ FDA.HHS.GOV 联系 LACF 团队，或者你可以在 https：//www.access.fda.gov/上填写在线电子文件。

（续）

Low Acid Canned Food （LACF）/Acidified Food （AF）

低酸罐头（LACF）/酸化食品（AF）

20. Do you manufacture a dietary supplement or a dietary supplement in gredients?

☐YES ☐NO

If "YES", Answer the following：

i. Do any of dietary supplement or dietary supplement in gredients that you manufacture consist of more than one in gredient?

☐YES ☐NO

ii. If you manufacture a single in gredient, is it sold to the costumer without future processing?

☐YES ☐NO

iii. Do you send a single or blended in gredient to another firm for future processing or manipulation?

☐YES ☐NO

iv. Do you package, label, or distribute a dietary supplement manufactured by another firm?

☐YES ☐NO

v. Do you manufacture a dietary supplement that is packaged or labeled by another firm?

☐YES ☐NO

vi. Is the name of your firm on the label of any product being shipped to the United States?

☐YES ☐NO

vii. Do you sell your product directly to consumers?

☐YES ☐NO

viii. Is your Dietary Supplement manufactured/produced for：

☐Human consumption

☐Animal consumption ☐Both

20. 是否生产膳食补充剂或膳食补充剂成分？

☐是 ☐否

如果选择"是"，回答以下问题：

i. 生产的任何膳食补充剂或膳食补充剂成分是否包含多种成分？

☐是 ☐否

ii. 如果生产一种单一成分，它是否未经过深加工就被卖给了消费者？

☐是 ☐否

iii. 是否会将单一或混合的配料发送到另一家公司，以备深加工或操作？

☐是 ☐否

iv. 是否包装、贴标签或分发其他公司生产的膳食补充剂？

☐是 ☐否

v. 生产的膳食补充剂是否由其他公司进行包装或贴标签？

☐是 ☐否

vi. 运往美国的产品标签上是否存在贵公司的名称？

☐是 ☐否

vii. 是否直接向消费者销售产品？

☐是 ☐否

viii. 膳食补充剂的生产/加工对象为：

☐人群 ☐动物 ☐都有

Firm Operations 企业生产	
21. What products does your facility process?	21. 工厂加工的产品是什么？
22. Enter the manufacturing process the Firm uses （i. e. canning, freezing, packing/repacking）：	22. 输入工厂使用的生产加工流程（例如：罐装、冷冻、包装/再包装）：
23. Describe your Firm′s manufacturing process （raw material to finish product）：	23. 描述工厂的生产加工过程（原材料到成品）：
24. Is your facility a vessel （boat/ ship）？ ☐YES ☐NO	24. 工厂是否是船只（小船/货船）？ ☐是 ☐否
25. What is the date and commodity last shipped to US?	25. 上次运往美国的货物及日期是什么？

（续）

Firm Operations

企业生产

26. Are you a supplier (do you sell bulk products for further processing)? □YES □NO If "YES", list product：	26. 你是供应商吗（你是否出售散装产品以供深加工）？ □是 □否 如果选择"是"，列出产品：
27. Last time/Address of any company that provide manufacturing/processing services for your products.	27. 为产品提供生产/加工服务的任何一家公司的地址/最后日期
28. What is the US FDA Food Facility Registration (FFR) associated with location?	28. 美国 FDA 食品公司注册（FFR）相关地是哪？
29. Does your Firm have additional buildings at the inspectional location? □YES □NO i. Can you walk to this building from the manufacturing address? □YES □NO ii. Please list activities of each building	29. 公司在检查地是否还有额外的建筑？ □是 □否 i. 是否能够从生产地址走到该建筑？ □是 □否 ii. 请列出每一栋建筑的活动
30. Has this Firm location been inspected by US FDA before? □YES □NO If "YES", please provide dates of inspection and any actions：	30. 美国 FDA 之前是否检查过该公司地址？ □是 □否 如果选择"是"，请提供检查日期和采取的行动：
31. Has your Firm had any of the following in the past 3 years? □Consumer complaints □Import Alerts □Recalls □YES □NO If "YES", When?	31. 在过去三年，贵公司是否发生以下事件？ □客户投诉 □进口警报 □召回 如果选择"是"，什么时间？

Inspection Information

检验信息

32. Contact information for the most responsible person： i. Name： ii. Title： iii. Phone Number：	32. 主要负责人的联系信息： i. 姓名： ii. 职位： iii. 电话号码：
33. Local point of contact during inspection： i. Name： ii. Title： iii. Email address： iv. Phone number/mobile cell：	33. 检查期间的当地联系点： 名称： i. 姓名： ii. 职位： iii. 邮箱地址： iv. 电话号码/移动电话：

Inspection Information 检验信息	
34. U. S. agent contact information： i. Name： ii. Title： iii. Email address： iv. Phone number/mobile cell：	34. 美国代理联系信息： i. 姓名： ii. 职位： iii. 邮箱地址： iv. 电话号码/移动电话：
35. Will an English speaking staff member or Interpreter be present during the inspection? □YES □NO If "NO", what is the official language spoken by facility personnel and management?	35. 检查期间是否有会说英语的员工或者翻译在现场? □是 □否 如果选择"否"，单位人员和管理人员的官方语言是什么?
36. What is the best mode of transportation to your Facility?	36. 贵单位最佳的运输方式是什么?
37. Is your Facility willing to provide transportation for the inspector from their hotel to your Facility and return? □YES □NO	37. 贵单位是否乐意为检查人员提供宾馆到单位的往返交通工具? □是 □否
38. Is your Facility willing to provide transportation for the inspector from the airport to their hotel and return? □YES □NO	38. 贵单位是否乐意为检查人员提供宾馆到机场的往返交通工具? □是 □否
Additional Information 其他信息	
Use this are to add information that would not fit in designated section (list the question number)： 在此处可添加不符合指定部分的信息（列出问题编号）：	

二、调查表二

表5-2　调查表二

List of Documents to Have Ready
准备的文件清单

1. Legal name of your firm and if any DBA (Doing Business As) exists.

存在的进行生产贸易的公司名称。

2. Copy of firm's legal document showing the legal name. (like a business license)

复印一份能够显示你的法定名称合法的文件（比如：营业执照）。

3. Physical address of your firm. In details.

公司详细地址。

4. Mailing address of your firm. In details.

邮件地址。

5. Firm's main telephone number, fax number, website address, social networks, email addresses.

公司主要联系人的电话，传真，网址，联系电话，社交网络等。

6. Organizational chart (titles and names), and email address for each of the firm key employees. All business cards must be provided while presented. I will provide my own business card to you too.

组织架构（头衔及名称），每个出席会议的关键岗位雇员的名片。

7. Most responsible person at the firm: Full name, office location, office telephone number, mobile number, email address.

公司负责人全名，办公地点，办公电话，移动电话，邮箱。

8. The corporate organizational chart which shows where/how your firm's most responsible person relates.

组织结构图。

9. Short summary of roles and authorities of key responsible personnel such as: Plant Manager, QA and /or QC Director, Manufacturing Director.

关键岗位人员简介，比如工厂经理，QA 和/或 QC，生产主管。

10. Hours of operation (shift breakdown) and hours for the administration area. Any Seasonal operation time?

作息时间（换班时间），及季节性生产时间。

11. Total number of employees at your firm. Full time and/or part time. If sister companies, please provide number of employees in those firms too.

员工总数，包括长期雇员和临时工，如果姊妹公司，也提供员工数量。

12. Legal status of your firm (e.g. sole owner, corporation, etc.)

法律地位（独资，合资）。

13. General overall layout/map of the firm the size. Identify on the map/layout the main buildings (receiving, manufacturing, raw ingredient storage area, finished product warehouse, shipping, maintenance, chemical storage).

公司布局图，能够识别出主要建筑物（包括接收，加工，原料库，成品库，装车，维修，化学品库）。

14. Square footage of overall area of your firm.

建筑面积。

15. List of your main manufacturing equipment.

主要设备。

No.	Make 厂商	Model Number 型号	Serial Number 序列号	Manufacturing line 生产线
1				
2				

16. Overall manufacturing area layout/map. Identify on the map/layout the manufacturing area equipment.

设备布局图。

17. Manufacturing flow chart diagrams of all your different manufactured products (Intended for the USA market only).

工艺流程图（仅出口美国的产品）。

18. List of all countries to which your firm distributes products to.

出口国家清单。

19. Percentage（%）of products being shipped to the United States.

    输美占比。

20. List of all products manufactured to the United States.

    输美产品清单。

Product 产品名称	Brand name 商标名称	Size 包装净重	Packaging 包装形式	Equilibrium pH 最终平衡 pH	Water Activity 水分活度	Distributed to Country 港口

21. List of approximate production volumes for your entire firm's Products（in individual units）. List is to be from the largest to the smallest.

    列出产品的产量，从大到小。

22. Gross Annual sales for 2017 of your firm of all products distributed to all countries. Including the United States.

    2017 年销售给所有国家的所有产品的年度销售总额，包括美国。

23. Gross Annual sales for 2017 of your firm of all products distributed only to the United States.

    2017 年的输美产品的销售总额。

24. Product that sales the most in USA.

    在美国销售最多的产品。

25. Product that sales the most overall（not necessarily USA）.

    销售最多的产品

26. List of the distributors used by your firm.

    分销商清单。

Name of the distributor's business name 分销单名称	Name of the Point of Contact 联系人	Telephone number 电话号码	Address 地址	Email address 邮箱

27. List of All customers in the USA, with addresses, telephone numbers and possibly email address.

    在美国的客户清单，地址，电话，邮件地址。

Name of the customer business name 客户名称	Name of the Point of Contact 联系人	Telephone number 电话号码	Address 地址	Email address 邮箱

28. List of your firm's mayor suppliers（Top 5）

    前 5 名供应商。

Name of the supplier's business name 供应商名称	Name of the Point of Contact 联系人	Telephone number 电话号码	Address 地址	Email address 邮箱

29. Narrative description of the history of business. From founded until present. Major changes.

    简介公司发展历史，从建立到现在。

30. Listing of individuals participating in inspectional discussions/activities, to include their name, title, date of

participation，and subject covered.

参与检查讨论/活动的人员名单，包括他们的姓名，职位，入职日期和职责。

31. List of each product exported to the United States，in the last 2 years（add all information requested in table below）：

过去两年出口美国的产品清单。

Name of Customer/Distributor 顾客或分销商名称	Quantity shipped 产品数量	Specific lot numbers 产品批次号	Date of shipping 船期

32. One label specimens for each of the products distributed to the United States.

每个输美产品的一个标签样本。

33. Any promotional Material.

任何的宣传材料。

34. List of sister plants.（if Any）

姊妹公司清单（如果有）。

Street 街道	City 城市	Province 省	Country 国家	Typical Products Manufactured 产品类型	Phone number 电话号码	Email，webpage 邮箱及网站

35. A description or procedure that explains how finished products are assigned lot number and expiration date. Also，give example from item which is being manufactured on the first day of this inspection.

关于成品批号和有效期的说明或程序。另外，说明在本次检查的第一天正在生产的产品。

36. Current List of Standard Operating Procedure（SOP's）for Quality and Manufacturing Operations.

质量和生产的 SOP 文件清单。

SOP # 编号	SOP title 标题	Version 版本号	Date of Issue 颁布日期

37. Procedures used for the cleaning and sanitizing of the equipment used in the manufacturing of the products.

设备的清洁消毒程序。

38. Narrative description of the employee training program and general training procedures.

简要介绍员工和总的培训程序。

39. Diagram of location of pest control stationso air curtainso，etc.

虫害控制图和风幕位置图。

40. Previous Findings per pest control station.

前期虫害检查报告。

41. Latest invoice for pest control.

最近一次虫害防治服务发票。

42. Latest water test results for the water source used by your firm.

最近一次的水源水质检测报告。

43. Narrative description of the complaint handling system.

顾客投诉处理程序。

44. List of complaints received since 2016 until present（total quantity，complaint number，country from which complaint has come from，type，conclusion，and corrective actions）.

从2016年到现在的顾客投诉信息（包括数量，编号，投诉来源国家，类型，结论，纠偏措施）。

45. Major changes / updates made to the site.

工厂地址的主要变化。

46. List of Process Deviations.

偏差列表。

47. Returns，for US products.

美国产品撤回清单。

48. Destroyed / Rejected lots.

销毁/拒收批次。

49. Recalls，for US products and Recall Procedure.

美国产品召回，及召回程序。

50. Specific critical factor records covering delivery of the scheduled process.

关键性记录，包括出货。

51. Any Laboratory？

实验室。

52. Tests conducted to finished products and results. This for the last 10 finish test（if applicable）.

成品测试，过去10个终产品测试。

53. Water tests（if used in process）.

水质测试（如果在过程中使用过）。

在上述问题确认之后，一般FDA会给你发一个确认固定模式的确认函。如下：

Thank you for providing the information requested. In the next month or two，you will be contacted by a member of our planning team who will work to identify suitable inspection dates for your firm.

感谢您提供所要求的信息。在接下来的一到两个月里，我们计划团队的一名成员将与您联系，来确定您公司的最终检查时间。

第三节　确认具体行程

在确认函收到之后就是等待最终的检查时间，在检查之前的一段时间里面，FDA会再次与企业沟通确定最终的检查时间和行程。举例如下：

To Whom it May Concern，This is an official notification that the United States Food and Drug Administration（U. S. FDA）is planning to conduct an inspection at your facility which will start on June 6，2018 and will last about 2 woking days. The site to be inspected is　***　Co.，Ltd. located at ***. In order to make sure you receive this notification，FDA is sending duplicates of this notice to all contact points available.

这是美国食品药品监督管理局（FDA）计划在2018年6月6日开始对你工厂检查的正式通知，检查将持续大约2个工作日。检查的公司名称为×××，地址为×××。为了确保你收到了这个通知，FDA 将这个通知的副本发送给所有可能的联系人。

The FDA investigator will be ＊＊＊（copied here）.

FDA 的检查官是×××。

Please find the information below and provide assistance during the inspection：

请在检查期间提供相关信息并进行协助。

1. Please arrange an English translator for this inspection.

检查期间，请安排翻译人员。

2. Please respond to this inquiry and provide the firm's point-of-contact, mobile phone, if available.

请回复确认收到检查通知，并提供企业联系人及其联系方式。

3. The contact information of FDA investigator is ＊＊＊.

检查员联系方式是×××。

4. Please arrange transportation from airport to hotel.

请安排机场到酒店的接送。

5. Please pick up the FDA investigator at 8am at the hotel lobby during the inspection.

检查期间请于每天早上 8 点到酒店大厅接检查员。

6. Flight information：

June 5，2018（Monday），×××。

2018 年 6 月 5 日（星期一）航班或是火车信息为 ＊＊＊。

7. Hotel information：

酒店信息为。

第四节　根据企业情况及类型确定检查内容

FDA 按照企业的风险类型和企业规模大小进行确定检查时间，根据最近两年的检查规律，一般检查周期为 2~5 天。在美国 FDA 检查的时候如果企业规模比较大或是规模比较小的时候，他们会根据情况对检查时间会进行调整。

因为企业的类型不同，适用的法律法规不同，检查的侧重点也是不完全一样的。根据产品类型和适用法规的情况建立下面的对照表（表 5-3）：

表 5-3　产品类型和适用法规对照表

产品类型	适用的主要法规
低酸食品	113 法规、117 法规
酸化食品	114 法规、117 法规
水产品	123 法规
果蔬汁	120 法规

（续）

产品类型	适用的主要法规
膳食补充剂	111 法规
鲜食农产品	112 法规
其他产品	117 法规

但是具体的检查内容和检查关注点，在后续的检查分册中会有具体的介绍，这里就不进行赘述了。

第五节　根据检查情况反馈检查结果

FDA 现场检查的不良记录可能直接导致企业的产品在边境被扣押，使其无法继续向美国出口。除了在极罕见的情况下，FDA 很少会在现场检查后直接注销企业的 FDA 食品生产注册资格。FDA 对国际食品企业不良检查所采取的法律手段总结如下：

483 表（Form 483）：在现场检查中，如果 FDA 发现食品企业可能存在食品安全违规或食品标识不符等问题，将会给企业下发一份"检查报告"（又称"483 表"）。483 表中会详细记录 FDA 在检查中发现的企业可能存在的违规问题并给企业提供书面解释回复的机会，483 表一般不会公开发表在 FDA 网站上，而企业的回复中一般应包括计划采取的整改措施，回复时候都是以 PDF 格式文件通过电子邮件回复到他们固定的邮箱（FDA483responseinternational@ fda. hhs. gov）。

美国 FDA 检查的结果一般分类四类：第一类，没有不符合项目；第二类，有不符合项目，开具 483 表，建议整改。如果企业在现场检查结束后收到 483 表，FDA 通常会给企业 15 个工作日的时间让其准备书面回复。在回复中，企业应确保对 483 表中提到的每一项检查发现都进行完整的回复。为避免遗漏，企业可以对 483 表中列出的问题逐项列出，且在回复中将提到的整改计划具体化。若整改可以在回复准备过程的 15 个工作日内完成，应该立即进行；若不能，企业应列出预计完成的时间表。如果整改计划涉及长期的资本投入（例如新设备采购和安装），在整改完成前应向 FDA 提供周期性进展报告，并对已完成的整改内容提供相关记录，其中应包括新设备采购单、完成整改区域或设备的照片、升级的 SOP 和其他可以证明整改的文件或记录等。通常情况下，FDA 会选择在企业的整改全部完成后对企业再次进行检查以确认企业的合规性。第三类，有严重不符合的项目，整改措施不良，进入进口警示。如果 FDA 判定企业对 483 表的回复不能达到其标准，或者 FDA 在现场检查中发现了严重的必须要求企业立刻整改的问题，就会给企业下发警告信。警告信中会详细列举企业所生产产品违反相关法规的具体依据。与 483 表不同的是，警告信会发布在 FDA 网站上。正因警告信具有公开性，一旦发布可能会给企业带来严重的商业损失，除了会损害企业与美国客户的关系和产品的品牌外，还可能导致潜在的产品索赔诉讼风险。第四类，直接被毙掉。一般在这类企业发现了严重的问题，产生食品安全事件，或是企业拒绝检查。这种情况企业会永远被拒绝进入美国市场，列入美国进口的黑名单当中。

进口警示（Import Alert）：在美国《联邦食品、药品和化妆品法》框架下，FDA 有权禁止进口任何"可能存在违规"情况的产品。在此法律授权的基础上，FDA 对国外生产的食品有着相对更多的执法权限和方式。若现场检查后 FDA 对在美国境外生产的食品有任何质量或标识方面的质疑，其有权发布"进口警示"并告知边境检查人员自动扣押来自于被检查企业的所有产品。进口警示将直接导致企业的产品无法销美，一旦被列入进口警示，企业可能需要几个月甚至几年的时间才能成功申请让 FDA 将其从进口警示中移除。

在美国 FDA 检查时候，会给企业一系列的常见声明。

一、声明一：海外食品企业设施检查计划问答

（一）海外食品企业设施检查计划问题

1. 选择接受检查的海外食品企业设施

- FDA 为何要加强对进口食品产品的监管力度？
- FDA 在选择需要检查的海外食品企业设施时使用何种标准？
- FDA 在进行常规监督检查时的关注重点是什么？

2. 与外国大使馆和主管部门的沟通

- FDA 在选定接受检查的食品企业设施时是否会通知该国的大使馆和主管部门？
- 当 FDA 告知某一国家的食品企业其有意对其进行检查时是否会通知该国的主管部门？
- FDA 是否会邀请国家的相关主管部门参与这些检查？
- FDA 检查员在当地检查时是否会会见该国的主管部门以讨论检查详情？
- 大使馆或主管部门应如何获取 FDA 483 表或《企业设施检查报告》（Establishment Inspection Report）副本？

3. 检查前——与食品企业的沟通

- FDA 是否会给被选定接受检查的食品企业发出通知？
- FDA 是否会为相关食品企业提供检查清单以说明检查中将涵盖的项目？
- FDA 发送给海外食品企业的通知信函是否以英语和该国的官方语言两种语言书写？
- 如果我是一名食品代理商或出口商，我收到 FDA 的检查通知后该怎么办？
- FDA 通知食品企业将对其进行检查之后会发生什么？

4. 拒绝接受检查

- 如果某一海外食品企业或外国政府拒绝接受 FDA 检查，将会发生什么？

5. 检查中

- FDA 食品检查是否与食品安全体系的审核相同？
- FDA 在各国进行检查的时间长度是多少？
- 在三周检查期内，FDA 计划在每个国家检查多少个食品企业设施？
- FDA 完成每次食品企业设施检查需要多长时间？
- FDA 是否会多次到访某一国家以完成对它的食品企业设施的检查？
- FDA 是否会在检查过程中讨论检查观察结果？

● 若某一企业在检查过程中采取了整改措施，FDA 是否会对其进行核实？

6. 检查之后

● FDA 检查员在完成检查后会做什么？

● FDA 将如何利用检查中收集到的信息？

● 在某一企业设施收到 FDA 483 表——检查观察结果表后是否应以书面形式回复 FDA？

● FDA 进口计划将如何利用海外检查结果？

7. 食品企业两年一次的重新注册

● 若《联邦食品、药品和化妆品法》（FFDCA）§415 规定某一企业需在 FDA 注册，其应从何时开始进行两年一次的重新注册？

● 在重新注册时必须提供哪些信息？

● 海外企业是否必须由美国代理？

8. 重新检查费用

● 我的食品企业是否需要支付常规检查费用？

● 我的食品企业是否需要支付重新检查费用？

● 什么是合规跟进检查？

9. 公开检查结果

● 什么是 FDA "合规透明动议"（Compliance Transparency Initiative）

● FDA 检查报告是否向公众开放？

● FDA 如何保护企业的商业秘密和机密商业信息？

● 食品企业、贸易协会和其他非政府机构是否能获取 FDA 计划检查的外国企业设施相关信息？

10. 其他信息

● 如果我有关于 FDA 海外检查程序的其他问题，我应与谁联络？

● 我应如何查找有关 FDA 检查程序的信息？

（二）相关解答

以下是对声明一所列标题的详细解释。

1. 选择接受检查的海外食品企业设施

● **FDA 为何要加强对进口食品产品的监管力度？**

美国食品药品监督管理局（FDA）将增加对所有食品企业的常规检查次数，以满足于 2011 年 1 月 4 日经总统签署生效的《FDA 食品安全现代化法》（FSMA）内的新增规定。FSMA 旨在将工作重点由应对污染转移为预防污染，进而确保美国食品供应的安全无虞。

根据 FSMA 的相关规定，FDA 将继续根据风险水平选择相应厂家进行检查。FSMA 要求 FDA 立即增加对海外和国内食品企业的检查数量，包括 FDA 监管范围内的食品制造商/加工商、包装商、再包装商和存储商，并根据风险水平，规定了各食品的检查频率。所有高风险的国内企业必须在法令颁布后五年内接受检查，并在此之后至少每三年接受一次检查。在法令颁布后一年内，FDA 必须检查至少 600 个海外企业，并在接下来的五年内每年将检查数目增加一倍。

FDA 的海外监督检查旨在产品到达美国之前识别出潜在的食品安全问题；判定各企业对 FDA 相关要求和食品安全标准的合规状态；帮助 FDA 作出食品是否被允许进入美国的决定；以及帮助确保 FDA 所监管的食品产品符合美国《联邦食品、药品和化妆品法》的各项要求。

这些常规产品检查并不属于突发公共卫生事件的一部分，但却是 FDA 确保向美国出口其产品的海外食品企业及其产品符合各项美国规定的重要途径之一。这些常规检查旨在评估各企业设施是否遵守适用的美国法律，而不是评估相关主管部门的食品安全系统。这样，这些检查与系统审核是不同的。

如需了解有关《FDA 食品安全现代化法》的更多信息，请登录：
http：//www. fda. gov/Food/ guidanceRegulation/FSMA/default. htm。如需了解有关增加的检查的信息，请登录：http：//www. fda. gov/Food/guidanceRegulation/FSMA/ucm247559 htm#IC 和 http：//www. fda. gov/Food/guidanceRegulation/FSMA/ucm247548. htm#SEC201 ［参见第 201（D）款］。

- **FDA 在选择需要检查的海外食品企业设施时使用何种标准？**

FDA 在选择接受检查的海外食品企业设施时是以全面、综合的风险水平为依据。影响某一厂家的风险状况的主要因素包括以下几点：（1）与商品（食品类型）相关的食品安全风险；（2）生产过程；以及（3）该企业设施的合规历史，例如产品被拒绝进入美国的拒绝率。此外，FSMA 第 201 款要求 FDA 确定高风险设施和分配资源以根据已知的安全风险检查相关企业设施，以及在制定某一企业设施的风险水平时将其他因素也列入考量之内。

如上所述，与商品相关的食品安全风险是影响某一企业设施风险水平的主要因素。高风险的食品商品包括但不限于：气调包装产品；酸化和低酸罐装食品；水产品；奶油馅烘烤食品；乳制品，包括软、半软、软质干酪和奶酪产品；未经高温消毒的果汁；即食芽菜产品；新鲜果蔬以及加工果蔬；调味料；带壳蛋；三明治；预制色拉；婴儿配方奶粉；以及医疗食品。

此清单并非详尽无遗。FDA 可能对其他食品商品进行常规检查，以作为其监督活动的一部分。

请登录下方网站以了解 FDA 目前如何在国内确定高风险食品企业设施的相关信息：http：//www. fda. gov/Food/guidanceRegulation/FSMA/ucm295345. htm。FDA 正在制定一套与已经用于国内设施选择相似的风险分类方案，以便进一步描述选择接受检查的海外食品企业设施的具体方式。此方案完成之后便会添加到此网站中。

- **FDA 在进行常规监督检查时的关注重点是什么？**

FDA 检查的目的是为了判定各企业设施遵守《联邦食品、药品和化妆品法》以及《美国联邦法典》（CFR）第 21 篇相关规定的情况，包括 110 部分［人类食物生产、包装或保存《现行良好生产管理规范》（GMP）］以及其他任何适用于特定食品产品类型的美国法规规定。例如，罐装食品应根据 21CFR 的第 113 及第 114 部分中有关低酸罐装或酸化食品的管理规定进行检查。膳食补充剂应根据 21CFR 的第 111 部分中有关膳食补充剂的良好生产规范进行检查。

一次检查可以关注多项要求，例如罐装金枪鱼产品可以接受水产品危害分析和关键环节控制点（HACCP）体系、罐头食品生产法规、标签规定以及现行 GMP 合规情况等方面检查。

请注意对某一企业设施进行常规检查的目的是为了评估这一企业设施是否遵循了适用的美国法律规定，不是针对该国主管部门食品安全体系的系统审查。

2. 与外国大使馆和主管部门的沟通

• **FDA 在选定接受检查的食品企业时是否会通知该国的大使馆和主管部门？**

是的。FDA 食品安全和应用营养中心会向接受 FDA 检查的企业设施所在国家的食品安全主管部门发出事先通知。FDA 食品安全和应用营养中心会尽力通知各相关主管部门。在有些情况下，FDA 无法事先联络到相关主管部门。FDA 随时欢迎各主管部门与 FDA 分享它们的联络信息。请参见问题 8 和问题 36 以了解如何与 FDA 分享您的此类信息。

在与主管部门取得联系时，FDA 会一并抄送其大使馆。

• **当 FDA 告知某一国家的食品企业有意对其进行检查时是否会通知该国的主管部门？**

是的。主管部门会获得此通知副本。在检查计划完成之后，FDA 也将与主管部门分享最终行程计划。

• **FDA 是否会邀请国家的相关主管部门参与这些检查？**

FDA 随时欢迎各主管部门观察 FDA 在其国家进行的检查。

• **FDA 检查员在当地检查时是否会会见该国的主管部门以讨论检查详情？**

FDA 检查员的工作是检查企业设施的实际情况，而非讨论政策事务。此外，FDA 检查员都有非常紧凑的监管检查行程，当在您的国家时他们的日程并未留出足够的时间供其拜访主管部门的总部参与政策会议。FDA 随时欢迎主管部门陪同参与检查并亲临 FDA 与所检查企业设施管理层召开的开始和结束会议，以使各主管部门能亲自了解此类检查的目的和范围、相关检查计划指南以及检查观察结果。

• **大使馆或主管部门应如何获取 FDA483 表或《企业设施检查报告》副本？**

如需获得可发布文件，外国政府可联络 FDA 国际项目办公室，电话：1－301－796－4600；传真：1－301－595－7937；或邮寄至：10903 New Hampshire Avenue Building 31/32 Silver Spring，MD 20993－0002。

3. 检查前——与食品企业设施的沟通

• **FDA 是否会给被选定接受检查的食品企业发出通知？**

是的。FDA 会以电子邮件、传真和/或邮寄信函的方式通知各食品企业设施。FDA 会从 FDA 的食品企业设施注册数据库中获取相关企业设施的联络信息。根据食品企业设施注册法规 21CFR 第 1 部分的 H 子部分的要求，食品企业设施必须随时更新在 FDA 注册的联络信息。

• **FDA 是否会为相关食品企业提供检查清单以说明检查中将涵盖的项目？**

一般来说，FDA 不会为其食品检查提供检查清单。但是，对于低酸罐装食品，相关企业设施可以使用《LACF/AF 检查表》（LACF/AF Inspection Forms）、FDA 3511 系列表格对其罐装设备和专门杀菌体系进行自我审核。用户可登录 FDA 网站以获取这些表格。

如需了解更多有关 FDA 的要求和检查流程的信息，请参阅以下内容：

美国《联邦法典》（U. S. Code of Federal Regulations）中有关受 FDA 监管食品的法规《联邦法典》第 21 篇"食品和药品"：e-CFR-法令第 21 篇——食品和药品。

检查操作手册（IOM）：IOM 第 5 章涵盖了 FDA 检查员在进行检查时使用的通用程序：http：//www. fda. gov/ICECI/Inspections/IOM/default. htm。

合规项目指导手册（即"合规项目"）是 FDA 检查员在检查中根据具体商品而使用的检查手册：

http：//www. fda. gov/ICECI/ComPlianceManuals/ComplianceProgramManual/default. htm。

FDA 检查、合规及执法行动通用信息：http：//www. fda. gov/ICECI/default. htm。

● **FDA 发送给海外食品企业的通知信函中是否以英语和该国的官方语言两种语言书写？**

企业设施收到的来自 FDA 食品安全和应用营养中心（CFSAN）的初始通知中将包含英语和该设施所在国的官方语言两种语言。其他有关即将进行的检查（包括安排日期和检查协调）等进一步沟通都将以英语进行。此外，其他任何监管性通信（例如违规函，即警告或无标题信函）都将仅以英语进行。

● **如果我是一名食品代理商或出口商，我收到 FDA 的检查通知后该怎么办？**

FDA 不会检查海外食品代理商和出口商，但有时我们会在安排检查过程中联络他们，FDA 将感谢您在告知 FDA 您的供应商方面提供的协助。

● **FDA 通知食品企业将对其进行检查之后会发生什么？**

首先，该企业设施应回复确认已收到 FDA 的检查通知。在企业设施确认已知悉 FDA 的检查意图之后，FDA 会再次通过信函联络该企业设施，其中将具体说明拟检查日期及后勤信息，包括检查过程中是否安排翻译；生产、加工、包装或存储设施的完整邮寄和实际地址；以及相关负责人的联系方式信息。主管部门会获得此通知副本。在对食品企业设施的检查安排确定后，FDA 会与主管部门分享最终行程计划。

如果某一食品企业设施未能回复 FDA 的检查通知，该设施的产品将可能被拒绝进入美国。

4. 拒绝接受检查

● **如果某一海外食品企业或外国政府拒绝接受 FDA 的检查，将会发生什么？**

《FDA 食品安全现代化法》（FSMA）第 306 款对《联邦食品、药品和化妆品法》第 807（b）款作出如下修订：除其他方面之外，如果食品来自拒绝接受检查的海外工厂、仓库或其他设施，则 FDA 可拒绝允许该食品进入美国。

当 FDA 被拒绝执行检查时，FDA 将考虑其所有监管选项，以判定相关产品是否符合被拒绝进入美国贸易市场的条件。FDA 可采取的措施包括：将该企业设施列入进口警告名单中；增加采样和/或检测；拒绝入境；或其他监管、司法和行政措施。若企业设施未能对 FDA 计划检查的通知进行回应，FDA 即可将其视为该设施已经拒绝检查。因此，若某一食品企业设施未能回复 FDA 的检查通知可使其被列入进口警告名单，并且该设施的产品将被拒绝进入美国。

如需了解更多 FSMA 赋予 FDA 的新权力（即 FDA 可因拒绝检查而拒绝进口食品进入美国）的信息，请登录：

FSMA 一般条款，问题 g. 6：

http：//www. fda. gov/Food/guidanceRegulation/FSMA/ucm247559. htm#general。

FSMA 第 306（b）款：

http：//www. fda. gov/Food/guidanceRegulation/FSMA/ucm247548. htm#SEC306。

5. 检查中

● **FDA 食品检查是否与食品安全体系的审核相同？**

常规检查并非因为突发性公共卫生事件而进行的检查，但却是 FDA 确保向输美外国食品企业设施及其产品符合美国要求的重要途径。常规检查旨在评估某一设施是否遵循适用的美国法律，而并无评估主管当局的食品安全体系之意。因此，常规检查不等同于体系审核。

● **FDA 在各国进行检查的时间长度是多少？**

FDA 会在一年中安排到某一国家进行多个检查行程。每个检查行程通常为两到三周。

● **在三周检查期内，FDA 计划在每个国家检查多少个食品企业设施？**

在两到三周的时间里，一次检查行程可能包含四个或更多食品企业设施。

● **FDA 完成每次食品企业设施检查需要多长时间？**

依据检查重点、现场观察及其他方面的情况，大部分外国食品企业设施检查需要持续一到三天时间。

● **FDA 是否会多次到访某一国家以完成对它的食品企业设施的检查？**

FDA 可能在一年中多次走访一个国家以完成计划的所有检查。

● **FDA 是否会在检查过程中讨论检查观察结果？**

是的。FDA 的做法要求 FDA 检查员和分析员在检查期间适当的时候以及检查结束后的结束会议中与企业设施负责人讨论观察结果。这种做法能确保受检企业设施有机会在检查员发出检查观察结果表（即 FDA 483 表）（如果有的话）前讨论检查员的观察结果。

请登录网站了解更多有关 FDA 483 表格的信息：

FDA 483 表格常见问答

● **若某一企业在检查过程中采取了整改措施，FDA 是否会对其进行核实？**

会的。FDA 检查员核实任何已经落实的整改措施，其前提是核实不会不合理地延长检查时间。FDA 还可以通过与厂家沟通、在入境口岸进行检查或抽样或进行合规跟进检查，或采用上述各项相结合的方式核实整改措施的结果。

6. 检查之后

● **FDA 检查员在完成检查后会做什么？**

如果检查期间发现严重问题，FDA 会在检查结束会议中向公司管理层发出 FDA 483 表。企业设施可利用结束会议进行澄清，向 FDA 检查团展示在检查期间已经落实的各项整改措施，以及企业设施计划在稍后的时间内采取的其他整改措施。在完成海外检查之后，检查员会出具有关该检查的书面叙述性报告，即《企业设施检查报告》。

请登录网站了解更多有关 FDA 483 表格的信息：

FDA 483 表格常见问答

• FDA 将如何利用检查中收集到的信息？

FDA 会根据检查结果酌情采取官方行动，包括将相关设施及其产品列入进口警告名单、发布违规信函或采取其他措施。如果检查证实受检设施符合 FDA 规定和食品安全标准，该厂家将收到一份叙述性《企业设施检查报告》副本。如果存在严重问题，FDA 将在违规情况得到解决或在 FDA 已采取必要监管措施之后为受检企业设施的管理层提供一份此叙述报告之副本。如需了解更多有关 FDA 的要求和检查流程信息，请参阅以下内容：

（1）美国《联邦法典》（U. S. Code of Federal Regulations）中有关受 FDA 监管食品的法规——《联邦法典》第 21 篇"食品和药品"：e-CFR-法令第 21 篇——食品和药品。

（2）检查操作手册（IoM）：IoM 第 5 章涵盖了 FDA 检查员在进行检查时使用的通用程序：http：∥www. fda. gov/ICECI/Inspections/IoM/default. htm。

（3）合规项目指导手册（即"合规项目"）是 FDA 检查员在检查中根据具体商品而使用的检查手册：http：∥www. fda. gov/ICECI/ComplianceManuals/ComplianceProgramManual/default. htm。

（4）FDA 检查、合规及执法活动通用信息：http：∥www. fda. gov/ICECI/default. htm。

• 在某一企业设施收到 FDA 483 表——检查观察结果表后是否应以书面形式回复 FDA？

是的。在检查结束会议上，FDA 检查员会向受检方说明应如何以书面形式回复 FDA。受检企业设施提交的内容应包括一封说明检查期间尚未实施或未经检查员核实的所有整改措施的信函。此外，企业设施的回复还应包含支持性文件，包括维修记录、实施的新增监控活动、图片、整改后的 HACCP 计划或其他任何能说明整改措施已经完成的必要信息。请查看以下网站了解更多有关 FDA 如何与厂家管理层召开结束会议的信息：http：∥www. fda. gov/ICECI/Inspections/IoM/ucm122530. htm#5. 2. 7。

FDA 鼓励企业设施在结束会议召开后 15 个工作日内，连同支持性文件一起提交其 FDA 483 表回复。请查看以下网站了解更多有关设施提交 FDA 483 表回复的信息：

（1）http：∥www. fda. gov/ICECI/Inspections/IoM/ucm122530. htm#5. 2. 7。

（2）http：∥www. fda. gov/ICECI/Inspections/IoM/ucm122530. htm#5. 2. 1. 1. 3。

• FDA 鼓励企业设施以 Acrobat PDF 的格式向以下电子邮件账户提交回复：

FDA483responseinternational@ fda. hhs. gov。FDA 将发送一封电子邮件以确认收信。

如果无法提交电子邮件，您也可以将纸制文件寄送至以下地址：

Center for Food Safety and Applied Nutrition（食品安全与应用营养中心）

Office of Compliance，Division of Enforcement（合规办公室执法部）

Food Adulteration Assessment Branch（GIFS-607）［食品掺假评估分部（HS607）］

U. S. Food and Drug Administration（美国食品和药品监督管理局）

5100 Paint Branch Parkway

College Park，MD 20740

传真号码：001-301-436-2716。

● **FDA 进口计划将如何利用海外检查结果**？

海外检查旨在确认产品到达美国之前存在的潜在食品安全问题。FDA 检查员会在检查期间及结束时与受检企业设施分享他们的观察结果，告知该企业设施的严重违反美国法规要求之处。这种信息交流会促进整改措施的落实。FDA 的进口监管部门利用这些检查结果得出受检企业设施生产的商品的风险水平。FDA 将根据这些风险水平调整其进口措施，包括放行率、抽检频率等。

如需了解更多有关 FDA 食品进口规定的信息，请登录以下网站：http：//www.fda.gov/Food/guidanceRegulation/ImportsExports/Importing/default.htm。

7. 食品企业两年一次的重新注册

● **若 FFDCA § 415 规定某一企业需在 FDA 注册，其应从何时开始进行两年一次的重新注册**？

FSMA 对 FDCA § 415 作出如下修订：规定需要注册的企业设施必须每隔两年重新注册，重新注册时间为偶数年的 10 月 1 日至 12 月 31 日。如需了解更多有关 FSMA 两年一次的重新注册的信息，请登录：

http：//www.fda.gov/Food/guidanceRegulation/FSMA/ucm247559.htm#IC；

http：//www.fda.gov/Food/guidanceRegulation/FSMA/ucm314178.htm；

http：//www.fda.gov/Food/guidanceRegulation//FoodFacilityRegistration/default.htm。

● **在重新注册时必须提供哪些信息**？

FDA 计划发布更多关于食品企业设施应如何重新注册以及完成重新注册程序的必需信息。FDA 鼓励食品企业设施以电子形式重新注册。

● **海外企业是否必须由美国代理**？

2002 年颁布的《公共卫生安全和防范及应对生物恐怖法》（Public Health Security and Bioterrorism Preparedness and Response Act，即 "生物恐怖法"）规定海外企业设施注册信息中必须包括美国代理人信息。海外企业设施必须指定一名实际居住在美国或在美国拥有业务场所的美国代理。美国代理可以经授权为企业设施进行注册。

美国代理：

（1）可以是实际居住在美国或在美国拥有业务场所的任何人。

（2）可以代表海外企业设施与 FDA 就常规或紧急情况事宜进行交流。

（3）可以在发生紧急情况时被 FDA 联系到，除非海外企业设施指派不同的紧急联络人。

FDA 不要求食品企业设施使用第三方注册人向 FDA 提交食品企业设施注册的首次申请、更新、重新注册或撤销。

请访问以下网站以了解更多有关美国代理规定的信息，包括关于第三方注册人的各项规定：

（1）http：//www.fda.gov/Food/guidanceRegulation/guidanceDocumentsRegulatoryInformation/

FoodDefense/ucm331959. htm［请参阅此网页"定义"（Definitions）部分中有关美国代理的问答］。

（2）http：∥www. fda. gov/Food/guidanceRegulation/FSMA/ucm247559. htm#registration。

8. 重新检查费用

● **我的食品企业是否需要支付常规检查费用？**

不需要。接受常规 FDA 检查不需要任何费用。

● **我的食品企业是否需要支付重新检查费用？**

FSMA 第 107 款授权 FDA 可评估和收取某些国内食品企业设施、海外食品企业设施和进口商的重新检查费用。重新检查费用用于支付在初次检查中发现食品安全问题后进行重新检查所需的相关成本。如果某一企业设施初次 FDA 检查结果被归类为需采取官方行动（OAI），并且 FDA 判定其存在与食品安全相关的严重违规情况并因此对其进行重新检查以评估其改正措施，则 FDA 可评估此费用。

对于企业设施重新检查费用，FDA 将根据进行此次重新检查花费的直接工时（包括旅行时间）以及适当的工时费率，向国内企业设施的负责方以及海外企业设施的美国代理商开具收费发票。如需了解更多有关费率和费用信息，请登录：

《FDA 食品安全现代化法》（FSMA）重新检查费用相关问答：

http：∥www. fda. gov/Food/guidanceRegulation/FSMA/ucm247559. htm#fees。

《FDA 食品安全现代化法》（FSMA）第 107 款——收费权力：

http：∥www. fda. gov/Food/guidanceRegulation/FSMA/ucm247548. htm#SCE107。

"行业指南：费用规定实施"——《FDA 食品安全现代化法》（FSMA）第 107 款：

http：∥www. fda. gov/Food/guidanceRegulation/guidanceDocumentsRegulatoryInformation/FoodDefense/ucm274176. htm。

● **什么是合规跟进检查？**

在大部分情况下，进行合规跟进检查是为核实受检查企业设施是否已经落实适当的整改措施以解决在初次检查中发现的违规情况；此类合规跟进检查可视为重新检查，并将收取适当费用（请查看上一个问题以了解有关费用的更多信息）。

合规跟进检查还可在调查须报告食品注册提交、召回调查或暴发调查过程中收集到的信息时进行；或调查在进口报关审核过程包括检查和取样中收集到的信息，但在初次进行此类合规跟进检查时，FDA 不会收取任何费用。

9. 公开检查结果

● **什么是 FDA "合规透明动议"（Compliance Transparency Initiative）？**

为响应总统对政府公开性的承诺，FDA 在 2009 年 6 月推出了《合规透明动议》。根据此动议，FDA 实施了多项措施使 FDA 的执法活动更加透明。例如，FDA 公布了在线可搜索数据库，其中包括受检查企业设施的名称和地址、检查日期、涉及的 FDA 监管产品类型和最终检查结果分类，以及对于最常见检查结果的概要描述。

如需了解更多有关 FDA《合规透明动议》的信息，请登录以下网站：

（1）一般信息：http：∥www. fda. gov/AboutFDA/Transparency/Transparency Initiative/ucm

254426. htm。

（2）检查结果：http：//www. fda. gov/ICECI/Enforcementactions/ucm250720. htm 。

（3）检查数据库：http：//www. fda. gov/ICECI/Enforcementactions/ucm250720. htm。

• **FDA 检查报告是否向公众开放？**

是的。如果美国和境外的公众成员（包括个人和公司）根据《信息自由法》（FOIA）提交申请索取某份 FDA 483 表，FDA 会首先从文件中删除任何受保护的信息（例如商业秘密或机密性商业信息），并随后将此删节后的文件发布给申请者。只有在检查任务正式结束后，FDA 才会应提交 FOIA 申请的个人或公司要求对《企业设施检查报告》进行保护信息删除并公布。请使用以下链接以了解有关 FOIA 程序的信息：

http：//www. fda. gov/RegulatoryInformation/FoIA/HowtomakeaFoIARequest/default. htm。

FDA 主动公布那些 FDA 决定公布的或者经常通过 FOIA 程序要求公布的国内和海外企业设施检查文件，包括 FDA 483 表，企业设施检查报告以及警告信。企业设施如需了解更多有关公开检查记录之信息，请登录：ORA FOIA 电子阅读室。

根据美国法律，FDA 并非始终有权与主管部门分享检查报告，但相关企业设施可以选择与其他设施外机构分享此信息，包括主管部门政府和贸易协会。

• **FDA 如何保护企业的商业秘密和机密商业信息？**

在向公众发布有关检查文件之前，FDA 会根据适用的披露法删除 FDA 483 表（检查观察结果表）和《企业设施检查报告》中受保护的信息，包括商业秘密和机密商业信息。

• **食品企业、贸易协会和其他非政府机构是否能获取 FDA 计划检查的外国企业设施相关信息？**

不可以。FDA 食品企业设施（无论是国内企业设施还是国外企业设施）检查计划属于非公开信息。

10. 其他信息

• **如果我有关于 FDA 海外检查程序的其他问题，我应与谁联络？**

请联络 FDA 国际项目办公室，电话：1-301-796-4600；传真：1-301-595-7937；或邮寄至：10903 New Hampshire Avenue Building 31/32 Silver Spring, MD 20993-0002。

如需了解更多有关 FDA 国际项目办公室的信息，请登录：

http：//www. fda. gov/ABOUTFDA/Centersoffices/OfficeofglobalRegulatoryoperationsandPolicy/OfficeofInternationalPrograms/default. htm。

• **我应如何查找有关 FDA 检查程序的信息？**

请登录以下网站以了解有关 FDA 检查程序的信息：

（1）检查操作手册（IoM）：IoM 第 5 章涵盖了 FDA 检查员在进行检查时使用的通用程序：http：//www. fda. gov/ICECI/Inspections/IoM/default. htm。

（2）合规项目指导手册（即"合规项目"）是 FDA 检查员在检查中根据具体商品而使用的检查手册：http：//www. fda. gov/ICECI/ComplianceManuals/Compliance Program Manual/default. htm。

（3）FDA 检查、合规及执法活动通用般信息：http：//www. fda. gov/ICECI/detault. htm。

（4）美国《联邦法典》中有关受 FDA 监管食品的法规——《联邦法典》第 21 篇食品和药品。

二、声明二：关键要求——人类食品预防性控制最终规则一览

美国食品药品监督管理局《FDA 食品安全现代化法》的人类食品预防性控制之最终规则现已敲定，某些商家的合规日期将始于 2016 年 9 月。

这一最终规则是 FDA 与社会各界前所未有的合作的结果，包括行业，消费群体，该机构之联邦、州地方及部落监管同行，学术界，以及其他利益相关者。这一合作早在 2013 年 1 月该规则提出之前就已经开始了。

对在评议期间和数以百计的互动（包括公众会议、网络会议、听取意见会议以及参观全国各地的农场和食品设施）期间所收到的反馈作出反应，FDA 于 2014 年 9 月发布了一项有关法规制定提案的补充通知。这些提议修订旨在推进 FDA 食品安全目标的同时，使原先拟议的规则对于行业来说更加实用、灵活和有效。

除了那些作为评议期间为两种提案所收到的公众意见之产物的新规定之外，该最终规则拥有原件和补充建议中的各项要素。例如，灵活性已被纳入关键要求，包括对供应链的控制；而且农场（它们不受这些规则的约束）的定义已有显著改变以反映现代耕作方式。

以下是各项关键要求及其合规日期。

1. 与此相关的设施必须建立和实施一个包括危害分析和基于风险预防控制措施在内的食品安全体系

该规则要求有一项书面的食品安全计划，它包括：

● 危害分析：第一步是危害识别，必须考虑到已知的或在合理范围内可预见的各种生物、化学和物理危害。这些危害的出现可能是因为它们是自然发生的，或是无意识引进的，或是出于经济利益考虑而有意引进的（如果它们会影响到食品安全性）。

● 预防性控制：为了确保将那些需要预防性控制的危害最小化或加以预防，这些措施都是必需的。它们包括加工过程、食物过敏原和卫生条件控制，以及供应链的控制和召回计划。

● 监督和预防性控制管理：该最终规则提供了必需的灵活性，以确保预防性控制是有效的并能够纠正可能出现的问题。

（1）监控：这些程序的目的是确保预防性控制的一致进行。监控按照预防性控制来酌情进行。例如，监控杀灭病原体的加热过程应包括实际的温度值，并且这种监控应该比用于减少金属危害的预防性维护活动的监控更为频繁，后者可能只是一个有关该活动发生日期的简单记录。

（2）纠正措施和更正：更正是对食品生产过程中发生的轻微和孤立的问题进行及时发现和纠正所采取的一些步骤。纠正措施包括实施预防性控制以确定问题，降低问题再次出现的可能性，对受影响的食品安全做出评估，以及防止其进入商业流通渠道。纠正措施必须具有文档记录。

（3）验证：这些验证活动是为了确保预防性控制的一致实施和有效性。它们包括：以科学证据来确定预防性控制能够有效地控制已经确定的危害；对加工过程监控与核查手段

的校准（或是精度检查），譬如温度计；以及对记录进行审查，以验证监控和纠正措施（如有必要）已经得到落实。

产品检测和环境监测也是可能的验证活动，但只是在对食品、设施、预防性控制的性质以及该控制在工厂食品安全体系中的角色来说是适当的情况下才是必需的。通常情况下，如果当具有环境病原体的即食食品污染成为一种需要预防性控制的危害时，环境监测才是需要的。

2. "农场"的定义明确涵盖两种类型的农场操作。被定义为农场的运营不受预防性控制规则的约束

● 主要生产农场：这指的是在单一管理下并处在一个一般（但并非必须是连续的）地点的运营，这种运营专门从事农作物的生长、收获、饲养动物（包括海鲜），或是任何这些活动的结合。这种农场可以对诸如新鲜农产品之类的未加工农产品进行包装或持有，并可以进行一定的生产/加工活动，如将葡萄脱水制成葡萄干，并将其包装并贴上标签。

补充规则提出了一项将"农场"定义加以扩展的变更（该最终规则也含有这一变更），将对那些在不同物主农场上生长的未加工农产品（譬如新鲜农产品）进行包装或持有的活动包括在内。在"农场"定义的范围内，最终规则还涵盖那些仅从农场收获作物的公司。

● 辅助活动农场：这种运营并非位于那些专门收获、包装和/或持有未加工农产品的主要生产农场。它的主要股权必须由那些提供大多数未加工农产品的主要生产农场拥有，而这些农产品是由辅助活动农场来收获、包装或持有的。

提供辅助活动农场的定义部分是因为这样可以使那些从前参与某种非农户包装的农民也符合"农场"的定义，因为包装仍然是农业运营的一部分。除了非农户包装业务之外，辅助活动农场的另一个例子是将坚果去皮并烘干的运营业务，而这种运营是由一个并非位于果园的业务单位在运去加工厂之前进行的。如果拥有果园并提供大多数坚果的农民是该去皮/烘干设施的大股东，则该类运营即是属于辅助活动农场。

● 从事包括在《农产品安全法规》（Produce Safety Rule）中之农产品活动的主要生产农场和辅助活动农场都需要遵守这一规则。

3. 供应链项目更加灵活，拥有单独制定的合规日期

● 该规则要求，对那些原材料以及其他已被确定为是需要供应链应用控制的成分，生产/加工设施都应有一个以风险为基础的供应链计划。那些使用预防性控制来控制危害或是当依靠客户来控制风险时遵守相关要求的生产/加工设施，则不需要为那种危害而拥有供应链方案。

● 相关的食品设施应负责确保这些食品是来自认可的供应商，或是暂时来自未经批准的供应商，而这些供应商的原材料在被接受使用之前有待于核查。批准的供应商是那些在对食品危害分析、将控制该危险的实体以及供应商业绩等因素考虑之后为该设施所批准的供应商。

● 当已被识别的危害是由一个随后的实体如客户或其他加工商来进行控制时，这个设施将不会被要求实施预防性控制。该设施必须披露：该类食品"没有为控制（识别危险）

而进行加工"，并从其客户那里获取一份有关其客户同意采取某种行动的书面保证。

- 供应链中的另一种实体，如经纪人或分销商，也可以进行供应商的核查活动，但接收设施必须对该类实体的危害控制核实文档进行审查和评估。

- 供应链程序条款有单独的合规日期，以便于在食品设施的供应商由于《人类食品预防性控制法规》或《农产品安全法规》而必须遵守预防性控制之前，食品设施将不会被要求遵守供应链程序条款。

4. 《现行良好操作规范》(Current Good Manufacturing Practices，CGMPs）已经更新和澄清

- 最终规则并不包括不具约束力的条款，这更适合于指导。

- 某些诸如教育和培训之类先前的不具约束力条款现在具有法律约束力。

（1）管理层必须确保参与生产、加工、包装或持有的所有员工都必须有资格执行其分配职责。

（2）这些员工必须具有为生产、加工、包装或持有清洁和安全食品所必需的教育、培训和/或经验组合。个体必须在食品卫生和安全的原则方面接受培训，包括员工的健康和卫生的重要性。

（3）请注意，有与预防性控制相关的类似要求。

- 美国食品药品监督管理局的长期立场，即《现行良好制造规范》解决过敏原交叉接触的问题，现在法规文本中已有明确阐述。

5. 合规日期

在最终规则发布之后的几年里，企业的合规日期数年来一直是交错进行的。

- 非常小的企业［生产、加工、包装未出售人类食品市场价值两方面的年销售额平均每年少于100万美元（扣除通胀因素）］：3年，支持其作为非常小企业地位的记录除外（2016年1月1日）。

- 须遵守《巴氏消毒牛奶条例》（Pasteurized Milk Ordinance，PMO）的企业（合规日期延长，以便有时间对包括这一预防性控制规则的PMO安全标准做出修改）：3年。

- 小型企业（全职员工少于500名的企业）：2年。

- 所有其他企业：1年。

供应链项目要求最终规则发布之后的合规日期：

- 接收设施是一个小型企业，其供应商将不会受制于人类预防性控制规则或农产品安全规则：2年。

- 接收设施是一家小型企业，其供应商将受制于《人类食品预防性控制法规》或《农产品安全法规》：两年或在供应商被要求遵守适用规则之后6个月，以较迟日期为准。

- 接收设施不是一个小型或非常小的企业，其供应商将不受制于《人类食品预防性控制法规》或《农产品安全法规》：18个月。

- 接收设施不是一个小型或非常小的企业，其供应商将受制于《人类食品预防性控制法规》或《农产品安全法规》：在供应商被要求遵守适用规则之后6个月。

6. 对行业提供的协助

美国食品药品监督管理局正在制定若干科目的指导性文件，其中包括：

- 危害分析与预防控制措施；
- 环境监测；
- 食品过敏原控制；
- 加工过程控制验证；
- 《小型企业实体合规指南》（Small Entity Compliance Guide）对小型或非常小企业必须遵守该规则所采取的操作做出了解释。

培训和技术援助计划正在顺利进行。它们包括：

- 在该机构内部建立食品安全技术支持网络，提供主要信息来源以支持行业的理解和《FDA食品安全现代化法》（FDA Food Safety Modernization Act，FSMA）的实施。
- 与食品安全预防控制联盟合作，建立培训和技术援助方案。
- 与美国农业部（Department of Agriculture）下属的国家粮食与农业研究所（National Institute of Food and Agriculture）建立伙伴关系来实施一项补助计划，为小型和中等规模农场和小型食品加工企业提供技术援助。

7. 更多信息

《FDA食品安全现代化法》技术援助网络：

http：//www. fda. gov/Food/ guidanceRegulation/FSMA/ucm459719. htm。

三、声明三

Your written response to the Form FDA 483 should be emailed in PDF to：

贵司对FDA的483表的书面答复应当以PDF格式文件通过电子邮件发送至：

FDA 483 response international@ fda. hhs. gov

To inquire about a copy of your inspection report，email a request to：

如需要检查报告副本，请发送电子邮件至：

FDA 483 responseinternational@ fda. hhs. gov

When placing a request，please provide：

·FEI number	FEI号码
·date（s）of inspection	检查日期
·full mailing address，and	完整的邮寄地址
·working email address	工作电子邮件地址

Import Alert removal inquiries should be emailed to：

进口警示解除的问题，可以通过电子邮件发送至：

Importalerts2@ fda. hhs. gov

第六章 ▶▶▶
本套丛书对应美国食品大类分册表

按照美国第三方注册法规，在人类食品中一共分了37个大类，如表6-1所示。

表6-1 人类食品分类表

Step 5：Product Categories

Section 9a：general Product Categories-Food for Human Consumption；and Type of Activity Conducted at the Facility

Important：To be completed by all food facilities. Please see instructions for further examples. IF NONE OF THE MANDATORY CATEGORIES BELOW APPLY, SELECT BO×37 .

☐1. ALCOHOLIC BEVERAOES［21 CFR 170. 3 (n) (2)］

☐2. BABY (INFANT AND JUNIOR) FOOD PRODUCTS Including Infant Formula

☐3. BAKERY PRODUCTS, DOUOH MIXES, OR ICINGS［21 CFR 170. 3 (n) (1), (9)］

☐4. BEVERAGE BASES［21 CFR 170. 3 (n) (3), (35)］

☐5. CANDY WITHOUT CHOCOLATE, CANDY SPECIALTIES AND CHEWING GUM［21 CFR 170. 3 (n) (6), (9), (25), (38)］

☐6. CEREAL PREPARATIONS, BREAKFAST FOODS, QUICK COOKING/ INSTANT CEREALS［21 CFR 170. 3 (n) (4)］

☐7. CHEESE AND CHEESE PRODUCT CATEGORIES　［21 CFR 170. 3 (n) (5)］

　☐a. Soft, Ripened Cheese

　☐b. Semi-S, ft Cheese

　☐c. Hard Cheese

　☐d. Other Cheeses and Cheese Products

☐8. CHOCOLATE AND COCOA PRODUCTS［21 CFR 170. 3 (n) (3), (9), (38), (43)］

☐9. COFFEE AND TEA［21 CFR 170. 3 (n) (3), (7)］

☐10. COLOR ADDITIVES FOR FOODS［21 CFR 170. 3 (o) (4)］

☐11. DIETARY CONVENTIONAL FOODS OR MEAL REPLACEMENTS (Includes Medical Foods)［21 CFR 170. 3 (n) (31)］

☐12. DIETARY SUPPLEMENT CATEGORIES

　☐a. Proteins, Amino Acids, Fats and Lipid Substances［21 CFR 170. 3 (o) (20)］

　☐b. Vitamins and Minerals

　☐c. Animal By-Products and Extracts

　☐d. Herbals and Botanicals

☐13. DRESSING AND CONDIMENTS［21 CFR 170. 3 (n) (8), (12)］

☐14. FISHERY / SEAFOOD PRODUCT CATEGORIES［21 CFR 170. 3 (n) (13), (15), (39), (40)］

　☐a. Fin Fish, Whole or Filet

（续）

☐b. Molluscan Shellfish

☐c. Other Shellfish

☐d. Ready to Eat（RTE）Fishery Products

☐e. Processed and other Fishery Products

☐15. FOOD ADDITIVES, GENERALLY RECOGNIZED AS SAFE（GRAS）INGREDIENTS, OR OTHER IN GREDIENTS USED FOR PROCESSING［21 CFR 170. 3（o）（42）；21 CFR 170. 3（o）（1），（2），（3），（5），（6），（7），（8），（9），（10），（11），（12），（13），（14），（15），（16），（17），（18），（19），（22），（23），（24），（25），（26），（27），（28），（29），（30），（31），（32）］

☐16. FOOD SWEETENERS（NUTRITIVE）［21 CFR 170. 3（n）（9）（41），21 CFR 170. 3（o）（21）］

☐17. FRUIT AND FRUIT PRODUCTS［21 CFR 170. 3（n）（16），（27），（28），（35），（43）］

　☐a. Fresh Cut Produce

　☐b. Raw Agricultural Commodities

　☐c. Other Fruit and Fruit Products

☐18. FRUITOR VEGETABLE JUICE, PULP OR CONCENTRATE PRODUCTS［21 CFR 170. 3（n）（3），（16），（35）］

☐19. GELATIN, RENNET, PUDDING MIXES, OR PIE FILLINGS［21 CFR 170. 3（n）（22）］

☐20. ICE CREAM AND RELATED PRODUCTS［21 CFR 170. 3（n）（20），（21）］

☐21. IMITATION MILK PRODUCTS　［21 CFR 170. 3（n）（10）］

☐22. MACARONI OR NOODLE PRODUCTS［21 CFR 170. 3（n）（23）］

☐23. MEAT, MEAT PRODUCTS AND POULTRY（FDA REGULATED）［21 CFR 170. 3（n）（17），（18），（29），（34），（39），（40）］

☐24. MILK, BUTTER, OR DRIED MILK PRODUCTS［21 CFR 170. 3（n）（12），（30），（31）］

☐25. MULTIPLE FOOD DINNERS, GRAVIES, SAUCES AND SPECIALTIES［21 CFR 170. 3（n）（11）（14），（17），（18），（23），（24），（29），（34），（40）］

☐26. NUTS AND EDIBLE SEED PRODUCT CATEGORIES［21 CFR 170. 3（n）（26），（32）］

　☐a. Nut and Nut Products

　☐b. Edible Seed and Edible Seed Products

☐27. PREPARED SALAD PRODUCTS［21 CFR 170. 3（n）（11），（17），（18），（22），（29），（34），（35）］

☐28. SHELL EGG AND EGG PRGDUCT CATEGORIES［21 CFR 170. 3（n）（11），（14）］

　☐a. Chicken Egg and Egg Prducts

　☐b. Other Eggs and Egg Products

☐29. SNACK FOOD ITEMS（FLOUR, MEALOR VEGETABLE BASE）［21 CFR 170. 3（n）（37）］

☐30. SPICES, FLAVORS, AND SALTS［21 CFR 170. 3（n）（26）］

☐31. SOUPS［21 CFR 170. 3（n）（39），（40）］

☐32. SOFT DRINKS AND WATERS［21 CFR 170. 3（n）（3），（35）］

☐33. VEGETABLE AND VEGETABLE PRODUCT CATEGORIES［21 CFR 170. 3（n）（19），（36）］

　☐a. Fresh Cut Products

　☐b. Raw Agricultural Commodities

　☐c. Other Vegetable and Vegetable Products

☐34. VEGETABLE OILS（INCLUDES OLIVE OIL）［21 CFR 170. 3（n）（12）］

☐35. VEGETABLE PROTEIN PRODUCTS（SIMULATED MEATS）［21 CFR 170. 3（n）（33）］

☐36. WHOLE GRAINS, MILLER GRAIN PRODUCTS（FLOURS）, OR STARCH［21 CFR 170. 3（n）（1），（23）］

☐37. IF NONE OF THE ABOVE FOOD CATEGORIES APPLY, THEN PRINT THE APPLICABLE FOOD CATEGORY OR CATEGORIES（THAT DOES NOT OR DO NOT APPEAR ABOVE）

If the food categories listed above do not apply, then print the applicable food category or categories.

美国产品的分类与中国产品分类不一样，按照美国产品分类与中国相对应的产品列出来，以及后面分册相对应的书籍内容进行了对照，如表6-2所示。

表6-2 人类食品分类表

序号	美国产品类别（用于生产人类消费的产品类别）	中国食品生产许可产品分类	与本套丛书对应分册
1	酒精饮料［21 CFR 170.3（n）（2）］	酒类	无
2	婴儿食品（婴儿和较大婴儿），包括婴儿配方食品	婴幼儿配方食品	无
3	烘焙食品、焙烤调制食品或糖衣食品［21 CFR 170.3（n）（1），（9）］	糕点 饼干	其他类产品分册
4	饮料基料［21 CFR 170.3（n）（3），（35）］	其他食品	低酸罐头分册、酸化食品分册、饮料分册
5	不含巧克力的糖果，特殊糖果和口香糖［21 CFR 170.3（n）（6），（9），（25），（38）］	糖果制品	其他类产品分册
6	粮/谷制品、早餐食品、速熟型谷类食品［21 CFR 170.3（n）（4）］	粮食加工品 方便食品	速冻食品分册
7	奶酪和奶酪制品［21 CFR 170.3（n）（5）］ a. 软的，熟化的奶酪 b. 半软奶酪 c. 硬奶酪 d. 其他奶酪和奶酪产品	乳制品	无
8	巧克力和可可食品［21 CFR 170.3（n）（3），（9），（38），（43）］	糖果制品	调味品分册
9	咖啡和茶［21 CFR 170.3（n）（3），（7）］	可可及焙烤咖啡产品 茶叶及相关制品	调味品分册
10	食品色素［21 CFR 170.3（o）（4）］	食品添加剂	调味品分册
11	常规饮食或三餐替代品（包括药用食品）［21 CFR 170.3（n）（31）］	特殊医学用途配方食品	膳食补充剂分册
12	常规膳食补充成分 a. 蛋白质，氨基酸，脂肪和油脂［21 CFR 170.3（o）（20）］ b. 维生素和矿物质 c. 动物副产品和提取物 d. 中草药	特殊膳食食品 保健食品	膳食补充剂分册
13	调味品［21 CFR 170.3（n）（8），（12）］	调味品	调味品分册
14	鱼类/海产品： a. 整条鳍鱼或鱼片 b. 软体动物贝类 c. 其他贝类 d. 即食（RTE）水产品 e. 加工过的和其他鱼类产品	水产制品	低酸罐头分册、水产品分册、其他类产品分册

（续）

序号	美国产品类别（用于生产人类消费的产品类别）	中国食品生产许可产品分类	与本套丛书对应分册
15	食品添加剂，一般认为安全（gRAS）的成分，或者其他用于食品处理的成分［21 CFR 170.3（n）（42）；21 CFR 170.3（o）（1），（2），（3），（5），（6），（7），（8），（9），（10），（11），（12），（13），（14），（15），（16），（17），（18），（19），（22），（23），（24），（25），（26），（27），（28），（29），（30），（31），（32）］	食品添加剂	调味品分册
16	食品甜味剂（有营养的）［21 CFR 170.3（n）（9）（41），21 CFR 170.3（o）（21）］	食品添加剂	调味品分册
17	水果和水果产品［21 CFR 170.3（n）（16），（27），（28），（35），（43）］ a. 鲜切产品 b. 初级农产品 c. 其他水果和水果制品	农产品（无需拿生产许可）水果制品	酸化食品分册、其他类产品分册
18	果汁或蔬菜汁，果酱或浓缩产品［21 CFR 170.3（n）（3），（16），（35）］	饮料水果制品	低酸罐头分册、酸化食品分册、饮料分册
19	明胶、凝乳酶、布丁混合物或馅饼填充物［21 CFR 170.3（n）（22）］	糕点	其他类产品分册
20	冰激凌及相关产品［21 CFR 170.3（n）（20），（21）］	冷冻饮品	无
21	仿奶产品［21 CFR 170.3（n）（10）］	乳制品	无
22	通心粉或面食［21 CFR 170.3（n）（23）］	粮食加工品	冷冻食品分册
23	肉类，肉制品和家禽（FDA监管）［21 CFR 170.3（n）（17），（18），（29），（34），（39），（40）］	肉制品	无
24	牛奶，黄油或干乳制品［21 CFR 170.3（n）（12），（30），（31）］	乳制品	无
25	混合食品、肉汤，或沙司和特殊食品［21 CFR 170.3（n）（11）（14），（17），（18），（23），（24），（29），（34），（40）］	调味品	调味品分册
26	坚果和食用种子产品［21 CFR 170.3（n）（26），（32）］ a. 坚果和坚果制品 b. 可食用的种子及其制品	炒货食品及坚果制品	低酸罐头分册、其他类产品分册
27	预制沙拉产品［21 CFR 170.3（n）（11），（17），（18），（22），（29），（34），（35）］	调味品	调味品分册
28	带壳蛋和蛋制品［21 CFR 170.3（n）（11），（14）］ a. 鸡蛋和蛋制品 b. 其他蛋和蛋制品	蛋制品	低酸罐头分册

（续）

序号	美国产品类别（用于生产人类消费的产品类别）	中国食品生产许可产品分类	与本套丛书对应分册
29	小吃（以面粉，肉或蔬菜为主要成分）[21 CFR 170.3（n）（37）]	糕点 薯类和膨化食品 饼干 方便食品	速冻食品分册、 其他类产品分册
30	香料调味料和盐 [21 CFR 170.3（n）（26）]	调味品	调味品分册
31	汤 [21 CFR 170.3（n）（39），（40）]	调味品	低酸罐头分册、 酸化食品分册、 调味品分册
32	软饮料和水 [21 CFR 170.3（n）（3），（35）]	饮料	低酸罐头分册、 酸化食品分册、 饮料分册
33	蔬菜和蔬菜产品类别 [21 CFR 170.3（n）（19），（36）] a. 鲜切产品 b. 初级农产品 c. 其他蔬菜和蔬菜制品	农产品（无需拿生产许可） 蔬菜制品	其他类产品分册
34	植物油（包括橄榄油）[21 CFR 170.3（n）（12）]	食用油 油脂及其制品	调味品分册
35	植物蛋白制品（人造肉类）[21 CFR 170.3（n）（33）]	其他食品	低酸罐头分册
36	整粒谷物，磨制谷物制品（面粉）或淀粉 [21 CFR 170.3（n）（1），（23）]	粮食加工品 淀粉及淀粉制品	速冻食品分册、 膳食补充剂分册
37	如果不包括在上述食品类别中，请写出适用的食品类别及分类（即那些未出现在上述分类中的食品）	蜂产品 豆制品 食糖 酒类 速冻食品 罐头 其他食品	其他类产品分册、 低酸罐头分册、 酸化食品分册

◀◀◀ 第七章
美国产品实验室检查

实验室在 FDA 检查过程中，属于一个比较重要的部分。因为企业实验室属于企业自检自控的一个重要方面，如果企业的实验室控制良好的话，那么企业的检测结果可信度就会大大提升，那么食品安全就会有更加良好的保障。

在实验室检查部分，根据以往的检查过程，FDA 检查主要是检查以下几部分：一是企业人员是否满足实验室的基本要求；二是企业自身实验室是否能够满足企业必检项目的基本要求；三是实验室的基本操作方法是否符合标准要求；四是企业的记录过程是否具有可追溯性；五是企业的化学试剂及耗材存贮和使用、相关仪器的操作及使用等是否符合相关要求；六是检测结果的判定及纠偏是否具有合理性。

一、企业人员是否满足实验室的基本要求

实验室人员是实验室的主体，所有检测工作都是由检测人员操作来完成的，因此，要想确保实验室技术的规范性，人员对工作的态度、技术能力以及专业知识是关键。作为实验室的检测人员，在专业理论知识上必须要达到相关要求，具体体现在实验检测过程中，不同食品样品要选择的检测措施与方法是不同的，如果检测人员理论基础知识不过关，那么很可能在检测手段、方法以及细小环节上发生错误，从而使检测结果出现偏差。所以说，要想保障检测数据的准确性，首先检测人员要根据检测样品的不同性质，选择不同的检测方法，正确选择检测方法之后，还要对检测方法的具体操作过程以及相应的原理熟记于心，同时还应该分析，检测过程中会有哪些因素对检测结果产生影响，然后，采取相应的措施应对，将影响降到最低限度。

同时对于实验室现有人员，应加强技术能力培训和质量管理培训来提高其综合素质。技术能力培训应侧重于专业技能培训，使实验室人员理解检测标准的方法和原理，熟悉各种仪器的操作，通过内部考核具备相应岗位资格和仪器操作能力。质量管理培训应加强质量意识的培养，让检验人员由被动接受管理转化成自觉执行质量体系文件，将质量意识渗透到工作各环节，使质量体系能够有效运行并得到持续改进。培训的方式可以通过进行外部培训或组织有经验的实验室专家到现场讲解、集中授课，针对工作中存在的主要问题加强培训，确保其能力与其所承担的工作任务相适应。

另外，就企业实验室的现状，有针对性地招收相关专业人才进行补充，确保技术人员和关键岗位人员具备相应的资格和能力。通过人员的不断补充，使企业实验室内部形成完

整的实验室检测梯队，高、中、低人才合理分工，人员分布逐渐趋于完善，检测队伍实力得到加强。

二、企业自身实验室是否能够满足企业必检项目的基本要求

首先应该建立一套满足企业自身需求的体系。可以参考 ISO 9000、IEC/ISO 17025 等要求建立起有效的质量管理体系并文件化。实验室根据有关规定和实际情况，制定一系列科学、完善的体系文件，保证从采样、收样到检验、报告等各个环节的科学性和严谨性，使管理体系文件对实验室管理起到表达确定的信息、沟通意图、统一行动的作用。

企业实验室设计一般设中心实验室和车间实验室。中心实验室主要担任原料分析、产品质量检验、对车间实验室所用的标准溶液进行配制和标定浓度的任务，同时负责分析方法研究、改进任务和为科学研究课题提供科学、合理的分析测试数据。车间实验室主要负责生产过程中成品和半成品的控制分析。一切检测工作都需要在相应的场所中进行，检测场所和检测环境是否符合要求也是一个很重要的要素。部分食品企业实验室受场地大小限制，没有对不同的实验区域进行划分，微生物检测区和化学检测区交叉混合在一起，甚至有原子吸收光谱和液相色谱同放一室等存在严重安全隐患的现象。这些情况均会对实验室的检测结果、环境安全造成不利影响。所以检测场所设计一定要科学合理。比如精密仪器室：根据现代分析检验任务的需要，企业实验室会有不少高价值的分析设备（如直读光谱、原子吸收光谱、X 射线衍射仪、X 射线荧光光谱仪、ICP、气相色谱仪等精密仪器），必须与易燃易爆的化学物品隔离。因此精密仪器室要求具有防火、防潮、防震、防尘、防有害气体侵入的功能，室温可控制在 15~30℃，湿度可控制在 40%~70%，对恒温要求高的仪器可配备空调。仪器室地板可用水磨石或防静电板，若用地毯易积聚灰尘，产生静电。计算机控制的精密仪器对供电电压和频率有一定要求，因此，为防止电压瞬变和忽然停电损坏仪器，可根据实际情况配备不间断电源设备（UPS）。此外，在设计专用的仪器分析室的同时，应就近配套设计相应的化学处理室。

化学分析室：化学分析室是进行样品化学处理和分析测定的主要场所。在工作中常使用一些小型的电器设备及各种化学试剂，若操作不慎会产生一定的危险，因此，化学室的建筑材料要考虑防火性能，门向外开，并设有两个以上出口以利于发生危险时人员的撤离；供排水系统应满足仪器设备正常运行的需要，总阀门要设在显眼且易操作的位置，排水管应采用耐酸碱腐蚀的材料；实验室还要配备良好的通风设施，根据需要设置局部的排气罩和通风柜；实验台台面应采用平整、不易碎裂、耐酸碱腐蚀、耐热、不易碰碎玻璃器皿等的材料。

辅助用室：药品储藏室和钢瓶存放室属辅助用室。许多化学试剂具有易燃、易爆、有毒或腐蚀性等特性，药品储藏室只能存放少量近期要用的药品，储藏室应具有干燥、通风良好、遮阳隔热、门窗坚固且向外开等特点，室内设有排气降温扇，采用防爆照明灯具。钢瓶要求远离热源、火源及可燃仓库，避免阳光照射，距明火热源 10m 以上，室内设有直立稳固的铁架用于放置钢瓶，且通风条件良好。

实验室间的比对试验可以验证和确认实验室所参加比对项目的技术能力，是实验室能力验证的主要方法。从分析检测工作应有的科学态度来说，方法之间、实验室之间比对和

能力验证是最基本、最有效消除偏差的手段，有利于纠正或证明本实验室的检测数据结果，对分析结果起到校准和复核作用。每年要与检验机构做水平测试，来验证实验室检测结果的准确性。将实验室间比对和能力验证计划作为对企业质量控制的关键活动，针对不同的检测项目，定期开展实验室之间的比对试验，经常采用相同或不同方法对留存物品进行重复检测，以促进实验室内部质量控制水平的提升。通过开展比对活动和结果的平行评价和总结，使检测人员增强信心，达到提升实验技能的效果。

三、实验室的基本操作方法是否符合标准要求

采用何种检测方法对食品样品进行检测，直接决定其检测数据的有效性，准确性。如果采用的检测方法不当，不仅是检测结果可能会存在偏差，即使检测结果没有问题，那么数据的有效性也有待考证。食品企业要想保障检测实验室发挥作用，那么检测方法规范性是前提，因此，首先实验室应该制定相应的检测方法标准、抽样标准以及配备产品的标准，制定食品检测的跟踪变更制度、确认备案、发放受控以及标准收集等方面的制度。在检测方法的选择上，应该优先选择国家标准、行业标准以及地方标准，同时也可以选择，食品产品客户指定的区域、国际等最新有效标准。同时一定要注意实验室要通过项目备案标准以及认可资质的认定的正确选择，如果没有这项依据，可选择权威文献公布的、知名组织使用的方法，但是必须要通过能力验证、实验室间对比、测量结果不确定、回收试验、精密度试验以及制备标准曲线以及空白试验等来确认检测方法的科学性、可靠性。

食品企业针对所生产的食品进行实验检测，由于产品过多无法一一实施检测，因此就需要根据产品种类的不同，分别选择不同的样本，首先，样本必须具有代表性，否则根据样品做的检测结果没有任何意义。其次，对样品的管理，如果样品在储存、运输过程中出现问题，那么依然会影响检测的结果。由此可以看出，一定要做好检测样品的采集与管理。实验室应该根据国家规定的要求制定样品的留样保存、交接验收、封存运输以及采集等方面的程序，确保每一道程序都要有详细的信息记录，如样品的保存条件、入库时间、保留数量、样品验收与交接记录、样品运输条件和时间、样品的唯一性标准、采样数量、采样介质、采样容器、采样布点示意图、采样现场环境以及采样地质等等，通过此种样品做的检测实验才会有实际应用价值。

四、企业的记录过程是否具有可追溯性

对于提到实验室工作的可追溯性，我们往往会想到量值溯源，想到设备的计量或校准，实际上检测过程和检测结果也应该具有可追溯性要求。实验室检测工作的可追溯性是指建立和保留涉及检测全过程的，并且能够尽可能追溯到检测原始状态的，有效的、系统的证明文件，其中最关键的环节有 3 个方面，即样品的追溯性、检测过程的追溯性和检测责任的可追溯性。检测工作具有可追溯性是确保实验室检测结果公正、准确、有效的基本要求。实验室检测工作的可追溯性贯穿于实验室从取样（或接样）到出具结果报告的所有工作环节，通过建立实验室检测工作的追溯体系，从上述 3 个关键环节保证其可追溯性，一方面，实验室管理者可以有效保证检测结果的质量，另一方面，也是实验室向外部机构证明自身检测结果准确的有效方式。

首先说检测样品的处置，实验室应有检测样品或是样品制备的标识方式，样品在实验室整个期间应保留该标识，样品可追溯到样品接受时间、制样时间、检测时间、完成时间；并能追溯到对哪个样品进行了何种项目的检测。对于实验室对样品的描述，①固定格式内的描述：应根据样品的特征和标准要求准确地选择、填写所对应的样品类别、参数、结构，原则上由大到小。②对固定格式中描述的补充和说明：对于固定描述格式无法完整、准确描述样品的，应在其他处或样品的描述页中进行补充。③样品照片的要求：照片是可以直观地反映被检样品形态和结构，以及检测状态、过程和仪器设备的使用情况。必要的照片的数量要根据样品和检测过程的复杂程度而定，要满足完整、可靠、清晰。

检测过程的追溯性应确保能追溯或重现影响检测的主要过程，包括以下内容：一是实验室相关技术记录包括工作流程单、检测原始记录、设备使用记录、试验环境监控记录、标准品领用（配置）记录、试剂配制记录、检测报告以及必要时反映检测状态、过程和仪器设备使用情况的照片等。这些文件应尽可能确保追溯（重现）到影响检测结果的所有过程，例如：样品的试验状态，样品的工作状态，试验顺序或过程，试验环境条件，设备的使用情况，针对不合格样品进行的重复检测和进一步确认情况等。二是检测用原始记录应按试验项目进行描述，原始记录的内容信息应能够充分反映试验过程是否规范、试验结果是否正确。三是检测原始记录应有检测、复核人的签字，如可能，应留存审核记录和更改记录。

与责任有关的可追溯性，检测责任的可追溯性是指实验室在明确相关岗位的职责基础上，明确与检测结果和相关过程、相关人员的责任：一是在实验室质量管理体系文件中应明确规定报告拟制、更改、审核、签发人员的具体责任范围。这些相关人员应具备所承担职责的上岗资质，确保主检、审核、签发人员能正确、有效地履行职责，确保这些人员的技术能力持续满足规定的要求。二是检测报告应由授权签字人签发，需要时还应有主检、复核人的签字。三是检测结果应按检测标准进行描述，描述的内容应完整、充分并与标准要求相对应，应使报告的复核、审核者通过检测结果的描述能够判断试验是否按标准规定完成、检测结果的合理性和判定的准确性。必要时，应附有照片及数据的支持。四是实验室应保留在检测过程检测依据、样品、周期等信息进行沟通、更改、确认的资料。

上述3个环节是确保检测工作具备可追溯性直接技术环节，其他环节还有人员培训方面的可追溯性、采购供应方面的可追溯性、客户服务的可追溯性等基础环节，也是确保实验室检测技术水平不可缺少的。

五、企业的化学试剂及耗材存贮和使用、相关仪器的操作及使用等是否符合相关要求

仪器设备是完成检测工作必不可少的工具，仪器设备运行状态直接关系到检测结果的准确性。不少食品企业实验室却往往容易忽视对仪器设备运行状态的监控和核查，缺乏监控核查记录。此外，还存在仪器设备计量校准证书已过期，未重新计量校准仍继续使用，设备计量的参数与使用参数不符，设备操作人员未详细阅读使用说明书导致错误操作等现象，对于新引进的仪器设备来说，检测人员是陌生的，在具体操作上可能会出现细节上的失误，因此，一定要将新设备的相关操作技能对检测人员进行培训，避免在使用过程中出

现错误，从而影响检测结果的准确性。因此，首先应该建立设备档案，方便仪器设备的管理。实验室人员最好先经过培训或详细阅读使用说明书，在熟悉操作程序并考核合格之后方可使用仪器设备，避免因错误操作影响结果或引起仪器故障，同时保存相关人员的培训考核记录，放入人员档案归档。对需要监控运行状态的仪器设备定期进行检查并做好记录，一旦设备状态出现异常可以在第一时间获知并作出相应对策。需要定期计量的设备，实验室可以在每年年初做一个设备计量年度计划，方便查阅设备计量周期的到期时间及其需要计量检定的参数，有条理地安排一年的仪器设备计量工作，既可防止计量设备超期使用，又可杜绝计量参数与使用参数不符的现象。

对样品进行有条理的登记管理。有些食品企业实验室没有对样品加以标识或样品标识混乱，对存在问题的样品无法追溯，导致原料及产品的控制脱节。实验室可以建立样品的标识系统，对每个样品做好唯一性标识，标识内容可以包括样品唯一性编号、来源、原料或产品的批次、抽样时间等内容。同时建立样品台账，将每天检测样品的信息和留样情况及时录入，便于留样的管理和日后的检索，同时保证从产品到原料数据记录的可追溯性。

实验室必须对仪器加以必要的日常维护和保养。针对实验室仪器开展具体分析，掌握仪器分析原理和性能特征以及可能影响结果准确性和稳定性的因素，很多化学分析结果是靠标准物质来溯源的，因此标准物质是分析结果是否准确的根本，在选购标准物质时应注意其证书是否能够证明其对国家基准（国家计量标准或国际计量标准）的溯源性。根据食品安全检测的特点，要制订有证标准物质和试剂购买计划，建立供应商制度及相关产品型号的信用等级评价，便于实验室归纳总结及寻找原因。

检测方法是检测工作的指导方针，所有检测工作都是按照检测方法开展的。目前，大部分食品企业实验室的检测方法均采用国家标准或行业标准，也有部分企业在检测工作没有相关标准或企业要求高于国家标准或行业标准要求的情况下采用自行制定的企业标准。有些实验室在收到标准之后，就立即投入使用，还有些实验室根据自身检测工作的实际情况，对标准中的操作程序步骤进行了一定的更改偏离，有相当一部分实验室未对检测标准方法开展相关的验证工作。建议实验室在标准投入使用前首先对自身的条件进行评估，看各项设备、环境和试剂等方面的条件是否已达到标准的要求。其次，实验室要做好预试验，保证实验室的检测预期效果达到标准规定的相关参数后再投入使用。对于更改偏离标准中操作程序步骤的情况以及企业自行制定的标准，实验室应对偏离后的操作程序或自行制定的标准进行多方面验证，确保偏离后的操作程序其相关参数（如回收率、检出限、灵敏度、线性范围等）与原标准一致或达到预期的目标。

检测所使用的试剂和消耗品是检测结果质量保证的重要因素。不少食品企业对试剂和消耗品的品质关注度不够，试剂采购回来后只对名称、数量进行了简单地核对验收就投入使用，存在影响检测结果准确性的隐患。对于采购回来的试剂和消耗品，实验室除了对其基本物理性状、纯度、保质期等基本情况进行验收之外，还应对试剂和消耗品能否符合相关检测方法中规定的要求进行验证。例如，检测试剂盒应验证其准确性、灵敏度；微生物检测用培养基不但要检查物理指标，而且要确保培养基没有被污染，同时用标准菌株对其有效性进行验证；标准菌株应验证其生化反应性状等；还有些产品因为需要低温保存在冰箱之中，因此为了保证药品的药效不会受到影响，需要在冰箱之中增加温度记录仪，并定期进行审核；同样对于食品中砷、镉以及铅进行检测时，首先要使用硝酸与硫酸对样品进行消解，此时所利用的试剂硝酸和硫酸不能含有砷、镉以及铅等离子，否则在消解过程中就会将硝酸和硫酸等离子带入样品液中去，最终会对检测结果产生影响。所以在试剂使用前，一定要对试剂进行相应的实验检测。

六、检测结果的判定及纠偏是否具有合理性

在判定结果合理性的前提下，必须理解以下概念：

准确度：测试结果与接受参照值间的一致程度。当用于一组测试结果时，准确度由随机误差分量和系统误差（即偏倚）分量组成。

正确度：由大量测试结果得到的平均值与接受参照值间的一致程度。它表征系统误差的大小，正确度的量度通常用术语偏倚表示。偏倚是测量结果的期望与接受参照值之差，是系统误差的总和，可能由一个或多个系统误差引起。

精密度：在规定条件下，独立测试结果间的一致程度。精密度表征随机误差的大小，通常用标准差表示。精密度的量值与测量条件有关，重复性和再现性条件为其中两种极端情况。国内外分析方法标准中更多地用重复性标准差、再现性标准差，或重复性限和再现性限来表示方法的精密度。

如果检测结果在准确度、正确度、精密度上面是契合的，那么检测结果可信度就比较高。另外如果出现了检测结果偏差较大时候，常常采用以下方式来进行处理：

1. 对保留样品再检验：对无标准物质的检测参数如蛋白质、脂肪、灰分等指标并易保存的样品采取留样再检测的方法对检测结果的准确性进行控制，这样不但使检验人员认真对待每一次检验工作，从而提高自身素质和技术水平，也有助于发现检测中存在的问题并得到及时有效的纠正。

2. 定期使用标准物质：按计划定期对有证标准物质进行检测，将检测结果与标准值进行比较，如果检测结果异常应查明原因排除异常因素，使检测体系恢复正常。通过对标准物质的检测来完成仪器的期间核查，判断仪器是否处于正常状态的校准状态，对经分析发现仪器设备已经出现较大偏离导致检测结果不可靠时，应按相关规定处理，直到经验证的结果满意时方可投入使用。利用对标准物质的检测对检验人员进行考核，以查明检验人员是否熟练掌握检验技术，是否能够检出符合要求的准确数据及结果，这也是对检测质量控制的重要手段。

3. 利用质量控制图：质量控制图是把检验的性能数据与所计算出来的预期的"控制限"进行比较的图，此方法通过统计技术，将指控样用于检测中，对每次的检测数据进行分析，从而得出较为科学的波动范围，通过检测查出异常原因所导致的波动，制定相应措施进而消除异常原因。

4. 使用不同方法进行重复检测：国家标准规定的分析方法中有很多都提供了一种以上的分析方法在同一实验室内或不同实验室间定期有计划地进行不同方法的重复检测，可及时发现方法的系统误差并纠正，以保证检测数据的准确性。

5. 分析一个样品不同特性结果的相关性：同一产品的不同特性指标可能存在一定的

相关性，通过对相关项目的检查，也可发现检验结果是否准确。如酱油中的氨基酸态氮和全氮，氨基酸态氮测出的数值一般是全氮值的一半，如果相差太大，那么检验结果肯定有问题，必须进行复检；再如白酒中的总酯和己酸乙酯，如果己酸乙酯含量高，总酯的含量也会高。

同样，其他问题出现检测过程、检测结果等偏离，应该立刻采取纠偏程序，因此，企业应该建立实验室的纠偏程序，既可以制定一个独立程序，也可以分散到不同的文件之中。

实验室的检查，就像一面镜子一样反映出企业在从原料到成品检验的整个过程的安全性，因此必须对此足够重视。

下 篇

中国输美食品生产企业合规指南　总论 //

第一节　SN 微生物标准

一、SN/T 0169—2010 进出口食品中大肠菌群、粪大肠菌群和大肠杆菌[①]检测方法

1　范围

本标准规定了进出口食品中大肠菌群、粪大肠菌群和大肠杆菌检测方法。

本标准中 MPN 法适用于进出口食品中大肠菌群、粪大肠菌群和大肠杆菌的检验；平板计数法适用于进出口食品中大肠菌群的检验；β-葡萄糖苷酶荧光法适用于进出口食品（不包括贝类）中大肠杆菌的检验；滤膜/MUG 法适用于进出口方便面、膨化食品、矿泉水、饮料、牛奶（需用蛋白酶处理）、单晶糖和椒粒中大肠菌群和大肠杆菌的检验。

2　规范性引用文件

下列文件对于本文件的应用是必不可少的。凡是注日期的引用文件，仅注日期的版本适用于本文件。凡是不注日期的引用文件，其最新版本（包括所有的修改单）适用于本文件。

SN/T 1538.1　培养基制备指南　第 1 部分：实验室培养基制备质量保证通则

SN/T 1538.2　培养基制备指南　第 2 部分：培养基性能测试实用指南

3　术语和定义

下列术语和定义适用于本文件。

3.1　大肠菌群 coliform

需氧及兼性厌氧，能在 37℃，48h 分解乳糖产酸产气的一群革兰氏阴性无芽孢杆菌。

3.2　粪大肠菌群 fecal coliform

需氧及兼性厌氧，能在 44.5℃±0.5℃，24h 发酵乳糖产酸产气的一群革兰氏阴性无芽孢杆菌，该菌又可称耐热大肠菌群（thermotolerant coliform organisms）。

[①]　大肠杆菌即大肠埃希氏菌。以下同。

3.3 大肠杆菌 *Escherichia coli*

需氧及兼性厌氧，能在 44.5℃±0.5℃，48h 分解乳糖产酸产气，生化特征"IMViC"为"++--"或"-+--"的一群革兰氏阴性无芽孢杆菌。该菌又可称大肠埃希氏菌。

4 检验方法

4.1 原理

4.1.1 最可能近似值（most probable number，MPN）法

MPN 法是统计学和微生物学结合的一种定量检测法。待测样品经系列稀释并培养后，根据其未生长的最低稀释度与生长的最高稀释度，应用统计学概率论推算出大肠菌群、粪大肠菌群或大肠杆菌在待测样品中的最大可能数。

4.1.2 平板计数法

大肠菌群在固体培养基中发酵乳糖产酸，在指示剂的作用下形成可计数的红色或紫色，带有或不带有沉淀环的菌落。

4.1.3 β-葡萄糖苷酶荧光法

大肠杆菌中的 β-葡萄糖苷酶可降解培养基中 4-甲基伞形酮-β-D 葡萄糖苷酸(MUG)，并释放 4-甲基伞形酮荧光物质（4-MU），该物质在紫外灯（波长 366nm）下会显现蓝色荧光特点。

4.1.4 滤膜/MUG 法

待测样品通过滤膜过滤时，样品中的大肠菌群和大肠杆菌被截留于滤膜表面。将滤膜贴附于 LMG 或 BMA 琼脂上培养后，大肠菌群在 LMG 琼脂上会形成蓝色菌落；而 BMA 琼脂上的大肠杆菌由于葡萄糖苷降解 4-甲基伞形酮-β-D 葡萄糖苷酸（MUG）并释放 4-甲基伞形酮，形成紫外光（366nm）下为蓝白色荧光的菌落。

4.2 培养基与试剂

4.2.1 生理盐水：见附录 A.2。

4.2.2 Butterfield 氏磷酸盐缓冲稀释液：见附录 A.3。

4.2.3 月桂基硫酸盐胰蛋白胨肉汤（LST）：见附录 A.4。

4.2.4 煌绿乳糖胆盐肉汤（BGLB）：见附录 A.5。

4.2.5 大肠杆菌肉汤（EC）：见附录 A.6。

4.2.6 伊红美蓝琼脂（EMB）：见附录 A.7。

4.2.7 结晶紫中性红胆盐琼脂（VRBA）：见附录 A.8。

4.2.8 月桂基硫酸盐胰蛋白胨 MUG 肉汤（LST-MUG）：见附录 A.9。

4.2.9 Columbia-MUG 琼脂培养基：见附录 A.10。

4.2.10 蛋白胨-吐温 80 稀释液（PT）：见附录 A.11。

4.2.11 乳糖莫能霉素葡萄糖醛酸琼脂（LMG）：见附录 A.12。

4.2.12 缓冲 MUG 琼脂（BMA）：见附录 A.13。

4.2.13 三（羟甲基）胺甲烷（Tris）缓冲剂：见附录 A.14。

4.2.14 营养琼脂斜面：见附录 A.15。

4.2.15　色氨酸肉汤：见附录 A.16。

4.2.16　MR-VP 培养基：见附录 A.17。

4.2.17　Korser 氏柠檬酸盐肉汤：见附录 A.18。

4.2.18　Kovacs 氏靛基质试剂：见附录 A.19。

4.2.19　甲基红指示剂：见附录 A.20。

4.2.20　Voges-Proskauer 试剂（V-P）：见附录 A.21。

4.2.21　革兰氏染色液：见附录 A.22。

4.2.22　胰蛋白酶贮存液：见附录 A.23。

4.3　设备与材料

4.3.1　培养箱：36℃±1℃，44.5℃±0.5℃。

4.3.2　水浴箱：36℃±1℃，44.5℃±0.5℃。

4.3.3　冰箱：0~5℃和-15~-20℃。

4.3.4　均质器：涡旋式或拍击式。

4.3.5　吸管：1mL，具 0.1mL 刻度；5mL 和 10mL，具 1mL 刻度。

4.3.6　平皿：直径 90mm。

4.3.7　试管：16mm×160mm。

4.3.8　稀释瓶：三角烧瓶、广口瓶或其他适宜的容器。

4.3.9　玻璃小倒管：长度约 20mm。

4.3.10　天平：感量 0.1g。

4.3.11　显微镜。

4.3.12　菌落计数器。

4.3.13　滤器：备预滤器。

4.3.14　滤膜：有机或水相，孔径 0.45μm。

4.3.15　真空泵。

4.3.16　紫外灯：波长 366nm。

4.4　样品制备

4.4.1　固体或半固体样品

无菌操作称取样品 25g 置于装有 225mL 灭菌稀释剂（4.2.1/4.2.2）的适宜容器中，充分振摇、混匀。或将剪碎后的试样 25g 置于灭菌的均质杯/袋内，加入 225mL 灭菌稀释剂，以 8 000r/min~10 000r/min，6 次/s~9 次/s 涡旋式均质 1min，或以 6~9 次/s 拍击式均质 1min，制成 1∶10 的样品稀释液备用。

4.4.2　液体样品

以无菌吸管吸取样品 25mL 置于装有 225mL 灭菌稀释剂的适宜容器中，以 30cm 幅度于 7s 内振摇 25 次或机械振荡器中振摇。制成 1∶10 的样品稀释液备用。

4.4.3　样品稀释

样品稀释液的 pH 应在 6.5~7.5 之间，pH 过低或过高时可分别用 1mol/L 氢氧化钠或 1mol/L 盐酸予以调节。根据对样品污染情况的估计，将 4.4.1 或 4.4.2 制成的 1∶10 样品稀释液用 9mL 灭菌稀释剂进行系列十倍递增稀释，如 10^{-2}，10^{-3}，10^{-4}，…直至最高稀释度的检测结果达到阴性终点。每一稀释度换用 1 支 1mL 无菌吸管或移液器吸头，上一稀释度用的吸管或吸头不要触及下一稀释度的稀释液。从制备样品稀释液至稀释完毕，全过程不得超过 15min。

4.4.4　样品的酶处理

4.4.4.1　一般要求

样品的酶处理可在室温下（23~27℃）进行。

4.4.4.2　固体或半固体样品

无菌操作称取样品 25g 置于装有 225mL 灭菌 PT 稀释液（4.2.10）的适宜容器中，充分振摇、混匀。或将剪碎后的试样 25g 置于灭菌的均质杯/袋内，加入 225mL 灭菌稀释剂，以 8000~10 000r/min 涡旋式均质 1min，或以 6~9 次/s 拍击式均质 1min，制成 1∶10 的样品稀释液备用。

4.4.4.3　液体样品

以无菌吸管吸取样品 25mL 置于装有 225mL 灭菌 PT 稀释液的适宜容器中，以 30cm 幅度于 7s 内振摇 25 次或机械振荡器中振摇。制成 1∶10 的样品稀释液备用。

4.4.4.4　样品稀释

取 1∶10 的酶 PT 稀释液（胰蛋白酶贮存液∶PT 稀释液）10mL 于 4.4.4.1 或 4.4.4.2 制成的 1∶10 样品稀释液中并混匀，置于 36℃±1℃ 水浴中处理 20~30min 后，将制成的 1∶10 样品酶处理稀释液用 9mL 灭菌 PT 稀释液进行系列十倍递增稀释，如 10^{-2}，10^{-3}，10^{-4}，直至最高稀释度的检测结果达到阴性终点。每一稀释度换用 1 支 1mL 无菌吸管或移液器吸头，上一稀释度用的吸管或吸头不要触及下一稀释度的稀释液。从制备样品稀释液至稀释完毕，全过程不得超过 45min。

4.4.4.5　样品过滤

将灭菌过滤装置连接于真空抽滤瓶上，以无菌操作将无菌滤膜放在抽滤底座上并固定。无菌操作加入 10~20mL 无菌蒸馏水于滤器中，打开真空泵，抽吸过滤，再从 4.4.4.4 中选取适宜的 3 个连续稀释度的样品稀释液，每个稀释度分别过滤，每次 10mL。最后再加入 10~15mL 无菌蒸馏水，抽吸过滤后，关闭真空泵，用无菌镊子将滤膜取出于 4.5.3 中备用。

4.5　大肠菌群的测定

4.5.1　MPN 法

4.5.1.1　从 4.4.3 中选择适宜的 3 个连续稀释度的样品稀释液，每个稀释度均接种 3 管月桂基硫酸盐胰蛋白胨（LST）肉汤，每管接种 1mL。液体样品接种量 1mL 以上者，用双料月桂基硫酸盐胰蛋白胨肉汤；接种量 1mL 及 1mL 以下者，则用单料月桂基硫酸盐胰蛋白胨肉汤。36℃±1℃ 培养 24~48h 后，观察倒管内是否有气泡产生，并记录 24h 和 48h 内产气的 LST 肉汤管数。对未产气管有疑问时，可以轻敲试管壁的方式观察是否有较细小的气泡从管底逸出，如所有 LST 肉汤管均未产气，可按 4.8.1 报告结果；如 LST 肉汤管有产气，则按 4.5.1.2 做证实试验。

4.5.1.2　证实试验。用直径 3mm 的接种环从 4.5.1.1 中所有 24h 和 48h 内发酵产气的 LST 肉汤管中分别挑取培养液 1 环，分别移种于煌绿乳糖胆盐（BGLB）肉汤管中，于 36℃±1℃培养 48h±2h，记录所有 BGLB 肉汤管的产气管数，根据 BGLB 肉汤的产气管数查 MPN 表（见附录 B.1）并按 4.8.1 报告结果。

4.5.2　平板计数法

4.5.2.1　从 4.4.3 中选取适宜的 3 个连续稀释度的样品稀释液，每个稀释度接种两个灭菌平皿，每皿 1mL。另取 1mL 稀释剂加入一灭菌平皿中，作空白对照。将冷至 46℃的结晶紫中性红胆盐琼脂（VRBA）约 15mL 倾注于每个平皿中，小心旋转平皿，使培养基与样液充分混匀。待琼脂凝固后，再加 3～4mL 的 VRBA 均匀覆盖于平板表层，凝固后翻转平皿，36℃±1℃培养 18～24h。

4.5.2.2　选取菌落数在 25～250 个之间的平板，计数平板上出现的典型大肠菌群菌落。典型大肠菌群菌落为紫红色，菌落周围有红色的胆盐沉淀环，菌落直径约 0.5mm 或更大。典型和可疑菌落按 4.5.2.3 做证实试验。

4.5.2.3　证实试验。用接种环从 VRBA 平板上挑取 10 个不同类型的典型或可疑菌落，移种于 BGLB 肉汤管内，36℃±1℃培养 24～48h 后观察产气情况。对 BGLB 肉汤产气者按 4.5.2.4 计算；对形成菌膜的阳性管则应进行革兰氏染色，以便排除革兰氏阳性杆菌。

4.5.2.4　将 4.5.2.3 中证实为大肠菌群阳性的菌落数相加，再乘以稀释倍数，按 4.8.2 报告结果。

4.5.3　滤膜/MUG 法

以无菌操作将 4.4.4.5 样品过滤后的滤膜贴放于预先干燥的 LMG 琼脂平板表面上，滤膜与琼脂表面之间应无气泡。于 36℃±1℃培养 24h±2h 后，选取菌落数在 25～250 个之间的平板，计数所有蓝色（包括深蓝或浅蓝色）菌落。将滤膜上的菌落数相加，再乘以其稀释倍数，按 4.8.4 报告结果。

4.6　粪大肠菌群 MPN 法的测定

用直径为 3mm 的接种环从 4.5.1.1 中所有 48h±2h 内发酵产气的 LST 肉汤管中分别挑取培养液 1 环，转种于 EC 肉汤管中并放置于带盖的 44.5℃±0.5℃恒温水浴箱内，培养 24h±2h。水浴箱的水平面应高于肉汤培养基液面。记录 EC 肉汤管的产气情况，产气管为粪大肠菌群阳性；不产气为粪大肠菌群阴性。根据粪大肠菌群的阳性管数查 MPN 表（见附录 B.1）并按 4.8.1 报告结果。

4.7　大肠杆菌的测定

4.7.1　MPN 法

4.7.1.1　培养

将 4.6 中 EC 肉汤管在 44.5℃±0.5℃恒温水浴箱内继续培养 24h±2h 后，从产气管中挑取培养液划线接种于伊红美蓝（EMB）平板，36℃±1℃培养 24h±2h。

4.7.1.2　检查

检查平板上有无黑色中心、有光泽或无光泽的可疑菌落。用接种针蘸取菌落中心部位并转种于营养琼脂斜面上，36℃±1℃培养 18～24h。

4.7.1.3　试验

4.7.1.3.1　将营养琼脂斜面培养物转种于下列生化培养基中进行试验。

4.7.1.3.2　色氨酸肉汤：36℃±1℃培养24h±2h后，加Kovacs氏试剂0.2～0.3mL，上层出现红色者为靛基质试验阳性。

4.7.1.3.3　MR-VP培养基：36℃±1℃培养48h±2h后，无菌操作移取培养物1mL至13mm×100mm试管中，加5%。α-萘酚乙醇溶液0.6mL，40%氢氧化钾溶液0.2mL和少许肌酸结晶，振摇试管后静置2h，如出现伊红色，为VP试验阳性。将MR-VP培养物的剩余部分继续培养48h后滴加5滴甲基红溶液，如培养物变红则表示甲基红试验阳性；若变黄则甲基红试验阴性。

4.7.1.3.4　Kovser氏柠檬酸盐肉汤：36℃±1℃培养96h后，观察其生长情况。

4.7.1.3.5　LST肉汤：36℃±1℃培养48h±2h后，观察其产气情况。

4.7.1.3.6　革兰氏染色：取营养琼脂斜面培养物进行革兰氏染色。大肠杆菌为革兰氏阴性无芽孢杆菌。

4.7.1.3.7　大肠杆菌和非大肠杆菌生化鉴别如表8-1，如出现表中以外的生化反应类型，表明培养物可能不纯，应重新划线分离，必要时做重复试验。

表8-1　大肠杆菌和非大肠杆菌生化鉴别表

靛基质	MR	VP	柠檬酸盐	鉴定（型别）
+	+	−	−	典型大肠杆菌
−	+	−	−	非典型大肠杆菌
+	+	−	+	典型中间型
−	+	−	+	非典型中间型
−	−	+	+	典型产气肠杆菌
+	−	+	+	非典型产气肠杆菌

4.7.1.3.8　大肠杆菌为革兰氏阴性无芽孢杆菌，发酵乳糖产酸产气，IMViC试验为++−−或−+−−。根据LST肉汤阳性管数查MPN表（见附录B.1）并按4.8.1报告结果。

4.7.2　β-葡萄糖苷酶荧光法

4.7.2.1　从4.4.3中选择适宜的3个连续稀释度的样品稀释液，每个稀释度均接种3管LST-MUG肉汤，每管1mL。于30min内置于36℃±1℃水浴或培养箱内培养24h±2h。将培养后的LST-MUG肉汤管拿至暗室，在长波紫外光灯（波长366nm）下观察。产气显蓝色荧光的为大肠杆菌阳性；产气不显蓝色荧光的按4.7.2.2做证实试验。

4.7.2.2　证实试验：从4.7.2.1中产气不显蓝色荧光的LST-MUG肉汤管中挑取培养物，划线接种于Columbia-MUG琼脂平板，于36℃±1℃培养24h±2h。将培养后的Columbia-MUG平板拿至暗室，在长波UV灯（波长366nm）下观察，凡显蓝色荧光的菌落均为大肠杆菌阳性菌落。

4.7.2.3　根据4.7.2.1中LST-MUG肉汤阳性管数，和4.7.2.2中Columbia-MUG琼脂平板证实为大肠杆菌阳性的LST-MUG肉汤阳性管数查MPN表（见附录B.1）并按4.8.3报告结果。

4.7.3 滤膜/MUG 法

以无菌操作将 4.4.4.5 样品过滤后的滤膜贴放于预先干燥的 BMA 琼脂平板表面上，滤膜与琼脂表面之间应无气泡。放入 36℃±1℃ 培养箱中培养 2h，在暗室或紫外操作室内用波长 366nm UV 灯观察滤膜上的菌落是否有蓝白色荧光。选用菌落数范围在 25~250 个之间的平板，计算蓝白色荧光的菌落数并相加，再乘以其稀释倍数后，按 4.8.4 报告结果。

4.8 报告结果

4.8.1 MPN 法

每克（毫升）样品中大肠菌群、粪大肠菌群或大肠杆菌的 MPN 值（MPN/g 或 MPN/mL）。

4.8.2 平板计数法

每克（毫升）样品中大肠菌群数（CFU/g 或 CFU/mL）。

4.8.3 葡萄糖苷酶荧光法

每克（毫升）样品中大肠杆菌的 MPN 值（MPN/g 或 MPN/mL）。

4.8.4 滤膜/MUG 法

每克（毫升）样品中大肠菌群或大肠杆菌数（CFU/g 或 CFU/mL）。

附录 A （规范性附录）培养基与试剂

A.1 一般要求

为保证培养基的质量，应按 SN/T 1538.1 和 SN/T 1538.2 进行培养基的制备与性能测试。若使用商售的脱水合成培养基，应选用通过 ISO 9000 质量体系认证的国内外生产厂商的产品并按其说明进行制备和使用。

A.2 生理盐水

氯化钠	8.5g
蒸馏水	1000.0mL

将氯化钠溶于蒸馏水中，121℃ 高压灭菌 15min。

A.3 Butterfield 氏磷酸盐缓冲稀释液

A.3.1 贮存液

磷酸二氢钾（KH_2PO_4）	34.0g
蒸馏水	500.0mL

将磷酸二氢钾溶于蒸馏水中，用 1mol/L 氢氧化钠约 175mL 调至 pH 为 7.2。用蒸馏水加至 1000mL 贮存于冰箱。

A.3.2　稀释液

取贮存液 1.25mL，用蒸馏水稀释至 1000mL，分装于合适的容器后，121℃高压灭菌 15min。

A.4　月桂基硫酸盐胰蛋白胨肉汤（LST）

胰蛋白胨或胰酪胨（Trypticase）	20g
氯化钠	5.0g
乳糖	5.0g
磷酸氢二钾（K_2HPO_4）	2.75g
磷酸二氢钾（KH_2PO_4）	2.75g
月桂基硫酸钠	0.1g
蒸馏水	1000.0mL

将各成分溶解于蒸馏水中。分装到有倒立发酵管的 20mm×150mm 试管中，每管 10mL。121℃高压灭菌 15min。最终 pH 为 6.8±0.2。双料培养基除蒸馏水不变外，其余成分加倍。

A.5　煌绿乳糖胆盐肉汤（BGLB）

蛋白胨	10.0g
乳糖	10.0g
牛胆粉（oxgall 或 oxbile）溶液	200.0mL
0.1%煌绿水溶液	13.3mL
蒸馏水	1000.0mL

将蛋白胨乳糖溶于约 500mL 蒸馏水中，加入牛胆粉溶液 200mL（将 20.0g 脱水牛胆粉溶于 200mL 蒸馏水中），用蒸馏水稀释到 975mL，调 pH 7.4。再加入 0.1%煌绿水溶液 13.3mL，用蒸馏水补足到 1000mL，用棉花过滤后，分装到 20mm×150mm 试管（管内有倒立的小发酵管）中，每管 10mL。121℃高压灭菌 15min。最终 pH 7.2±0.1。

A.6　EC 肉汤

胰蛋白胨或胰酪胨	20.0g
3 号胆盐或混合胆盐	1.5g
乳糖	5.0g
磷酸氢二钾（K_2HPO_4）	4.0g
磷酸二氢钾（KH_2PO_4）	1.5g

| 氯化钠 | 5.0g |
| 蒸馏水 | 1000.0mL |

将以上成分溶解于蒸馏水中，分装 16mm×150mm 试管（管内有倒立的小发酵管），每管 8mL。121℃高压灭菌 15min，最终 pH 6.9±0.1。

A.7　伊红美蓝琼脂（EMB）

蛋白胨	10.0g
乳糖	10.0g
磷酸氢二钾（K_2HPO_4）	2.0g
琼脂	15.0g
伊红（水溶性）	0.4g 或 2%水溶液 20mL
美蓝	0.065g 或 0.5%水溶液 13mL
蒸馏水	1000.0mL

在 1000mL 蒸馏水中煮沸溶解蛋白胨、磷酸盐和琼脂，加水补足至原量。分装于三角烧瓶中。每瓶 100mL 或 200mL，121℃高压灭菌 15min。最终 pH 7.1±0.2。使用前将琼脂融化，于每 100mL 琼脂中加 5mL 灭菌的 20%乳糖水溶液、2mL 2%伊红水溶液和 1.3mL 0.5%美蓝水溶液，摇匀，冷至 45~50℃倾注平皿。

A.8　结晶紫中性红胆盐琼脂（VRBA）

蛋白胨	7.0g
酵母膏	3.0g
乳糖	10.0g
氯化钠	5.0g
胆盐或 3 号胆盐	1.5g
中性红	0.03g
结晶紫	0.002g
琼脂	15.0~18.0g
蒸馏水	1000.0mL

无需高压灭菌。将上述成分溶于蒸馏水中，静置几分钟，充分搅拌，调至 pH 7.4±0.1。煮沸 2min，将培养基冷至 45~50℃倾注平板。临用时制备，不得超过 3h。

A.9　LST-MUG 肉汤

| 胰蛋白胨或胰酪胨 | 20.0g |
| 氯化钠 | 5.0g |

乳糖	5.0g
磷酸氢二钾（K_2HPO_4）	2.75g
磷酸二氢钾（KH_2PO_4）	2.75g
月桂基硫酸钠	0.1g
MUG	0.1g
蒸馏水	1000.0mL

将各成分溶于蒸馏水中，分装试管（内装倒立小发酵管），每管 10mL。121℃高压灭菌 15min。最终 pH 6.8±0.2。

A.10　Columbia-MUG 琼脂培养基

胰酪胨	13.0g
水解蛋白	6.0g
酵母浸膏	3.0g
牛肉浸膏	3.0g
可溶性淀粉	1.0g
氯化钠	5.0g
琼脂	13.0g
蒸馏水	1000.0mL

将各成分溶于水中，无需调 pH。121℃高压灭菌 15min。冷却至 55~60℃，倾注平板。

A.11　蛋白胨-吐温 80 稀释液（PT）

蛋白胨	1.0g
吐温 80	10.0g
蒸馏水	1000.0mL

将上述成分加热溶解分装 90mL 于三角瓶中，121℃高压灭菌 15min。

A.12　乳糖莫能霉素葡萄糖醛酸琼脂（LMG）

胰蛋白胨	10.0g
蛋白胨	5.0g
酵母膏	3.0g
乳糖	12.5g

莫能霉素	0.038g（于95%乙醇10mL溶解）
苯胺蓝	0.1g
葡萄糖醛酸钠盐	0.5g
硫酸十七烷基钠盐	0.25mL
琼脂	15.0g
蒸馏水	1000.0mL

无需高压灭菌。加热煮沸，温度冷至45~50℃无菌操作，调整pH最终为7.2±0.1。倾注平板，打开皿盖在35℃±1℃温箱，15~20min烘干备用。

A.13　缓冲MUG琼脂（BMA）

磷酸氢二钠（Na_2HPO_4）	8.23g
磷酸二氢钠（NaH_2PO_4）	1.20g
4-甲基伞形酮-β-D葡萄糖苷酸（MUG）	0.1g
琼脂	15.0g
蒸馏水	1000.0mL

溶解加热煮沸，调整pH 7.2~7.6，121℃高压灭菌15min。温度冷至45~50℃，倾注平板。

A.14　Tris缓冲剂（1.0mol/L）

溶解121.1g三（羧甲基）胺甲烷于500mL水中，用浓盐酸调节溶液至所需pH。用水稀释至1L。于4~6℃保存。

A.15　营养琼脂斜面

牛肉膏	3.0g
蛋白胨	5.0g
琼脂	15.0g
蒸馏水	1000.0mL

将各成分于蒸馏水中煮沸溶解。分装合适的试管。121℃高压灭菌15min。最终pH 7.3±0.1。灭菌后摆成斜面备用。

A.16　色氨酸肉汤

胰胨或胰酪胨	10.0g
蒸馏水	1000.0mL

加热搅拌溶解胰胨或胰酪胨于蒸馏水中。分装试管，每管5mL。121℃高压灭菌15min。最终值为pH 6.9±0.2。

A.17 MR-VP 培养基

胨	7.0g
葡萄糖	5.0g
磷酸氢二钾（K_2HPO_4）	5.0g
蒸馏水	1000.0mL

将各成分溶于蒸馏水中，分装试管，121℃高压灭菌 15min，最终 pH 6.9±0.2。

A.18 Koser 氏柠檬酸盐肉汤

磷酸氢铵钠（$NaNH_4HPO_4 \cdot 4H_2O$）	1.5g
磷酸氢二钾（K_2HPO_4）	1.0g
硫酸镁（$MgSO_4 \cdot 7H_2O$）	0.2g
柠檬酸钠（含 $2H_2O$）	3.0g
蒸馏水	1000.0mL

将各成分溶解于蒸馏水中，分装试管，每管 10mL，121℃高压灭菌 15min。最终 pH 6.7±0.2。

A.19 Kovacs 氏靛基质试剂

对二甲氨基苯甲醛	5.0g
戊醇	75.0mL
盐酸（浓）	25.0mL

将对二甲氨基苯甲醛溶于戊醇中，然后慢慢加入浓盐酸即可。

A.20 甲基红指示剂

甲基红	0.1g
95%乙醇	300mL

将甲基红溶解于 300mL 乙醇中，加水稀释至 500mL。

A.21 Voges-Pros kauer （V-P） 试剂

甲液

α-萘酚	5.0g
无水乙醇	100.0mL

乙液

氢氧化钾	40.0g

用蒸馏水加至 100.0mL。

A.22 革兰氏染色液

A.22.1 结晶紫染色液

结晶紫	1.0g
95%乙醇	20.0mL
1%草酸铵水溶液	80.0mL

将结晶紫完全溶解于乙醇中，然后与草酸铵溶液混合。

A.22.2 革兰氏碘液

碘	1.0g
碘化钾	2.0g
蒸馏水	300.0mL

将碘与碘化钾先行混合，加入蒸馏水少许充分振摇，待完全溶解后，再加蒸馏水至 300mL。

A.22.3 沙黄复染液

沙黄	0.25g
95%乙醇	10.0mL
蒸馏水	90.0mL

将沙黄溶解于乙醇中，然后用蒸馏水稀释。

A.22.4 染色步骤

染色步骤如下：

a）将涂片在火焰上固定，滴加结晶紫染液 1min 后水洗；

b）滴加革兰氏碘液作用 1min 后水洗；

c）滴加 95%乙醇脱色约 15~30s，直至染色液被洗掉，但不要过分脱色，水洗；

d）滴加复染液复染 1min 后水洗、待干、镜检。

A.22.5 结果

革兰氏阳性菌呈紫色，革兰氏阴性菌呈红色。

A.23 胰蛋白酶贮存液

用 Tris 缓冲稀释剂 10g 胰蛋白酶（Doifco No.0153 或等效品）至 100mL，pH 7.6。如需要加热至 35℃以助溶，通过滤纸（Whatman No.1 或等效品）过滤以除去不溶物质，再用 0.45μm 滤膜过滤除菌。于 4~6℃保存 1 周或 −18℃保存 3 个月。

附录 B （规范性附录） 检样中最可能数 （MPN） 表

表 B.1　1g（mL）检样中最可能数（MPN）

阳性管数			MPN	95%置信区间		阳性管数			MPN	95%置信区间	
0.10	0.01	0.001		低	高	0.10	0.01	0.001		低	高
0	0	0	<3.0	—	9.5	2	2	0	21	4.5	42
0	0	1	3.0	0.15	9.6	2	2	1	28	8.7	94
0	1	0	3.0	0.15	11	2	2	2	35	8.7	94
0	1	1	6.1	1.2	18	2	3	0	29	8.7	94
0	2	0	6.2	1.2	18	2	3	1	36	8.7	94
0	3	0	9.4	3.6	38	3	0	0	23	4.6	94
1	0	0	3.6	0.17	18	3	0	1	38	8.7	110
1	0	1	7.2	1.3	18	3	0	2	64	17	180
1	0	2	11	3.6	38	3	1	0	43	9	180
1	1	0	7.4	1.3	20	3	1	1	75	17	200
1	1	1	11	3.6	38	3	1	2	120	37	420
1	2	0	11	3.6	42	3	1	3	160	40	420
1	2	1	15	4.5	42	3	2	0	93	18	420
1	3	0	16	4.5	42	3	2	1	150	37	420
2	0	0	9.2	1.4	38	3	2	2	210	40	430
2	0	1	14	3.6	42	3	2	3	290	90	1000
2	0	2	20	4.5	42	3	3	0	240	42	1000
2	1	0	15	3.7	42	3	3	1	460	90	2000
2	1	1	20	4.5	42	3	3	2	1100	180	4100
2	1	2	27	8.7	94	3	3	3	>1100	420	—

注 1：本表采用 3 个稀释度 ［0.1g（mL）、0.01g（mL）和 0.001g（mL）］，每个稀释度接种 3 管。

注 2：表内所列检样量如改用 1g（mL）、0.1g（mL）和 0.01g（mL）时，表内数字应相应降低 10 倍；如改用 0.01g（mL）、0.001g（mL）和 0.0001g（mL）时，表内数字则应相应增加 10 倍，其余类推。

注 3：采用三管法，接种量分别为 0.1g（mL）、0.01g（mL）、0.001g（mL）。

二、SN/T 0176—2013 出口食品中蜡样芽胞杆菌检测方法

1　范围

本标准规定了出口食品中蜡样芽胞杆菌的检测方法。

本标准适用于食品中蜡样芽胞杆菌的检测。

2　设备和材料

2.1　烘干箱：180℃。

2.2 培养箱：30℃±1℃和36℃±1℃。

2.3 厌氧培养箱：36℃±1℃。

2.4 水浴锅：46℃±1℃。

2.5 pH计：25℃测量，精度±0.1pH单位。

2.6 旋转混合器。

2.7 培养皿：直径90mm或100mm或140mm。

2.8 吸量管：容量10.0mL和1.0mL，具0.5mL和0.1mL刻度。

2.9 显微镜。

2.10 微量移液器：容量10.0mL和1.0mL，具0.1mL刻度。

2.11 均质器：拍击式或蠕动式。

2.12 高压蒸汽灭菌器。

2.13 API 50 CHB或VITEK全自动微生物鉴定系统①。

3 培养基和试剂

3.1 甘露醇卵黄多粘菌素琼脂（MYP）：见附录A.1。

3.2 胰蛋白胨大豆多粘菌素肉汤（TSPB）：见附录A.2.

3.3 胰蛋白胨大豆羊血琼脂平板（TSSB）：见附录A.3。

3.4 酚红葡萄糖肉汤：见附录A.4。

3.5 硝酸盐肉汤：见附录A.5。

3.6 营养琼脂：见附录A.6。

3.7 L-酪氨酸营养琼脂：见附录A.7。

3.8 溶菌酶营养肉汤：见附录A.8。

3.9 改良V-P培养基：见附录A.9。

3.10 动力培养基：见附录A.10。

3.11 磷酸盐缓冲液：见附录A.11。

3.12 碱性复红液：见附录A.13。

3.13 0.85%生理盐水：见附录A.14。

3.14 亚硝酸盐试剂：见附录A.15。

3.15 V-P试剂：见附表A.16。

第一法　蜡样芽胞杆菌平板计数法

4 检验程序

蜡样芽胞杆菌平板计数法的检测程序见图8-1。

---

① API 50 CHB和VITEK全自动微生物鉴定系统是由法国生物梅里埃公司提供的产品的商品名。给出这一些信息是为了方便本标准的使用者，并不表示对该产品的认可。如果其他等效产品具有相同的效果，则可使用这些等效的产品。

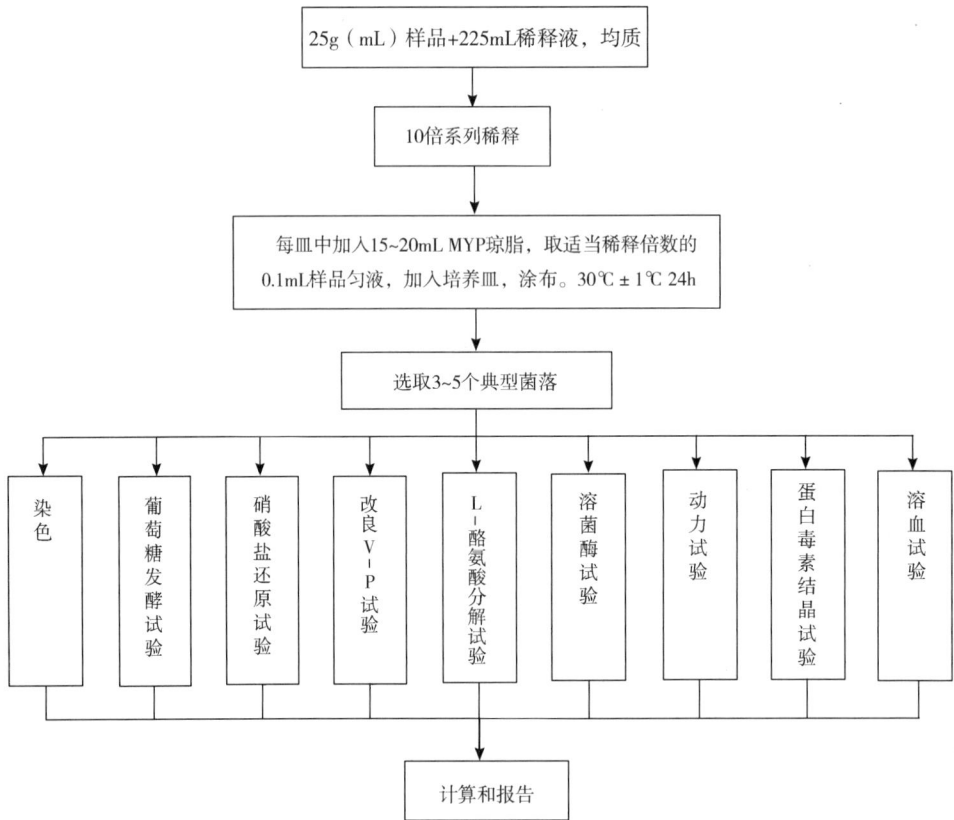

图8-1　蜡样芽胞杆菌平板计数法的检测程序

5　操作步骤

5.1　样品的稀释

5.1.1　固体和半固体样品：称取25g样品置于盛有225mL磷酸盐缓冲液或0.85%生理盐水的无菌均质杯中，以8000~10 000r/min的转速均质1~2min，或放入盛有225mL稀释液的无菌均质袋中，用拍击式均质器拍打1~2min，制成1∶10样品匀液。

5.1.2　液体样品：以无菌吸管吸取25mL样品置于盛有225mL磷酸盐缓冲液或0.85%生理盐水的无菌稀释瓶（瓶内预置适当数量的无菌玻璃珠）中充分混匀，制成1∶10样品匀液。

5.1.3　用1mL的无菌吸管或微量移液器吸取1∶10样品匀液1mL，加到盛有9mL磷酸盐缓冲液或0.85%生理盐水的试管中，充分混匀，制成1∶100的样品匀液。

5.1.4　按5.1.3操作程序，制备10倍系列稀释样品匀液，直至适宜稀释倍数。

5.2　样品的接种

根据对样品污染状况的估计，选择2~3个适宜稀释度的样品匀液（液体样品可包括原液），在进行10倍递增稀释时，每个稀释度分别吸取0.1mL样品匀液加入MYP琼脂平板，然后用无菌L棒均匀涂布于整个平板，注意不要触及平板边缘，每个稀释度接种两个MYP琼脂平板。

5.3 培养

5.3.1 在通常情况下，涂布之后将平皿静置 10~30min，待样品匀液吸收后翻转平板，30℃±1℃培养 24h。如果培养物的菌落特征不显著，则继续培养至 48h。

5.3.2 蜡样芽胞杆菌在 MYP 琼脂平板上生长的典型菌落为直径 2~5mm，菌落表面粗糙，在深红色背景下呈现粉红色或微粉红色，环绕产生 5mm 宽的卵磷脂酶沉淀环。没有根状生长的特性（蕈状芽胞杆菌形成根状生长的特征）。

5.4 菌落计数

选取菌落数在 15~150CFU 的典型或可疑蜡样芽胞杆菌菌落的平板，进行计数。

注：如果有很多发酵甘露醇的细菌，会影响到典型菌落，使之减少或消失。少量的蜡样芽胞杆菌无卵磷脂酶沉淀环，这些菌同样需要证实试验。

5.5 营养琼脂斜面或平板培养

从每个平板上挑取 5 个典型菌落，如无典型菌落则挑取可疑菌落。用接种针接触菌落中心部位，分别接种于营养琼脂斜面或平板，30℃±1℃培养 24h，取培养物进行革兰氏染色和证实试验。

5.6 证实试验

5.6.1 葡萄糖发酵试验：将培养物接种到酚红葡萄糖肉汤中，置于厌氧培养箱中 36℃±1℃培养 24h，振摇后肉汤由红变黄，表明在厌氧条件下蜡样芽胞杆菌分解葡萄糖产酸。

5.6.2 硝酸盐还原试验：将培养物接种到硝酸盐肉汤中，36℃±1℃培养 24h，加 0.25mL 亚硝酸盐试剂 A 和 0.25mL 亚硝酸盐试剂 B，在 10min 内变为红色为阳性反应。

5.6.3 改良 V-P 试验：将培养物接种到改良 V-P 培养基中，36℃±1℃培养 24h，取 1mL 培养物置于灭菌空试管中加入 0.2mL 40% KOH 溶液和 0.6mL 5% α-萘酚乙醇溶液和少量结晶肌酸。静置 1h 出现伊红粉红色为阳性。

5.6.4 L-酪氨酸分解试验：将培养物接种到 L-酪氨酸琼脂培养基上，36℃±1℃培养 48h，在靠近菌落生长的地方培养基为透明的，则表明酪氨酸被分解，阴性则继续培养至 72h，结果仍为阴性的弃去。

5.6.5 溶菌酶试验：将培养物接种到 0.001% 溶菌酶营养肉汤中，另取培养物接种到普通营养肉汤中作对照，36℃±1℃培养 24h，蜡样芽胞杆菌在本培养基中能生长，为阳性反应。如出现阴性反应继续培养 24h，结果仍为阴性弃去。

5.6.6 符合 MYP 琼脂上的典型菌落形态，镜检为革兰氏染色阳性大杆菌，呈链状，芽胞呈椭圆形位于菌体中央或偏端，并且在厌氧条件下发酵葡萄糖产酸，还原硝酸盐为亚硝酸盐，改良 V-P 试验阳性，分解 L-酪氨酸，能在 0.001% 溶菌酶中生长的进行如下试验。

5.6.7 蜡样芽胞杆菌与类似菌的鉴别试验：

动力试验：用接种针挑取培养物穿刺接种于动力培养基中，30℃±1℃培养 24h。有动力的蜡样芽胞杆菌应沿穿刺线呈扩散生长，而蕈状芽胞杆菌常呈"绒毛状"生长。

溶血试验：将疑似菌点种在绵羊血琼脂表面，30℃±1℃培养 24h。蜡样芽胞杆菌会观察到强烈的 β-溶血反应。苏云金芽胞杆菌和蕈状芽胞杆菌呈现弱的溶血现象，而炭疽芽胞杆菌通常为不溶血。

蛋白毒素结晶试验：取经30℃±1℃培养24h并于室温放置2~3d的营养琼脂培养物少许于载玻片上，用灭菌蒸馏水做显微涂片。待干燥后将涂片慢慢通过火焰，短暂加热固定。待冷却后，用甲醇盖满涂片，30s后弃去甲醇，通过火焰使其充分干燥，再将涂片盖满0.5%碱性复红水溶液或石碳酸复红ZN染色液。用微火轻轻从底部加热玻片至产生蒸汽为止。过1~2min，再重复这个步骤。静置30s，弃去染液。用蒸馏水充分冲洗玻片，待其自然干燥。在显微镜油镜下观察是否有游离的芽胞和毒素结晶体。如果未见游离芽胞，可将培养物在室温下多放置几天后再进行试验。苏云金芽胞杆菌产生四角晶形（菱形）的暗色蛋白毒素结晶，蜡样芽胞杆菌不产生毒素结晶体。

5.6.8　符合蜡样芽胞菌群特征的，呈现强烈溶血，有活泼的动力，不产生蛋白毒素结晶的培养物，可确定为蜡样芽胞杆菌。

5.7　可替代的生化实验

如选择API 50 CHB生化鉴定试剂盒或VITEK全自动微生物鉴定系统，可按照5.5从营养琼脂斜面或平板上挑取培养物，用生理盐水制备成浊度适当（根据仪器要求）的菌悬液，使用API 50 CHB生化鉴定试剂盒或VITEK全自动微生物鉴定系统进行鉴定。

6　结果计算

6.1　平板上的有效菌落数的计算见式（8-1）：

$$a = \frac{b}{A} \times C \quad \cdots\cdots\cdots\cdots\cdots\cdots\cdots\cdots \quad (8-1)$$

式中：a——平板上的有效菌落数；

b——根据证实试验确定为蜡样芽胞杆菌的菌落数；

A——进行证实试验的菌落数；

C——平板上的菌落数。

同一稀释度有效菌落数的平均值计算见式（8-2）：

$$\bar{a} = \frac{\sum a}{2} \quad \cdots\cdots\cdots\cdots\cdots\cdots\cdots\cdots \quad (8-2)$$

式中：$\bar{a}$——同一稀释度有效菌落数的平均值；

$\sum a$——同一稀释度有效菌落数的和。

若有两个连续稀释度的平板菌落数在适宜计数范围内时，按式（8-3）计算：

$$N = \frac{\sum \bar{a}}{V \times 1.1 \times d} \quad \cdots\cdots\cdots\cdots\cdots\cdots\cdots\cdots \quad (8-3)$$

式中：N——样品中蜡样芽胞杆菌数；

$\sum \bar{a}$——连续两个稀释度的有效菌落数的平均数之和；

V——加样量（0.1mL或1mL）；

d——连续两个稀释度中较低的稀释度。

例：将检样10^{-5}、10^{-6}连续两个梯度稀释液0.1mL涂布于MYP琼脂平板上，生成的疑似蜡样芽胞杆菌菌落数分别为 137 个、148 个和 21 个、17 个，各取 5 个进行鉴定，证实为蜡样芽胞杆菌的分别为 3 个、4 个和 4 个、4 个，则每一稀释度的有效菌落数的平均数分别为 100CFU、15CFU。则 1g 样品中蜡样芽胞杆菌数为：

$$（100+15）／（0.1×1.1×10^{-5}）= 115／（1.1×10^{-6}）= 1.0×10^{-8}（CFU/g）$$

6.2　若同一稀释度平板上只有一个平板菌落数在适宜的范围之内，计算此平板的有效菌落数，然后与其相邻稀释度的有效菌落数的平均值求和，再通过式（3）计算求值，即为每克（或毫升）中蜡样芽胞杆菌数。

6.3　若只有一个稀释度平板上的菌落数在适宜的范围之内，计算此稀释度有效菌落数的平均值，再将平均值乘以相应稀释倍数再除以加样量，即为每克（或毫升）中蜡样芽胞杆菌数。

6.4　若所有稀释度的平板上菌落数均大于 150CFU，则对稀释度最高的平板进行计数，计算此稀释度有效菌落数的平均值，再将平均值乘以相应稀释倍数再除以加样量，即为每克（或毫升）样品中蜡样芽胞杆菌数。

6.5　若所有稀释度的平板菌落数均小于 15CFU，则对稀释度最低的平板进行计数，计算此稀释度有效菌落数的平均值，再将平均值乘以相应稀释倍数再除以加样量，即为每克（或毫升）样品中蜡样芽胞杆菌数。

6.6　若所有稀释度的平板菌落数均不在 15～150CFU 之间，其中一部分小于 15CFU 而另一部分大于 150CFU 时，则以最接近 15CFU 或 150CFU 的平板进行计数，计算此稀释度有效菌落数的平均值，再将平均值乘以相应稀释倍数再除以加样量，即为每克（或毫升）样品中蜡样芽胞杆菌数。

7　蜡样芽胞杆菌平板计数的报告

　　根据 MYP 琼脂平板上蜡样芽胞杆菌的典型菌落数，按第 6.1 中公式计算，报告每克（或毫升）样品中蜡样芽胞杆菌数，以 CFU/g（或 CFU/mL）表示；如果最低稀释倍数的两个培养皿均没有菌生长，则结果可以表述为每克（或每毫升）样品中蜡样芽胞杆菌数小于 1 乘以最低稀释倍数（如果是液态样品的原液，则结果可以表述为每毫升样品中蜡样芽胞杆菌数小于 1）。

第二法　蜡样芽胞杆菌 MPN 计数

8　检验程序

8.1　蜡样芽胞杆菌 MPN 计数法检测程序见图 8-2。

8.2　MPN 计数法适用于蜡样芽胞杆菌数 ≤10^3/g 的情况。

9　操作步骤

9.1　样品的稀释

　　样品的稀释按 5.1 进行。

9.2　样品的接种和培养

　　每个样品选择 3 个适宜的连续稀释度的样品匀液（液体样品可选择原液），每个稀释

```
┌─────────────────────────────────────────┐
│   25g（mL）样品+225mL稀释液，均质          │
└─────────────────────────────────────────┘
                    │
        ┌───────────────────────┐
        │      10倍系列稀释        │
        └───────────────────────┘
                    │
┌─────────────────────────────────────────────────┐
│ 选择适宜3个连续稀释度的样品匀液，接种TSPB肉汤30℃±1℃ 48h │
└─────────────────────────────────────────────────┘
                    │
    ┌─────────────────────────────────────┐
    │   MYP琼脂平板上划线，30℃±1℃ 24h       │
    └─────────────────────────────────────┘
                    │
        ┌───────────────────────┐
        │     选取3~5个典型菌落      │
        └───────────────────────┘
```

染色 | 葡萄糖发酵试验 | 硝酸盐还原试验 | 改良V-P试验 | L-酪氨酸分解试验 | 溶菌酶试验 | 动力试验 | 蛋白毒素结晶试验 | 溶血试验

```
        ┌───────────────────────┐
        │    计算和报告（查MPN表）   │
        └───────────────────────┘
```

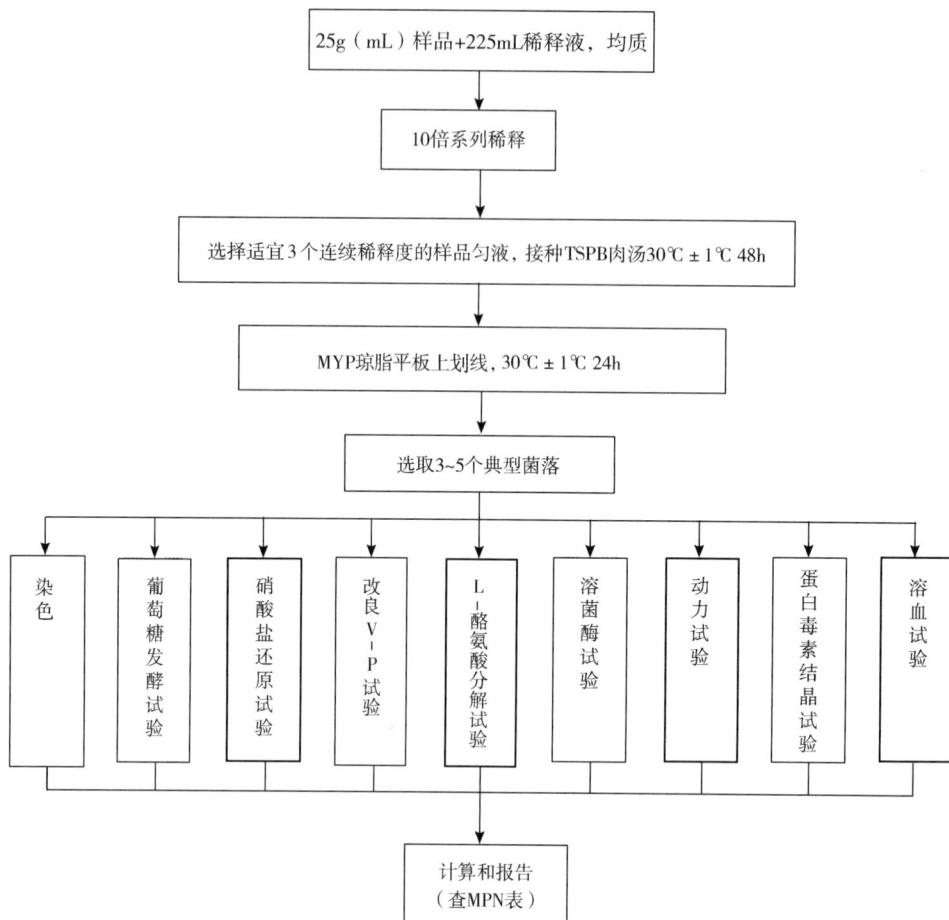

图 8-2 蜡样芽胞杆菌 MPN 计数检测程序

度接种 3 管胰酪胨大豆多粘菌素肉汤（TSPB），每管接种 1mL。（如接种量超过 1mL，则用双料 TSPB，每管接种 10mL）。30℃±1℃培养 48h。

9.3 分离

从出现浑浊的试管取培养物划线接种到 MYP 琼脂上，30℃±1℃培养 24h。如果培养物特征不显著，可延长培养 24h。蜡样芽胞杆菌在 MYP 琼脂平板上典型的菌落为表面粗糙，在深红色背景下呈现粉红色或微粉红色，环绕产生 5mm 宽的卵磷脂酶沉淀环，没有根状生长的特性。

9.4 营养琼脂斜面或平板培养

从每个 MYP 琼脂平板上挑取 5 个典型菌落，如无典型菌落则挑取可疑菌落。用接种针接触菌落中心部位，分别接种于营养琼脂斜面或平板，30℃±1℃培养 24h，取培养物进行革兰氏染色和证实试验。

9.5 证实试验

证实试验按 5.6、5.7 进行。

10 蜡样芽胞杆菌 MPN 计数结果报告

根据证实试验确定为蜡样芽胞杆菌的管数，只要有 1 个菌落鉴定为蜡样芽胞杆菌，其所代表的 TSPB 管即为蜡样芽胞杆菌阳性。依据 TSPB 阳性管数查 MPN 表（见附录 B），报告每克（或毫升）样品中蜡样芽胞杆菌 MPN 值。

附录 A （规范性附录）培养基和试剂

A.1 甘露醇卵黄多粘菌素琼脂培养基（MYP）

A.1.1 成分

牛肉膏	1.0g
蛋白胨	10.0g
D-甘露醇	10.0g
氯化钠	10.0g
琼脂	15.0g
酚红	0.025g（配成溶液加入）
蒸馏水	稀释至 900mL
50%卵黄液	50mL
多粘菌素 B	100IU/mL

A.1.2 制法

将前 5 种成分加入蒸馏水中加热溶解，校正 pH 至 7.2±0.1，加入酚红溶液，混匀后分装，每瓶 225mL。121 ℃高压灭菌 15min。用时加热溶化，冷至 47 ℃后每瓶加入 50%卵黄液 12.5mL 和 2.5mL 多粘菌素 B 溶液，混匀后倾注灭菌平皿，每皿 15~18mL。平板通常放置干燥处，在 3±2℃下可保存 4 天。在用之前，平皿应倒置在 25~50℃培养箱中，直至琼脂表面干燥。

注：50%卵黄液：取鲜鸡蛋，用硬刷将蛋壳彻底洗净，沥干，放于 70%酒精溶液中浸泡 30s 晾干。以无菌操作取出卵黄，加入等量灭菌生理盐水，混匀后备用。

多粘菌素 B 溶液：在 50mL 灭菌蒸馏水中溶解 500 000 国际单位的无菌硫酸盐多粘菌素 B。

A.2 胰酪胨大豆多粘菌素肉汤（TSPB）

A.2.1 成分

胰酪胨	17.0g
植物胨	3.0g
氯化钠	5.0g

磷酸氢二钾	2.5g
葡萄糖	2.5g
蒸馏水	稀释至1000mL
多粘菌素B	100IU/mL

A.2.2　制法

将前5种成分溶解在蒸馏水中，煮沸2min，校正pH至7.3±0.1，分装大试管，每管15mL，121℃高压灭菌15min。临用时每管加入0.5%多粘菌素B溶液0.1mL混匀即可。

注：多粘菌素B溶液：在33.3mL灭菌蒸馏水中溶解500 000国际单位无菌硫酸盐多粘菌素B。

A.3　胰酪胨大豆羊血琼脂（TSSB）

A.3.1　成分

胰酪胨	5.0g
植物胨	5.0g
氯化钠	5.0g
琼脂	15.0g
蒸馏水	稀释至1000mL

A.3.2　制法

将上述各成分于蒸馏水中加热溶解。校正pH 7.0±0.1。分装，每瓶100mL。121℃高压灭菌15min。水浴中冷至45～50℃加入5mL无菌脱纤维羊血，混匀后倾注平板，每皿18～20mL。

A.4　酚红葡萄糖肉汤

A.4.1　成分

胨	10.0g
牛肉膏	1.0g
氯化钠	5.0g
葡萄糖	5.0g
酚红	0.018g（配成溶液加入）
蒸馏水	稀释至1000mL

A.4.2　制法

将除酚红以外的成分溶解至蒸馏水中，校正pH 7.4±0.1，然后加入酚红，混匀分装至试管，每管3mL，121℃高压灭菌10min。

A.5 硝酸盐肉汤

A.5.1 成分

牛肉膏	3.0g
蛋白胨	5.0g
硝酸钾	1.0g
蒸馏水	稀释至 1000mL

A.5.2 制法

将上述所有成分溶解至蒸馏水中，校正 pH 7.0±0.1，校正后混匀分装至试管，每管 5mL，121℃高压灭菌 15min。

A.6 营养琼脂

A.6.1 成分

牛肉膏	3.0g
蛋白胨	5.0g
琼脂	15.0g
蒸馏水	稀释至 1000mL

A.6.2 制法

将各成分于蒸馏水中加热溶解。校正 pH 7.2±0.1 后分装试管，每管 5~7mL；或分装烧瓶，每瓶 100~150mL。121℃高压灭菌 15min。将试管取出，制成斜面；如制平板，可将灭菌的琼脂冷至 45~50℃倾注灭菌平皿，每皿 18~20mL。

A.7 L-酪氨酸营养琼脂

A.7.1 成分

营养琼脂	100mL
5%灭菌 L-酪氨酸悬液	10mL

A.7.2 制法

将 100mL 营养琼脂溶化，冷至 45℃，加入 5%的灭菌 L-酪氨酸悬液 10mL，充分混匀后，制成平板，每皿 18~20mL。平皿应迅速冷却，防止 L-酪氨酸分离而出。

注：L-酪氨酸悬液：将 0.5g 加 10mL 蒸馏水混匀，121℃高压灭菌 15min。

A.8 溶菌酶营养肉汤

A.8.1 成分

牛肉膏	3.0g
蛋白胨	5.0g
蒸馏水	稀释至 1000mL
0.1%溶菌酶溶液	10.0mL

A.8.2　制法

将上述成分（溶菌酶溶液除外）溶解于蒸馏水并稀释至 1000mL。校正 pH 6.8±0.1 后，分装于烧瓶中，每瓶 99mL。121℃ 高压灭菌 15min。于每瓶中加入 0.1% 溶菌酶溶液 1mL，混匀后分装灭菌试管，每管 2.5mL。

注：溶菌酶溶液：在 65mL 灭菌的 0.1% mol/L 盐酸中加 0.1g 溶菌酶。煮沸 20min 溶解后，再用灭菌的 0.1 mol/L 盐酸稀释至 100mL。

A.9　改良 V-P 培养基

A.9.1　成分

蛋白胨	7.0g
葡萄糖	5.0g
氯化钠	5.0g

A.9.2　制法

将上述各成分溶解于蒸馏水并稀释至 1000mL。校正 pH 6.5±0.1 后分装试管，每管 5mL。121℃ 高压灭菌 10min 备用。

A.10　动力培养基

A.10.1　成分

胰酪胨	10.0g
酵母膏	2.5g
葡萄糖	5.0g
磷酸氢二钠	2.5g
琼脂	3.0g
蒸馏水	稀释至 1000mL

A.10.2　制法

将上述各成分溶解于蒸馏水并稀释至 1000mL。校正 pH 7.4±0.1 后分装试管，每管 2mL。121℃ 高压灭菌 10min 备用。

A.11　Butterfield 氏磷酸盐缓冲稀释液

在 500mL 蒸馏水中溶解磷酸二氢钾（KH_2PO_4）34.0g，用 1mol/L 氢氧化钠溶液约 175mL 校正 pH 至 7.2 再用蒸馏水稀释至 1000mL，制成储存液于冰箱中储存。取原液 1.25mL，用蒸馏水稀释至 1000mL。分装试管，每管 90mL，121℃ 高压灭菌 15min。

A.12　革兰氏染色液

A.12.1　结晶紫染色液制法

取结晶紫 1g 溶解于 20mL 95% 乙醇中，再与 1% 草酸铵水溶液 80mL 混合。

A.12.2 碘液制法

将 1g 碘与 2g 碘化钾先进行混合，加入蒸馏水少许，充分振摇，待完全溶解后，再加蒸馏水至 300mL。

A.12.3 沙黄复染液

将 0.25g 沙黄溶解于 10mL 95% 乙醇中，再加入 90mL 蒸馏水稀释。

A.12.4 染色法

将涂片在火焰上固定，滴加结晶紫染色液，染 1min 水洗。滴加碘液，作用 1min 水洗。滴加 95% 乙醇脱色 30 s（或将乙醇涂满整个涂片，立即倾去，再用乙醇滴满整个涂片，脱色 10 s）。

A.13 碱性复红染色液

取碱性复红 0.5g 溶解于 20mL 乙醇中，再用蒸馏水稀释至 100mL，滤纸过滤后储存备用。

A.14 0.85%盐水

取氯化钠 8.5g 溶解于蒸馏水中稀释至 1000mL。

A.15 亚硝酸盐试剂

A.15.1 试剂 A

对氨基苯磺酸 8.0g，溶解于 5 mol/L 乙酸 1000mL 中。

A.15.2 试剂 B

α-萘酚 2.5g 溶解于 5 mol/L 乙酸 1000mL 中。

A.16 V-P 试剂

A.16.1 5%α-萘酚溶液

取 α-萘酚 5.0g 溶解于 100mL 无水乙醇中。

A.16.2 40%氢氧化钾溶液

将氢氧化钾 40g 于蒸馏水中溶解并稀释至 100mL。

A.16.3 肌氨酸结晶

附录 B （规范性附录）1g 样品中最近似值（MPN）检索表

表 B.1　1g 样品中最近似值（MPN）检索表

阳性管数			MPN	95%置信区间		阳性管数			MPN	95%置信区间	
0.10	0.01	0.001		下限	上限	0.10	0.01	0.001		下限	上限
0	0	0	<3.0	—	9.5	2	2	0	21	4.5	42
0	0	1	3.0	0.15	9.6	2	2	1	28	8.7	94
0	1	0	3.0	0.15	11	2	2	2	35	8.7	94
0	1	1	6.1	1.2	18	2	3	0	29	8.7	94
0	2	0	6.2	1.2	18	2	3	1	36	8.7	94
0	3	0	9.4	3.6	38	3	0	0	23	4.6	94
1	0	0	3.6	0.17	18	3	0	1	38	8.7	110
1	0	1	7.2	1.3	18	3	0	2	64	17	180
1	0	2	11	3.6	38	3	1	0	43	9	180
1	1	0	7.4	1.3	20	3	1	1	75	17	200
1	1	1	11	3.6	38	3	1	2	120	37	420
1	2	0	11	3.6	42	3	1	3	160	40	420
1	2	1	15	4.5	42	3	2	0	93	18	420
1	3	0	16	4.5	42	3	2	1	150	37	420
2	0	0	9.2	1.4	38	3	2	2	210	40	430
2	0	1	14	3.6	42	3	2	3	290	90	1000
2	0	2	20	4.5	42	3	3	0	240	42	1000
2	1	0	15	3.7	42	3	3	1	460	90	2000
2	1	1	20	4.5	42	3	3	2	1100	180	4100
2	1	2	27	8.7	94	3	3	3	>1100	420	—

注1：本表采用3个稀释度［0.1g（或 0.1mL）、0.01g（或 0.01mL）和 0.001g（或 0.001mL）］，每个稀释度接种3管。

表2：表内所列检样量如改用1g（或 1mL）、0.1g（或 0.1mL）和 0.01g（或 0.01mL）时，表内数字应相应降低10倍；如改用0.01g（或 0.01mL）和 0.001g（或 0.001mL）和 0.0001g（或 0.0001mL）时，则表内数字应相应增高10倍，其余类推。

三、SN/T 0177—2011 出口食品中产气荚膜梭状芽孢杆菌计数方法

1　范围

本标准规定了出口食品中产气荚膜梭状芽孢杆菌（*Clostridium perfringens*）的计数检验方法。

本标准适用于出口食品中产气荚膜梭状芽孢杆菌的检验。

2 规范性引用文件

下列文件对于本文件的应用是必不可少的。凡是注日期的引用文件，仅注日期的版本适用于本文件。凡是不注日期的引用文件，其最新版本（包括所有的修改单）适用于本文件。

GB/T 6682　分析实验室用水规格和试验方法

SN/T 1538.1　培养基制备指南　第 1 部分：实验室培养基制备质量保证通则

SN/T 1538.2　培养基制备指南　第 2 部分：培养基性能测试实用指南

3 术语和定义

下列术语和定义适用于本文件。

3.1 产气荚膜梭状芽孢杆菌

在特定的选择性培养基上，细菌菌落生长呈现黑色特点（亚硫酸盐降解为硫化物而形成黑色沉淀物，并使菌落呈现黑色），分解乳糖产酸产气，48h 内能液化明胶的细菌。

4 设备和材料

4.1　无菌吸管：1.0mL 和 10.0mL，分刻度分别为 0.1mL 和 1.0mL。

4.2　无菌培养皿：直径 90mm。

4.3　均质器及均质袋（或均质杯）。

4.4　恒温培养箱或厌氧培养箱：37℃±0.5℃。

4.5　恒温水浴锅：46℃±0.5℃。

4.6　厌氧发生装置。

4.7　放大镜和（或）菌落计数器。

4.8　光学显微镜 10×～100×。

4.9　冰箱：2~8℃。

4.10　天平：感量 0.1g。

4.11　全自动微生物鉴定系统 VITEK compact[①]。

5 培养基和试剂

除另有规定外，所用试剂均为分析纯，水为 GB/T 6682 规定的分析实验室用水。

5.1　亚硫酸盐-环丝氨酸琼脂（SC）：见 A.1。

5.2　液体硫乙醇酸盐培养基：见 A.2。

5.3　乳糖亚硫酸盐培养基（LS）：见 A.3。

5.4　缓冲动力-硝酸盐培养基：见 A.4。

5.5　亚硝酸盐检测试剂：见 A.5。

5.6　锌粉。

5.7　乳糖-明胶培养基：见 A.6。

---

① 由法国生物梅里埃公司提供的产品的商品名。给出这一信息是为了方便本标准的使用者，并不表示对该产品的认可。如果其他等效产品具有相同的效果，则可使用这些等效的产品。

5.8 蛋白胨水：见 A.7。

5.9 VITEK 2 ANI 生化鉴定卡[①]。

6 检验程序

产气荚膜梭状芽孢杆菌检验程序见图 8-3。

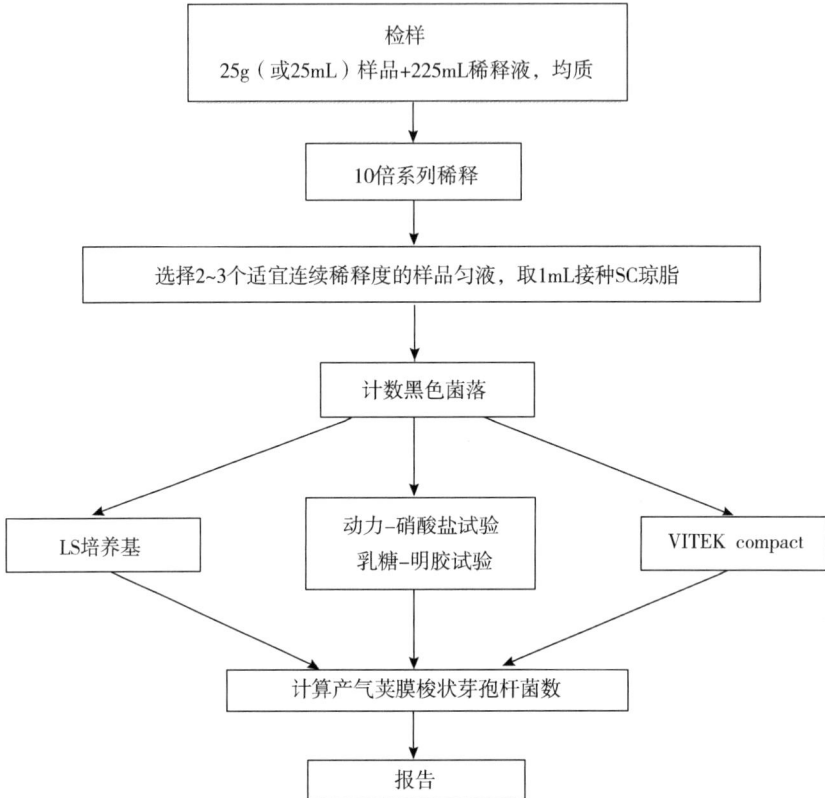

```
┌─────────────────────────────────────┐
│              检样                    │
│ 25g（或25mL）样品+225mL稀释液，均质  │
└─────────────────────────────────────┘
                  ↓
        ┌───────────────────┐
        │   10倍系列稀释     │
        └───────────────────┘
                  ↓
┌─────────────────────────────────────────┐
│ 选择2~3个适宜连续稀释度的样品匀液，取1mL接种SC琼脂 │
└─────────────────────────────────────────┘
                  ↓
        ┌───────────────────┐
        │    计数黑色菌落    │
        └───────────────────┘
         ↙        ↓        ↘
┌──────────┐ ┌──────────────┐ ┌──────────────┐
│ LS培养基 │ │ 动力-硝酸盐试验 │ │ VITEK compact│
│          │ │ 乳糖-明胶试验  │ │              │
└──────────┘ └──────────────┘ └──────────────┘
         ↘        ↓        ↙
        ┌───────────────────────┐
        │ 计算产气荚膜梭状芽孢杆菌数 │
        └───────────────────────┘
                  ↓
              ┌────────┐
              │  报告  │
              └────────┘
```

图 8-3 产气荚膜梭状芽孢杆菌的检验程序

7 操作步骤

7.1 样品的稀释

7.1.1 无菌操作称取检样 25g（mL）放入无菌均质器或均质袋中，加入 225mL 蛋白胨水，均质，制成 1:10 样品匀液。

7.1.2 吸取 1:10 样品匀液 1mL，加入到 9mL 蛋白胨水中，混合均匀，制成 1:100 样品匀液。必要时，按此法将样品做进一步的 10 倍递增稀释。

7.2 接种与培养

7.2.1 选择 2~3 个适宜稀释度的样品匀液（液体样品可包括原液），每个稀释度分别吸取 1mL 样品匀液加入到两个无菌平皿内。

---

① 由法国生物梅里埃公司提供的产品的商品名。给出这一信息是为了方便本标准的使用者，并不表示对该产品的认可。如果其他等效产品具有相同的效果，则可使用这些等效的产品。

7.2.2 将 10~15mL 维持在 44~47℃ 的 SC 琼脂倾注平皿，转动平皿使其混合均匀。待培养基凝固后，再覆盖上 10mL SC 琼脂，待其完全凝固。

7.2.3 翻转平板，放入厌氧罐或其他适宜容器中，厌氧环境下 37℃±0.5℃ 下培养 20h±2h。培养时间过长可能会导致平板颜色过黑。

7.3　平板计数

7.3.1 选取菌落数<150CFU 的平板，计数每个平板上的黑色菌落数，记录稀释倍数。

7.3.2 每个平板挑取 5 个典型或可疑菌落（小于 5 个时应全部挑选）进行确证。

7.4　乳糖–亚硫酸盐试验确证

7.4.1　接种

将 SC 琼脂上的典型或可疑菌落接种到液体硫乙醇酸盐培养基中，厌氧环境下 37℃±0.5℃ 下培养 18~24h。以无菌吸管移取硫乙醇酸盐培养物 5 滴加入到乳糖–亚硫酸盐（LS）培养基中。46℃ 水浴中需氧条件下培养 18~24h。

7.4.2　观察

观察倒管内有否气泡产生及试管底部是否变黑（亚硫酸铁沉淀），若倒管中 1/4 以上充满气体并且有黑色沉淀物则可判定为阳性。当倒管中产生的气体不足四分之一时，立即以无菌吸管从先前的 LS 培养基中吸取 5 滴加到另一 LS 培养基试管中，46℃ 水浴培养 18~24h，再次观察结果。

7.4.3　判读

在 SC 培养基中形成黑色菌落，同时 LS 培养基中反应阳性的细菌，可确认为产气荚膜梭状芽孢杆菌，除此之外应视为阴性。

7.5　动力–硝酸盐试验和乳糖–明胶液化试验确证

7.5.1　纯化

将 SC 琼脂上的典型或可疑菌落接种到液体硫乙醇酸盐培养基中，厌氧条件下 37℃±0.5℃ 培养 18~24h，划线接种 SC 琼脂平板，再覆盖上 10mL SC 琼脂。待其完全凝固后，厌氧条件下 37℃±0.5℃ 培养 18~24h，获得纯培养菌落。如有必要，可重复上述步骤，以获得完全分离的、典型的黑色菌落。

7.5.2　接种

将挑取的纯菌落分别穿刺接种缓冲动力–硝酸盐培养基和乳糖–明胶培养基，厌氧条件 37℃±0.5℃ 培养 24h。

7.5.3　动力–硝酸盐试验观察

在透射光下检查缓冲动力–硝酸盐培养基试管中细菌沿穿刺线生长情况，有动力的菌株沿着穿刺线呈扩散生长；没有动力的菌株，仅沿穿刺线生长。分别加 0.5mL 试剂甲与 0.2mL 试剂乙于缓冲动力–硝酸盐培养基中以检查亚硝酸盐的存在。出现橙红色者，表明有菌株将硝酸盐还原成了亚硝酸盐。若 15min 内未出现颜色变化，则添加少许金属锌粉，放置 10min。如果加锌粉后出现橙红色，表明菌株不能还原硝酸盐。若出现微弱的亚硝酸盐反应（如：浅粉色）则应排除，因为产气荚膜梭状芽孢杆菌的反应比较剧烈而且迅猛。

7.5.4　乳糖-明胶试验观察

发现产气和培养基变黄色，表明乳糖发酵并产酸。将试管置5℃冷却1h，检查明胶液化情况。若培养基仍为固态，则需37℃±0.5℃再培养24h，再次检查明胶是否液化。

7.5.5　判读

在SC琼脂上形成黑色菌落，无动力的，通常会将硝酸盐还原为亚硝酸盐，分解乳糖产酸产气，48h内能液化明胶的细菌，确认为产气荚膜梭状芽孢杆菌。

7.6　自动微生物鉴定系统确证

如选择VITEK compact，可从SC平板上挑选可疑菌落，用生理盐水制成浊度适当的菌悬液，使用VITEK compact全自动微生物鉴定系统进行鉴定。

7.7　判定

任何符合7.4.3或者7.5.5的判读确证或者经7.6的鉴定为产气荚膜梭状芽孢杆菌的菌落，确认为产气荚膜梭状芽孢杆菌。

8　结果报告

样品中产气荚膜梭状芽孢杆菌的计数，基于被证实为产气荚膜梭状芽孢杆菌菌落的百分数。

例如：10^{-4}稀释的平板中，平均有85个菌落，由2个平板上选取的10个菌落中，有8个被证实为产气荚膜梭菌，那么每克食品中产气荚膜梭状芽孢杆菌数，即为85×（8/10）×10 000 = 680 000CFU。

根据计算结果报告检样中产气荚膜梭状芽孢杆菌数/g（mL）。

附录A　（规范性附录）培养基和试剂[①]

A.1　亚硫酸盐-环丝氨酸（SC）琼脂

A.1.1　基础培养基

胰蛋白	15.0g
酵母膏	5.0g
大豆胨	5.0g
焦亚硫酸钠（$Na_2S_2O_5$）	1.0g
柠檬酸铁铵	1.0g
琼脂	9.0~18.0g

---

① 为保证培养基的质量，应按SN/T 1538.1、SN/T 1538.2的规定进行培养基的制备与性能测试。

A.1.2　D-环丝氨酸溶液

溶解 4g D-环丝氨酸于 100mL 水中，过滤除菌，存放于 3℃±2℃，4 周内用完。

A.1.3　制备

将基础培养基各成分加热溶解在 1000mL 水中，调节 pH 使灭菌后室温下 pH 7.6±0.2，分装到适宜容量的烧瓶中，121℃高压灭菌 15min。倒平皿前，将 100mL 基础培养基冷却到 44~47℃，加过滤除菌的 D-环丝氨酸溶液 1mL。

当 SC 琼脂培养基平板被用来作纯化菌落（动力-硝酸盐试验和乳糖-明胶试验）时，可直接取 15mL 冷却到 44~47℃的基础培养基倾注平板。

存放于 5℃±3℃，可保存 2 星期。

A.2　硫乙醇酸盐液体培养基

胰酪胨	15.0g
L-胱氨酸	0.5g
D-葡萄糖	5.5g
酵母膏	5.0g
氯化钠	2.5g
硫乙醇酸钠（或硫乙醇酸）	0.5g
刃天青	0.001g
琼脂	0.5g~2.0g

将各成分加热溶解在 1000mL 水中，调节 pH 使灭菌后室温下 pH 7.1±0.2，将培养基分装适宜的试管内，每管 10mL，121℃高压灭菌 15min。在使用前，此培养基中应加热煮沸 1min 减氧。

A.3　乳糖亚硫酸盐培养基（LS）

A.3.1　基础培养基

胰酪胨	15.0g
酵母膏	2.5g
氯化钠	2.5g
乳糖	10.0g
L-半胱氨酸盐酸盐	0.3g

A.3.2　焦亚硫酸钠溶液

将 1.2g 无水焦亚硫酸钠（$Na_2S_2O_5$）溶解在 100mL 水中，过滤除菌，当天使用。

A.3.3　柠檬酸铁铵溶液

将 1.0g 柠檬酸铁铵溶解在 100mL 水中，过滤除菌，当天使用。

A.3.4 制备

将基础培养基各成分溶解在 1000mL 水中（如有必要可加热），调节 pH 使灭菌后室温下 pH 7.1±0.2，分装至装有倒置小导管的试管中，每管 8mL，121℃高压灭菌 15min。若非配制当天使用，则在临用前需加热煮沸 1min 减氧。存放于 3℃±2℃，4 周内用完。临用时每管添加 0.5mL 焦亚硫酸钠溶液和 0.5mL 柠檬酸铁铵溶液，当天使用。

A.4 缓冲动力-硝酸盐培养基

胰酪胨	5.0g
牛肉膏	3.0g
半乳糖	5.0g
甘油	5.0g
硝酸钾（KNO_3）	5.0g
磷酸氢二钠（Na_2HPO_4）	2.5g
琼脂	1.5~5.0g

将各成分加热溶解在 1000mL 水中，调节 pH 使灭菌后室温下 pH 7.3±0.2，分装到适宜的试管内，每管 10mL，121℃高压灭菌 15min。若非配制当天使用，存放于 5℃±3℃。临用前，沸水浴或者蒸汽加热 15min，迅速冷却至培养温度。配制后 4 周内用完。

A.5 亚硝酸盐检测试剂

A.5.1 试剂甲

在 1000mL 5mol/L 乙酸中溶解对氨基苯磺酸 8g；通过滤纸过滤；存放在密封性良好的有塞棕色瓶（最好备有滴头）温度保持在 5℃±3℃。

A.5.2 试剂乙

在 1000mL 5mol/L 乙酸中溶解 α-苯酚 5g。通过滤纸过滤；存放在密封性良好的有塞棕色瓶（最好备有滴头），温度保持在 5℃±3℃。

A.6 乳糖-明胶培养基

胰酪胨	15.0g
酵母膏	10.0g
乳糖	10.0g
磷酸氢二钠（Na_2HPO_4）	5.0g
酚红	0.05g
明胶	120.0g

将各成分加热溶解在 1000mL 水中，调节 pH 使灭菌后室温下 pH 7.5±0.2，加入乳糖

和酚红。分装到适宜的试管内，每管 10mL。121℃ 高压灭菌 15min。若非配制当天使用，存放于 5℃±3℃。临用前，沸水浴或者蒸汽加热 15min 迅速冷却培养温度。配制后 3 周内用完。

A.7　蛋白胨水

在 1000mL 水中溶解蛋白胨 1.0g，调节 pH 使灭菌后室温下 pH 7.0±0.1，分装。121℃ 高压灭菌 15min。

四、SN/T 0178—2011 出口食品嗜热菌芽胞（需氧芽胞总数、平酸芽胞和厌氧芽胞）计数方法

1　范围

本标准规定了出口食品中嗜热菌芽胞计数检验方法。

本标准适用于谷物产品、食品配料和固态乳品（全脂奶粉、脱脂奶粉和奶酪制品）中嗜热菌芽胞计数。

2　规范性引用文件

下列文件对于本文件的应用是必不可少的。凡是注日期的引用文件，仅注日期的版本适用于本文件，凡是不注日期的引用文件，其最新版本（包括所有的修改单）适用于本文件。

GB/T 6682　分析实验室用水规格和试验方法。

SN/T 1538.1　培养基制备指南　第 1 部分：实验室培养基制备质量保证通则。

SN/T 1538.2　培养基制备指南　第 2 部分：培养基性能测试实用指南。

3　术语和定义

下列术语和定义适用于本文件。

3.1　嗜热菌芽胞　thermophilic bacterial spores

在特定的时间中，经 100℃ 或 106℃ 热处理后，能在指定的培养环境和非选择性培养基中，55℃ 培养生长形成菌落的细菌芽胞。包括需氧芽胞、厌氧芽胞，其中需氧芽胞包括平酸菌芽胞，厌氧芽胞包括产硫化氢厌氧菌芽胞和不产硫化氢厌氧菌芽胞。

3.2　平酸芽胞 flat-sour bacterial spores

是需氧芽胞杆菌科中的一群高温型细菌芽胞，引起食品酸败变质，产酸不产气，具有嗜热、耐热的特点，最适生长温度为 55℃ 左右。

4　试剂和材料

除另有规定外，所用试剂均为分析纯，试验用水应符合 GB/T 6682 的规定。

4.1　磷酸氢二钾溶液：见附录 A.1。

4.2　葡萄糖胰蛋白胨琼脂：见附录 A.2。

4.3　2% 琼脂：见附录 A.3。

4.4　改良亚硫酸盐琼脂：见附录 A.4。

4.5　肝浸液：见附录 A.5。

4.6　含 0.2% 可溶性淀粉的 BCP 脱脂奶粉平板计数培养基：见附录 A.6。

5　仪器和设备

5.1　取样工具：刮勺、取样铲等。

5.2　带盖样品瓶或容器。

5.3　高压蒸汽灭菌锅。

5.4　天平：感量 0.01g。

5.5　均质器和 1000mL 带盖均质杯。

5.6　移液管：容量 1mL、10mL（大口径）。

5.7　培养皿：内径 90mm。

5.8　250mL 三角烧瓶：具 100mL 刻度线。

5.9　水浴锅。

5.10　酒精灯。

5.11　菌落计数器。

5.12　培养箱：温度 55℃±1℃。

5.13　小型压力容器：能快速升温和降温，可达到 106℃±0.5℃。

6　试样制备

6.1　谷物

将 50g 样品放入灭菌均质杯内，加入 200mL 灭菌蒸馏水，以 8000~10 000r/min 均质 3min，制成均匀的混悬液。

6.2　淀粉或面粉

将 20g 样品放入盛有适量玻璃珠的 250mL 灭菌三角烧瓶内，加灭菌蒸馏水至 100mL 刻度线，振摇，制成均匀的混悬液。

6.3　糖

将 20g 固态糖或相同糖含量的液态糖（根据白利度确定。如 29.41g、68 白利度的液态糖相当于 20g 固态糖）放入 250mL 灭菌三角烧瓶内，加灭菌蒸馏水至 100mL 刻度线，搅拌使溶解，迅速加热至沸并维持 5min，立即用水冷却。

6.4　固态乳品

将 10g 固态乳品加入到 90mL 灭菌磷酸氢二钾溶液中混匀制备固态乳品的 1∶10 稀释溶液。用无菌移液管移去 10mL 1∶10 样品稀释溶液于 90mL 灭菌磷酸氢二钾溶液中制备 1∶100 样品稀释液。更高稀释度的样品稀释液依此法类推。

7 检验方法

7.1 需氧嗜热菌芽胞总数

7.1.1 谷物、淀粉或面粉

用大口径移液管移取 20mL 谷物混悬液或 10mL 淀粉或面粉混悬液，在搅拌状态下加入盛有 100mL 融化的灭菌葡萄糖胰蛋白胨琼脂（55~60℃）的 250mL 三角烧瓶内。将此混合物在沸水或蒸汽柜中放置 15min。轻微搅拌使尽快冷却，再将全部混合物等量倾注至 5 个灭菌培养皿内。凝固后于其表面覆盖一薄层 2% 灭菌琼脂（防止蔓延型菌落出现），待覆盖琼脂凝固后，倒置培养皿于 55℃ 保持一定湿度培养 48h。

7.1.2 糖

于 5 个灭菌培养皿内各放入 2mL 经热处理的糖溶液，倾入灭菌葡萄糖胰蛋白胨琼脂（55~60℃），轻轻摇动，使样液与培养基混合均匀。待凝固后，倒置培养皿于 55℃ 保持一定湿度培养 48h。

7.1.3 固态乳品

将 1:10 稀释的样品悬液置于 106℃±0.5℃ 小型压力容器中保持 30min，加热结束后，迅速将样品移至 15~25℃ 的水浴中冷却，将以上热处理后的 1:10 稀释液制备成 1:100 稀释的样品悬液，从第一个样品稀释到最后倒平皿时间不宜超过 15min。无菌吸取热处理后的 1:10 样品悬液 1mL，大致等分转移到 3 个无菌培养皿中，每一个平皿倾注约 15mL 已灭菌的 45℃ 保温的含 0.2% 可溶性淀粉的 BCP 脱脂奶粉平板计数培养基，缓慢的混匀样品和培养基。另取 3 个无菌培养皿用同样的方法做一个平行实验。取 1:100 样品稀释液 1mL 于一个无菌培养皿中，做两个平皿，每一个平皿倾注约 15mL 已灭菌的 45℃ 保温的含 0.2% 可溶性淀粉的 BCP 脱脂奶粉平板计数培养基。如需要，可制备更高稀释度的样品稀释液检测。待平板凝固后，置于培养箱中 55℃ 培养 48h±2h，为避免培养基水分蒸发，可将培养皿置于塑料袋中。

7.2 平酸嗜热菌芽胞

对上述 7.1.1 和 7.1.2 中的平板同时进行平酸嗜热菌芽胞检验计数。

7.3 产硫化氢厌氧嗜热菌芽胞

将 20mL 样品混悬液分装于 6 支刚刚排气的改良亚硫酸盐琼脂试管内。如样品为谷物、淀粉或面粉，应旋紧试管帽，在加热（在沸水或蒸汽柜中放置 15min）之前和加热过程中轻轻颠倒试管数次，加热后迅速用水冷却试管。预热试管至 55℃，并在此温度下厌氧培养 48h。

7.4 不产硫化氢厌氧嗜热菌芽胞

将 20mL 样品混悬液分装于 6 支刚刚排气的肝浸液试管内。如样品为谷物、淀粉或面粉，应立即旋紧试管帽，在加热（在沸水或蒸汽柜中放置 15min）之前和加热过程中搓转试管数次。加热后迅速用水冷却，并于各试管内注入 50℃ 灭菌覆盖琼脂，厚度 5~6cm。待琼脂凝固后，预热试管至 55℃，并在此温度下厌氧培养 48~72h。

8 菌落计数

8.1 需氧嗜热菌芽胞总数

8.1.1 谷物、面粉、淀粉和糖中需氧嗜热菌芽胞计数

计数 5 个平板上的菌落。5 个平板上的菌落数相加，再乘以 2 即为 10g 谷物中的需氧嗜热芽胞总数。如样品为淀粉或面粉或糖，则 5 个平板上的菌落数相加，再乘以 5 即为 10g 样品中的需氧嗜热芽胞总数。

8.1.2 固态乳品中需氧嗜热菌芽胞计数

计数 3 个平板中黄色或紫色的菌落总和。选择菌落数小于 300 的平板计数。连在一起的菌落算做一个；如果菌落蔓延生长区域不超过 1/4，则计数其他区域的菌落，并且依此推理计算整个平板的菌落数；如果蔓延生长区域超过 1/4，则该平板不做计数。取 1mL 稀释液中形成菌落的平均值，乘以相应的稀释倍数，即为 1g 样品中的需氧嗜热芽胞总数。

8.2 平酸嗜热菌芽胞计数

对上述 8.1.1 中的平板再进行检查。计数平板上直径 1~5mm，中心有不透明暗色斑点的圆形菌落。在紫色平板上，平酸菌菌落通常被黄色晕圈围绕着。当接种菌过多（整个平板呈淡黄色）或产低酸的菌株存在时，黄色晕圈不明显或消失。表面以下的菌落致密，两面凸出，近乎针尖状。如对表面以下菌落有怀疑，可挑取此菌落划线培养于葡萄糖胰蛋白胨琼脂平板上，以证实表面菌落的特征。样品中平酸芽胞的计算同上述 8.1.1 中方法。

8.3 产硫化氢厌氧嗜热菌芽胞计数

产硫化氢厌氧菌在改良亚硫酸盐培养基中形成乌黑发亮的特殊球形区域，有明显气体产生。某些不产硫化氢厌氧菌产生大量氢气和还原亚硫酸盐，引起琼脂断裂和使整个培养基变黑。但是，这种情况易与上述的黑色球形区域分开，计数 6 支试管中的黑色球形区域。6 支试管中的黑色球形区域数相加，再乘 2 即为 10g 谷物中的产硫化氢厌氧芽胞数。如样品为淀粉或面粉或糖，则 6 支试管中的黑色球形区域数相加，再乘以 2.5 即为 10g 样品中的产硫化氢厌氧芽胞数。

8.4 不产硫化氢厌氧嗜热菌芽胞计数

琼脂断裂，产酸，偶尔伴有干酪气味，被判定为不产硫化氢厌氧菌。此方法适用于定性试验或作粗略定量估计，不能以单位样品中芽胞数表示结果。

9 结果报告

9.1 谷物、面粉、淀粉和糖中需氧嗜热菌芽胞总数、平酸嗜热菌芽胞、产硫化氢厌氧嗜热菌芽胞：按芽胞数/10g 样品报告结果。

9.2 不产硫化氢厌氧嗜热菌芽胞：按阳性或阴性（+或-）管数报告结果。

9.3 固态乳品中需氧嗜热菌芽胞：按芽胞数/g 样品报告结果。

附录 A （规范性附录） 培养基和试剂①

A.1 磷酸氢二钾溶液

磷酸氢二钾	20.0g
蒸馏水	1000mL

pH 7.5±0.2，121℃高压灭菌 15min。

A.2 葡萄糖胰蛋白胨琼脂

胰蛋白胨	10.0g
葡萄糖	5.0g
2%溴甲酚紫乙醇溶液	2mL
琼脂	15.0g
蒸馏水	1000mL

将各成分混悬于蒸馏水中，静置 5min，混合均匀，加热，不时搅拌煮沸 1min，分装于玻璃瓶内，121℃高压灭菌 20min。最终 pH 6.7±0.1。

A.3 2%琼脂

琼脂	20.0g
蒸馏水	1000mL

将琼脂混悬于蒸馏水中，静置 5min，加热煮沸使溶解分装于试管或三角烧瓶内，121℃高压灭菌 20min。

A.4 改良亚硫酸盐琼脂

蛋白胨	10.0g
无水亚硫酸钠	1.0g
琼脂	20.0g
蒸馏水	1000mL

将蛋白胨、亚硫酸钠和琼脂混悬于蒸馏水中，充分混合，加热使溶解。分装试管，每管 10~15mL，再于各试管内加入适量清洁的混铁粉或铁屑。不调 pH，121℃高压灭菌 20min。如不使用固体亚硫酸钠，每周需配制新鲜亚硫酸钠溶液。

---

① 为保证培养基的质量，应按 SN/T 1538.1、SN/T 1538.2 进行培养基的制备与性能测试。若使用商售的脱水合成培养基，应选用国内外通过 ISO9000 质量管理体系认证生产厂商的产品并按其说明制备和使用。

A.5 肝浸液

将 500g 碎牛肝加入 1000mL 蒸馏水中，振摇，微火煮沸 1h。调至 pH 7.0，再煮沸 10min。用纱布过滤，挤压出液体部分，并稀释至 1000mL。加入蛋白胨 10g，磷酸氢二钾 1g，再调至 pH 7.0。将煮沸过的碎牛肝（1~2cm 厚）和肝汤（10~12mL）加入 18mm× 150mm 试管内，121℃高压灭菌 20min。除新鲜配制以外，使用前以流动蒸汽加热培养基 20min 以上，以排除培养基内的空气。接种后用灭菌琼脂（50℃）覆盖，厚度 5~6cm。

A.6 含 0.2%可溶性淀粉的 BCP 脱脂奶粉平板计数培养基

蛋白胨	5.0g
酵母提取物	2.5g
一水葡萄糖	1.0g
脱脂奶粉	1.0g
琼脂	8~15g
可溶性淀粉	2.0g
4%溴甲酚紫乙醇溶液	1mL
蒸馏水	1000mL

将上述各成分于蒸馏水中加热溶解，调节 pH，使其灭菌后 pH 7.0±0.2，分装于锥形 瓶中，于 121℃±1℃高压灭菌 15min。

五、SN/T 0330—2012 出口食品微生物学检验通则

1 范围

本标准规定了按照特定标准执行的食品微生物检验的一般要求。

本标准适用于食品微生物实验室对食品样品、食品及食品原料生产环境的微生物学 检验。

2 规范性引用文件

下列文件对于本文件的应用是必不可少的。凡是注日期的引用文件，仅注日期的版本 适用于本文件。

凡是不注日期的引用文件，其最新版本（包括所有的修改单）适用于本文件。

GB 19489 实验室 生物安全通用要求。

GB/T 27025 检测和校准实验室能力的通用要求。

GB/T 27405 实验室质量控制规范 食品微生物检测。

SN/T 1538.1 培养基制备指南 第 1 部分：实验室 培养基制备质量保证通则。

SN/T 1538.2 培养基制备指南 第 2 部分：培养基 性能测试实用指南。

SN/T 2102.1 食源性病原体 PCR 检测技术规范 第 1 部分：通用要求和定义。

ISO/IEC 指南43-1 利用实验室间比对的能力验证试验 第1部分：能力验证试验方案的建立和实施。

ISO6887 食品和动物饲料微生物学 微生物检验试验样品及初始悬浊液和十倍制稀释液的制备。

ISO8199 水质 微生物培养计数指南。

ISO8261 乳和乳制品 微生物检验试验样品及初始悬浊液和十倍制稀释液制备通用指南。

ISO14461-1 乳和乳制品 微生物实验室内质量控制 第1部分：菌落计数用分析性能评定。

ISO14461-2 乳和乳制品 微生物实验室内质量控制 第2部分：平行板和后续稀释步骤的菌落计数可靠性测定。

ISO16140 食品和动物饲料微生物学 可替代方法的确认程序。

ISO/TS19036 食品和动物饲料微生物学 定量检测的测量不确定度评估指南。

3 实验室场所

3.1 概述

本条款是实验室设计通用要求，注意样品的接收和制备应与其他检测样品有效隔离，以防止交叉污染。

3.2 安全要求

实验室设计应遵守不同微生物类型的安全要求。微生物分成4个危害等级：

—— 危害等级Ⅰ（低个体危害，低群体危害）：不会导致人类和动物疾病的微生物。

—— 危害等级Ⅱ（中等个体危害，低群体危害）：能引起人或动物发病，但一般情况下对实验室工作者、群体或环境不会引起严重危害的病原体。实验室暴露会导致严重感染，但有有效的治疗和预防措施，并且传播风险有限。

—— 危害等级Ⅲ（高个体危害，低群体危害）：能引起人类或动物严重疾病的病原体，但通常不在个体间传播，有有效的治疗和预防措施。

—— 危害等级Ⅳ（高个体危害，高群体危害）：能引起人类或动物非常严重的疾病，可直接或间接在个体间传播的病原体，没有有效的治疗和预防措施。

3.3 实验室设计

食品微生物学危害等级Ⅰ级、Ⅱ级和Ⅲ级的实验室设计应满足 GB 19489 的要求，还应考虑3.4~3.6的要求。

3.4 实验室区域

3.4.1 概述

实验室区域包含样品和检测区域（见3.4.2）和其他区域（见3.4.3），这些区域应相对独立。

3.4.2 样品和检测区域

实验室应对以下区域进行独立分隔或划分：

—— 样品接收和保存区；

—— 样品制备区，尤其是原材料（如含大量微生物的粉状物）的制备；

—— 样品检测区，从初始悬浊液开始到微生物培养过程的样品检测；

—— 可疑病原体操作区；

—— 参考菌株和其他菌株保存区；

—— 培养基和器具的准备及灭菌区；

—— 培养基和试剂的保存区；

—— 食品无菌检测区；

—— 去除污染物区；

—— 玻璃器皿和其他器具的清洗区；

—— 危险化学品保存区，最好是特别设计的橱柜、房间或建筑物。

3.4.3　其他区域

其他区域也应设计为独立区域，并考虑以下方面：

—— 入口、走廊、楼梯、电梯；

—— 行政管理区域（如：文秘室、办公室、文件室等）；

—— 衣帽间和厕所；

—— 档案室；

—— 储藏室；

—— 休息室。

3.5　实验室场所布局和设施

3.5.1　目的

为保证微生物检测结果的可靠性不受环境影响，实验室设计应避免交叉污染。可采取以下方法：

—— 实验室建设应遵循"无回路"原则；

—— 应有序执行适当防范程序，保证检测和样品的真实完整（如：使用密封容器）；

—— 时间或空间上有效隔离各检测活动。

应避免极端条件，如超出范围的温度、粉尘、湿度、水汽、噪声、振动等。应有足够空间并保证工作区域的整洁。

3.5.2　设施

为了减少粉尘和微生物（危害等级 Ⅲ）污染的风险，检测区域装修还应满足以下条件：

—— 墙壁、天花板和地板应光滑，易于清洁且对在实验室中使用的清洁剂和消毒剂有耐受性；

—— 地板应防滑；

—— 除非是密封管道，否则液体输送管不允许在检测区域上方通过，其他架高建筑应有遮掩，且易于日常清洁；

—— 进行检测时门窗应能关闭以使气流达到最小，门窗设计应防止灰尘聚集，易于清洁，环境温度（18~27℃）和空气质量（微生物含量、灰尘散播率等）应适合检测要求，进气、出气宜使用过滤通风系统，以保证空气质量；

—— 安装足够的抽气系统以防止在使用脱水培养基、带粉尘的样品或粉末状样品时粉尘飞扬；

——当检测操作在低污染环境中进行时，室内应装备超净工作台或生物安全柜；

—— 如有必要，实验室环境应采用百叶窗或经过处理的合适玻璃面板来防止阳光照射带来的有害影响。避免在内部安装窗帘，因为窗帘不易清洁且会成为粉尘来源。

3.5.3 其他问题

应考虑下列几点：

—— 用水应有效可靠，质量符合所需用途；

—— 有充足电力供应；

—— 有管道或瓶装气体供应；

—— 实验室各部分有充足光线；

—— 实验室椅子和家具应采用光滑且不具渗透性材料，易于清洗消毒；

—— 实验室家具的样式应易于清洁地面（如：活动家具）；

—— 除非检测必需的器具，其他家具、文件或其他物品不得放置于检测区域；

—— 应有存放使用样品、培养基、试剂等操作文件的设施；

—— 每个检测室配备洗手池，最好设置在靠近门的位置；

—— 应有高压灭菌器对污染的废料和培养基进行处理，有条件时，可对污染废物进行焚烧处理；

—— 备有安全系统，包括消防器材、紧急备用电源、喷淋装置和冲眼装置；

—— 提供有效的急救措施。

3.6 清洁和消毒

清洁和消毒应考虑以下情况：

—— 地板、墙壁、天花板、实验室椅子、家具及其接合处应定期保养和维修，以防止产生裂缝而可能成为污染源；

—— 定期清洁和消毒以保证环境条件适合检测操作，污染或可能受污染的表面应用已知有效的杀菌剂和真菌消毒剂消毒，必要时可用甲醛对房间和器具熏蒸消毒；

—— 通风系统及其过滤器应定期维护，必要时应更换过滤器；

—— 实验室工作区域表面、人员接触的表面和空气应定期监控微生物质量（监控频率基于之前的检测结果）；

—— 表面污染评估可直接使用含有抗消毒剂的适合中和剂（如：卵磷脂、硫代硫酸钠）的接触板；空气质量检查可以用非选择性培养基（如：平板计数琼脂-PCA）或用于检测目标微生物（如：霉菌）的选择性培养基，制成平板，打开盖在空气中暴露 15min 后，培养、计数。也可使用其他有效的检测表面污染的方法。

4 操作人员

4.1 概述

人员能力的一般要求按 GB/T 27025 的有关条款。

4.2 能力

对每项方法或技术都需建立适当的能力评估标准，包括基础和操作原理。实验室应通过内部质量控制进行能力建设（见 15.1.2）。

注：在 ISO14461-1 中有提供调查菌落计数结果不理想原因（移液管、初始悬浊液的不均一性、计数等）的方法。

4.3 实验室人员的能力验证

实验室人员的能力应定期评估。包括参与内部质量保证程序、能力验证（见 ISO/IEC 指南 43-1）、使用参考材料或按 ISO14461-2 对微生物计数方法进行自我评估测试。

4.4 卫生

为了防止污染样品和培养基以及个体感染，应执行下列个人卫生预防措施：

—— 穿着齐整、干净的合身实验服，实验服由防火布料制成，不得在工作区域或衣帽间以外穿着实验服；

—— 为保持样品不受污染，必要时要戴发套；

—— 保持指甲干净并适当剪短；

—— 微生物实验操作前、后以及上洗手间之后，应立刻用温水将手彻底洗净，最好使用无需用手操作的水龙头，尽可能使用专用的清洁液体、粉状肥皂或合适的消毒剂，使用专用纸张或专用毛巾擦手，这些防范措施适用于实验室人员和来访者；

—— 操作打开后的样品、培养基以及接种时，禁止说话、咳嗽等；

—— 有皮肤感染或疾病的人员，应防止携带的微生物污染样品而使结果无效；

—— 不得在实验室内进食和饮水，不得将个人消费品放在实验室冰箱或冰柜中；

—— 禁止用嘴吸移液管。

5 仪器设备

5.1 为了与良好实验室规范一致，实验设备应放置于适宜的环境条件下，便于操作、维护、清洁、消毒与校准，并保持整洁与良好的工作状态。使用前应核查设备是否符合指定要求，使用过程中应对其性能的有效性进行监控。

5.2 根据需要，应对设备和监控装置进行可溯源至国家标准的校准，并实施再校准和所有必要的期间检查，将校准程序和结果予以文件化。每个实验室应根据仪器型号、实验室能力水平和制造商的说明书来决定仪器各项校准核查的频率。

5.3 定期检查和维护设备，保证安全适用。依据工作条件及结果准确度的要求对设备进行监控。

5.4 检测设备应有检测精确度的要求。精确度基于日常使用中对设备合理操作的实际偏差，并涉及仪器的不确定度。

5.5 涉温设备在启用前以及维修或任何有可能使温度控制受到影响的变动后，都应核查温度的稳定性和分布均匀性。

5.6 所有仪器设备在启用前都应仔细阅读产品说明书，按照说明书操作、使用和维护仪器设备。

5.7 设备和其所配备的软件应能够达到相应的精确度并符合检测所涉及的相关规范。当指标对结果有重大影响时，要建立关键数量或关键值的校准程序。日常使用前，校准或检查设备，确认其达到实验室要求且符合相关标准规范。实验室针对软件的所有重新配置或更改都应进行核查，以保证修改后的软件能够给出正确的结果。

6 实验室器材的准备

6.1 准备

6.1.1 用于微生物学检测的玻璃器皿和其他实验室材料应合理配置，正确使用，并保证其处于洁净和（或）无菌状态直至使用。

6.1.2 实验器材要按防止或限制操作者与感染材料接触的方式设计。试管和瓶子要采用适当方式塞住。如有必要，玻璃器皿（如：移液管）要放置在特制容器中或包裹适当材料（如：特制的纸张、铝箔等）灭菌。玻璃器皿进行高压灭菌时要留有空间以便蒸汽自由进出，否则不能达到灭菌效果。

6.2 灭菌/去污

6.2.1 概述

应记录灭菌/去污的温度和持续时间。可使用灭菌指示条区分灭菌和未灭菌材料。

6.2.2 干热灭菌

加热玻璃器皿等物，灭菌炉温要在170℃下维持至少1h或等效条件。

6.2.3 湿热灭菌

加压条件下湿蒸汽灭菌是实验室玻璃器皿和材料最有效的灭菌方式。高压灭菌器腔体内温度要在121℃维持至少15min。

6.2.4 化学法去污

使用适当浓度的化合物（如：含氯产品、乙醇、季铵化合物等）浸泡足够时间去除污物时，应保证化学残留不影响微生物的恢复生长。

6.3 一次性用品和材料

一次性用品和材料可替代重复使用的器具和材料（如：玻璃器皿、培养皿、移液管、瓶子、试管、接种环、涂布棒等）。一次性用品和材料应不含抑制微生物生长的物质，并保持无菌状态，必要时应进行核查。

6.4 干净玻璃器皿和材料的保存

保存期间，在保持洁净的环境下对干净玻璃器皿和材料进行防尘保护。

6.5 灭菌玻璃器皿和材料的管理

在保持其灭菌状态条件下保存玻璃器皿和材料时，一次性用品按厂商说明书保存，防止其包装损坏。实验室自备的器具在洁净环境下保存。

6.6　去污和消毒

6.6.1　一次性用品的处理

污染的一次性用品弃置前要经灭菌处理。除本条款描述的方法外，也可采用焚烧法。

6.6.2　玻璃器皿和材料用前除菌

器具的灭菌可采用湿热灭菌（见6.2.3）或干热灭菌（见6.2.2）。在某些情况下（如：抽样场所），可使用适当的化学杀菌，但处理后的器具不能含有抑制物。

6.6.3　玻璃器皿和材料用后除菌

6.6.3.1　要除菌的材料应放在容器中，如高压灭菌塑料袋。高压灭菌是所有除菌程序中的首选方法（121℃至少维持30min）。材料在高压灭菌器中应以有利于热渗透的方式装载（如：防止超紧密堆积），还要注意松开盖子和打开袋子。

6.6.3.2　除高压灭菌，还可选择其他法规允许的方法。所有与微生物培养物（固体或液体培养物）接触的器具都应进行高压灭菌，包括可重复使用的未清洗器具。检测期间，可用新配制的消毒剂对小型耐腐蚀性器具（如：移液管）进行浸泡除菌。巴氏吸管仅可使用一次。大部分消毒剂（参见附录A）有毒性，使用浓缩消毒剂时要戴手套和防护眼镜。

6.7　废物处理

污染材料的处理并不直接影响样品检测质量，但却是良好实验室管理的内容。废物处理要遵守国家有关环境、健康和安全的法律。按以下内容，分别建立识别和分离污染材料及其容器的体系：

—— 能随一般废物处理的无污染废物（如：未经培养的食物样品）；

—— 解剖刀、针、刀、破损的玻璃；

—— 要高压灭菌和再利用的污染材料；

—— 要高压灭菌和处理的污染材料。

6.8　清洗

重复使用的器具要在灭菌后才可清洗。清洗后，用去离子水冲刷所有器具。当使用专用仪器（如：移液管清洗器、培养皿清洗器、超声波水槽）清洗时，可简化过程。重复使用的器具在清洗后不得有影响微生物生长的残留物。

7　培养基的制备和灭菌

培养基的制备和灭菌按照SN/T 1538.1、SN/T 1538.2执行。

8　实验室样品

8.1　取样

8.1.1　一般要求

8.1.1.1　取样应是随机抽样，抽取的样品应对一批产品具有代表性，且在运输和保存期间不被损坏或更换。

8.1.1.2　合同对食品取样数量有明确规定的，按合同规定取样或者按有关法规、标准要求确定取样数量。

8.1.1.3　从取样至开始检测的全过程中，应采取必要的措施防止食品中固有微生物的数量和生长能力发生变化。

8.1.1.4 取样应遵循无菌操作程序，防止一切可能的外来污染。每取完一份样品，应更换新的取样用具或将用过的取样用具迅速消毒后，再取另一份样品，以免交叉污染。

8.1.2 取样方法

8.1.2.1 直接食用的小包装食品，尽可能取原包装，直到检测前不要开封，以防污染。

8.1.2.2 统装或大容器包装的液体食品，在取样前摇动或用灭菌棒搅拌液体，尽量使其达到均质。取样时应先将取样用具浸入液体内略加漂洗，然后再取所需量的样品。容器装样量不得超过其总容量的3/4，以防止样品泄漏，便于检测前将样品摇匀。

8.1.2.3 桶装或大容器包装的固体和半固体食品，每份样品应用灭菌取样器由几个不同部位采取，一起放入一个灭菌容器内，使之有充分的代表性。

8.1.2.4 生产过程中的取样应划分检验批次，注意同批产品质量的均一性。如用固定的贮液桶或流水作业线上的取样笼头取样时，应先消毒笼头。当用自动取样器取不需要冷却的粉状或固体食品时，应履行相应的管理办法，保证样品的代表性不被人为破坏。

8.1.3 样品的标记

所有盛样容器应有和样品一致的标记，样品标记应牢固、具防水性，字迹清晰不脱色，且应标明产品标志与号码、样品顺序号以及其他需要说明的情况。当样品需要托运或由非专职取样人员运送时，应封识样品容器。

8.1.4 取样记录

当取样结束后，应由取样人填写完整的取样记录，内容应至少包括：

—— 样品名称；

—— 样品来源；

—— 样品的大小或数量；

—— 取样时产品温度；

—— 取样环境条件；

—— 取样的日期、地点和时间；

—— 要求检测的项目；

—— 取样人的签字。

8.2 样品运送

8.2.1 取样结束后应尽快将样品送往实验室，要保证运送过程中样品的微生物数量不发生变化。样品应以防止破损和溢漏的方式包装。运送冷冻和易腐食品应在包装容器内加适量密封的冷却剂或冷冻剂。样品如不能及时运送，冷冻样品应存放在−15℃以下冰箱或冷藏库内；冷却和易腐样品存放在0~4℃冰箱或冷藏库内；其他样品可放在常温冷暗处。

8.2.2 如不能由专人携带送样时，也可托运。托运前应将样品包装好，应能防破损、防冻结或防易腐和冷冻样品升温或融化。在包装上应注明"防碎""易腐""冷藏"等字样。

8.2.3 做好样品运送记录，写明运送条件、日期、到达地点及其他需要说明的情况，并由运送人签字。

8.3 样品接收

8.3.1 当样品送达实验室后，应立即对照协议书核查样品并记录，内容包括：

—— 样品件数；

—— 包装是否完整；

—— 样品容器上的标记是否清晰可认；

—— 测量样品温度并核对是否和取样时的食品温度一致；

—— 干燥样品有无受潮和细菌增殖征象；

—— 冷冻样品是否融化；

—— 易腐样品有无腐败征象；

—— 接收日期和时间；

—— 取样细节（取样日期和时间，样品状态等）；

—— 客户名称和地址。

8.3.2 如果样品状态不佳或样品量不足，实验室应拒绝接收样品。在特殊情况下，与客户协商并达成共识后，样品可用于检测，但检测报告要标明样品的有效性信息。样品的标签或标号以及记录在实验室的所有场合应可追溯，保证样品从进入实验室的流程直到检测报告拟定都可被监控。

8.3.3 接收易腐样品时，要记录运输的温度或记录能反应样品状态的温度。样品接收后要尽可能在 24h 内检测。对于高度易腐样品（如：贝类），检测要在取样后 24h 之内开始，易腐样品（如：鱼、鲜奶）则不超过 36h。如果能够证明目标微生物的恢复不受样品基质影响，样品可在 -15℃ 以下冷冻。

8.4 样品保存

应在样品中微生物数量变化最小的条件下，保存待检样品。推荐下列保存条件：

—— 冷冻样品：低于 -15℃ 保存；

—— 易腐和冷藏样品：0~4℃ 保存；

—— 干燥样品：常温冷暗处保存。

8.5 检测部分

8.5.1 检测样品的制备

8.5.1.1 样品的全部制备过程均应遵循无菌操作程序，样品容器开启前，先将容器表面擦干净，再用 70% 乙醇消毒开启部位及其周围。

8.5.1.2 冷冻样品：检测前应先融化，可在 0~4℃ 融化，时间不超过 18h，或在低于 45℃ 的条件下不超过 15min。融化后尽快检测。

8.5.1.3 硬的或干制样品：使用旋转均质器的时间一次不超过 2.5min。需要碾碎或磨碎的样品，碾碎或磨碎的时间大约为 1min，以避免样品温度升高。

8.5.1.4 液体样品：可用吸管吸取一定量，加于适量的稀释液或培养基内，以 30cm 的弧度摇动 25 次，以保证样品中微生物分布均匀。

8.5.1.5 复合样品（由不同种类的食品组成）：应该按组成比例采集组成该食品的各个成

分的原料。也可以将全部食品部分均质作为一个混合样品，对需要碾碎或磨碎的测试样品，注意避免样品温度升高，粉碎时间不超过 1min。

8.5.1.6　其他样品：如黏性、酸性、粉状、坚硬、脱水和冷冻干燥、发酵（含有活菌）等特殊样品的制备参见 ISO6887 或 ISO8261 中检测样品的取样、均质和稀释的特别规则。

8.5.2　实验室样品的保存和销毁

实验室样品要保存至出具所有结果，如有必要，可保存更长时间。由于微生物状态可能改变，通常不接受对样品的再检测。检出致病菌的样品要经过无害化处理。

9　检验

9.1　检验中的卫生防范

9.1.1　为防止环境和测试样品的污染，应在独立房间、独立区域或在安全柜内操作（脱水）粉末状产品。

9.1.2　打开一般样品之前，在开启部位周围区域用 70% 乙醇（或其他等效产品）擦拭并待其蒸发。打开无菌包装之前，使打开区域处于含 100~200mg/kg 游离氯的溶液（或其他适合的消毒剂）中至少 10min 以杀死可能污染样品的微生物。其他用于打开样品包装的工具和除去部分或全部样品包装的器具（如：开罐头刀、剪刀、勺子、钳子、移液管等）均要灭菌。

9.1.3　检测开始前，工作区域应清洁并用适当的消毒剂擦拭。检测开始前立即洗手，检测期间如果手被污染，应再次洗手。

9.1.4　所有使用的器具在用前和使用期间都应灭菌并防止污染。所有使用过的器具和工具应放置于合适的容器内以便进行处理和灭菌。

9.1.5　采取防范措施使检测尽可能在无菌条件下进行。如：

　　—— 确保工作区域清洁，除去所有可能的污染源或将其减少至最低，工作区域没有
　　　　气流（如：关闭门窗），检测期间防止不必要的人员走动；

　　—— 工作前后，用适当的消毒剂消毒工作台面；

　　—— 开始检测之前，确保开展检测所需的各项物品都已备齐；

　　—— 迅速开展检测；

　　—— 在时间和空间上区分"洁净"和"脏"的相关活动（尤其对于高风险样品很重
　　　　要，如生肉和鲜蛋）；

　　—— 使用一次性用品；

　　—— 检测过程中，如果一个包装内的一次性移液管、培养皿未用完，在取出所需数
　　　　量后以正确的方式密封包装；

　　—— 用浸泡过 70% 乙醇或其他适当消毒剂的纱布或其他适当材料迅速擦去任何溢出
　　　　物，在继续检测前重点清洁和消毒此工作台面，为达到消毒效果需要适当的接
　　　　触时间，使用其他消毒剂时，应根据厂商说明书操作；

　　—— 如有国家法律要求，应在生物安全柜内检测可能含有致病菌的产品；

　　—— 当从容器中取出一支灭菌移液管时，移液管尖端不要接触到容器外表面以防
　　　　污染；

—— 移液管不要接触稀释瓶的瓶口和瓶颈。

9.1.6 气溶胶是环境污染和感染的重要因素，因此，应将气溶胶的形成减到最少。气溶胶可能在下列情况中产生：

—— 打开培养皿、试管和瓶子时；

—— 使用混合器、注射器、离心机时；

—— 排空移液管中液体时；

—— 灭菌湿的接种针或接种环时；

—— 打开含冻干菌的安瓿瓶时。

9.1.7 对于分子生物学检测，按 SN/T 2102.1 采取防范措施。

9.2 初始悬浊液和稀释液的制备

9.2.1 概述

按 8.5.1 制备初始悬浊液和稀释液，除非有特殊要求，从样品制备至接种培养基结束的时间不得超过 45min。初始悬浊液或稀释液按有关标准方法进行增菌。

9.2.2 浓缩

9.2.2.1 离心或膜过滤

如果需要检测低数量的微生物，可根据灵敏度和精确度，逐级浓缩测试部分以利于检测。可通过离心或膜过滤的方式进行浓缩。如果使用离心方式，在已知量的稀释液中重悬离心沉淀物后继续分析。对涉及的每个混合物（食品加微生物），开展研究以证明逐级浓缩是否必要和有效，评估食品悬浊液的过滤性。根据灵敏度、选择性、线性和重现性验证所有方法的性能。如果污染程度未知，标准方法（不含过滤法）要做平行测试。

9.2.2.2 免疫分离

如果样品中存在的目标微生物含量较低，可使用包被特异抗体的免疫磁珠分离和浓缩微生物。直接将带有捕获目标微生物的磁珠，涂布于有关标准中指定的特定固体培养基上。

10 计数

10.1 概述

10.1.1 在评定食品的卫生质量或安全状况时，仅仅知道微生物是否存在是不够的，更多情况下，微生物的定量一样重要，并且需要进行定量检测。微生物的数量可以用多种检测方法得到：培养基培养后计数，流式细胞法计数，PCR 法计数等。本标准只包含培养基计数法。

10.1.2 固体培养基计数法是以微生物在培养基上能繁殖成肉眼可见菌落为基础。如果含有很多干扰菌落计数的颗粒，或微生物含量很低，在没有纯化目标微生物前不能使用这个方法。在这种情况下可选择液体培养基计数法。

10.2 固体培养基计数法

10.2.1 概述

在培养皿上标上样品编号、稀释系数、日期和其他需要的信息。选择合适稀释倍数以保证得到合适的菌落数和克服可能的抑制因子。从每个稀释度移取稀释液时要使用独立的灭菌移液管，除非从高稀释倍数稀释到低稀释倍数。食品微生物的计数技术中，至少取两个连续的稀释度，每个稀释度两个平皿。

10.2.2 平板倾注法

10.2.2.1　吸取规定量的检测稀释液，将移液管尖部靠试管壁使移液管剩余液体粘到试管壁上。打开灭菌平皿盖，使移液管能够插入即可，排出溶液。

10.2.2.2　从水浴锅中取出琼脂培养基时，用干布擦去瓶子表面污渍，防止污染平皿。将熔化好保持在44~47℃的琼脂培养基倒入平皿，90mm平皿一般倾注18~20mL，避免直接倒在含接种物的溶液上。

10.2.2.3　立即将溶液和培养基小心混匀，将平皿置于水平表面冷却凝固（凝固时间不能超过10min）。倾注过程避免培养基漏到容器外或平皿盖子上。

10.2.2.4　如果检测中已经预计会有蔓延菌落存在，用灭菌的无营养琼脂或其他指定培养基覆盖凝固的平皿，以防止或减小菌落蔓延。

10.2.3 涂布法

10.2.3.1 概述

涂布法用于只能在琼脂表面生长的菌落计数，比平板倾注法具有优势，更易观察菌落表面形态，提高分析人员对不同类型菌落的鉴别能力。由于涂布法使微生物不受熔化培养基的热力，所以可获得更高的计数量。预先倒好至少有3mm厚的培养基，这个厚度可以使微生物不受气泡和水蒸气的影响。为使生长速度统一，保证接种溶液在15min内被吸收，可按SN/T 1538.1或相关标准方法使凝固的培养基表面干燥。

10.2.3.2 手工涂布法

10.2.3.2.1　用灭菌移液管，把液体样品或初始悬浊液（一般是0.1mL或0.5mL）转移到培养基平皿中（直径均为90mm或140mm）。每个稀释度的稀释液重复此操作。

10.2.3.2.2　需要检测低含量微生物的样品时，可以增加10倍样品量，取液态样品或初始悬浊液1.0mL。此时，应使用大平皿（直径140mm）或3个小平皿（直径90mm）。

10.2.3.2.3　尽快用玻璃、塑料或钢制涂布棒，将样液在培养基表面涂抹均匀，但不要触及平皿边缘。接种后可将平皿于室温放置15min，使接种液被吸收。

10.2.3.3 螺旋平板法

10.2.3.3.1 概述

螺旋平板法已用于牛奶和牛奶制品以及其他食品的实验室比对测试中。

10.2.3.3.2 琼脂平板制备

琼脂平板制备推荐使用自动分装灭菌系统，以保证平板的水平度。倒入相同量的琼脂到所有平皿，使平板有相同高度，利于螺旋接种仪针头保持正确的接触角度。也可以选择使用商业制备好的琼脂平板。

10.2.3.3.3 平板计数

首先用次氯酸钠溶液清洗针头和管道，再用无菌水冲洗仪器系统，最后将液态样品注入针头内。将制备好的平板放在转盘的接种针头下。样品通过接种针头螺旋状地将样液分布到平板表面上。移开接种好的平板，将接种针头放置到开始的位置。清洗接种针头后，再接种其他平板。培养后，将螺旋平板计数栅放在中间适当位置。根据 20 个菌落计数规则进行计数，选择任一扇形区，从边缘向中心计数菌落直至计数到 20 个菌落。继续计数已观察到第 20 个菌落的扇形区中所含有的剩余菌落。计数相对同样的扇形区段的菌落，并且根据这两个区段的接种量区分两个区域的菌落数，每部分计数栅适宜的接种量参见各螺旋接种仪操作手册。

10.2.4 培养

10.2.4.1 除非有特别说明，接种后立即翻转平板，然后迅速将他们放置于适当温度的培养箱中。如果容易产生脱水现象（如：培养箱为 55℃ 或空气流动过强时），培养前用塑料袋松散地包好，或采取其他等效的措施。

10.2.4.2 在培养过程中，温度微小变化是不可避免和允许的，例如培养箱开和关的过程。但是，这些过程的变化应该控制到最小，并保证不会影响到实验结果。

注意：在某些情况下，计数时为避免混淆样品中的杂质和菌落，将接种的平板放置于 3℃±2℃ 保存，与接种培养的平板比较以区分杂质和菌落，也可以使用放大镜区分杂质和菌落。

10.2.4.3 在某些情况下，由于实验室工作的需求，在培养前，接种好的平板最长冷藏 24h。如果这样做，实验室应保证这个操作不会影响计数结果。

10.2.4.4 在有氧培养中，一般平板堆叠不能超过 6 个，平板之间、平板与培养箱壁间要距离至少 25mm。如果空间不够，在空气流通的系统里，可以叠得更高些。这种情况，需要证实温度均匀性。

10.2.4.5 培养后，平板需要立即进行计数。如果无法及时计数，应将平板放置于冰箱中，保存不超过 48h，除非有其他特殊说明。只有在已经证明对计数结果不会产生影响的情况下才能对平板进行冷藏。使用含指示剂的培养基，冷藏的平板要在室温下进行平衡，以确保能获得正确颜色。

10.3 固体培养基计数法的计算和结果表达

10.3.1 菌落计数

按具体标准培养后，对少于 300 个菌落（总菌落、典型菌落或可疑菌落）的每个平板进行菌落计数。按照具体标准的菌落描述，计数典型或可疑菌落。如存在蔓延菌落，将蔓延菌落作为一个菌落计数。如果蔓延少于 1/4 平板，计数不受影响的部分，用这个数目来计算整个平板的菌落数。扣除这个蔓延菌落的理论菌落数就是整个平板的菌落数。如果超过 1/4 平板长有蔓延菌落，不用计数。将成链状的菌落作为一个菌落计。各种计算方法见 10.3.2，包括无菌落生长的平板。当使用螺旋接种仪时，根据 10.2.3.3.3 进行菌落计数。

10.3.2 结果表达

10.3.2.1 概述

10.3.2.1.1 一般情况如下：

—— 每个稀释度接种到一个直径 90mm 平板；

—— 总菌落数最多数目为：每个平板 300；

　　—— 在计数典型菌落或可疑菌落时的总菌落数（典型和非典型）：最好是每个平板 300；

　　　—— 典型或可疑菌落的最大数目：每个平板 150；

　　　—— 接种鉴定或验证的可疑菌落数：一般每个平板 5。

　　这些数字由具体标准规定。如果不是使用直径 90mm 的平板，菌落的最大数目根据平板（或滤膜）表面积或增或减。

10.3.2.1.2　下列计算方法是假设实验操作正确的情况。偶尔发生特殊情况时（如：两个连续稀释度的稀释因子的比率可能差别很多），计数结果需要经过有资质的微生物专家验证，必要情况下可以否定结果。

10.3.2.2　计算方法：一般情况（总菌落或典型菌落的计数）

　　为保证结果的有效性，一般需要计数一个以上平板，平板包含至少 10 个菌落（包括总菌落、典型菌落或符合鉴定标准的菌落），按式（1）进行计算。

$$N = \frac{\sum c}{V \times 1.1 \times d} \quad \cdots\cdots\cdots\cdots\cdots\cdots\cdots\cdots\cdots\cdots\cdots\cdots\cdots \quad (1)$$

式中：N——每克（毫升）样品中的菌落数，CFU/g（mL）；

　　　$\sum c$——两个连续稀释度平板上的菌落数平均之和，CFU；

　　　V——每个平板接种的溶液体积，单位为毫升（mL）；

　　　d——第一个稀释度的稀释系数（当样品没有被稀释时 $d=1$）。

　　计算结果四舍五入，如果第三位数等于 5，前一位数进一，保留两位有效数字。

　　示例：

　　第一稀释度（10^{-2}）：168 个菌落；

　　第二稀释度（10^{-3}）：14 个菌落；

$$N = \frac{\sum c}{V \times 1.1 \times d} = \frac{168+14}{1 \times 1.1 \times 10^{-2}} = \frac{168+14}{0.011} = \frac{182}{0.011} = 16\,545$$

　　计数结果 1.7×10^4 CFU/g（mL）。

10.3.2.3　计算方法：验证试验后

　　在需要进行验证试验时，经验证后，按式（2）进行计算。

$$a = \frac{b}{A} \times C \quad \cdots\cdots\cdots\cdots\cdots\cdots\cdots\cdots\cdots\cdots\cdots\cdots \quad (2)$$

式中：a——每克（毫升）样品中的目标菌落数；

　　　A—— 选取用于验证试验的可疑菌落数；

　　　b—— 进行验证试验后证实的菌落数；

　　　C—— 平板上总的可疑菌落数。

　　示例：

　　第一稀释度（10^{-3}）：66 个菌落，选择 8 个菌落进行检测，其结果 6 个为目标菌；那么，$a=50$；

　　第二稀释度（10^{-4}）：4 个菌落，检测 4 个菌落，其结果均为目标菌，那么，$a=4$；

$$N=\frac{\sum a}{V\times 1.1\times d}=\frac{50+4}{1\times 1.1\times 10^{-3}}=49\ 090$$

计数结果 4.9×10^{4} CFU/g（mL）。

10.3.2.4　计算方法：低菌落数

10.3.2.4.1　当一平板（样品或初悬液或第一稀释度）含少于 10 个菌落的情况

10 个以上菌落是计数方法精确度适宜的限值。如果平板上菌落数小于 10，但大于等于 4 时，按照 10.3.2.2 计算结果，结果报告为估计数：×CFU/g（mL）。如果菌落数为 1~3 个，精确度太低，结果报告为：存在微生物，但少于（4×d）CFU/g（mL）。

10.3.2.4.2　平板（检测样品或初悬液或第一稀释度）无菌落生长的情况

如果液态样品原液或初悬液或第一稀释度接种的平板没有菌落生长，结果报告为：<1/dCFU/mL（液态样品）或者<1/dCFU/g（其他样品）。d 是初悬液的稀释因子（直接用样品原液接种时 $d=10^{0}=1$）。

10.3.2.4.3　特殊情况

特殊情况涉及计数典型或可疑菌落，计算方法见表 8-2。

表 8-2　特殊情况的计数方法

情况类型	1	2
计算方法	第一稀释度 d_1 平板上典型和非典型菌落数超过 300，有可见的典型菌落或证实的菌落，以及如果第二稀释度 d_2 平板菌落数少于 300 个，其中无典型菌落或证实的菌落，结果按 "<1/d_2 CFU/g（mL）且>1/d_1 CFU/g（mL）" 计数	第一稀释度 d_1 平板上典型和非典型菌落数超过 300，无可见的典型菌落或证实的菌落，以及如果第二稀释度 d_2 平板菌落数少于 300 个，其中无典型菌落或证实的菌落，结果按 "<1/d_2 CFU/g（mL）" 计数
示例	第一稀释度（10^{-2}）：平板上超过 300 个菌落，有典型菌落或证实的菌落；第二稀释度（10^{-3}）：平板上 33 个菌落，无典型菌落或证实的菌落	第一稀释度（10^{-2}）：平板上有超过 300 个菌落，无典型菌落或证实的菌落；第二稀释度（10^{-3}）：平板上 33 个菌落，无典型菌落或证实的菌落
计数结果/〔CFU/g（mL）〕	>100 且<1000	<1000

10.3.2.5　计算方法：特殊示例

10.3.2.5.1　当第一稀释度 d_1 平板菌落数（总菌落、典型菌落或可疑菌落）超过 300（或具体标准规定的其他数字），第二稀释度 d_2 平板低于 10 个菌落（总菌落、典型菌落或确证后的菌落）。如果 d_1 稀释度的平板菌落数在 334~300 之间（置信区间的上限加权平均为 300），用 10.3.2.2 的计算方法，见表 8-3 中的示例 1。如果 d_1 稀释度的平板菌落数大于 334（置信区间的上限加权平均为 300），只要计算稀释度 d_2 的结果并计算出一个估算数，见表 8-3 中的示例 2。当设定了最大菌落数 300，如果估算数小于 8（置信区间的下限加权平均为 10），这时两稀释度的差异是不能接受的，见表 8-3 中的示例 3。对应置信区间的数值应与计数的菌落数最大值相适宜，见表 8-3 中的示例 4。

10.3.2.5.2　当所有平板的菌落数都超过 300（或具体标准规定的其他数字），结果报告为：每毫升或每克样品含"超过300/d"（总菌落数或典型菌落数）或"超过300×(b/A) × (1/d) "（确证菌落）。其中：

  d——最终稀释度的稀释系数；

  A——可疑菌落数；

  b——从可疑菌落数 A 中确证的菌落数。

10.3.2.5.3 最终稀释度的平板含有大于 10 个、小于 300 个菌落（总菌落数、典型菌落数或可疑菌落数），按式（3）计算微生物数 N'：

$$N' = \frac{c}{V \times d} \quad \cdots\cdots\cdots\cdots\cdots\cdots\cdots\cdots\cdots\cdots\cdots\cdots \quad （3）$$

式中：c—— 平板上菌落数；

   V—— 每个平板接种液体积：

   d—— 对应稀释系数。

  根据 10.3.2.2 规定保留结果有效数字，结果报告为：微生物含量为×CFU/g（mL），见表 8-3 中的示例 5。

表 8-3 特殊示例计数情况举例

示例	平板计数情况	计算方法	计数结果/[CFU/g（mL）]
1	第一稀释度（10^{-2}）：310 个菌落； 第二稀释度（10^{-3}）：8 个菌落	用表 1 中情况 1 的计算方法计算两稀释度上菌落数	2.9×10^3
2	第一稀释度（10^{-2}）：平板上超过 334 个菌落； 第二稀释度（10^{-3}）：9 个菌落	按照 10^{-3} 稀释度平板上菌落数计算	9.0×10^3
3	第一稀释度（10^{-2}）：平板上有超过 334 个菌落； 第二稀释度（10^{-3}）：7 个菌落	—	结果不可接受
4	计数最大数设为 150 时： 第一稀释度（10^{-2}）：超过 167 个菌落（置信区间上限加权平均等于 150）； 第二稀释度（10^{-3}）：7 个菌落	结果按照 10^{-3} 稀释度平板上的菌落数给出估算值	7.0×10^3
5	最终稀释度（10^{-4}）：120 个菌落	N' = 120/1×10^{-4} = 1200000	1.2×10^6

10.3.2.6 测量不确定度

  定量检测的测量不确定度评估见 ISO/TS19036。

10.4 霉菌和酵母菌计数

10.4.1 概述

  霉菌和酵母菌一般用平板倾注法检测，这个方法可以简单地计数，或者用涂布技术，该方法能最大限度使细胞与大气中的氧气接触并避免来自熔化琼脂的热力。如果使用制备好的琼脂平板，接种前平板要保持干燥（按 SN/T 1538.1）。一些霉菌和酵母菌具有传染性或能引起突变反应，操作时要特别小心。平板应放置于培养箱中，不能放于敞开的房间。平板应水平放置培养且在准备计数前不移动，因为移动会导致孢子散播，长出其他菌落，尽量少移动平板盖子。火焰灭菌的接种针应在接种前冷却，避免孢子或其他细胞的扩散。工作台和培养箱应定期消毒。

10.4.2　计数

一般计数 10~150 个菌落的平板。如果真菌主要由霉菌组成，选择低种群数量的平板计数，对含计数上限菌落数的平板，要选择性地计数。如果菌落可疑，每个样品至少检查 5 个菌落，判定是否有细菌的存在。

10.5　液体培养基 MPN 检测法

10.5.1　原理

将检测样品接种到特定的液体培养基，这种培养基一般会对非目标菌产生抑制作用。可利用各种方法确定目标菌是否生长，例如：目测是否浑浊，是否产气，颜色是否变化，在选择性培养基上的分离情况等。相关标准中规定了培养基成分和阴性、阳性的辨别特征。用此方法，检测只能获得定性结果，也就是阳性或阴性结果。为得到微生物估计量，需做几个测试，并用统计学方法确定最可能数（MPN）。

10.5.2　接种

10.5.2.1　概述

使用选择性培养基时，加入样品后不应降低它的选择性。大多数标准会在范围中详细列出特殊细胞和培养液相容性的信息，但要特别注意调味品、可可粉和肉汤等基质，可能含有抑制生长的物质，需要添加中和物。可用高倍稀释、过滤、滤膜或免疫磁珠分离方法把目标微生物从样品中分离。样品中的生物成分可能引起不相容性，例如：受环境严重污染的样品、发酵产品或含益生菌的样品，比微生物含量很少的样品更难分析。对于这些难分析的样品，应用标准菌株验证方法的相容性。

10.5.2.2　步骤

接种检测样液一般少于或等于 1mL，样液一般加入 10 倍或 5 倍体积的培养基中。100mL 以上的体积，可能要使用更浓缩的培养基，或将灭菌脱水培养基溶到冷却的样品中。此外，从制备样品第一稀释度，接种到最后一管、多孔盘或瓶子的时间应该少于15min，每次稀释使用新的灭菌吸管。

10.5.3　接种系统选择

10.5.3.1　一般要求

MPN 方法本质在于每个稀释度增菌液不一定都含有微生物，根据每一稀释度产生微生物生长的增菌液可以估算出样品初始浓度的细菌量。为获得超过可能浓度范围的估计数，需要数个稀释度，每个稀释度培养几管（或几个平板等）。原始样品中微生物最可能数（MPN）和估算的精确度，可以根据培养后阳性和阴性管数，用统计学方法计算。根据以下条件选择 MPN 类型：

　　—— 调查中样品的微生物期望值；

　　—— 管理需要；

　　—— 精确度需要；

　　—— 其他实际考虑。

根据检测样的阳性管数粗略计算不确定度，与根据平板上菌落数计算不确定度一样，都是粗略简单的方式。当使用试验管数的平方根时，不确定度提高。试验管数为四倍时，不确定度减半。当测试只使用平行试管时，不确定度很低。根据测试样大小，将样液接种到装有所需液体培养基的试管或瓶子中。如果是小样，可以用多孔平板。

10.5.3.2 单稀释度系统

当预计微生物浓度很小或只会适当变化时，最适宜接种系统为单一稀释度连续等量测试。当预计的微生物最大量和最小量之比小于 25，至少要接种 10 个平行管；比率为 200 时，接种 50 个平行管。附录 B 中的表 B.1～表 B.4 为单稀释度系统 MPN 表。

10.5.3.3 多稀释度系统

当微生物浓度未知，或预期变化范围很大，则需要接种数个连续稀释度，以保证同时有阴性和阳性结果。稀释度数量由 MPN 值计算方法决定。如果使用查表方法，3 个稀释度结果应有效，稀释系统类型受 MPN 表可用性限制。如果使用电脑程序，稀释度数量和平行试管数量不受限制。

10.5.3.4 对称稀释系统

对称 MPN 系统最常使用每个稀释度接种 3 个或 5 个平行试管。这种系统的精确度会随着试管数的下降而迅速降低，三管法不适合高浓度。如果要求高精确度，推荐使用五管法或更多的平行试管法。附录 B 中的表 B.5～表 B.7 为三管法和五管法的 MPN 表。

10.5.3.5 不对称稀释系统

在不对称稀释系统中，不同稀释度不会有相同的管数。这种系统仅用于估算范围明确的微生物含量，参照 ISO8199。

10.5.4 培养

在培养箱或水浴中培养接种过的试管或瓶子，多孔平板放置于培养箱中。根据具体标准方法设置培养温度和时间。一些微生物可能需要两个阶段的培养以及菌种确证步骤，培养条件详见具体标准。

10.5.5 结果的解释

区别微生物阳性、阴性结果的标准随微生物种类而变，这在相关标准中有规定。依据标准，计数和记录样品中所有测试阳性结果的数量。

10.5.6 MPN 值的测定

10.5.6.1 概述

MPN 值的测定有 3 种不同方法：用数学公式、查 MPN 表或专用电脑程序计算。只要这些方法都是基于相同的统计学原理，则是等效的。

10.5.6.2 数学公式

10.5.6.2.1 所有情况使用的近似公式

任何稀释度和平行试管的 MPN 值由式（4）获得：

$$\text{MPN} = \frac{Z_p \times m_r}{m_s \times m_t}\sqrt{m_s \times m_t} \quad \cdots\cdots\cdots\cdots\cdots\cdots\cdots\cdots\cdots\cdots \text{（4）}$$

式中：Z_p——阳性试管数；

$\quad\quad m_r$——样品参考质量，单位为克（g）；

$\quad\quad m_s$——阴性管的样品总质量，单位为克（g）；

$\quad\quad m_t$——所有管的样品总质量，单位为克（g）；

$\quad\quad MPN$——每个样品参考质量的微生物含量，单位为克（g）（一般 1g，有时 100g）。

10.5.6.2.2　一个系列试管的精确方法

单个系列试管的 MPN 值由式（5）获得：

$$MPN = \frac{m_r}{m_m}\ln\left[\frac{n}{n-z_p}\right] \quad\cdots\cdots\cdots\cdots\cdots\cdots\cdots\cdots (5)$$

式中：m_r——样品参考质量，单位为克（g）；

$\quad\quad m_m$——每系列试管的样品质量，单位为克（g）；

$\quad\quad \ln$——自然对数；

$\quad\quad n$——一个系列中的试管数；

$\quad\quad z_p$——阳性试管数。

10.5.6.2.3　单稀释度试验精确度估算

使用式（6）近似计算 MPN 95% 的置信区间：

$$x = \frac{m_r}{m_m}\ln\left[\frac{n}{z_n \pm 2\sqrt{\dfrac{z\,(n-z_n)}{n}}}\right] \quad\cdots\cdots\cdots\cdots\cdots (6)$$

式中：x——95% 置信区间的上限或下限；

$\quad\quad m_r$——样品参考质量，单位为克（g）；

$\quad\quad m_m$——每系列试管的样品质量，单位为克（g）；

$\quad\quad \ln$——自然对数；

$\quad\quad n$——一个系列中的试管数；

$\quad\quad z_n$——阴性试管数。

计算下限时使用加号，计算上限时使用减号。大多数试管都是阴性时，近似值不够准确，但当阳性管数增加时，近似值会提高。

10.5.6.2.4　对称多稀释度试验的精确度估算

对称多稀释度 MPN 系统 $\log_{10}$ 标准不确定度可以由式（7）获得：

$$SE = 0.58\sqrt{\frac{\log_{10}f}{n}} \quad\cdots\cdots\cdots\cdots\cdots\cdots\cdots\cdots (7)$$

式中：SE——$\log_{10}$MPN 标准偏差；

$\quad\quad f$——连续稀释度间的稀释因子；

$\quad\quad n$——每稀释度管数。

MPN 估算值乘以或除以 $2\times SE$ 的逆对数可以近似地得到 95% 置信区间的上限和下限。这个步骤可能会使置信区间上限偏大。

10.5.6.3　MPN 表

10.5.6.3.1　单稀释度系统表

附录 B 中的表 B.1~表 B.4 列出了 MPN 值和每个测试样 10 个、15 个、20 个和 25 个平行管数的 95% 置信区间（每管接种同一稀释度）。要表示每样品参考质量（或体积）的结果，乘以 MPN 值和 95% 限值的比率（参考质量除以测试样质量），不要乘以不确定标准对数。食品微生物中参考质量一般为 1g。测试样质量要与作为接种液的样品的量（g）相符合，例如：1mL 的 10^{-1} 均匀样等于 0.1g。

示例：

5mL 10 倍稀释的样品（0.1g/mL）接种到 20 管双料肉汤。培养后，16 管有生长。样品中最可能细菌密度是多少？表 A.3 给出每管 1.61MPN 值，95% 置信上限 2.77，下限 0.93。测试样为 5mL，相当于 0.5g 样品，所以每克样品的 MPN 值为 MPN = 1.61/0.5 = 3.2/g，置信区间范围：95% 下限 = 0.93/0.5 = 1.9/g，95% 上限 = 2.77/0.5 = 5.5/g。

10.5.6.3.2　多稀释系统表：3 个连续稀释度

对称稀释系统常用每稀释度三管或五管平行。记录每列试管的阳性管数，从 MPN 表中读取相应样品量的最可能数。一些阳性管数的组合会比其他组合更可能发生。例如：0、0、3 比 3、2、1 发生的概率低。为量化这种概率，所有阳性结果的组合按 0~3 分类。类别 1 结果发生概率更高，类别 3 结果少见，不易发生。最差是类别 0 结果，被认为高度可疑。假定测试结果是正确的，则预计 95% 的组合落在类别 1，4% 落在类别 2，0.9% 落在类别 3，0.1% 落在类别 0。类别的详细说明见表 B.6。在多于 3 个稀释度的情况中，正确的 3 个连续稀释度选择未必总是明确的。但是，记录所有阳性管数的可能组合和从表 B.5 中获得相应类别是容易做到的。然后，应用以下规则（示例见表 8-4）：

表 8-4　计算 MPN 值阳性结果选择的示例

| 样品 | 每管样品接种下列样品量培养后三管中的阳性管数a | | | | | MPNb | |
	液体产品：10mL 其他产品：1g	液体产品：1mL 其他产品：10^{-1}g	液体产品：10^{-1}mL 其他产品：10^{-2}g	液体产品：10^{-2}mL 其他产品：10^{-3}g	液体产品：10^{-3}mL 其他产品：10^{-4}g	液体产品/（mL^{-1}）	其他产品/（g^{-1}）
1	3	3	2	1	0	11	11×10^2
2	3	3	3	0		24	24×10^2
3	2	2	1	1	0	7.4	74
4	3	3	0	0	0	2.4	24
5	2	2	0	1	0	2.1×10^{-1}	2.1

a 下划线指出组合的选择。

b 用 MPN 检索表计算（见表 B.5）。

—— 选择类别 1 中的 3 个连续稀释度组合，查出 MPN 值，如果类别 1 有超过一个以上组合，采用最高阳性管数的数值；

—— 如果没有一个类别 1 的组合可用，应用类别 2 组合，如果类别 2 中有超过一个以上组合，采用最高阳性管数的数值；

—— 如果没有一个类别 2 的组合可用，应用类别 3 组合，如果类别 3 中有超过一个以上组合，采用最高阳性管数的数值。

10.5.6.4　计算机程序

通用计算机程序对 MPN 系统中的稀释度数量和平行管数或 MPN 对称性没有限制。MPN 分析仪就是以早期程序为基础的分析程序。

10.5.7　结果表达

从表 B.5 MPN 表（根据 3 个或 5 个连续的稀释度组合）得出参考体积的最可能数，报告每克或每毫升的最可能微生物数。质量或参考体积可以不是克或毫升（如可以是 100g 或 100mL）。

11　定性检测方法

11.1　概述

定性检测方法指在给定的产品量中检测特定微生物的存在与否。

11.2　原理

除非标准有特殊规定，混合或均质 25g 样品，加入 225mL 或 225g 选择性或非选择性肉汤中。为促进食品中受损微生物修复，样品一般先在非选择性肉汤中增菌再进行选择性增菌，然后通过选择性琼脂培养基分离。使用两种不同的增菌肉汤，以及使用两种或两种以上的选择性琼脂培养基，将提高方法的灵敏度。培养后，用接种环将培养液涂布到选择性培养基表面，以得到单菌落。除非有特殊规定，经过培养的增菌肉汤只在评估完冷藏对结果的影响且在检测报告中明确说明后才能被冷藏。将培养后获得的部分菌落（一般每平板 5 个）采用合适的确认技术进行鉴定。用于确认的菌落选择应含有典型的可疑菌落。

11.3　测量不确定度

定性检测的结果为非数字结果（如阳性或阴性），则不需要对测量不确定度进行评估，但鼓励实验室去了解测试结果可能产生的所有变量。

12　确认的方法

12.1　概述

生化鉴定和血清鉴定只能使用纯培养物。相关的确认试验在具体标准中有详细规定。本条款作为生化实验的可选标准。本条款指出的确认方法可以在本条款指定条件下使用，除非具体标准中有其他说明。

12.2　纯培养物的准备

挑取培养基上单个菌落，接种非选择性培养基作为纯培养物。培养后，选择分离较好的菌落进行确认实验。如有需要可重复以上步骤。如有可能，确认实验应使用从单一菌落分离出来的细胞。若一个菌落中的细胞数不足，则先在液体培养基或斜面中次培养，此后培养物才能使用。

12.3　革兰氏染色

该细菌细胞染色方法可以用来描述细菌形态，并通过在实验条件下是否保留结晶紫来区分两种不同细菌种类。染色结果不同主要是由细胞壁结构不同引起的。也可使用 3% 氢氧化钾溶液来替代革兰氏染色法。取一环微生物菌体加入 2 滴氢氧化钾溶液。革兰氏阴性菌可使该溶液在 30s 内变得黏稠，举起接种环可见黏丝状。在高倍油镜下观察玻片，细菌细胞壁呈蓝或紫色为革兰氏阳性菌，细胞壁呈红色为革兰氏阴性菌。有些特殊的细菌纯培养物，镜检区域内可能同时出现革兰氏阳性和阴性细胞。细胞太密集会有错误的反应。

12.4　生化方法鉴定

生化方法鉴定包括手工、半自动和全自动培养装置或仪器方法。实验室应使用标准菌株对方法进行验证，并进行质量控制。具体标准中的生化方法至少应包括生化检测或其他补充实验的描述。

12.5　核酸探针鉴定

当用核酸探针对单菌落进行确证时，实验室应使用标准菌株验证探针，并进行质量控制。

12.6　血清学方法

12.6.1　概述

采用生化方法对单菌落进行鉴定后，再采用血清学方法。

12.6.2　玻片凝集试验

抗原–抗体反应使细菌细胞凝集在一起，形成絮状或颗粒状物质。肠杆菌科细菌，H抗原和相应的抗血清反应产生絮状物，O 抗原凝集度更高，成颗粒状物。进行抗血清反应前，需先进行自凝实验，将细菌细胞与 3%氯化钠溶液混合，如细胞粘合，则细胞自凝，不能进行血清实验。商业用抗血清分两种：一种是多价抗血清，可以与一种特殊基因的微生物反应，或同一类血清型的微生物反应，可用来做初步筛选；另一种是单价抗血清，用于对特定血清型进行鉴定。实验室应使用标准菌株对每批抗血清进行质量控制。当使用抗血清试剂时，应做阳性和阴性对照。

12.6.3　乳胶凝集试验

乳胶凝集试验是一种更快速的方法，将乳胶颗粒包被在特定抗体上，抗原与乳胶试剂中抗体发生反应。实验室应使用标准菌株对乳胶凝集试剂进行质量控制。当使用乳胶凝集试剂时，应做阳性和阴性对照。

13　检测报告

实验室应按照检验方法中规定的要求，准确、客观地报告每一项检测结果。经检测的每样样品都应有完整的检验记录和报告，内容应至少包括：

—— 样品名称；
—— 样品描述、状态和标识；
—— 收样和开始检测的日期；
—— 检验方法；
—— 检测项目和生长及各项反应情况；
—— 检测结果；

—— 检测结束日期；

—— 检测者和审核人的姓名、签字或等效标识；

—— 其他需要在记录和报告中说明的情况。

14 微生物检测方法的确认

标准方法、其他方法和实验室内部方法在应用于微生物检测前，实验室均应进行必要的实验室确认试验。微生物检测方法的确认要求见 GB/T 27405，具体的确认程序可参考 ISO 16140 或其他相关标准进行。

15 结果质量保证/操作质量控制

15.1 内部质量控制

15.1.1 内部质量控制包括对实验室所有工作的连续评估。主要目的是为了保证日常结果的一致性以及与标准的一致性。

15.1.2 实验室应制定周期性检查程序以证实检测可变性（检测人员差异、设备差异、材料差异）处在控制下，该程序应覆盖实验室所有检测活动，该程序应包括但不限于以下方法：

—— 使用添加已知水平的加标样品，包括目标和背景微生物；

—— 使用不同基质的添加或自然污染的样品；

—— 使用标准物质（包括能力验证样品）；

—— 重复检测；

—— 重复评估检测结果。

检查的时间间隔受实验室开展的实验性质及实验频率影响。建议将实际检测与内部质量控制结合起来。

15.1.3 有些项目实验室很少进行检测。在这种情况下，内部质量控制程序也许并不合适，而一个与检测同时进行的验证程序或许更为适合。

15.2 参考菌株

按照 SN/T 1538.1 保藏参考菌株。

15.3 外部质量控制（能力验证）

实验室应定期参加与其检测范围相关的能力验证计划，适当基质的能力验证优先选择。实验室利用外部质量评估不仅可评定实验室检测结果偏差，还可以检查整个实验室质量体系的有效性。

附录 A （资料性附录） 一些消毒剂特性

表 A.1　一些消毒剂特性

消毒剂	活体抗性							非活体					毒性		
	真菌	细菌		分歧杆菌	芽胞	脂类病毒	非脂类病毒	蛋白质	天然材料	合成材料	硬水	清洁剂	皮肤	眼睛	肺部
		革兰氏阳性	革兰氏阴性												
次氯酸盐	+	+++	+++	++	++	+	+	+++	+	+	+	C	+	+	+
乙醇	–	+++	+++	+++	–	+	V	+	+	+	+	–		+	
甲醛	+++	+++	+++	+++	+++ᵃ	+	+	+	+	+	+	–	+	+	+
戊二醛	+++	+++	+++	+++	+++ᵇ	+	+	NA	+	+	+	NA	+++	+++	+++
碘液	+++	+++	+++	+++	+	+	+	+++	+	+	+	A	+		–

注：+++：良好；

　　++：较好；

　　+：轻微的；

　　–：零；

　　V：视病毒而定；

　　C：阳离子的；

　　A：阴离子的；

　　NA：不适用。

a 表示高于40℃。

b 表示高于20℃。

附录 B　（规范性附录）最可能数（MPN）的测定

表 B.1　10 管法每份测试的 MPN 值和 95%可信限

阳性管数	每10管一组			
	MPN	$\log_{10}$MPN 的标准不确定度	95%可信限	
			下限	上限
1	0.11	0.435	0.02	0.75
2	0.22	0.308	0.06	0.89
3	0.36	0.252	0.11	1.11
4	0.51	0.220	0.19	1.38
5	0.69	0.198	0.28	1.69
6	0.92	0.184	0.40	2.10
7	1.20	0.174	0.55	2.64
8	1.61	0.171	0.75	3.48
9	2.30	0.179	1.03	5.16

表 B.2　15 管法每份测试的 MPN 值和 95%可信限

阳性管数	每15管一组			
	MPN	$\log_{10}$MPN 的标准不确定度	95%可信限	
			下限	上限
1	0.07	0.434	0.01	0.49
2	0.14	0.307	0.04	0.57
3	0.22	0.251	0.07	0.69
4	0.31	0.218	0.12	0.83
5	0.41	0.196	0.17	0.98
6	0.51	0.179	0.23	1.15
7	0.63	0.167	0.30	1.33
8	0.76	0.157	0.37	1.55
9	0.92	0.150	0.47	1.80
10	1.10	0.144	0.57	2.11
11	1.32	0.141	0.70	2.49
12	1.61	0.139	0.86	3.02
13	2.01	0.142	1.06	3.82
14	2.71	0.155	1.35	5.45

表 B. 3　20 管法每份测试的 MPN 值和 95%可信限

阳性管数	每20管一组		95%可信限	
	MPN	$\log_{10}$MPN 的标准不确定度	下限	上限
1	0.05	0.434	0.01	0.36
2	0.11	0.307	0.03	0.42
3	0.16	0.251	0.05	0.50
4	0.22	0.218	0.08	0.60
5	0.29	0.195	0.12	0.69
6	0.36	0.178	0.16	0.80
7	0.43	0.165	0.20	0.91
8	0.51	0.155	0.25	1.03
9	0.59	0.147	0.31	1.16
10	0.69	0.140	0.37	1.30
11	0.80	0.134	0.44	1.46
12	0.92	0.130	0.51	1.65
13	1.05	0.126	0.59	1.85
14	1.20	0.123	0.69	2.10
15	1.39	0.121	0.80	2.40
16	1.61	0.121	0.93	2.77
17	1.90	0.122	1.09	3.29
18	2.30	0.127	1.30	4.08
19	3.00	0.141	1.58	5.67

表 B. 4　25 管法每份测试的 MPN 值和 95%可信限

阳性管数	每25管一组		95%可信限	
	MPN	$\log_{10}$MPN 的标准不确定度	下限	上限
1	0.04	0.434	0.01	0.29
2	0.08	0.307	0.02	0.03
3	0.13	0.251	0.04	0.40
4	0.17	0.217	0.07	0.47
5	0.22	0.195	0.09	0.54
6	0.27	0.178	0.12	0.61
7	0.33	0.165	0.16	0.69
8	0.39	0.154	0.19	0.77
9	0.45	0.146	0.23	0.86

（续）

阳性管数	每25管一组			
	MPN	$\log_{10}$MPN 的标准不确定度	95%可信限	
			下限	上限
10	0.51	0.139	0.27	0.96
11	0.58	0.133	0.32	1.06
12	0.65	0.128	0.37	1.16
13	0.73	0.123	0.42	1.28
14	0.82	0.119	0.48	1.41
15	0.92	0.116	0.54	1.55
16	1.02	0.113	0.61	1.70
17	1.14	0.111	0.69	1.88
18	1.27	0.109	0.78	2.09
19	1.43	0.108	0.88	2.33
20	1.61	0.108	0.99	2.62
21	1.83	0.109	1.12	2.99
22	2.12	0.111	1.29	3.50
23	2.53	0.117	1.49	4.28
24	3.22	0.123	1.77	5.85

表 B.5　使用 1g（mL）、0.1g（mL）、0.01g（mL）各三管检测的 MPN 检索表和 95%可信限

阳性结果数			MPN	类别[a]	95%可信限[b]	
1g（mL）	0.1g（mL）	0.01g（mL）			下限	上限
0	0	0	<0.30		0.00	0.94
0	0	1	0.30	3	0.01	0.95
0	1	0	0.30	2	0.01	1
0	1	1	0.61	0	0.12	1.7
0	2	0	0.62	3	0.12	1.7
0	3	0	0.94	0	0.35	3.5
1	0	0	0.36	1	0.02	1.7
1	0	1	0.72	2	0.12	1.7
1	0	2	1.1	0	0.4	3.5
1	1	0	0.74	1	0.13	2
1	1	1	1.1	3	0.4	3.5
1	2	0	1.1	2	0.4	3.5
1	2	1	1.5	3	0.5	3.8
1	3	0	1.6	3	0.5	3.8
2	0	0	0.92	1	0.15	3.5

（续）

阳性结果数			MPN	类别[a]	95%可信限[b]	
1g（mL）	0.1g（mL）	0.01g（mL）			下限	上限
2	0	1	1.4	2	0.4	3.5
2	0	2	2.0	0	0.5	3.8
2	1	0	1.5	1	0.4	3.8
2	1	1	2.0	2	0.5	3.8
2	1	2	2.7	0	0.9	9.4
2	2	0	2.1	1	0.5	4
2	2	1	2.8	3	0.9	9.4
2	2	2	3.5	0	0.9	9.4
2	3	0	2.9	3	0.9	9.4
2	3	1	3.6	0	0.9	9.4
3	0	0	2.3	1	0.5	9.4
3	0	1	3.8	1	0.9	10.4
3	0	2	6.4	3	1.6	18.1
3	1	0	4.3	1	0.9	18.1
3	1	1	7.5	1	1.7	19.9
3	1	2	12	3	3	36
3	1	3	16	0	3	38
3	2	0	9.3	1	1.8	36
3	2	1	15	1	3	38
3	2	2	21	2	3	40
3	2	3	29	3	9	99
3	3	0	24	1	4	99
3	3	1	46	1	9	198
3	3	2	110	1	20	400
3	3	3	>110			

a 见表 B.6。

b 本表给出的可信限仅是统计学对结果的影响，还存在其他有时可能更重要的变化来源。

表 B.6　结果类别的解释

类别[a]	定义
1	当从 MPN 表中查到样品中细菌数时，该结果是获得的最大可能性。至多5%可能性获得比本类别中的最小可能性还要小的结果
2	当从 MPN 表中查到样品中细菌数时，该结果的可能性比类别 1 中的最小可能性还要小，但至多1%的可能性获得比本类别中最小可能性还要小的结果

（续）

类别[a]	定义
3	当从 MPN 表中查到样品中细菌数时，该结果的可能性比类别 2 中的最小可能性还要小，但至多 0.1% 的可能性获得比本类别中最小可能性还要小的结果
0	当从 MPN 表中查到样品中细菌数时，该结果的可能性比类别 3 中的最小可能性还要小，但至多 0.1% 的可能性获得比本类别中最小可能性还要小的结果

a 开始检测之前，要决定可接受哪种类别，仅 1、1 和 2 或甚至 1、2 和 3。当决定用于结果的依据具有重要性时，仅类别 1，或至多类别 1 和 2，结果是可以接受的。类别 0 的结果要作可疑考虑。

表 B.7　使用 1g（mL）、0.1g（mL）、0.01g（mL）各五管检测的 MPN 检索表和 95% 可信度

阳性管数			MPN	95% 可信限	
1g（mL）	0.1g（mL）	0.01g（mL）		下限	上限
0	0	0	<0.2	<0.1	0.7
0	1	0	0.2	<0.1	0.7
0	2	0	0.4	<0.1	1.1
1	0	0	0.2	<0.1	0.7
1	0	1	0.4	<0.1	1.1
1	1	0	0.4	<0.1	1.1
1	1	1	0.6	<0.1	1.5
2	0	0	0.5	<0.1	1.3
2	0	1	0.7	0.1	1.7
2	1	0	0.7	0.1	1.7
2	1	1	0.9	0.2	2.1
2	2	0	0.9	0.2	2.1
2	3	0	1.2	0.3	2.8
3	0	0	0.8	0.1	1.9
3	0	1	1.1	0.2	2.5
3	1	0	1.1	0.2	2.5
3	1	1	1.4	0.4	3.4
3	2	0	1.4	0.4	3.4
3	2	1	1.7	0.5	4.6
3	3	0	1.7	0.5	4.6
4	0	0	1.3	0.3	3.1
4	0	1	1.7	0.5	4.6
4	1	0	1.7	0.5	4.6
4	1	1	2.1	0.7	6.3

（续）

阳性管数			MPN	95%可信限	
1g（mL）	0.1g（mL）	0.01g（mL）		下限	上限
4	1	2	2.6	0.9	7.8
4	2	0	2.2	0.7	6.7
4	2	1	2.6	0.9	7.8
4	3	0	2.7	0.9	8
4	3	1	3.3	1.1	9.3
4	4	0	3.4	1.2	9.3
5	0	0	2.3	0.7	7
5	0	1	3.1	1.1	8.9
5	0	2	4.3	1.5	11
5	1	0	3.3	1.1	9.3
5	1	1	4.6	1.6	12
5	1	2	6.3	2.1	15
5	2	0	4.9	1.7	13
5	2	1	7	2.3	17
5	2	2	9.4	2.8	22
5	3	0	7.9	2.5	19
5	3	1	11	3.1	25
5	3	2	14	3.7	34
5	3	3	18	4.4	50
5	4	0	13	3.5	30
5	4	1	17	4.3	49
5	4	2	22	5.7	70
5	4	3	28	9	85
5	4	4	35	12	100
5	5	0	24	6.8	75
5	5	1	35	12	100
5	5	2	54	18	140
5	5	3	92	30	320
5	5	4	160	64	580
5	5	5	>180	—	—

六、SN/T 0865—2000 进出口食品中肉毒梭菌及其肉毒毒素的检验方法

1　范围

本标准规定了进出口食品中肉毒梭菌及其肉毒毒素的检验方法。

本标准适合于各种进出口食品及其原料中的肉毒梭菌和肉毒毒素的检验，有专门规定的检验方法除外。

2　引用标准

下列标准所包含的条文，通过在本标准中引用而构成为本标准的条文。本标准出版时，所示版本均为有效。所有标准都会被修订，使用本标准的各方应探讨使用下列标准最新版本的可能性。

GB 4789.26—1994　食品卫生微生物学检验　罐头食品商业无菌的检验

SN 0330—1994　出口食品中微生物学检验通则

公职分析化学家协会（AOAC）官方分析方法（1995）食品中的肉毒梭菌及其毒素（微生物学方法）[AOAC Official Methods of Analysis（1995）977.26；Clostridium Botulinum and Its Toxins in Foods（Microbiological Method）]

3　定义

本标准采用下列定义。

3.1　肉毒梭菌 clostridium botulinum

一种专性厌氧生长并产生芽胞的革兰氏阳性杆菌，属厌氧性梭状芽胞杆菌属，在适宜的培养基及特定的环境条件下产生肉毒毒素。

3.2　肉毒毒素 botulinum toxin

由肉毒梭菌产生的多类型的高分子不耐热蛋白质，为一类对人类、高等哺乳动物和鱼类都具有很强毒性的神经麻痹毒素。

4　样品准备和制备

4.1　初步检查

除未打开的罐装食品外，样品要冷藏直到检验。对未打开的罐装食品，有严重膨胀和有爆裂危险的必须冷藏。检验前应记录产品名称、生产厂名、样品来源、产品的生产批号和代号以及容器的情况。对容器进行清洁并做上供鉴别的标志。

4.2　固体食品

用无菌操作方法将固体食品样品移入灭菌研钵中，加入等量的明胶磷酸盐缓冲液，并用灭菌研杵研磨，以备接种。亦可用灭菌镊子取小块的食品直接放入增菌肉汤。

4.3　液体食品

用灭菌吸管直接将液体食品接种到培养基中。

4.4　罐装食品

剥去罐头上的标签，检查外部缺陷，并做记录描述。用肥皂粉（或去污消毒液）和水

清洗罐头，并用消毒液（有效氯浓度为 100mg/L 的次氯酸钠溶液）擦工作台面。将洗净并擦干的罐头放在工作台上，同时进行编号标示。

用碘酒或其他有效的消毒剂先在罐头无代号的一端进行消毒，几分钟后再除去消毒剂。然后将罐头的这一端放在火焰上加热，直至上面的凝结水完全蒸发掉。若罐头已经膨胀和变形，打开前应进行适当冷却。操作时使其垂直侧壁焊缝背向操作人员，用火焰烧时应特别小心，以避免罐头爆裂。用 70% 酒精浸湿的棉球擦拭开罐器手柄和刀刃，并用火焰充分烧灼金属部分。用开罐器在罐头经消毒加热处理的部位开一个大小适宜的孔（不得损伤罐盖卷边）。打开胖罐时，可在开罐处加盖清洁灭菌的纱布，以防内容物外溅。不移动罐头，立即用无菌操作取出食品放入培养基中。

4.5 样品的外观和气味检查

检查是否有任何腐败现象，但不得品尝样品。记录检查结果。

4.6 保存样品

接种样品后，以无菌操作取至少 25g 样品放入灭菌样品瓶，置于 -18℃ 下冷冻保存，以备后用。

5 检验方法

5.1 原理

当肉毒毒素与相应的抗毒素混合后，发生特异性结合，致使毒素的毒性全被抗毒素中和而失去毒力。以含有大于 1 个小白鼠最小致死量（MLD）的肉毒毒素的食品或培养物的提取液，注射于小白鼠腹腔内，在出现肉毒中毒症状之后，于 96h 内死亡。相应的抗毒素能中和肉毒毒素并能保护小白鼠免于出现症状，而其他抗毒素则不能。食品中存活的芽胞能在厌氧的环境和适宜的培养条件下生长并产生毒素，得以检出和定型。

5.2 培养基和试剂

除特殊规定外，所有化学试剂均为分析纯，水为蒸馏水。

5.2.1 碘酒（碘 4%，溶于 70% 乙醇中）。

5.2.2 庖肉培养基。

5.2.3 含有胰蛋白酶的胰酪蛋白胨葡萄糖酵母浸膏肉汤（TPGYT）。

5.2.4 厌氧卵黄琼脂。

5.2.5 明胶磷酸盐缓冲液，pH 6.2。

5.2.6 无水乙醇。

5.2.7 革兰氏染色液。

5.2.8 结晶紫染色液。

5.2.9 美蓝染色液。

5.2.10 生理盐水。

5.2.11 多价肉毒毒素抗毒素（抗 A、抗 B、抗 C、抗 D、抗 E、抗 F），可由卫生部兰州生物制品研究所和美国亚特兰大疾病控制中心获得。

5.2.12 胰蛋白酶溶液。

5.2.13 1mol/L 氢氧化钠溶液。

5.2.14 1mol/L 盐酸。

5.3 设备和材料

5.3.1 细菌学开罐器。

5.3.2 研钵和研杵。

5.3.3 吸管：1.0mL，5.0mL，10.0mL 和 25.0mL。

5.3.4 培养试管（应有一些是带螺旋帽的）。

5.3.5 厌氧培养装置。

5.3.6 恒温培养箱，（26±1)℃ 及（35±1)℃。

5.3.7 显微镜（相差或明视野）。

5.3.8 平皿，皿底直径为 90mm 或 100mm。

5.3.9 高速冷冻离心机。

5.3.10 用于接种小白鼠的注射器，1.0mL 或 3.0mL，带有 5 号针头。

5.3.11 小白鼠，体重约 15~20g（每一试验批应使用同一品系和同一性别的小白鼠）。

5.4 检验步骤

5.4.1 肉毒梭菌的检出

5.4.1.1 增菌培养

接种前，先将增菌培养基煮沸 10~15min，以排除溶解于培养基中的氧，并迅速冷却，切勿摇动。每 15mL 增菌肉汤中接种 1~2g 固体食品或 1~2mL 液体食品，接种时将接种物慢慢接入肉汤液面之下，每份样品接种两管庖肉培养基，置（35±1)℃培养，再按同样方法接种两管 TPGYT 肉汤，置（26±1)℃培养。

5.4.1.2 培养物的检查

培养 5 天后，检查培养物的浊度、产气、肉粒的消化并注意产生的气味。用显微镜检查经革兰氏、结晶紫或美蓝染色的培养物涂片，或取培养物以湿片在高倍相差显微镜下，观察菌体形态，并注意是否有典型的梭状菌、是否形成芽胞和芽胞形成的程度以及芽胞在菌体内的部位。同时对每一培养物作毒素检测。通常培养 5 天后是肉毒梭菌的活跃生长期，毒素的浓度最高，芽胞形成也达到高峰。为了分离纯培养物，应保留芽胞形成高峰期的增菌培养物并冷藏。如果培养 5 天的增菌液中没有细菌生长，应再培养 10 天以检出可能迟缓出芽的肉毒梭菌芽胞。

5.4.2 分离纯培养物

5.4.2.1 前处理

取 1~2mL 培养液或原样品置于灭菌螺旋帽试管中，加入等量过滤除菌的无水乙醇。混匀，在室温下放置 1h。也可取 1~2mL 增菌培养物或原样品加热（80℃ 10~15min）以破坏其繁殖体。但对非蛋白分解型肉毒梭菌不能加热处理。

5.4.2.2 涂平板

用接种环取 1~2 环经乙醇或加热处理的培养物或原样品在厌氧卵黄琼脂上划线接种，

置厌氧条件下（35±1）℃培养48h。为了得到要挑取的单个菌落，必要时可将培养物稀释，为防止菌落蔓延成片，将琼脂平板表面干燥。

5.4.2.3 典型肉毒梭菌菌落的挑选

在每个平皿上挑取约10个单个的典型菌落。肉毒梭菌的菌落为隆起或扁平，光滑或粗糙。一般来说，它们容易蔓延生长并有不规则边缘。在卵黄培养基上用斜射光检查时，菌落表面通常呈虹彩样，也称为珠色层。彩带通常向外延伸，继而，菌落产生不规则外形。除了珠色层外，在 C 型、D 型和 E 型肉毒梭菌菌落周围通常有一个宽度为 2~4mm 的黄色沉淀晕。A 型和 B 型菌菌落的沉淀晕一般较窄。由于梭状芽胞杆菌属的一些其他细菌虽不产生毒素，但能形成与肉毒梭菌的形态特征相似的菌落，挑选产毒菌落比较困难。

5.4.2.4 菌落接种

用灭菌接种环将挑选的每个菌落分别接种 TPGYT 肉汤和庖肉培养基各一管。按5.4.1.1、5.4.1.2 所述的方法，将已接种的试管进行培养并做检查，然后按 5.4.3 中所述程序测试肉毒毒素。

5.4.2.5 确证试验

取 5.4.2.4 的培养物划线涂布于两个卵黄琼脂培养基，一个平板在（35±1）℃作厌氧培养，另一个平板则作（35±1）℃需氧培养。如果仅在厌氧培养的平板上有典型的肉毒梭菌菌落生长，而在有氧培养的平板上没有菌落生长，则培养物可能是纯的。在挑选的菌落中如果分离不出肉毒梭菌，意味着在增菌培养基里的混合菌相中，肉毒梭菌的数量相当少。再通过增菌，反复转种，肉毒梭菌的数量可能会增加到足以使该菌分离出来。纯培养物应以芽胞状态用无菌、干燥的石英海砂或玻璃珠吸附后冷藏、冷冻或冻干。

5.4.3 肉毒毒素的测定

5.4.3.1 样品制备

含有悬浮物的液态样品应当冷冻离心，取其上清液作毒素测定。固体食品要加等体积pH 6.2 的明胶磷酸盐缓冲液，用预冷的研钵和研杵研磨，3000r/min，10~20min 冷冻离心研磨的样品，用其上清液作毒素测定。

5.4.3.2 胰酶处理

测毒素前，用胰蛋白酶处理一部分食物上清液、液体食品或庖肉培养物。用 1mol/L 氧氢化钠或1mol/L 盐酸调节 pH 到6.2。取每种待检上清液 1.8mL 加 0.2mL 饱和胰酶水溶液，于37℃下孵育 1h，间或轻轻摇动（饱和胰酶液制备：取 1g 1∶250 胰酶放入到一个洁净的试管中，加 10mL 蒸馏水，不时摇动，直到尽可能多的胰酶被溶解为止）。

对 TPGYT 培养物则不用胰蛋白酶处理，因为这种培养基已含有胰酶，进一步处理会降解培养物中已经充分活化的毒素。

5.4.3.3 测定

把一部分未处理的样品液或培养物分别用明胶磷酸盐缓冲液作 1∶2、1∶10 和 1∶100 稀释。把每份经胰酶处理的样品液或培养物也作同样的稀释。用 1.0mL 或 3.0mL 带有 5 号针头的注射器，取上述未稀释的液体和已稀释的不同浓度的液体各 0.5mL 分别给两只小白鼠作腹腔内注射。取 1.5mL 未经处理的样品上清液或培养物在 100℃加热 10min。冷却后，取 0.5mL 这种液体注射两只小白鼠。这两只小白鼠不应死亡，因为即便注射液中有肉毒毒素，经过加热处理已被灭活。

定时观察所有小白鼠96h，检查是否有肉毒中毒症状，记录症状和死亡情况。小白鼠肉毒中毒的典型症状通常在24h内出现，典型症状是：毛发竖立、呼吸困难、四肢瘫痪；继而呼吸呈风箱式、腰部凹陷，宛若蜂腰；最终死于呼吸麻痹。小白鼠如没有肉毒中毒的临床症状而死亡，不能足以证明接种材料中含有肉毒毒素，有时，死亡是由于接种液中存在其他化学物质或由于外伤所致。如出现小白鼠猝死，以致症状不明显，或经96h的观察后，如果除那些注射了热处理的材料外的所有小白鼠均死亡，那么就要用更高稀释度的上清液或培养物重复试验。

5.4.3.4 确证试验

采用小白鼠体内中和保护试验法进行可疑毒素样品确证实验。

不论是样品液或培养物，凡能致小白鼠发病、死亡者，取样进行适当稀释（检样的稀释应参考所用多价肉毒抗毒素的效价）。如果是测定经胰酶处理的样品，则需制备新鲜的经胰酶处理的被试液，因胰酶的持续作用可能破坏毒素。

在给小白鼠注射可疑毒素稀释液以前30~60min，分别取多价肉毒抗毒素0.5mL给每只小白鼠作腹腔注射。

将各稀释度的可疑毒素样品液给注射了多价肉毒抗毒素的小白鼠作腹腔注射，每只小白鼠注射0.5mL，每个稀释度注射两只小白鼠。同时用每一稀释度的样品液注射两只未注射抗毒素的小白鼠作对照。

观察小白鼠96h，注意注射肉毒抗毒素小白鼠和对照小白鼠的中毒症状，并记录死亡情况。

注：如需对肉毒毒素作进一步的分型测定，可参照其他相关的标准方法进行测定。

5.5 结果解释

实验室检验旨在鉴定食品中的肉毒毒素和（或）菌体。

对肉毒梭菌的检出和鉴定必须以产毒试验的结果为依据。只有用肉毒毒素抗毒素保护的小白鼠免于肉毒中毒死亡，方能证实样品中有肉毒毒素存在。

如果多价肉毒抗毒素不能保护小白鼠，小白鼠可能是死于别的原因。如果经热处理和未经热处理的被试液都能使小白鼠死亡，可能是被试液中存在其他耐热毒素物质。但要特别注意耐热毒素物质掩盖肉毒毒素存在的可能性。

附录A （标准的附录）培养基和试剂的配制

A.1 庖肉培养基

新鲜牛肉	500.0g
蛋白胨	30.0g

酵母浸膏	5.0g
磷酸二氢钠（NaH$_2$PO$_4$·H$_2$O）	5.0g
葡萄糖	3.0g
可溶性淀粉	2.0g
蒸馏水	1000.0mL。

将新鲜除脂肪和筋膜的牛肉 500g 切碎，加入蒸馏水。加热至沸点，再以文火煮 1h。充分冷却，经纱布过滤，挤出余液。加入其他成分，用蒸馏水将液体体积补足至 1000mL。调节 pH 至 7.4，经粗滤纸过滤。可将肉汤和碎肉渣分别贮藏于冰箱内备用。在 15mm×150mm 试管中先加入碎肉渣至约 3cm 高，然后加入肉汤，超过肉渣表面约 4cm，上面覆盖一层液体石蜡，厚度为 0.3~0.4cm。在 121℃高压灭菌 20min。

A.2　含有胰蛋白酶的胰蛋白胨葡萄糖酵母浸膏肉汤（TPGYT）

A.2.1　基础液

胰酪胨（trypticase）	50.0g
蛋白胨	5.0g
酵母浸膏	20.0g
葡萄糖	4.0g
硫乙醇酸钠	1.0g
蒸馏水	1000.0mL

将固体成分溶于 1000mL 蒸馏水中，再分装 15mm×150mm 试管，每管 15mL。上面覆盖一层液体石蜡，厚度为 0.3~0.4cm。在 121℃下高压灭菌 10min。最终 pH 为 7.2±0.1。放冰箱内保存，若两周内不用则弃掉。临用前，将基础液用蒸汽或煮沸加热 10~15min，以排除游离氧，迅速冷却，以无菌操作每 15mL 肉汤加入 1.0mL 胰酶液。

A.2.2　胰酶液

| 胰酶（1∶250） | 1.5g |
| 蒸馏水 | 100.0mL |

将胰酶溶解于蒸馏水中，用 0.45μm 微孔滤膜滤器过滤除菌。

A.3　厌氧卵黄琼脂

A.3.1　琼脂基础

| 酵母浸膏 | 5.0g |
| 胰胨 | 5.0g |

胨胨	20.0g
氯化钠	5.0g
琼脂	20.0g
蒸馏水	1000.0mL

在 121℃下高压灭菌 15min。最终 pH 为 7.0±0.2。

A.3.2 卵黄乳状液

用硬刷洗刷 2~3 个鸡蛋，沥干。将鸡蛋放在 0.1%氯化汞溶液里浸泡 1h，取出沥干，再用 70%酒精浸泡 30min。取出鸡蛋，以无菌操作打开，弃去蛋白。用注射器取出蛋黄，放入灭菌容器，加等量灭菌生理盐水，充分混合，存于 4℃备用。

A.3.3 培养基制备

每 500mL 琼脂基础液（48~50℃）加 80mL 卵黄乳状液，充分混合，制成平板。在室温下放置 2 天，或 35℃下放置 24h。剔除污染的平板，将无菌平板存于冰箱。

A.4 革兰氏染色液

A.4.1 Hucker 氏草酸铵结晶紫液

a. 甲液：

结晶紫（染料含量 90%）	2.0g
95%乙醇	20.0mL

b. 乙液：

草酸铵	0.8g
蒸馏水	80.0mL

将甲液、乙液混合。放置 24h，经粗滤纸过滤。

c. 革兰氏碘液：

碘	1.0g
碘化钾	2.0g
蒸馏水	300.0mL

将碘化钾置研钵中，加入碘，用研杵研磨 5~10s；加 1mL 蒸馏水研磨；加 5mL 蒸馏水研磨，然后加 10mL 蒸馏水再研磨。将此溶液装入试剂瓶。用蒸馏水淋洗研钵和研杵，并收集洗液，使溶液的总体积成为 300mL。

A.4.2 Hucker 氏对比染色液（母液）

沙黄	2.5g
95%乙醇	100.0mL

将 10mL 母液加于 90mL 蒸馏水中即成。

A.5 结晶紫染色液

A.5.1 结晶紫稀乙醇液

结晶紫（染料含量 90%）	2.0g

95%乙醇	20.0mL
蒸馏水	80.0mL

A.5.2 草酸铵结晶紫（Hucker 氏）液（见 A.4.1）

以上两者都被认为是稳定的作形态学检查的染色液。

A.6 美蓝染色液（Loeffler 氏）

a. 甲液：

美蓝（染料含量90%）	0.3g
95%乙醇	30.0mL

b. 乙液：

稀释的氢氧化钾（0.01%）	100.0mL

将甲液、乙液混合即成。

A.7 消毒剂

A.7.1 碘酊

碘化钾	10.0g
碘	10.0g
70%乙醇	500.0mL

A.7.2 次氯酸钠溶液

次氯酸钠	5.0~5.25g
蒸馏水	100.0mL

A.8 明胶磷酸盐缓冲液

明胶	2.0g
磷酸氢二钠（Na_2HPO_4）	4.0g
蒸馏水	1000.0mL

将明胶和磷酸盐加于蒸馏水中，稍加热使溶解。121℃ 高压灭菌 20min。最终 pH 为 6.2。

A.9 生理盐水

氯化钠	8.5g
蒸馏水	1000.0mL

将氯化钠溶解于蒸馏水中。在 121℃ 高压灭菌 15min，冷却至室温。

A.10 1mol/L 氢氧化钠溶液

氢氧化钠	40.0g

溶解于蒸馏水，并加至 1000mL。用于调节培养基的 pH。

A.11 1mol/L 盐酸

盐酸（浓）	89.0mL

加蒸馏水至 1000mL。

第二节　GB 微生物标准

一、GB 4789.1—2016 食品安全国家标准　食品微生物学检验 总则

1　范围

本标准规定了食品微生物学检验基本原则和要求。

本标准适用于食品微生物学检验。

2　实验室基本要求

2.1　检验人员

2.1.1　应具有相应的微生物专业教育或培训经历，具备相应的资质，能够理解并正确实施检验。

2.1.2　应掌握实验室生物安全操作和消毒知识。

2.1.3　应在检验过程中保持个人整洁与卫生，防止人为污染样品。

2.1.4　应在检验过程中遵守相关安全措施的规定，确保自身安全。

2.1.5　有颜色视觉障碍的人员不能从事涉及辨色的实验。

2.2　环境与设施

2.2.1　实验室环境不应影响检验结果的准确性。

2.2.2　实验区域应与办公区域明显分开。

2.2.3　实验室工作面积和总体布局应能满足从事检验工作的需要，实验室布局宜采用单方向工作流程，避免交叉污染。

2.2.4　实验室内环境的温度、湿度、洁净度及照度、噪声等应符合工作要求。

2.2.5　食品样品检验应在洁净区域进行，洁净区域应有明显标示。

2.2.6　病原微生物分离鉴定工作应在二级或以上生物安全实验室进行。

2.3　实验设备

2.3.1　实验设备应满足检验工作的需要，常用设备见 A.1。

2.3.2　实验设备应放置于适宜的环境条件下，便于维护、清洁、消毒与校准，并保持整洁与良好的工作状态。

2.3.3　实验设备应定期进行检查和/或检定（加贴标识）、维护和保养，以确保工作性能和操作安全。

2.3.4　实验设备应有日常监控记录或使用记录。

2.4　检验用品

2.4.1　检验用品应满足微生物检验工作的需求，常用检验用品见 A.2。

2.4.2　检验用品在使用前应保持清洁和/或无菌。

2.4.3　需要灭菌的检验用品应放置在特定容器内或用合适的材料（如专用包装纸、铝箔纸等）包裹或加塞，应保证灭菌效果。

2.4.4 检验用品的储存环境应保持干燥和清洁，已灭菌与未灭菌的用品应分开存放并明确标识。

2.4.5 灭菌检验用品应记录灭菌的温度与持续时间及有效使用期限。

2.5 培养基和试剂

培养基和试剂的制备和质量要求按照 GB 4789.28 的规定执行。

2.6 质控菌株

2.6.1 实验室应保存能满足实验需要的标准菌株。

2.6.2 应使用微生物菌种保藏专门机构或专业权威机构保存的、可溯源的标准菌株。

2.6.3 标准菌株的保存、传代按照 GB 4789.28 的规定执行。

2.6.4 对实验室分离菌株（野生菌株），经过鉴定后，可作为实验室内部质量控制的菌株。

3 样品的采集

3.1 采样原则

3.1.1 样品的采集应遵循随机性、代表性的原则。

3.1.2 采样过程遵循无菌操作程序，防止一切可能的外来污染。

3.2 采样方案

3.2.1 根据检验目的、食品特点、批量、检验方法、微生物的危害程度等确定采样方案。

3.2.2 采样方案分为二级和三级采样方案。二级采样方案设有 n、c 和 m 值，三级采样方案设有 n、c、m 和 M 值。

n：同一批次产品应采集的样品件数；

c：最大可允许超出 m 值的样品数；

m：微生物指标可接受水平限量值（三级采样方案）或最高安全限量值（二级采样方案）；

M：微生物指标的最高安全限量值。

注1：按照二级采样方案设定的指标，在 n 个样品中，允许有 $\leqslant c$ 个样品其相应微生物指标检验值大于 m 值。

注2：按照三级采样方案设定的指标，在 n 个样品中，允许全部样品中相应微生物指标检验值小于或等于 m 值；允许有 $\leqslant c$ 个样品其相应微生物指标检验值在 m 值和 M 值之间；不允许有样品相应微生物指标检验值大于 M 值。

例如：$n=5$，$c=2$，$m=100CFU/g$，$M=1000CFU/g$。含义是从一批产品中采集 5 个样品，若 5 个样品的检验结果均小于或等于 m 值（$\leqslant 100CFU/g$），则这种情况是允许的；若 $\leqslant 2$ 个样品的结果（X）位于 m 值和 M 值之间（$100CFU/g<X\leqslant 1000CFU/g$），则这种情况也是允许的；若有 3 个及以上样品的检验结果位于 m 值和 M 值之间，则这种情况是不允许的；若有任一样品的检验结果大于 M 值（$>1000CFU/g$），则这种情况也是不允许的。

3.2.3 各类食品的采样方案按食品安全相关标准的规定执行。

3.2.4 食品安全事故中食品样品的采集：

a）由批量生产加工的食品污染导致的食品安全事故，食品样品的采集和判定原则按 3.2.2 和 3.2.3 执行。重点采集同批次食品样品。

b）由餐饮单位或家庭烹调加工的食品导致的食品安全事故，重点采集现场剩余食品样品，以满足食品安全事故病因判定和病原确证的要求。

3.3　各类食品的采样方法

3.3.1　预包装食品

3.3.1.1　应采集相同批次、独立包装、适量件数的食品样品，每件样品的采样量应满足微生物指标检验的要求。

3.3.1.2　独立包装小于、等于 1000g 的固态食品或小于、等于 1000mL 的液态食品，取相同批次的包装。

3.3.1.3　独立包装大于 1000mL 的液态食品，应在采样前摇动或用无菌棒搅拌液体，使其达到均质后采集适量样品，放入同一个无菌采样容器内作为一件食品样品；大于 1000g 的固态食品，应用无菌采样器从同一包装的不同部位分别采取适量样品，放入同一个无菌采样容器内作为一件食品样品。

3.3.2　散装食品或现场制作食品

用无菌采样工具从 n 个不同部位现场采集样品，放入 n 个无菌采样容器内作为 n 件食品样品。每件样品的采样量应满足微生物指标检验单位的要求。

3.4　采集样品的标记

应对采集的样品进行及时、准确的记录和标记，内容包括采样人、采样地点、时间、样品名称、来源、批号、数量、保存条件等信息。

3.5　采集样品的贮存和运输

3.5.1　应尽快将样品送往实验室检验。

3.5.2　应在运输过程中保持样品完整。

3.5.3　应在接近原有贮存温度条件下贮存样品，或采取必要措施防止样品中微生物数量的变化。

4　检验

4.1　样品处理

4.1.1　实验室接到送检样品后应认真核对登记，确保样品的相关信息完整并符合检验要求。

4.1.2　实验室应按要求尽快检验。若不能及时检验，应采取必要的措施，防止样品中原有微生物因客观条件的干扰而发生变化。

4.1.3　各类食品样品处理应按相关食品安全标准检验方法的规定执行。

4.2　样品检验

按食品安全相关标准的规定进行检验。

5 生物安全与质量控制

5.1 实验室生物安全要求

应符合 GB 19489 的规定。

5.2 质量控制

5.2.1 实验室应根据需要设置阳性对照、阴性对照和空白对照，定期对检验过程进行质量控制。

5.2.2 实验室应定期对实验人员进行技术考核。

6 记录与报告

6.1 记录

检验过程中应即时、客观地记录观察到的现象、结果和数据等信息。

6.2 报告

实验室应按照检验方法中规定的要求，准确、客观地报告检验结果。

7 检验后样品的处理

7.1 检验结果报告后，被检样品方能处理。

7.2 检出致病菌的样品要经过无害化处理。

7.3 检验结果报告后，剩余样品和同批产品不进行微生物项目的复检。

附录 A 微生物实验室常规检验用品和设备

A.1 设备

A.1.1 称量设备：天平等。

A.1.2 消毒灭菌设备：干烤/干燥设备，高压灭菌、过滤除菌、紫外线等装置。

A.1.3 培养基制备设备：pH 计等。

A.1.4 样品处理设备：均质器（剪切式或拍打式均质器）、离心机等。

A.1.5 稀释设备：移液器等。

A.1.6 培养设备：恒温培养箱、恒温水浴等装置。

A.1.7 镜检计数设备：显微镜、放大镜、游标卡尺等。

A.1.8 冷藏冷冻设备：冰箱、冷冻柜等。

A.1.9 生物安全设备：生物安全柜。

A.1.10 其他设备。

A.2 检验用品

A.2.1 常规检验用品：接种环（针）、酒精灯、镊子、剪刀、药匙、消毒棉球、硅胶（棉）塞、吸管、吸球、试管、平皿、锥形瓶、微孔板、广口瓶、量筒、玻棒及 L 形玻棒、pH 试纸、记号笔、均质袋等。

A.2.2 现场采样检验用品：无菌采样容器、棉签、涂抹棒、采样规格板、转运管等。

二、GB 4789.2—2022 食品微生物学检验 菌落总数测定

1 范围

本标准规定了食品中菌落总数（aerobic plate count）的测定方法。

本标准适用于食品中菌落总数的测定。

2 术语和定义

菌落总数 aerobic plate count

食品检样经过处理，在一定条件下（如培养基、培养温度和培养时间等）培养后，所得每 g（mL）检样中形成的微生物菌落总数。

3 设备和材料

除微生物实验室常规灭菌及培养设备外，其他设备和材料如下：

a) 恒温培养箱：36℃±1℃，30℃±1℃。

b) 冰箱：2~5℃。

c) 恒温装置：48℃±2℃。

d) 天平：感量为 0.1g。

e) 均质器。

f) 振荡器。

g) 无菌吸管：1mL（具 0.01mL 刻度）、10mL（具 0.1mL 刻度）或微量移液器及吸头。

h) 无菌锥形瓶：容量 250mL、500mL。

i) 无菌培养皿：直径 90mm。

j) pH 计或 pH 比色管或精密 pH 试纸。

k) 放大镜或/和菌落计数器。

4 培养基和试剂

4.1 平板计数琼脂培养基：见附录 A.1。

4.2 菌落总数测试片：应符合 GB 4789.28 中平板计数琼脂培养基质量控制要求，且主要营养成分与平板计数琼脂培养基配方一致。

4.3 无菌磷酸盐缓冲液：见 A.2。

4.4 无菌生理盐水：见附录 A.3。

5 检验程序

菌落总数的检验程序见图 8-4。

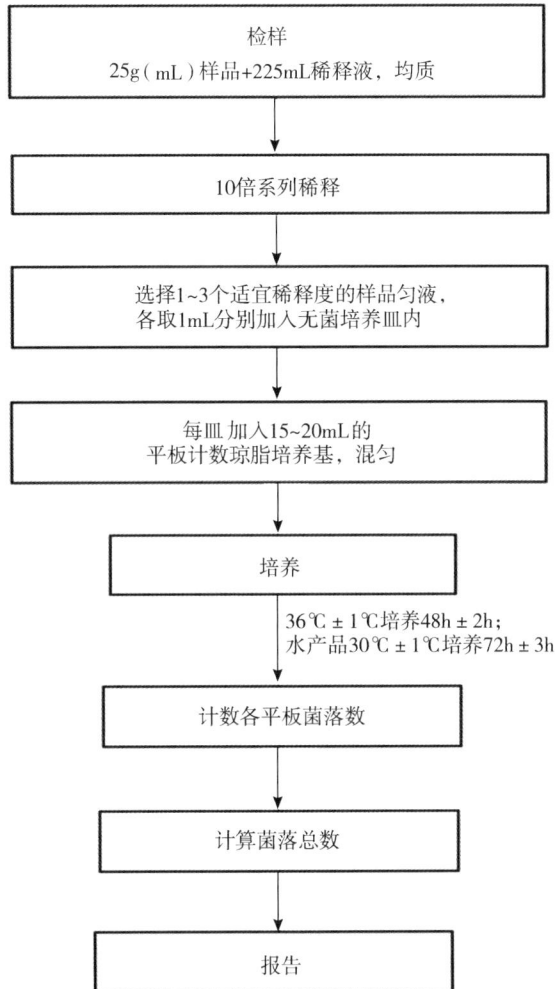

图 8-4　菌落总数的检验程序

6　操作步骤

6.1　样品的稀释

6.1.1　固体和半固体样品：称取 25g 样品置于盛有 225mL 无菌磷酸盐缓冲液或生理盐水的无菌均质杯内，8000~10 000r/min 均质 1~2min，或放入盛有 225mL 稀释液的无菌均质袋中，用拍击式均质器拍打 1~2min，制成 1∶10 的样品匀液。

6.1.2　液体样品：以无菌吸管吸取 25mL 样品置于盛有 225mL 无菌磷酸盐缓冲液或无菌生理盐水的无菌锥形瓶（瓶内预置适当数量的无菌玻璃珠）中，充分混匀，或放入盛有 225mL 稀释液的无菌均质袋中，用拍击式均质器拍打 1~2min，制成 1∶10 的样品匀液。当结果要求为每 g 样品中菌落总数时，按 6.1.1 操作。

6.1.3　用 1mL 无菌吸管或微量移液器吸取 1∶10 样品匀液 1mL，沿管壁缓慢注于盛有 9mL 稀释液的无菌试管中（注意吸管或吸头尖端不要触及稀释液面），在振荡器上振荡混匀，制成 1∶100 的样品匀液。

6.1.4 按 6.1.3 操作，制备 10 倍系列稀释样品匀液。每递增稀释一次，换用 1 次 1mL 无菌吸管或吸头。

6.1.5 根据对样品污染状况的估计，选择 1~3 个适宜稀释度的样品匀液（液体样品可包括原液），吸取 1mL 样品匀液于无菌培养皿内，每个稀释度做两个培养皿。同时，分别吸取 1mL 空白稀释液加入两个无菌培养皿内作空白对照。

6.1.6 及时将 15~20mL 冷却至 46℃~50℃ 的平板计数琼脂培养基（可放置于 48℃±2℃ 恒温装置中保温）倾注培养皿，并转动平皿使其混合均匀。

6.2 培养

6.2.1 水平放置待琼脂凝固后，将平板翻转，36℃±1℃ 培养 48h±2h。水产品 30℃±1℃ 培养 72h±3h。如果样品中可能含有在琼脂培养基表面蔓延生长的菌落，可在凝固后的琼脂培养基表面覆盖一薄层平板计数琼脂培养基（约 4mL），凝固后翻转平板，进行培养。

6.2.2 如使用菌落总数测试片，应按照测试片所提供的相关计数规程操作。

6.3 菌落计数

6.3.1 可用肉眼观察，必要时用放大镜或菌落计数器，记录稀释倍数和相应的菌落数量。菌落计数以菌落形成单位（colonyforming units，CFU）表示。

6.3.2 选取菌落数在 30~300CFU 之间、无蔓延菌落生长的平板计数菌落总数。低于 30CFU 的平板记录具体菌落数，大于 300CFU 的可记录为多不可计。

6.3.3 其中一个平板有较大片状菌落生长时，则不宜采用，而应以无较大片状菌落生长的平板作为该稀释度的菌落数；若片状菌落不到平板的一半，而其余一半中菌落分布又很均匀，即可计算半个平板后乘以 2，代表一个平板菌落数。

6.3.4 当平板上出现菌落间无明显界线的链状生长时，则将每条单链作为一个菌落计数。

7 结果与报告

7.1 菌落总数的计算方法

7.1.1 若只有一个稀释度平板上的菌落数在适宜计数范围内，计算两个平板菌落数的平均值，再将平均值乘以相应稀释倍数，作为每 g（mL）样品中菌落总数结果，示例见 B.2。

7.1.2 若有两个连续稀释度的平板菌落数在适宜计数范围内时，按式（1）计算，示例见 B.2。

$$N = \frac{\sum C}{(n_1 + 0.1 n_2)\, d} \tag{1}$$

式中：N——样品中菌落数；

$\sum C$——平板（含适宜范围菌落数的平板）菌落数之和；

n_1——第一稀释度（低稀释倍数）平板个数；

n_2——第二稀释度（高稀释倍数）平板个数；

d——稀释因子（第一稀释度）。

7.1.3 若所有稀释度的平板上的菌落数均大于 300CFU，则对稀释度最高的平板进行计数，其他平板可记录为多不可计，结果按平均菌落数乘以最高稀释倍数计算，示例见 B.3。

7.1.4 若所有稀释度的平板菌落数均小于 30CFU，则应按稀释度最低的平均菌落数乘以稀释倍数计算，示例见 B.4。

7.1.5 若所有稀释度（包括液体样品原液）平板均无菌落生长，则以小于 1 乘以最低稀释倍数计算，示例见 B.5。

7.1.6 若所有稀释度的平板菌落数均不在 30~300CFU 之间，其中一部分小于 30CFU 或大于 300CFU 时，则以最接近 30CFU 或 300CFU 的平均菌落数乘以稀释倍数计算，示例见 B.6。

7.2 菌落总数的报告

7.2.1 菌落总数小于 100CFU 时，按"四舍五入"原则修约，以整数报告。

7.2.2 菌落总数大于或等于 100CFU 时，第 3 位数字采用"四舍五入"原则修约后，采用 2 位有效数字，后面用 0 代替位数；也可用 10 的指数形式来表示，按"四舍五入"原则修约后，采用两位有效数字。

7.2.3 若空白对照上有菌落生长，则此次检验结果无效。

7.2.4 称重取样以 CFU/g 为单位报告，体积取样以 CFU/mL 为单位报告。

附录 A　培养基和试剂

A.1　平板计数琼脂（plate count agar，PCA）培养基

A.1.1　成分

胰蛋白胨主要营养成分	5.0g
酵母浸膏主要营养成分	2.5g
葡萄糖主要营养成分	1.0g
琼脂	15.0g
蒸馏水	1000mL

A.1.2　制法

将上述成分加于蒸馏水中，煮沸溶解，调节 pH 至 7.0±0.2。分装于适宜容器，121℃ 高压灭菌 15min。

A.2　无菌磷酸盐缓冲液

A.2.1　成分

磷酸二氢钾（KH_2PO_4）	34.0g
蒸馏水	500mL

A.2.2　制法

贮存液：称取 34.0g 的磷酸二氢钾溶于 500mL 蒸馏水中，用大约 175mL 的 1mol/L 氢

氧化钠溶液调节 pH 至 7.2，用蒸馏水稀释至 1000mL 后贮存于冰箱。

稀释液：取贮存液 1.25mL，用蒸馏水稀释至 1000mL，分装于适宜容器中，121℃高压灭菌 15min。

A.3 无菌生理盐水

A.3.1 成分

氯化钠	8.5g
蒸馏水	1000mL

A.3.2 制法

称取 8.5g 氯化钠溶于 1000mL 蒸馏水中，121℃高压灭菌 15min。

附录 B 示例

B.1 示例 1

稀释度	1∶10	1∶100	1∶1000	计算结果
菌落数（CFU）	多不可计，多不可计	124，138	11，14	13 100

上述数据按 7.2.2 数字修约后，表示为 13 000 或 $1.3×10^4$。

B.2 示例 2

稀释度	1∶100（第一稀释度）	1∶1000（第二稀释度）	计算结果
菌落数（CFU）	232，244	33，35	24 727

上述数据按 7.2.2 数字修约后，表示为 25 000 或 $2.5×10^4$。

B.3 示例 3

稀释度	1∶10	1∶100	1∶1000	计算结果
菌落数（CFU）	多不可计，多不可计	多不可计，多不可计	442，420	431 000

上述数据按 7.2.2 数字修约后，表示为 430 000 或 $4.3×10^5$。

B.4 示例 4

稀释度	1∶10	1∶100	1∶1000	计算结果
菌落数（CFU）	14，15	1，0	0，0	145

上述数据按 7.2.2 数字修约后，表示为 150 或 $1.5×10^2$。

B. 5　示例 5

稀释度	1：10	1：100	1：1000	计算结果
菌落数（CFU）	0，0	0，0	0，0	<10

上述数据表示为<10。

B. 6　示例 6

稀释度	1：10	1：100	1：1000	计算结果
菌落数（CFU）	312，306	14，19	2，4	3090

上述数据按 7.2.2 数字修约后，表示为 3100 或 $3.1×10^3$。

三、GB 4789.3—2016 食品微生物学检验　大肠菌群计数

1　范围

本标准规定了食品中大肠菌群（coliforms）计数的方法。

本标准第一法适用于大肠菌群含量较低的食品中大肠菌群的计数；第二法适用于大肠菌群含量较高的食品中大肠菌群的计数。

2　术语和定义

2.1　大肠菌群 Coliforms

在一定培养条件下能发酵乳糖、产酸产气的需氧和兼性厌氧革兰氏阴性无芽胞杆菌。

2.2　最可能数 Most probable number，MPN

基于泊松分布的一种间接计数方法。

3　检验原理

3.1　MPN 法

MPN 法是统计学和微生物学结合的一种定量检测法。待测样品经系列稀释并培养后，根据其未生长的最低稀释度与生长的最高稀释度，应用统计学概率论推算出待测样品中大肠菌群的最大可能数。

3.2　平板计数法

大肠菌群在固体培养基中发酵乳糖产酸，在指示剂的作用下形成可计数的红色或紫色，带有或不带有沉淀环的菌落。

4　设备和材料

除微生物实验室常规灭菌及培养设备外，其他设备和材料如下：

4.1　恒温培养箱：36℃±1℃。

4.2　冰箱：2~5℃。

4.3　恒温水浴箱：46℃±1℃。

4.4　天平：感量 0.1g。

4.5　均质器。

4.6　振荡器。

4.7　无菌吸管：1mL（具 0.01mL 刻度）、10mL（具 0.1mL 刻度）或微量移液器及吸头。

4.8　无菌锥形瓶：容量 500mL。

4.9　无菌培养皿：直径 90mm。

4.10　pH 计或 pH 比色管或精密 pH 试纸。

4.11　菌落计数器。

5　培养基和试剂

5.1　月桂基硫酸盐胰蛋白胨（lauryl sulfate tryptose，LST）肉汤：见附录 A.1。

5.2　煌绿乳糖胆盐（brilliant green lactose bile，BGLB）肉汤：见附录 A.2。

5.3　结晶紫中性红胆盐琼脂（violet red bile agar，VRBA）：见附录 A.3。

5.4　无菌磷酸盐缓冲液：见附录 A.4。

5.5　无菌生理盐水：见附录 A.5。

5.6　1mol/L NaOH 溶液：见附录 A.6。

5.7　1mol/L HCl 溶液：见附录 A.7。

第一法　大肠菌群 MPN 计数法

6　检验程序

大肠菌群 MPN 计数的检验程序见图 8-5。

7　操作步骤

7.1　样品的稀释

7.1.1　固体和半固体样品：称取 25g 样品，放入盛有 225mL 磷酸盐缓冲液或生理盐水的无菌均质杯内，8000~10 000r/min 均质 1~2min，或放入盛有 225mL 磷酸盐缓冲液或生理盐水的无菌均质袋中，用拍击式均质器拍打 1~2min，制成 1∶10 的样品匀液。

7.1.2　液体样品：以无菌吸管吸取 25mL 样品置盛有 225mL 磷酸盐缓冲液或生理盐水的无菌锥形瓶（瓶内预置适当数量的无菌玻璃珠）或其他无菌容器中充分振摇或置于机械振荡器中振摇，充分混匀，制成 1∶10 的样品匀液。

7.1.3　样品匀液的 pH 应在 6.5~7.5 之间，必要时分别用 1mol/L NaOH 或 1mol/L HCl 调节。

7.1.4　用 1mL 无菌吸管或微量移液器吸取 1∶10 样品匀液 1mL，沿管壁缓缓注入 9mL 磷酸盐缓冲液或生理盐水的无菌试管中（注意吸管或吸头尖端不要触及稀释液面），振摇试管或换用 1 支 1mL 无菌吸管反复吹打，使其混合均匀，制成 1∶100 的样品匀液。

7.1.5　根据对样品污染状况的估计，按上述操作，依次制成 10 倍递增系列稀释样品匀液。每递增稀释 1 次，换用 1 支 1mL 无菌吸管或吸头。从制备样品匀液至样品接种完毕，全过程不得超过 15min。

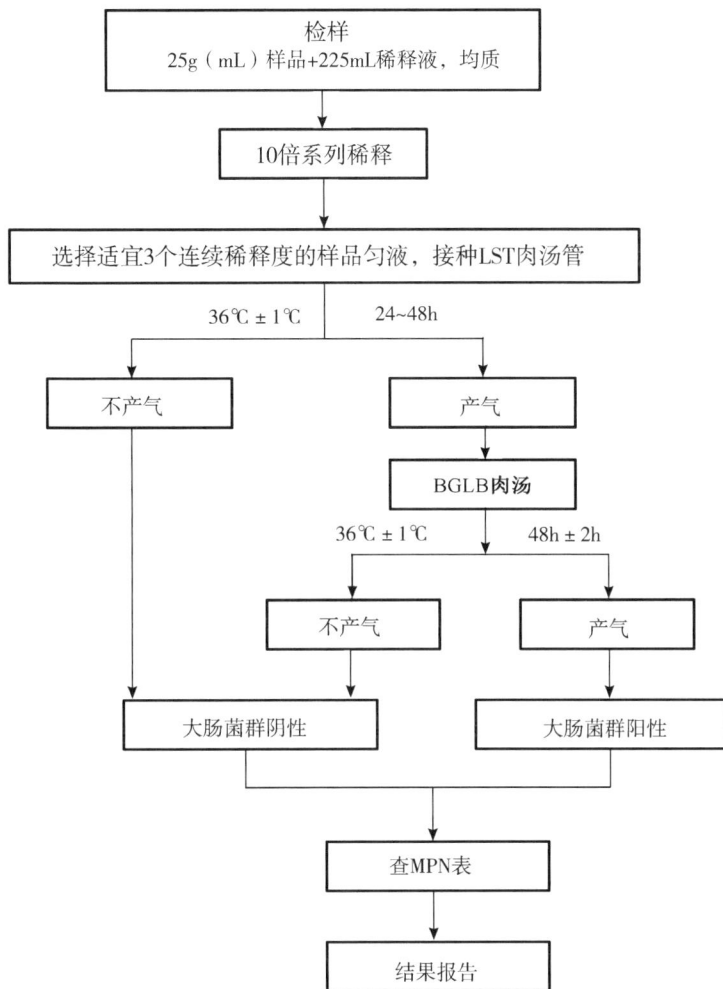

图 8-5 大肠菌群 MPN 计数法检验程序

7.2 初发酵试验

每个样品，选择 3 个适宜的连续稀释度的样品匀液（液体样品可以选择原液），每个稀释度接种 3 管月桂基硫酸盐胰蛋白胨（LST）肉汤，每管接种 1mL（如接种量超过 1mL，则用双料 LST 肉汤），36℃±1℃ 培养 24h±2h，观察倒管内是否有气泡产生，24h±2h 产气者进行复发酵试验（证实试验），如未产气则继续培养至 48h±2h，产气者进行复发酵试验。未产气者为大肠菌群阴性。

7.3 复发酵试验（证实试验）

用接种环从产气的 LST 肉汤管中分别取培养物 1 环，移种于煌绿乳糖胆盐肉汤（BGLB）管中 36℃±1℃ 培养 48h±2h，观察产气情况。产气者，计为大肠菌群阳性管。

7.4 大肠菌群最可能数（MPN）的报告

按 7.3 确证的大肠菌群 BGLB 阳性管数，检索 MPN 表（见附录 B），报告每 g（mL）样品中大肠菌群的 MPN 值。

第二法 大肠菌群平板计数法

8 检验程序

大肠菌群平板计数法的检验程序见图8-6。

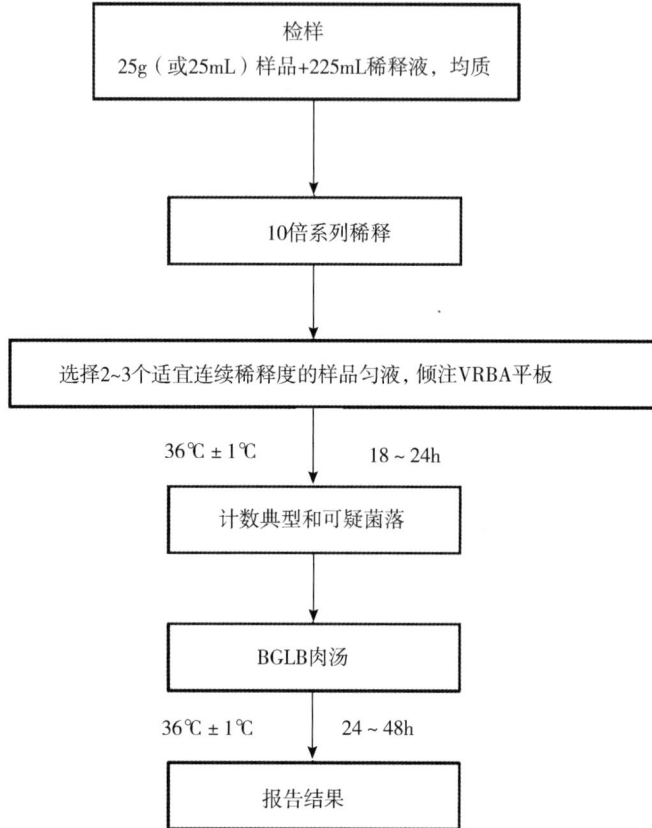

```
┌─────────────────────────────────────────┐
│                   检样                    │
│   25g（或25mL）样品+225mL稀释液，均质        │
└─────────────────────────────────────────┘
                     │
                     ▼
         ┌─────────────────────┐
         │     10倍系列稀释       │
         └─────────────────────┘
                     │
                     ▼
┌─────────────────────────────────────────┐
│  选择2~3个适宜连续稀释度的样品匀液，倾注VRBA平板  │
└─────────────────────────────────────────┘
      36℃±1℃       │    18~24h
                     ▼
         ┌─────────────────────┐
         │    计数典型和可疑菌落    │
         └─────────────────────┘
                     │
                     ▼
         ┌─────────────────────┐
         │       BGLB肉汤         │
         └─────────────────────┘
      36℃±1℃       │    24~48h
                     ▼
         ┌─────────────────────┐
         │       报告结果         │
         └─────────────────────┘
```

图8-6 大肠菌群平板计数法检验程序

9 操作步骤

9.1 样品的稀释

按7.1进行。

9.2 平板计数

9.2.1 选取2~3个适宜的连续稀释度，每个稀释度接种2个无菌平皿，每皿1mL。同时取1mL生理盐水加入无菌平皿作空白对照。

9.2.2 及时将15~20mL融化并恒温至46℃的结晶紫中性红胆盐琼脂（VRBA）约倾注于每个平皿中。小心旋转平皿，将培养基与样液充分混匀，待琼脂凝固后，再加3~4mL VRBA覆盖平板表层。翻转平板，置于36℃±1℃培养18~24h。

9.3 平板菌落数的选择

选取菌落数在 15~150CFU 之间的平板，分别计数平板上出现的典型和可疑大肠菌群菌落（如菌落直径较典型菌落小）。典型菌落为紫红色，菌落周围有红色的胆盐沉淀环，菌落直径为 0.5mm 或更大，最低稀释度平板低于 15CFU 的记录具体菌落数。

9.4 证实试验

从 VRBA 平板上挑取 10 个不同类型的典型和可疑菌落，少于 10 个菌落的挑取全部典型和可疑菌落。分别移种于 BGLB 肉汤管内，36℃±1℃ 培养 24~48h，观察产气情况。凡 BGLB 肉汤管产气，即可报告为大肠菌群阳性。

9.5 大肠菌群平板计数的报告

经最后证实为大肠菌群阳性的试管比例乘以 9.3 中计数的平板菌落数，再乘以稀释倍数，即为每 g（mL）样品中大肠菌群数。例：10^{-4} 样品稀释液 1mL，在 VRBA 平板上有 100 个典型和可疑菌落，挑取其中 10 个接种 BGLB 肉汤管，证实有 6 个阳性管，则该样品的大肠菌群数为：$100 \times 6/10 \times 10^4$/g（mL）= 6.0×10^5 CFU/g（mL）。若所有稀释度（包括液体样品原液）平板均无菌落生长，则以小于 1 乘以最低稀释倍数计算。

附录 A 培养基和试剂

A.1 月桂基硫酸盐胰蛋白胨（LST）肉汤

A.1.1 成分

胰蛋白胨或胰酪胨	20.0g
氯化钠	5.0g
乳糖	5.0g
磷酸氢二钾（K_2HPO_4）	2.75g
磷酸二氢钾（KH_2PO_4）	2.75g
月桂基硫酸钠	0.1g
蒸馏水	1000mL

A.1.2 制法

将上述成分溶解于蒸馏水中，调节 pH 至 6.8±0.2。分装到有玻璃小倒管的试管中，每管 10mL。121℃高压灭菌 15min。

A.2 煌绿乳糖胆盐（BGLB）肉汤

A.2.1 成分

蛋白胨	10.0g
乳糖	10.0g
牛胆粉（oxgall 或 oxbile）溶液	200mL
0.1%煌绿水溶液	13.3mL
蒸馏水	800mL

A.2.2 制法

将蛋白胨、乳糖溶于约500mL蒸馏水中，加入牛胆粉溶液200mL（将20.0g脱水牛胆粉溶于200mL蒸馏水中，调节pH至7.0~7.5），用蒸馏水稀释到975mL，调节pH至7.2±0.1，再加入0.1%煌绿水溶液13.3mL，用蒸馏水补足到1000mL，用棉花过滤后，分装到有玻璃小导管的试管中，每管10mL。121℃高压灭菌15min。

A.3 结晶紫中性红胆盐琼脂（VRBA）

A.3.1 成分

蛋白胨	7.0g
酵母膏	3.0g
乳糖	10.0g
氯化钠	5.0g
胆盐或3号胆盐	1.5g
中性红	0.03g
结晶紫	0.002g
琼脂	15~18g
蒸馏水	1000mL

A.3.2 制法

将上述成分溶于蒸馏水中，静置几分钟，充分搅拌，调节pH至7.4±0.1。煮沸2min，将培养基融化并恒温至45~50℃倾注平板。使用前临时制备，不得超过3h。

A.4 无菌磷酸盐缓冲液

A.4.1 成分

磷酸二氢钾（KH_2PO_4）	34.0g
蒸馏水	500mL

A.4.2 制法

贮存液：称取 34.0g 的磷酸二氢钾溶于 500mL 蒸馏水中，用大约 175mL 的 1mol/L 氢氧化钠溶液调节 pH 至 7.2±0.2，用蒸馏水稀释至 1000mL 后贮存于冰箱。

稀释液：取贮存液 1.25mL，用蒸馏水稀释至 1000mL，分装于适宜容器中，121℃高压灭菌 15min。

A.5 无菌生理盐水

A.5.1 成分

氯化钠	8.5g
蒸馏水	1000mL

A.5.2 制法

称取 8.5g 氯化钠溶于 1000mL 蒸馏水中，121℃高压灭菌 15min。

A.6 1mol/L NaOH 溶液

A.6.1 成分

NaOH	40.0g
蒸馏水	1000mL

A.6.2 制法

称取 40g 氢氧化钠溶于 1000mL 无菌蒸馏水中。

A.7 1mol/L HCl 溶液

A.7.1 成分

HCl	90mL
蒸馏水	1000mL

A.7.2 制法

移取浓盐酸 90mL，用无菌蒸馏水稀释至 1000mL。

附录 B　大肠菌群最可能数（MPN）检索表

B.1　大肠菌群最可能数（MPN）检索表

每 g（mL）检样中大肠菌群最可能数（MPN）的检索见表 B.1。

表 B.1　大肠菌群最可能数（MPN）检索表

阳性管数			MPN	95%可信限		阳性管数			MPN	95%可信限	
0.10	0.01	0.001		下限	上限	0.10	0.01	0.001		下限	上限
0	0	0	<3.0	—	9.5	2	2	0	21	4.5	42
0	0	1	3.0	0.15	9.6	2	2	1	28	8.7	94
0	1	0	3.0	0.15	11	2	2	2	35	8.7	94
0	1	1	6.1	1.2	18	2	3	0	29	8.7	94
0	2	0	6.2	1.2	18	2	3	1	36	8.7	94
0	3	0	9.4	3.6	38	3	0	0	23	4.6	94
1	0	0	3.6	0.17	18	3	0	1	38	8.7	110
1	0	1	7.2	1.3	18	3	0	2	64	17	180
1	0	2	11	3.6	38	3	1	0	43	9	180
1	1	0	7.4	1.3	20	3	1	1	75	17	200
1	1	1	11	3.6	38	3	1	2	120	37	420
1	2	0	11	3.6	42	3	1	3	160	40	420
1	2	1	15	4.5	42	3	2	0	93	18	420
1	3	0	16	4.5	42	3	2	1	150	37	420
2	0	0	9.2	1.4	38	3	2	2	210	40	430
2	0	1	14	3.6	42	3	2	3	290	90	1000
2	0	2	20	4.5	42	3	3	0	240	42	1000
2	1	0	15	3.7	42	3	3	1	460	90	2000
2	1	1	20	4.5	42	3	3	2	1100	180	4100
2	1	2	27	8.7	94	3	3	3	>1100	420	—

注 1：本表采用 3 个稀释度 [0.1g（mL）、0.01g（mL）、0.001g（mL）]，每个稀释度接种 3 管。

注 2：表内所列检样量如改用 1g（mL）、0.1g（mL）和 0.01g（mL）时，表内数字应相应降低 10 倍；如改用 0.01g（mL）、0.001g（mL）和 0.0001g（mL）时，则表内数字应相应增高 10 倍，其余类推。

四、GB 4789.4—2016 食品微生物学检验　沙门氏菌检验

1　范围

本标准规定了食品中沙门氏菌（*Salmonella*）的检验方法。

本标准适用于食品中沙门氏菌的检验。

2 设备和材料

除微生物实验室常规灭菌及培养设备外，其他设备和材料如下：

2.1 冰箱：2~5℃。

2.2 恒温培养箱：36℃±1℃，42℃±1℃。

2.3 均质器。

2.4 振荡器。

2.5 电子天平：感量0.1g。

2.6 无菌锥形瓶：容量500mL，250mL。

2.7 无菌吸管：1mL（具0.01mL刻度）、10mL（具0.1mL刻度）或微量移液器及吸头。

2.8 无菌培养皿：直径60mm，90mm。

2.9 无菌试管：3mm×50mm、10mm×75mm。

2.10 pH计或pH比色管或精密pH试纸。

2.11 全自动微生物生化鉴定系统。

2.12 无菌毛细管。

3 培养基和试剂

3.1 缓冲蛋白胨水（BPW）：见附录A.1。

3.2 四硫磺酸钠煌绿（TTB）增菌液：见附录A.2。

3.3 亚硒酸盐胱氨酸（SC）增菌液：见附录A.3。

3.4 亚硫酸铋（BS）琼脂：见附录A.4。

3.5 HE琼脂：见附录A.5。

3.6 木糖赖氨酸脱氧胆盐（XLD）琼脂：见附录A.6。

3.7 沙门氏菌属显色培养基。

3.8 三糖铁（TSI）琼脂：见附录A.7。

3.9 蛋白胨水、靛基质试剂：见附录A.8。

3.10 尿素琼脂（pH7.2）：见附录A.9。

3.11 氰化钾（KCN）培养基：见附录A.10。

3.12 赖氨酸脱羧酶试验培养基：见附录A.11。

3.13 糖发酵管：见附录A.12。

3.14 邻硝基酚β-D半乳糖苷（ONPG）培养基：见附录A.13。

3.15 半固体琼脂：见附录A.14。

3.16 丙二酸纳培养基：见附录A.15。

3.17 沙门氏菌O、H和Vi诊断血清。

3.18 生化鉴定试剂盒。

4 检验程序

沙门氏菌检验程序见图8-7。

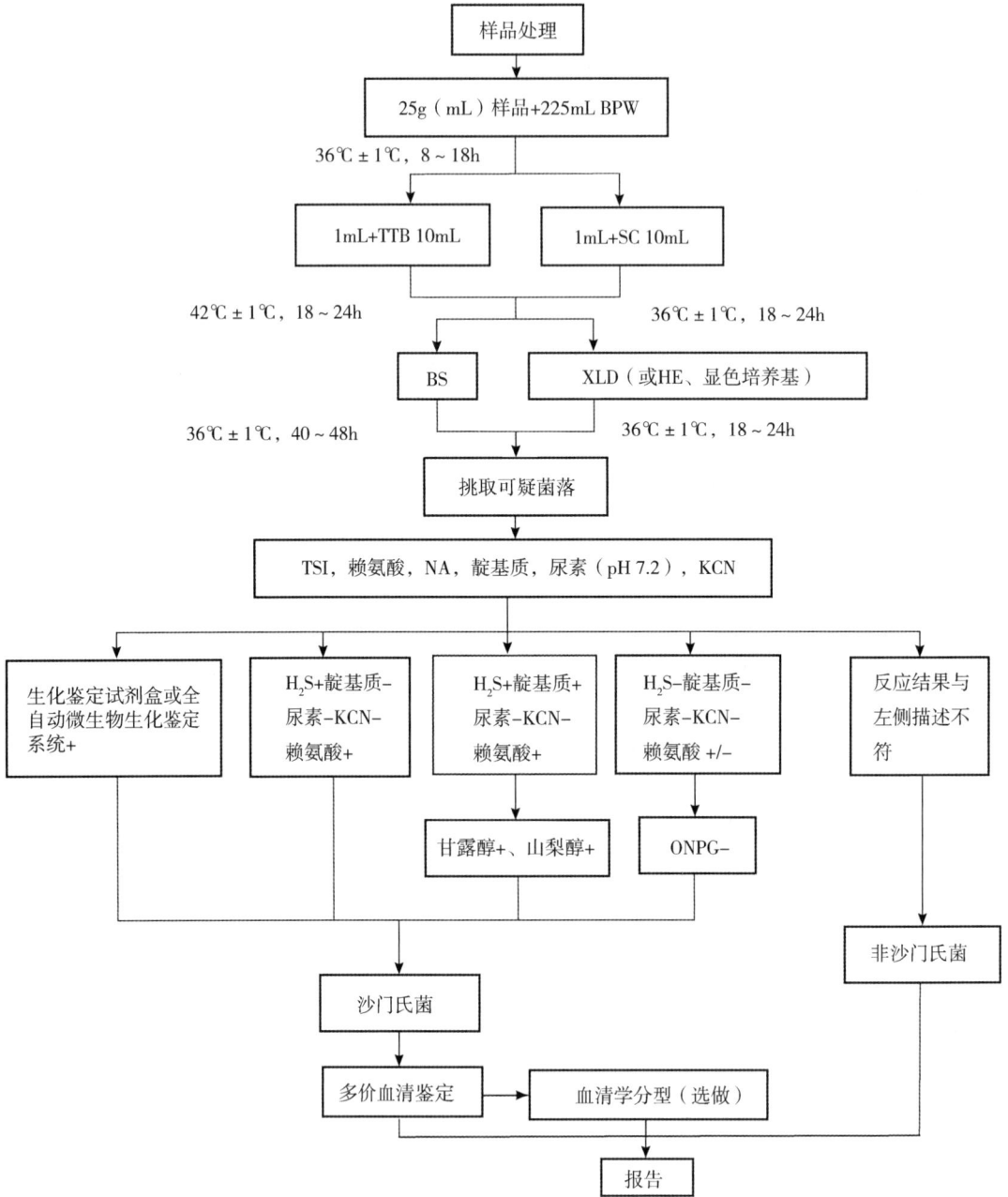

图8-7 沙门氏菌检验程序

5 操作步骤

5.1 预增菌

无菌操作称取25g（mL）样品，置于盛有225mL BPW的无菌均质杯或合适容器内，以8000~10 000r/min均质1~2min，或置于盛有225mL BPW的无菌均质袋中，用拍击式均质器拍打1~2min。若样品为液态，不需要均质，振荡混匀。如需调整pH，用1mol/L无菌NaOH或HCl调pH至6.8±0.2。无菌操作将样品转至500mL锥形瓶或其他合适容器内（如均质杯本身具有无孔盖，可不转移样品），如使用均质袋，可直接进行培养，于36℃±1℃培养8~18h。

如为冷冻产品，应在45℃以下不超过15min，或2~5℃不超过18h解冻。

5.2 增菌

轻轻摇动培养过的样品混合物，移取1mL，转种于10mL TTB内，于42℃±1℃培养18~24h，同时，另取1mL，转种于10mL SC内，于36℃±1℃培养18~24h。

5.3 分离

分别用直径3mm的接种环取增菌液1环，划线接种于一个BS琼脂平板和一个XLD琼脂平板（或HE琼脂平板或沙门氏菌属显色培养基平板），于36℃±1℃分别培养40~48h（BS琼脂平板）或18~24h（XLD琼脂平板、HE琼脂平板、沙门氏菌属显色培养基平板），观察各个平板上生长的菌落，各个平板上的菌落特征见表8-5。

表8-5　沙门氏菌属在不同选择性琼脂平板上的菌落特征

选择性琼脂平板	沙门氏菌
BS琼脂	菌落为黑色有金属光泽、棕褐色或灰色，菌落周围培养基可呈黑色或棕色；有些菌株形成灰绿色的菌落，周围培养基不变
HE琼脂	蓝绿色或蓝色，多数菌落中心黑色或几乎全黑色；有些菌株为黄色，中心黑色或几乎全黑色
XLD琼脂	菌落呈粉红色，带或不带黑色中心，有些菌株可呈现大的带光泽的黑色中心，或呈现全部黑色的菌落；有些菌株为黄色菌落，带或不带黑色中心
沙门氏菌属显色培养基	按照显色培养基的说明进行判定

5.4 生化试验

5.4.1　自选择性琼脂平板上分别挑取2个以上典型或可疑菌落，接种三糖铁琼脂，先在斜面划线，再于底层穿刺；接种针不要灭菌，直接接种赖氨酸脱羧酶试验培养基和营养琼脂平板，于36℃±1℃培养18~24h，必要时可延长至48h。在三糖铁琼脂和赖氨酸脱羧酶试验培养基内，沙门氏菌属的反应结果见表8-6。

表8-6　沙门氏菌属在三糖铁琼脂和赖氨酸脱羧酶试验培养基内的反应结果

三糖铁琼脂				赖氨酸脱羧酶试验培养基	初步判断
斜面	底层	产气	硫化氢		
K	A	+（-）	+（-）	+	可疑沙门氏菌属
K	A	+（-）	+（-）	-	可疑沙门氏菌属
A	A	+（-）	+（-）	+	可疑沙门氏菌属
A	A	+/-	+/-	-	非沙门氏菌
K	K	+/-	+/-	+/-	非沙门氏菌

注：K表示产碱；A表示产酸；+表示阳性；-表示阴性；+（-）表示多数阳性，少数阴性；+/-表示阳性或阴性。

5.4.2 接种三糖铁琼脂和赖氨酸脱羧酶试验培养基的同时，可直接接种蛋白胨水（供做靛基质试验）、尿素琼脂（pH 7.2）、氰化钾（KCN）培养基，也可在初步判断结果后从营养琼脂平板上挑取可疑菌落接种。于 $36℃±1℃$ 培养 18~24h，必要时可延长至 48h，按表 8-7 判定结果。将已挑菌落的平板储存于 2~5℃ 或室温至少保留 24h，以备必要时复查。

表 8-7　沙门氏菌属生化反应初步鉴别表

反应序号	硫化氢（H_2S）	靛基质	pH 7.2 尿素	氰化钾（KCN）	赖氨酸脱羧酶
A1	+	−	−	−	+
A2	+	+	−	−	+
A3	−	−	−	−	+/−

注：+表示阳性；−表示阴性；+/−表示阳性或阴性。

5.4.2.1 反应序号 A1：典型反应判定为沙门氏菌属。如尿素、KCN 和赖氨酸脱羧酶 3 项中有 1 项异常，按表 8-8 可判定为沙门氏菌。如有 2 项异常为非沙门氏菌。

表 8-8　沙门氏菌属生化反应初步鉴别表

pH 7.2 尿素	氰化钾（KCN）	赖氨酸脱羧酶	判定结果
−	−	−	甲型副伤寒沙门氏菌（要求血清学鉴定结果）
−	+	+	沙门氏菌IV或V（要求符合本群生化特性）
+	−	+	沙门氏菌个别变体（要求血清学鉴定结果）

注：+表示阳性；−表示阴性。

5.4.2.2 反应序号 A2：补做甘露醇和山梨醇试验，沙门氏菌靛基质阳性变体两项试验结果均为阳性，但需要结合血清学鉴定结果进行判定。

5.4.2.3 反应序号 A3：补做 ONPG。ONPG 阴性为沙门氏菌，同时赖氨酸脱羧酶阳性，甲型副伤寒沙门氏菌为赖氨酸脱羧酶阴性。

5.4.2.4 必要时按表 8-9 进行沙门氏菌生化群的鉴别。

表 8-9　沙门氏菌属各生化群的鉴别

项目	I	II	III	IV	V	VI
卫矛醇	+	+	−	−	+	−
山梨醇	+	+	+	+	+	−
水杨苷	−	−	−	+	−	−
ONPG	−	−	+	−	+	−
丙二酸盐	−	+	+	−	−	−
KCN	−	−	−	+	+	−

注：+表示阳性；−表示阴性。

5.4.3 如选择生化鉴定试剂盒或全自动微生物生化鉴定系统，可根据 5.4.1 的初步判断结果，从营养琼脂平板上挑取可疑菌落，用生理盐水制备成浊度适当的菌悬液，使用生化鉴定试剂盒或全自动微生物生化鉴定系统进行鉴定。

5.5　血清学鉴定

5.5.1　检查培养物有无自凝性

一般采用 1.2%~1.5% 琼脂培养物作为玻片凝集试验用的抗原。首先排除自凝集反应，在洁净的玻片上滴加一滴生理盐水，将待试培养物混合于生理盐水滴内，使成为均一性的混浊悬液，将玻片轻轻摇动 30~60s，在黑色背景下观察反应（必要时用放大镜观察），若出现可见的菌体凝集，即认为有自凝性，反之无自凝性。对无自凝的培养物参照下面方法进行血清学鉴定。

5.5.2　多价菌体抗原（O）鉴定

在玻片上划出 2 个约 1cm×2cm 的区域，挑取 1 环待测菌，各放 1/2 环于玻片上的每一区域上部，在其中一个区域下部加 1 滴多价菌体（O）抗血清，在另一区域下部加入 1 滴生理盐水，作为对照。再用无菌的接种环或针分别将两个区域内的菌苔研成乳状液。将玻片倾斜摇动混合 1min，并对着黑暗背景进行观察，任何程度的凝集现象皆为阳性反应。O 血清不凝集时，将菌株接种在琼脂量较高的（如 2%~3%）培养基上再检查；如果是由于 Vi 抗原的存在而阻止了 O 凝集反应时，可挑取菌苔于 1mL 生理盐水中做成浓菌液，于酒精灯火焰上煮沸后再检查。

5.5.3　多价鞭毛抗原（H）鉴定

操作同 5.5.2。H 抗原发育不良时，将菌株接种在 0.55%~0.65% 半固体琼脂平板的中央，待菌落蔓延生长时，在其边缘部分取菌检查；或将菌株通过接种装有 0.3%~0.4% 半固体琼脂的小玻管 1~2 次，自远端取菌培养后再检查。

5.6　血清学分型（选做项目）

5.6.1　O 抗原的鉴定

用 A~F 多价 O 血清做玻片凝集试验，同时用生理盐水做对照。在生理盐水中自凝者为粗糙型菌株，不能分型。

被 A~F 多价 O 血清凝集者，依次用 O4；O3、O10；O7；O8；O9；O2 和 O11 因子血清做凝集试验。根据试验结果，判定 O 群。被 O3、O10 血清凝集的菌株，再用 O10、O15、O34、O19 单因子血清做凝集试验，判定 E1、E4 各亚群，每一个 O 抗原成分的最后确定均应根据 O 单因子血清的检查结果，没有 O 单因子血清的要用两个 O 复合因子血清进行核对。

不被 A~F 多价 O 血清凝集者，先用 9 种多价 O 血清检查，如有其中一种血清凝集，则用这种血清所包括的 O 群血清逐一检查，以确定 O 群。每种多价 O 血清所包括的 O 因子如下：

O 价 1　A、B、C、D、E、F 群（并包括 6，14 群）；

O 多价 2　13，16，17，18，21 群；

O 多价 3　28，30，35，38，39 群；

O 多价 4　40，41，42，43 群；

O 多价 5　44，45，47，48 群；

O 多价 6　50，51，52，53 群；

O 多价 7　55，56，57，58 群；

O 多价 8　59，60，61，62 群；

O 多价 9　63，65，66，67 群。

5.6.2　H 抗原的鉴定

属于 A~F 各 O 群的常见菌型，依次用表 8-10 所述 H 因子血清检查第 1 相和第 2 相的 H 抗原。

表 8-10　A~F 群常见菌型　H 抗原表

O 群	第 1 相	第 2 相
A	a	无
B	g, f, s	无
B	i, b, d	2
C1	k, v, r, c	5, z15
C2	b, d, r	2, 5
D（不产气的）	d	无
D（产气的）	g, m, p, q	无
E1	h, v	6, w, x
E4	g, s, t	无
E4	i	

不常见的菌型，先用 8 种多价 H 血清检查，如有其中一种或两种血清凝集，则再用这一种或两种血清所包括的各种 H 因子血清逐一检查，以第 1 相和第 2 相的 H 抗原。8 种多价 H 血清所包括的 H 因子如下：

H 多价 1　a, b, c, d, i；

H 多价 2　eh, enx, enz_{15}, fg, gms, gpu, gp, gq, mt, gz_{51}；

H 多价 3　k, r, y, z, z_{10}, lv, lw, lz_{13}, lz_{28}, lz_{40}；

H 多价 4　1, 2；1, 5；1, 6；1, 7；z_6；

H 多价 5　z_4z_{23}, z_4z_{24}, z_4z_{32}, z_{29}, z_{35}, z_{36}, z_{38}；

H 多价 6　z_{39}, z_{41}, z_{42}, z_{44}；

H 多价 7　z_{52}, z_{53}, z_{54}, z_{55}；

H 多价 8　z_{56}, z_{57}, z_{60}, z_{61}, z_{62}。

每一个 H 抗原成分的最后确定均应根据 H 单因子血清的检查结果，没有 H 单因子血清的要用两个 H 复合因子血清进行核对。

检出第 1 相 H 抗原而未检出第 2 相 H 抗原的或检出第 2 相 H 抗原而未检出第 1 相 H 抗原的，可在琼脂斜面上移种 1~2 代后再检查。如仍只检出一个相的 H 抗原，要用位相变异的方法检查其另一个相。单相菌不必做位相变异检查。

位相变异试验方法如下：

简易平板法：将 0.35%~0.4% 半固体琼脂平板烘干表面水分，挑取因子血清 1 环，滴在半固体平板表面，放置片刻，待血清吸收到琼脂内，在血清部位的中央点种待检菌株，培养后，在形成蔓延生长的菌苔边缘取菌检查。

小玻管法：将半固体管（每管约 1~2mL）在酒精灯上溶化并冷至 50℃，取已知相的 H 因子血清 0.05~0.1mL，加入于融化的半固体内，混匀后，用毛细吸管吸取分装于供位相变异试验的小玻管内，待凝固后，用接种针挑取待检菌，接种于一端。将小玻管平放在平皿内，并在其旁放一团湿棉花，以防琼脂中水分蒸发而干缩，每天检查结果，待另一相细菌解离后，可以从另一端挑取细菌进行检查。培养基内血清的浓度应有适当的比例，过高时细菌不能生长，过低时同一相细菌的动力不能抑制。一般按原血清 1：200~1：800 的量加入。

小倒管法：将两端开口的小玻管（下端开口要留一个缺口，不要平齐）放在半固体管内，小玻管的上端应高出于培养基的表面，灭菌后备用。临用时在酒精灯上加热溶化，冷至 50℃，挑取因子血清 1 环，加入小套管中的半固体内，略加搅动，使其混匀，待凝固后，将待检菌株接种于小套管中的半固体表层内，每天检查结果，待另一相细菌解离后，可从套管外的半固体表面取菌检查，或转种 1% 软琼脂斜面，于 36℃ 培养后再做凝集试验。

5.6.3　Vi 抗原的鉴定

用 Vi 因子血清检查。已知具有 Vi 抗原的菌型有：伤寒沙门氏菌，丙型副伤寒沙门氏菌，都柏林沙门氏菌。

5.6.4　菌型的判定

根据血清学分型鉴定的结果，按照附录 B 或有关沙门氏菌属抗原表判定菌型。

6　结果与报告

综合以上生化试验和血清学鉴定的结果，报告 25g（mL）样品中检出或未检出沙门氏菌。

附录 A　培养基和试剂

A.1　缓冲蛋白胨水（BPW）

A.1.1　成分

蛋白胨	10.0g
氯化钠	5.0g
磷酸氢二钠（含 12 个结晶水）	9.0g
磷酸二氢钾	1.5g
蒸馏水	1000mL

A.1.2 制法

将各成分加入蒸馏水中，搅混均匀，静置约 10min，煮沸溶解，调节 pH 至 7.2±0.2，高压灭菌 121℃，15min。

A.2 四硫磺酸钠煌绿（TTB）增菌液

A.2.1 基础液

蛋白胨	10.0g
牛肉膏	5.0g
氯化钠	3.0g
碳酸钙	45.0g
蒸馏水	1000mL

除碳酸钙外，将各成分加入蒸馏水中，煮沸溶解，再加入碳酸钙，调节 pH 至 7.0±0.2，高压灭菌 121℃，20min。

A.2.2 硫代硫酸钠溶液

硫代硫酸钠（含 5 个结晶水）	50.0g
蒸馏水	加至 100mL

高压灭菌 121℃，20min。

A.2.3 碘溶液

碘片	20.0g
碘化钾	25.0g
蒸馏水	加至 100mL

将碘化钾充分溶解于少量的蒸馏水中，再投入碘片，振摇玻瓶至碘片全部溶解为止，然后加蒸馏水至规定的总量，贮存于棕色瓶内，塞紧瓶盖备用。

A.2.4 0.5%煌绿水溶液

煌绿	0.5g
蒸馏水	100mL

溶解后，存放暗处，不少于 1d，使其自然灭菌。

A.2.5 牛胆盐溶液

牛胆盐	10.0g
蒸馏水	100mL

加热煮沸至完全溶解，高压灭菌 121℃，20min。

A.2.6 制法

基础液	900mL

硫代硫酸钠溶液	100mL
碘溶液	20.0mL
煌绿水溶液	2.0mL
牛胆盐溶液	50.0mL

临用前，按上列顺序，以无菌操作依次加入基础液中，每加入一种成分，均应摇匀后再加入另一种成分。

A.3 亚硒酸盐胱氨酸（SC）增菌液

A.3.1 成分

蛋白胨	5.0g
乳糖	4.0g
磷酸氢二钠	10.0g
亚硒酸氢钠	4.0g
L-胱氨酸	0.01g
蒸馏水	1000mL

A.3.2 制法

除亚硒酸氢钠和 L-胱氨酸外，将各成分加入蒸馏水中，煮沸溶解，冷至 55℃ 以下，以无菌操作加入亚硒酸氢钠和 1g/L L-胱氨酸溶液 10mL（称取 0.1g L-胱氨酸，加 1mol/L 氢氧化钠溶液 15mL，使溶解，再加无菌蒸馏水至 100mL 即成，如为 DL-胱氨酸，用量应加倍）。摇匀，调节 pH 至 7.0±0.2。

A.4 亚硫酸铋（BS）琼脂

A.4.1 成分

蛋白胨	10.0g
牛肉膏	5.0g
葡萄糖	5.0g
硫酸亚铁	0.3g
磷酸氢二钠	4.0g
煌绿	0.025g 或 5.0g/L 水溶液 5.0mL
柠檬酸铋铵	2.0g
亚硫酸钠	6.0g

琼脂	18.0~20.0g
蒸馏水	1000mL

A.4.2 制法

将前三种成分加入 300mL 蒸馏水（制作基础液），硫酸亚铁和磷酸氢二钠分别加入 20mL 和 30mL 蒸馏水中，柠檬酸铋铵和亚硫酸钠分别加入另一 20mL 和 30mL 蒸馏水中，琼脂加入 600mL 蒸馏水中。然后分别搅拌均匀，煮沸溶解。冷至 80℃ 左右时，先将硫酸亚铁和磷酸氢二钠混匀，倒入基础液中，混匀。将柠檬酸铋铵和亚硫酸钠混匀，倒入基础液中，再混匀。调节 pH 至 7.5±0.2，随即倾入琼脂液中，混合均匀，冷至 50~55℃。加入煌绿溶液，充分混匀后立即倾注平皿。

注：本培养基不需要高压灭菌，在制备过程中不宜过分加热，避免降低其选择性，贮于室温暗处，超过 48h 会降低其选择性，本培养基宜于当天制备，第二天使用。

A.5 HE 琼脂（hektoen enteric agar）

A.5.1 成分

蛋白胨	12.0g
牛肉膏	3.0g
乳糖	12.0g
蔗糖	12.0g
水杨素	2.0g
胆盐	20.0g
氯化钠	5.0g
琼脂	18.0~20.0g
蒸馏水	1000mL
0.4%溴麝香草酚蓝溶液	16.0mL
Andrade 指示剂	20.0mL
甲液	20.0mL
乙液	20.0mL

A.5.2 制法

将前面七种成分溶解于 400mL 蒸馏水内作为基础液；将琼脂加入于 600mL 蒸馏水内。然后分别搅拌均匀，煮沸溶解。加入甲液和乙液于基础液内，调节 pH 至 7.5±0.2。再加入指示剂，并与琼脂液合并，待冷至 50~55℃ 倾注平皿。

注：①本培养基不需要高压灭菌，在制备过程中不宜过分加热，避免降低其选择性。

②甲液的配制

硫代硫酸钠	34.0g
柠檬酸铁铵	4.0g
蒸馏水	100mL

③乙液的配制

去氧胆酸钠	10.0g
蒸馏水	100mL

④Andrade 指示剂

酸性复红	0.5g
1mol/L 氢氧化钠溶液	16.0mL
蒸馏水	100mL

将复红溶解于蒸馏水中，加入氢氧化钠溶液。数小时后如复红褪色不全，再加氢氧化钠溶液 1~2mL。

A.6 木糖赖氨酸脱氧胆盐（XLD）琼脂

A.6.1 成分

酵母膏	3.0g
L-赖氨酸	5.0g
木糖	3.75g
乳糖	7.5g
蔗糖	7.5g
去氧胆酸钠	2.5g
柠檬酸铁铵	0.8g
硫代硫酸钠	6.8g
氯化钠	5.0g
琼脂	15.0g
酚红	0.08g
蒸馏水	1000mL

A.6.2 制法

除酚红和琼脂外，将其他成分加入400mL蒸馏水中，煮沸溶解，调节 pH 至 7.4±0.2。

另将琼脂加入 600mL 蒸馏水中，煮沸溶解。

将上述两溶液混合均匀后，再加入指示剂，待冷至 50~55℃ 倾注平皿。

注：本培养基不需要高压灭菌，在制备过程中不宜过分加热，避免降低其选择性，贮于室温暗处。本培养基宜于当天制备，第二天使用。

A.7 三糖铁（TSI）琼脂

A.7.1 成分

蛋白胨	20.0g
牛肉膏	5.0g
乳糖	10.0g
蔗糖	10.0g
葡萄糖	1.0g
硫酸亚铁铵（含 6 个结晶水）	0.2g
酚红	0.025g 或 5.0g/L 溶液 5.0mL
氯化钠	5.0g
硫代硫酸钠	0.2g
琼脂	12.0g
蒸馏水	1000mL

A.7.2 制法

除酚红和琼脂外，将其他成分加入 400mL 蒸馏水中，煮沸溶解，调节 pH 至 7.4±0.2。另将琼脂加入 600mL 蒸馏水中，煮沸溶解。

将上述两溶液混合均匀后，再加入指示剂，混匀，分装试管，每管约 2~4mL，高压灭菌 121℃ 10min 或 115℃ 15min，灭菌后制成高层斜面，呈桔红色。

A.8 蛋白胨水靛基质试剂

A.8.1 蛋白胨水

蛋白胨（或胰蛋白胨）	20.0g
氯化钠	5.0g
蒸馏水	1000mL

将上述成分加入蒸馏水中，煮沸溶解，调节至 pH 至 7.4±0.2，分装小试管，121℃ 高压灭菌 15min。

A.8.2 靛基质试剂

A.8.2.1 柯凡克试剂：将 5g 对二甲氨基甲醛溶解于 75mL 戊醇中，然后缓慢加入浓盐酸 25mL。

A.8.2.2　欧-波试剂：将 1g 对二甲氨基苯甲醛溶解于 95mL 95%乙醇内。然后缓慢加入浓盐酸 20mL。

A.8.3　试验方法

挑取小量培养物接种，在 36℃±1℃ 培养 1~2d，必要时可培养 4~5d。加入柯凡克试剂约 0.5mL，轻摇试管，阳性者于试剂层呈深红色；或加入欧-波试剂约 0.5mL，沿管壁流下，覆盖于培养液表面，阳性者于液面接触处呈玫瑰红色。

注：蛋白胨中应含有丰富的色氯酸。每批蛋白胨买来后，应先用已知菌种鉴定后方可使用。

A.9　尿素琼脂（pH 7.2）

A.9.1　成分

蛋白胨	1.0g
氯化钠	5.0g
葡萄糖	1.0g
磷酸二氢钾	2.0g
0.4%酚红	3.0mL
琼脂	20.0g
蒸馏水	1000mL
20%尿素溶液	100mL

A.9.2　制法

除尿素、琼脂和酚红外，将其他成分加入 400mL 蒸馏水中，煮沸溶解，调节 pH 至 7.2±0.2。另将琼脂加入 600mL 蒸馏水中，煮沸溶解。

将上述两溶液混合均匀后，再加入指示剂后分装，121℃ 高压灭菌 15min。冷至 50~55℃，加入经除菌过滤的尿素溶液。尿素的最终浓度为 2%。分装于无菌试管内，放成斜面备用。

A.9.3　试验方法

挑取琼脂培养物接种，在 36℃±1℃ 培养 24h，观察结果。尿素酶阳性者由于产碱而使培养基变为红色。

A.10　氰化钾（KCN）培养基

A.10.1　成分

蛋白胨	10.0g

氯化钠	5.0g
磷酸二氢钾	0.225g
磷酸氢二钠	5.64g
蒸馏水	1000mL
0.5%氰化钾	20.0mL

A.10.2　制法

将除氰化钾以外的成分加入蒸馏水中，煮沸溶解，分装后121℃高压灭菌15min。放在冰箱内使其充分冷却。每100mL培养基加入0.5%氰化钾溶液2.0mL（最后浓度为1∶10 000），分装于无菌试管内，每管约4mL，立刻用无菌橡皮塞塞紧，放在4℃冰箱内，至少可保存两个月。同时，将不加氰化钾的培养基作为对照培养基，分装试管备用。

A.10.3　试验方法

将琼脂培养物接种于蛋白胨水内成为稀释菌液，挑取1环接种于氰化钾（KCN）培养基。并另挑取1环接种于对照培养基。在36℃±1℃培养1~2d，观察结果。如有细菌生长即为阳性（不抑制），经2d细菌不生长为阴性（抑制）。

注：氰化钾是剧毒药，使用时应小心，切勿沾染，以免中毒。夏天分装培养基应在冰箱内进行。试验失败的主要原因是封口不严，氰化钾逐渐分解，产生氢氰酸气体逸出，以致药物浓度降低，细菌生长，因而造成假阳性反应。试验时对每一环节都要特别注意。

A.11　赖氨酸脱羧酶试验培养基

A.11.1　成分

蛋白胨	5.0g
酵母浸膏	3.0g
葡萄糖	1.0g
蒸馏水	1000mL
1.6%溴甲酚紫-乙醇溶液	1.0mL
L-赖氨酸或DL-赖氨酸	0.5g/100mL或1.0g/100mL

A.11.2　制法

除赖氨酸以外的成分加热溶解后，分装每瓶100mL，分别加入赖氨酸。L-赖氨酸按0.5%加入，DL-赖氨酸按1%加入。调节pH至6.8±0.2。对照培养基不加赖氨酸。分装于无菌的小试管内，每管0.5mL，上面滴加一层液体石蜡，115℃高压灭菌10min。

A.11.3　试验方法

从琼脂斜面上挑取培养物接种，于36℃±1℃培养18~24h，观察结果。氨基酸脱羧酶阳性者由于产碱，培养基应呈紫色。阴性者无碱性产物，但因葡萄糖产酸而使培养基变为黄色。对照管应为黄色。

A.12　糖发酵管

A.12.1　成分

牛肉膏	5.0g
蛋白胨	10.0g
氯化钠	3.0g
磷酸氢二钠（含 12 个结晶水）	2.0g
0.2%溴麝香草酚蓝溶液	12.0mL
蒸馏水	1000mL

A.12.2　制法

A.12.2.1　葡萄糖发酵管按上述成分配好后，调节 pH 至 7.4±0.2。按 0.5%加入葡萄糖，分装于有一个倒置小管的小试管内，121℃高压灭菌 15min。

A.12.2.2　其他各种糖发酵管可按上述成分配好后，分装每瓶 100mL，121℃高压灭菌 15min。另将各种糖类分别配好 10%溶液，同时高压灭菌。将 5mL 糖溶液加入于 100mL 培养基内，以无菌操作分装小试管。

注：蔗糖不纯，加热后会自行水解者，应采用过滤法除菌。

A.12.3　试验方法

从琼脂斜面上挑取小量培养物接种，于 36℃±1℃ 培养，一般 2~3d。迟缓反应需观察 14~30d。

A.13　邻硝基酚 β-D 半乳糖苷（ONPG）培养基

A.13.1　成分

邻硝基酚 β-D 半乳糖苷（ONPG） （O-Nitrophenyl-β-D-galactopyranoside）	60.0mg
0.01mol/L 磷酸钠缓冲液（pH 7.5）	10.0mL
1%蛋白胨水（pH 7.5）	30.0mL

A.13.2　制法

将 ONPG 溶于缓冲液内，加入蛋白胨水，以过滤法除菌，分装于无菌的小试管内，每管 0.5mL，用橡皮塞塞紧。

A.13.3　试验方法

自琼脂斜面上挑取培养物 1 满环接种于 36℃±1℃ 培养 1~3h 和 24h 观察结果。如果 β-半乳糖苷酶产生，则于 1~3h 变黄色，如无此酶则 24h 不变色。

A.14　半固体琼脂

A.14.1　成分

牛肉膏	0.3g
蛋白胨	1.0g
氯化钠	0.5g
琼脂	0.35~0.4g
蒸馏水	100mL

A.14.2　制法

按以上成分配好，煮沸溶解，调节 pH 至 7.4±0.2。分装小试管。121℃高压灭菌15min。直立凝固备用。

注：供动力观察、菌种保存、H 抗原位相变异试验等用。

A.15　丙二酸钠培养基

A.15.1　成分

酵母浸膏	1.0g
硫酸铵	2.0g
磷酸氢二钾	0.6g
磷酸二氢钾	0.4g
氯化钠	2.0g
丙二酸钠	3.0g
0.2%溴麝香草酚蓝溶液	12.0mL
蒸馏水	1000mL

A.15.2　制法

除指示剂以外的成分溶解于水，调节 pH 至 6.8±0.2，再加入指示剂，分装试管，121℃高压灭菌 15min。

A.15.3　试验方法

用新鲜的琼脂培养物接种，于 36℃±1℃培养 48h，观察结果。阳性者由绿色变为蓝色。

附录 B　常见沙门氏菌抗原

常见沙门氏菌抗原见表 B.1。

表 B.1　常见沙门氏菌抗原表

菌名	拉丁菌名	O 抗原	H 抗原	
			第 1 相	第 2 相
A 群				
甲型副伤寒沙门氏菌	*S. paratyphi A*	1, 2, 12	a	[1, 5]
B 群				
基桑加尼沙门氏菌	*S. kisangani*	1, 4, [5], 12	a	1, 2
阿雷查瓦莱塔沙门氏菌	*S. arechavaleta*	4, [5], 12	a	1, 7
马流产沙门氏菌	*S. abortusequi*	4, 12	—	e, n, x
乙型副伤寒沙门氏菌	*S. paratyphi B*	1, 4, [5], 12	b	1, 2
利密特沙门氏菌	*S. limete*	1, 4, 12, [27]	b	1, 5
阿邦尼沙门氏菌	*S. abony*	1, 4, [5], 12, 27	b	e, n, x
维也纳沙门氏菌	*S. wien*	1, 4, 12, [27]	b	l, w
伯里沙门氏菌	*S. bury*	4, 12, [27]	c	z_6
斯坦利沙门氏菌	*S. stanley*	1, 4, [5], 12, [27]	d	1, 2
圣保罗沙门氏菌	*S. saintpaul*	1, 4, [5], 12	e, h	1, 2
里定沙门氏菌	*S. reading*	1, 4, [5], 12	e, h	1, 5
彻斯特沙门氏菌	*S. chester*	1, 4, [5], 12	e, h	e, n, x
德尔卑沙门氏菌	*S. derby*	1, 4, [5], 12	f, g	[1, 2]
阿贡纳沙门氏菌	*S. agona*	1, 4, [5], 12	f, g, s	[1, 2]
埃森沙门氏菌	*S. essen*	4, 12	g, m	—
加利福尼亚沙门氏菌	*S. california*	4, 12	g, m, t	[z_{67}]
金斯敦沙门氏菌	*S. kingston*	1, 4, [5], 12, [27]	g, s, t	[1, 2]
布达佩斯沙门氏菌	*S. budapest*	1, 4, 12, [27]	g, t	—
鼠伤寒沙门氏菌	*S. typhimurium*	1, 4, [5], 12	i	1, 2
拉古什沙门氏菌	*S. lagos*	1, 4, [5], 12	i	1, 5
布雷登尼沙门氏菌	*S. bredeney*	1, 4, 12, [27]	l, v	1, 7
基尔瓦沙门氏菌 II	*S. kilwa* II	4, 12	l, w	e, n, x
海德尔堡沙门氏菌	*S. heidelberg*	1, 4, [15], 12	r	1, 2
印地安纳沙门氏菌	*S. indiana*	1, 4, 12	z	1, 7
斯坦利维尔沙门氏菌	*S. stanleyville*	1, 4, [5], 12, [27]	z_4, z_{23}	[1, 2]
伊图里沙门氏菌	*S. ituri*	1, 4, 12	z_{10}	1, 5

203

（续）

菌名	拉丁菌名	O 抗原	H 抗原	
			第 1 相	第 2 相
C1 群				
奥斯陆沙门氏菌	*S. oslo*	6, 7, 14	a	e, n, x
爱丁保沙门氏菌	*S. edinburg*	6, 7, 14	b	1, 5
布隆方丹沙门氏菌 II	*S. bloemfontein* II	6, 7	b	[e, n, x] : z_{42}
丙型副伤寒沙门氏菌	*S. paratyphi C*	6, 7, [Vi]	c	1, 5
猪霍乱沙门氏菌	*S. choleraesuis*	6, 7	c	1, 5
猪伤寒沙门氏菌	*S. typhisuis*	6, 7	c	1, 5
罗米他沙门氏菌	*S. lomita*	6, 7	e, h	1, 5
布伦登卢普沙门氏菌	*S. braenderup*	6, 7, 14	e, h	e, n, z_{15}
里森沙门氏菌	*S. rissen*	6, 7, 14	f, g	—
蒙得维的亚沙门氏菌	*S. montevideo*	6, 7, 14	g, m, [p], s	[1, 2, 7]
里吉尔沙门氏菌	*S. riggil*	6, 7	g, [t]	—
奥雷宁堡沙门氏菌	*S. oranieburg*	6, 7, 14	m, t	[2, 5, 7]
奥里塔蔓林沙门氏菌	*S. oritamerin*	6, 7	i	1, 5
汤卜逊沙门氏菌	*S. thompson*	6, 7, 14	k	1, 5
康科德沙门氏菌	*S. concord*	6, 7	l, v	1, 2
伊鲁木沙门氏菌	*S. irumu*	6, 7	l, v	1, 5
姆卡巴沙门氏菌	*S. mkamba*	6, 7	l, v	1, 6
波恩沙门氏菌	*S. bonn*	6, 7	l, v	e, n, x
波茨坦沙门氏菌	*S. potsdam*	6, 7, 14	l, v	e, n, z_{15}
格但斯克沙门氏菌	*S. gdansk*	6, 7, 14	l, v	z_6
维尔肖沙门氏菌	*S. virchow*	6, 7, 14	r	1, 2
婴儿沙门氏菌	*S. infantis*	6, 7, 14	r	1, 5
巴布亚沙门氏菌	*S. papuana*	6, 7	r	e, n, z_{15}
巴累利沙门氏菌	*S. bareilly*	6, 7, 14	y	1, 5
哈特福德沙门氏菌	*S. hartford*	6, 7	y	e, n, x
三河岛沙门氏菌	*S. mikawasima*	6, 7, 14	y	e, n, z_{15}
姆班达卡沙门氏菌	*S. mbandaka*	6, 7, 14	z_{10}	e, n, z_{15}
田纳西沙门氏菌	*S. tennessee*	6, 7, 14	z_{29}	[1, 2, 7]
布伦登卢普沙门氏菌	*S. braenderup*	6, 7, 14	e, h	e, n, z_{15}
耶路撒冷沙门氏菌	*S. jerusalem*	6, 7, 14	z_{10}	l, w
C2 群				
习志野沙门氏菌	*S. narashino*	6.8	a	e, n, x
名古屋沙门氏菌	*S. nagoya*	6, 8	b	1, 5
加瓦尼沙门氏菌	*S. gatuni*	6, 8	b	e, n, x

（续）

菌名	拉丁菌名	O 抗原	H 抗原	
			第 1 相	第 2 相
慕尼黑沙门氏菌	*S. muenchen*	6，8	d	1，2
曼哈顿沙门氏菌	*S. manhattan*	6，8	d	1，5
纽波特沙门氏菌	*S. newport*	6，8，20	e，h	1，2
科特布斯沙门氏菌	*S. kottbus*	6，8	e，h	1，5
茨昂威沙门氏菌	*S. tshiongwe*	6，8	e，h	e，n，z_{15}
林登堡沙门氏菌	*S. lindenburg*	6，8	i	1，2
塔科拉迪沙门氏菌	*S. takoradi*	6，8	i	1，5
波那雷恩沙门氏菌	*S. bonariensis*	6，8	i	e，n，x
利齐菲尔德沙门氏菌	*S. litchfield*	6，8	l，v	1，2
病牛沙门氏菌	*S. bovismorbificans*	6，8，20	r，[i]	1，5
查理沙门氏菌	*S. chailey*	6，8	z_4，z_{23}	e，n，z_{15}
C3 群				
巴尔多沙门氏菌	*S. bardo*	8	e，h	1，2
依麦克沙门氏菌	*S. emek*	8，20	g，m，s	—
肯塔基沙门氏菌	*S. kentucky*	8，20	i	z_6
D 群				
仙台沙门氏菌	*S. sendai*	1，9，12	a	1，5
伤寒沙门氏菌	*S. typhi*	9，12，[Vi]	d	—
塔西沙门氏菌	*S. tarshyne*	9，12	d	1，6
伊斯特本沙门氏菌	*S. eastbourne*	1，9，12	e，h	1，5
以色列沙门氏菌	*S. israel*	9，12	e，h	e，n，z_{15}
肠炎沙门氏菌	*S. enteritidis*	1，9，12	g，m	[1，7]
布利丹沙门氏菌	*S. blegdam*	9，12	g，m，q	—
沙门氏菌 Ⅱ	*Salmonella* Ⅱ	1，9，12	g，m，[s]，t	[1，5，7]
都柏林沙门氏菌	*S. dublin*	1，9，12，[Vi]	g，p	—
芙蓉沙门氏菌	*S. seremban*	9，12	i	1，5
巴拿马沙门氏菌	*S. panama*	1，9，12	l，v	1，5
戈丁根沙门氏菌	*S. goettingen*	9，12	l，v	e，n，z_{15}
爪哇安纳沙门氏菌	*S. javiana*	1，9，12	L，z_{28}	1，5
鸡-雏沙门氏菌	*S. gallinarum-pullorum*	1，9，12	—	—
E1 群				
奥凯福科沙门氏菌	*S. okefoko*	3，10	c	z_6
瓦伊勒沙门氏菌	*S. vejle*	3，{10}，{15}	e，h	1，2
明斯特沙门氏菌	*S. muenster*	3，{10}{15}{15，34}	e，h	1，5
鸭沙门氏菌	*S. anatum*	3，{10}{15}{15，34}	e，h	1，6

（续）

菌名	拉丁菌名	O 抗原	H 抗原	
			第 1 相	第 2 相
纽兰沙门氏菌	*S. newlands*	3, {10}, {15, 34}	e, h	e, n, x
火鸡沙门氏菌	*S. meleagridis*	3, {10} {15} {15, 34}	e, h	l, w
雷根特沙门氏菌	*S. regent*	3, 10	f, g, [s]	[1, 6]
西翰普顿沙门氏菌	*S. westhampton*	3, {10} {15} {15, 34}	g, s, t	—
阿姆德尔尼斯沙门氏菌	*S. amounderness*	3, 10	i	1, 5
新罗歇尔沙门氏菌	*S. new-rochelle*	3, 10	k	l, w
恩昌加沙门氏菌	*S. nchanga*	3, {10} {15}	l, v	1, 2
新斯托夫沙门氏菌	*S. sinstorf*	3, 10	l, v	1, 5
伦敦沙门氏菌	*S. london*	3, {10} {15}	l, v	1, 6
吉韦沙门氏菌	*S. give*	3, {10} {15} {15, 34}	l, v	1, 7
鲁齐齐沙门氏菌	*S. ruzizi*	3, 10	l, v	e, n, z_{15}
乌干达沙门氏菌	*S. uganda*	3, {10} {15}	l, z_{13}	1, 5
乌盖利沙门氏菌	*S. ughelli*	3, 10	r	1, 5
韦太夫雷登沙门氏菌	*S. weltevreden*	3, {10} {15}	r	z_6
克勒肯威尔沙门氏菌	*S. clerkenwell*	3, 10	z	l, w
列克星敦沙门氏菌	*S. lexington*	3, {10} {15} {15, 34}	z_{10}	1, 5
E4 群				
萨奥沙门氏菌	*S. sao*	1, 3, 19	e, h	e, n, z_{15}
卡拉巴尔沙门氏菌	*S. calabar*	1, 3, 19	e, h	l, w
山夫登堡沙门氏菌	*S. senftenberg*	1, 3, 19	g, [s], t	—
斯特拉特福沙门氏菌	*S. stratford*	1, 3, 19	i	1, 2
塔克松尼沙门氏菌	*S. taksony*	1, 3, 19	i	z_6
索恩保沙门氏菌	*S. schoeneberg*	1, 3, 19	z	e, n, z_{15}
F 群				
昌丹斯沙门氏菌	*S. chandans*	11	d	[e, n, x]
阿柏丁沙门氏菌	*S. aberdeen*	11	i	1, 2
布里赫姆沙门氏菌	*S. brijbhumi*	11	i	1, 5
威尼斯沙门氏菌	*S. veneziana*	11	i	e, n, x
阿巴特图巴沙门氏菌	*S. abaetetuba*	11	k	1, 5
鲁比斯劳沙门氏菌	*S. rubislaw*	11	r	e, n, x
其他群				
浦那沙门氏菌	*S. poona*	<u>1</u>, 13, 22	z	1, 6
里特沙门氏菌	*S. ried*	<u>1</u>, 13, 22	z_4, z_{23}	[e, n, z_{15}]
密西西比沙门氏菌	*S. mississippi*	<u>1</u>, 13, 23	b	1, 5
古巴沙门氏菌	*S. cubana*	<u>1</u>, 13, 23	z_{29}	—

（续）

菌名	拉丁菌名	O 抗原	H 抗原	
			第 1 相	第 2 相
苏拉特沙门氏菌	*S. surat*	[1]，6，14，[25]	r，[i]	e，n，z_{15}
松兹瓦尔沙门氏菌	*S. sundsvall*	[1]，6，14，[25]	z	e，n，x
非丁伏斯沙门氏菌	*S. hvittingfoss*	16	b	e，n，x
威斯敦沙门氏菌	*S. weston*	16	e，h	z_6
上海沙门氏菌	*S. shanghai*	16	l，v	1，6
自贡沙门氏菌	*S. zigong*	16	l，w	1，5
巴圭达沙门氏菌	*S. baguida*	21	z_4，z_{23}	—
迪尤波尔沙门氏菌	*S. dieuoppeul*	28	i	1，7
卢肯瓦尔德沙门氏菌	*S. luckenwalde*	28	z_{10}	e，n，z_{15}
拉马特根沙门氏菌	*S. ramatgan*	30	k	1，5
阿德莱沙门氏菌	*S. adelaide*	35	f，g	—
旺兹沃思沙门氏菌	*S. wandsworth*	39	b	1，2
雷俄格伦德沙门氏菌	*S. riogrande*	40	b	1，5
莱瑟沙门氏菌Ⅱ	*S. lethe* Ⅱ	41	g，t	—
达莱姆沙门氏菌	*S. dahlem*	48	k	e，n，z_{15}
沙门氏菌Ⅲb	*Salmonella* Ⅲb	61	l，v	1，5，7

注：关于表内符号的说明：

    ‖ = ‖ 内 O 因子具有排他性。在血清型中 ‖ 内的因子不能与其他 ‖ 内的因子同时存在，例如在 O：3，10 群中当菌株产生 O：15 或 O：15，34 因子时它替代了 O：10 因子。

    [ ] = O（无下划线）或 H 因子的存在或不存在与噬菌体转化无关，例如 O：4 群中的 [5] 因子。H 因子在 [ ] 内时表示在野生菌株中罕见，例如极大多数 S. ParatyphiA 具有一个位相（a），罕有第 2 相（1，5）菌株。因此，用 1，2，12：a：[1，5] 表示。

    _ = 下划线时表示该（ ）因子是由噬菌体溶原化产生的。

五、GB 4789.5—2012 食品微生物学检验　志贺氏菌检验

1　范围

本标准规定了食品中志贺氏菌（*Shigella*）的检验方法。

本标准适用于食品中志贺氏菌的检验。

2　设备和材料

除微生物实验室常规灭菌及培养设备外，其他设备和材料如下：

    a. 恒温培养箱：36℃±1℃；

    b. 冰箱：2~5℃；

    c. 膜过滤系统；

    d. 厌氧培养装置：41.5℃±1℃；

    e. 电子天平：感量 0.1g；

f. 显微镜：10×～100×；

g. 均质器；

h. 振荡器；

i. 无菌吸管：1mL（具 0.01mL 刻度）、10mL（具 0.1mL 刻度）或微量移液器及吸头；

j. 无菌均质杯或无菌均质袋：容量 500mL；

k. 无菌培养皿：直径 90mm；

l. pH 计或 pH 比色管或精密 pH 试纸；

m. 全自动微生物生化鉴定系统。

3　培养基和试剂

3.1　志贺氏菌增菌肉汤-新生霉素：见附录 A.1。

3.2　麦康凯（MAC）琼脂：见附录 A.2。

3.3　木糖赖氨酸脱氧胆盐（XLD）琼脂：见附录 A.3。

3.4　志贺氏菌显色培养基。

3.5　三糖铁（TSI）琼脂：见附录 A.4。

3.6　营养琼脂斜面：见附录 A.5。

3.7　半固体琼脂：见附录 A.6。

3.8　葡萄糖铵培养基：见附录 A.7。

3.9　尿素琼脂：见附录 A.8。

3.10　β-半乳糖苷酶培养基：见附录 A.9。

3.11　氨基酸脱羧酶试验培养基：见附录 A.10。

3.12　糖发酵管：见附录 A.11。

3.13　西蒙氏柠檬酸盐培养基：见附录 A.12。

3.14　黏液酸盐培养基：见附录 A.13。

3.15　蛋白胨水、靛基质试剂：见附录 A.14。

3.16　志贺氏菌属诊断血清。

3.17　生化鉴定试剂盒。

4　检验程序

志贺氏菌检验程序见图 8-8。

5　操作步骤

5.1　增菌

以无菌操作取检样 25g（mL），加入装有灭菌 225mL 志贺氏菌增菌肉汤的均质杯，用旋转刀片式均质器以 8000～10 000r/min 均质；或加入装有 225mL 志贺氏菌增菌肉汤的均质袋中，用拍击式均质器连续均质 1～2min，液体样品振荡混匀即可。于 41.5℃±1℃，厌氧培养 16～20h。

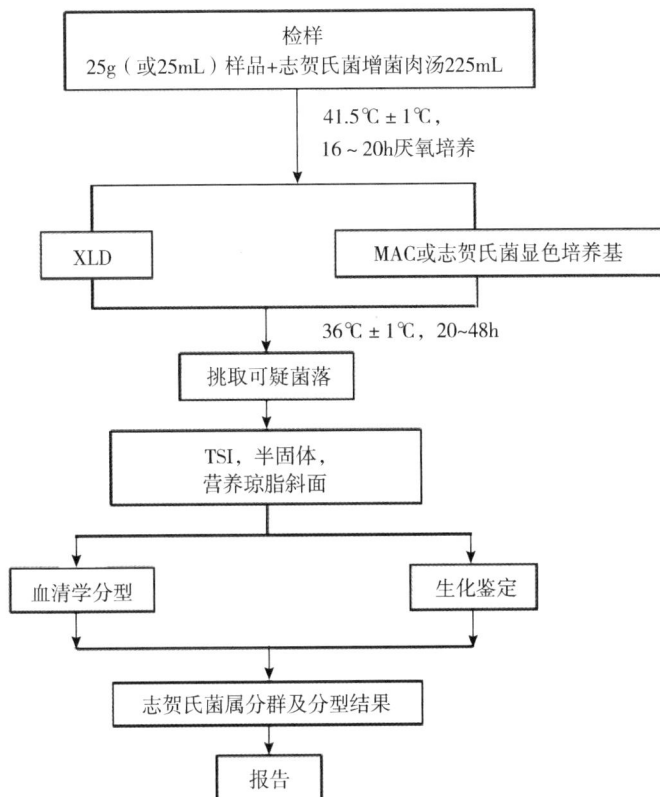

图 8-8 志贺氏菌检验程序

5.2 分离

取增菌后的志贺氏增菌液分别划线接种于 XLD 琼脂平板和 MAC 琼脂平板或志贺氏菌显色培养基平板上，于 36℃±1℃ 培养 20~24h，观察各个平板上生长的菌落形态。宋内氏志贺氏菌的单个菌落直径大于其他志贺氏菌。若出现的菌落不典型或菌落较小不易观察，则继续培养至 48h 再进行观察。志贺氏菌在不同选择性琼脂平板上的菌落特征见表 8-11。

表 8-11 志贺氏菌在不同选择性琼脂平板上的菌落特征

选择性琼脂平板	志贺氏菌的菌落特征
MAC 琼脂	无色至浅粉红色，半透明、光滑、湿润、圆形、边缘整齐或不齐
XLD 琼脂	粉红色至无色，半透明、光滑、湿润、圆形、边缘整齐或不齐
志贺氏菌显色培养基	按照显色培养基的说明进行判定

5.3 初步生化试验

5.3.1 自选择性琼脂平板上分别挑取 2 个以上典型或可疑菌落，分别接种 TSI、半固体和营养琼脂斜面各一管，置 36℃±1℃ 培养 20~24h，分别观察结果。

5.3.2 凡是三糖铁琼脂中斜面产碱、底层产酸（发酵葡萄糖，不发酵乳糖，蔗糖）、不产气（福氏志贺氏菌 6 型可产生少量气体）、不产硫化氢、半固体管中无动力的菌株，挑取其 5.3.1 中已培养的营养琼脂斜面上生长的菌苔，进行生化试验和血清学分型。

5.4　生化试验及附加生化试验

5.4.1　生化试验

用 5.3.1 中已培养的营养琼脂斜面上生长的菌苔，进行生化试验，即 β-半乳糖苷酶、尿素、赖氨酸脱羧酶、鸟氨酸脱羧酶以及水杨苷和七叶苷的分解试验。除宋内氏志贺氏菌、鲍氏志贺氏菌 13 型的鸟氨酸阳性；宋内氏菌和痢疾志贺氏菌 1 型，鲍氏志贺氏菌 13 型的 β-半乳糖苷酶为阳性以外，其余生化试验志贺氏菌属的培养物均为阴性结果。另外由于福氏志贺氏菌 6 型的生化特性和痢疾志贺氏菌或鲍氏志贺氏菌相似，必要时还需加做靛基质、甘露醇、棉子糖、甘油试验，也可做革兰氏染色检查和氧化酶试验，应为氧化酶阴性的革兰氏阴性杆菌。生化反应不符合的菌株，即使能与某种志贺氏菌分型血清发生凝集，仍不得判定为志贺氏菌属。志贺氏菌属生化特性见表 8-12。

表 8-12　志贺氏菌属 4 个群的生化特征

生化反应	A 群：痢疾志贺氏菌	B 群：福氏志贺氏菌	C 群：鲍氏志贺氏菌	D 群：宋内氏志贺氏菌
β-半乳糖苷酶	$-^a$	$-$	$-^a$	$+$
尿素	$-$	$-$	$-$	$-$
赖氨酸脱羧酶	$-$	$-$	$-$	$-$
鸟氨酸脱羧酶	$-$	$-$	$-^b$	$+$
水杨苷	$-$	$-$	$-$	$-$
七叶苷	$-$	$-$	$-$	$-$
靛基质	$-/+$	$(+)$	$-/+$	$-$
甘露醇	$-$	$+^c$	$+$	$+$
棉子糖	$-$	$+$	$-$	$+$
甘油	$(+)$	$-$	$(+)$	d

注：+表示阳性；-表示阴性；-/+表示多数阴性；+/-表示多数阳性；(+) 表示迟缓阳性；d 表示有不同生化型。
　　a 表示痢疾志贺 1 型和鲍氏 13 型为阳性。b 表示鲍氏 13 型为鸟氨酸阳性。c 表示福氏 4 型和 6 型常见甘露醇阴性变种。

5.4.2　附加生化实验

由于某些不活泼的大肠埃希氏菌（anaerogenic *E. coli*）、A-D（Alkalescens-D isparbio-types 碱性-异型）菌的部分生化特征与志贺氏菌相似，并能与某种志贺氏菌分型血清发生凝集；因此前面生化实验符合志贺氏菌属生化特性的培养物还需另加葡萄糖胺、西蒙氏柠檬酸盐、黏液酸盐试验（36℃培养 24～48h）。志贺氏菌属和不活泼大肠埃希氏菌、A-D 菌的生化特性区别见表 8-13。

表 8-13　志贺氏菌属和不活泼大肠埃希氏菌、A-D 菌的生化特性区别

生化反应	A 群：痢疾志贺氏菌	B 群：福氏志贺氏菌	C 群：鲍氏志贺氏菌	D 群：宋内氏志贺氏菌	大肠埃希氏菌	A-D 菌
葡萄糖铵	-	-	-	-	+	+
西蒙氏柠檬酸盐	-	-	-	-	d	d
黏液酸盐	-	-	-	d	+	d

注 1：+表示阳性；-表示阴性；d 表示有不同生化型。

注 2：在葡萄糖铵、西蒙氏柠檬酸盐、黏液酸盐试验三项反应中志贺氏菌一般为阴性，而不活泼的大肠埃希氏菌、A-D（碱性-异型）菌至少有一项反应为阳性。

5.4.3　如选择生化鉴定试剂盒或全自动微生物生化鉴定系统，可根据 5.3.2 的初步判断结果，用 5.3.1 中已培养的营养琼脂斜面上生长的菌苔，使用生化鉴定试剂盒或全自动微生物生化鉴定系统进行鉴定。

5.5　血清学鉴定

5.5.1　抗原的准备

志贺氏菌属没有动力，所以没有鞭毛抗原。志贺氏菌属主要有菌体（O）抗原。菌体（O）抗原又可分为型和群的特异性抗原。

一般采用 1.2%~1.5% 琼脂培养物作为玻片凝集试验用的抗原。

注 1：一些志贺氏菌如果因为 K 抗原的存在而不出现凝集反应时，可挑取菌苔于 1mL 生理盐水做成浓菌液，100℃煮沸 15~60min 去除 K 抗原后再检查。

注 2：D 群志贺氏菌既可能是光滑型菌株也可能是粗糙型菌株，与其他志贺氏菌群抗原不存在交叉反应。与肠杆菌科不同，宋内氏志贺氏菌粗糙型菌株不一定会自凝。宋内氏志贺氏菌没有 K 抗原。

5.5.2　凝集反应

在玻片上划出 2 个约 1cm×2cm 的区域，挑取一环待测菌，各放 1/2 环于玻片上的每一区域上部，在其中一个区域下部加 1 滴抗血清，在另一区域下部加入 1 滴生理盐水，作为对照。再用无菌的接种环或针分别将两个区域内的菌落研成乳状液。将玻片倾斜摇动混合 1min，并对着黑色背景进行观察，如果抗血清中出现凝结成块的颗粒，而且生理盐水中没有发生自凝现象，那么凝集反应为阳性。如果生理盐水中出现凝集，视作为自凝。这时，应挑取同一培养基上的其他菌落继续进行试验。

如果待测菌的生化特征符合志贺氏菌属生化特征，而其血清学试验为阴性的话，则按 5.5.1 注 1 进行试验。

5.5.3　血清学分型（选做项目）

先用四种志贺氏菌多价血清检查，如果呈现凝集，则再用相应各群多价血清分别试验。先用 B 群福氏志贺氏菌多价血清进行实验，如呈现凝集，再用其群和型因子血清分别检查。如果 B 群多价血清不凝集，则用 D 群宋内氏志贺氏菌血清进行实验，如呈现凝集，则用其Ⅰ相和Ⅱ相血清检查；如果 B、D 群多价血清都不凝集，则用 A 群痢疾志贺氏菌多价血清及 1~12 各型因子血清检查，如果上述三种多价血清都不凝集，可用 C 群鲍氏志贺

氏菌多价检查，并进一步用1~18各型因子血清检查。福氏志贺氏菌各型和亚型的型抗原和群抗原鉴别见表8-14。

表8-14　福氏志贺氏菌各型和亚型的型抗原和群抗原的鉴别表

型和亚型	型抗原	群抗原	在群因子血清中的凝集		
			3, 4	6	7, 8
1a	I	4	+	−	−
1b	I	(4), 6	(+)	+	−
2a	II	3, 4	+	−	−
2b	II	7, 8	−	−	+
3a	III	(3, 4), 6, 7, 8	(+)	+	+
3b	III	(3, 4), 6	(+)	+	−
4a	IV	3, 4	+	−	−
4b	IV	6	−	+	−
4c	IV	7, 8	−	−	+
5a	V	(3, 4)	(+)	−	−
5b	V	7, 8	−	−	+
6	VI	4	+	−	−
X	—	7, 8	−	−	+
Y	—	3, 4	+	−	−

注：+表示凝集；−表示不凝集；( ) 表示有或无。

5.6　结果报告

综合以上生化试验和血清学鉴定的结果，报告25g（mL）样品中检出或未检出志贺氏菌。

附录A　培养基和试剂

A.1　志贺氏菌增菌肉汤-新生霉素（*Shigella* broth）

A.1.1　志贺氏菌增菌肉汤

A.1.1.1 成分

胰蛋白胨	20.0g
葡萄糖	1.0g
磷酸氢二钾	2.0g
磷酸二氢钾	2.0g

氯化钠	5.0g
吐温 80（Tween 80）	1.5mL
蒸馏水	1000.0mL

A.1.1.2 制法

将以上成分混合加热溶解，冷却至 25℃ 左右校正 pH 至 7.0±0.2，分装适当的容器，121℃ 灭菌 15min。取出后冷却至 50~55℃，加入除菌过滤的新生霉素溶液（0.5μg/mL），分装 225mL 备用。

注：如不立即使用，在 2~8℃ 条件下可储存一个月。

A.1.2 新生霉素溶液

A.1.2.1 成分

| 新生霉素 | 25.0mg |
| 蒸馏水 | 1000.0mL |

A.1.2.2 制法

将新生霉素溶解于蒸馏水中，用 0.22μm 过滤膜除菌，如不立即使用，在 2~8℃ 条件下可储存一个月。

A.1.3 临用时每 225mL 志贺氏菌增菌肉汤（A.1.1）加入 5mL 新生霉素溶液（A.1.2），混匀。

A.2 麦康凯（MAC）琼脂

A.2.1 成分

蛋白胨	20.0g
乳糖	10.0g
3 号胆盐	1.5g
氯化钠	5.0g
中性红	0.03g
结晶紫	0.001g
琼脂	15.0g
蒸馏水	1000.0mL

A.2.2 制法

将以上成分混合加热溶解，冷却至 25℃ 左右校正 pH 至 7.2±0.2，分装，121℃ 高压灭菌 15min。冷却至 45~50℃，倾注平板。

注：如不立即使用，在 2~8℃ 条件下可储存二周。

A.3　木糖赖氨酸脱氧胆盐（XLD）琼脂

A.3.1　成分

酵母膏	3.0g
L-赖氨酸	5.0g
木糖	3.75g
乳糖	7.5g
蔗糖	7.5g
脱氧胆酸钠	1.0g
氯化钠	5.0g
硫代硫酸钠	6.8g
柠檬酸铁铵	0.8g
酚红	0.08g
琼脂	15.0g
蒸馏水	1000.0mL

A.3.2　制法

除酚红和琼脂外，将其他成分加入 400mL 蒸馏水中，煮沸溶解，校正 pH 至 7.4±0.2。另将琼脂加入 600mL 蒸馏水中，煮沸溶解。

将上述两溶液混合均匀后，再加入指示剂，待冷至 50~55℃倾注平皿。

注：本培养基不需要高压灭菌，在制备过程中不宜过分加热，避免降低其选择性，贮于室温暗处。本培养基宜于当天制备，第二天使用。使用前必须去除平板表面上的水珠，在 37~55℃温度下，琼脂面向下、平板盖亦向下烘干。另外如配制好的培养基不立即使用，在 2~8℃条件下可储存二周。

A.4　三糖铁（TSI）琼脂

A.4.1　成分

蛋白胨	20.0g
牛肉浸膏	5.0g
乳糖	10.0g
蔗糖	10.0g
葡萄糖	1.0g
硫酸亚铁铵 $(NH_4)_2Fe(SO_4)_2 \cdot 6H_2O$	0.2g

氯化钠	5.0g
硫代硫酸钠	0.2g
酚红	0.025g
琼脂	12.0g
蒸馏水	1000.0mL

A.4.2　制法

除酚红和琼脂外，将其他成分加于400mL蒸馏水中，搅拌均匀，静置约10min，加热使完全溶化，冷却至25℃左右校正pH至7.4±0.2。另将琼脂加于600mL蒸馏水中，静置约10min，加热使完全溶化。将两溶液混合均匀，加入5%酚红水溶液5mL，混匀，分装小号试管，每管约3mL。于121℃灭菌15min，制成高层斜面。冷却后呈桔红色。如不立即使用，在2~8℃条件下可储存一个月。

A.5　营养琼脂斜面

A.5.1　成分

蛋白胨	10.0g
牛肉膏	3.0g
氯化钠	5.0g
琼脂	15.0g
蒸馏水	1000.0mL

A.5.2　制法

将除琼脂以外的各成分溶解于蒸馏水内，加入15%氢氧化钠溶液约2mL，冷却至25℃左右校正pH至7.0±0.2。加入琼脂，加热煮沸，使琼脂溶化。分装小号试管，每管约3mL。于121℃灭菌15min，制成斜面。

注：如不立即使用，在2~8℃条件下可储存二周。

A.6　半固体琼脂

A.6.1　成分

蛋白胨	1.0g
牛肉膏	0.3g
氯化钠	0.5g
琼脂	0.3~0.7g
蒸馏水	100.0mL

A.6.2 制法

按以上成分配好，加热溶解，并校正 pH 至 7.4±0.2，分装小试管，121℃灭菌 15min，直立凝固备用。

A.7 葡萄糖铵培养基

A.7.1 成分

氯化钠	5.0g
硫酸镁（$MgSO_4 \cdot 7H_2O$）	0.2g
磷酸二氢铵	1.0g
磷酸氢二钾	1.0g
葡萄糖	2.0g
琼脂	20.0g
0.2%溴麝香草酚蓝水溶液	40.0mL
蒸馏水	1000.0mL

A.7.2 制法

先将盐类和糖溶解于水内，校正 pH 至 6.8±0.2，再加琼脂加热溶解，然后加入指示剂。混合均匀后分装试管，121℃高压灭菌 15min。制成斜面备用。

A.7.3 试验方法

用接种针轻轻触及培养物的表面，在盐水管内做成极稀的悬液，肉眼观察不到混浊，以每一接种环内含菌数在 20~100 之间为宜。将接种环灭菌后挑取菌液接种，同时再以同法接种普通斜面一支作为对照。于 36℃±1℃培养 24h。阳性者葡萄糖铵斜面上有正常大小的菌落生长；阴性者不生长，但在对照培养基上生长良好。如在葡萄糖铵斜面生长极微小的菌落可视为阴性结果。

注：容器使用前应用清洁液浸泡。再用清水、蒸馏水冲洗干净，并用新棉花做成棉塞，干热灭菌后使用。如果操作时不注意，有杂质污染时，易造成假阳性的结果。

A.8 尿素琼脂

A.8.1 成分

蛋白胨	1.0g
氯化钠	5.0g
葡萄糖	1.0g
磷酸二氢钾	2.0g
0.4%酚红溶液	3.0mL

琼脂	20.0g
20%尿素溶液	100.0mL
蒸馏水	900.0mL

A.8.2 制法

除酚红和尿素外的其他成分加热溶解，冷却至25℃左右校正pH至7.2±0.2，加入酚红指示剂，混匀，于121℃灭菌15min。冷至约55℃，加入用0.22μm过滤膜除菌后的20%尿素水溶液100mL，混匀，以无菌操作分装灭菌试管，每管约3~4mL，制成斜面后放冰箱备用。

A.8.3 试验方法

挑取琼脂培养物接种，在36℃±1℃培养24h，观察结果。尿素酶阳性者由于产碱而使培养基变为红色。

A.9 β-半乳糖苷酶培养基

A.9.1 液体法（ONPG法）

A.9.1.1 成分

邻硝基苯β-D-半乳糖苷（ONPG）	60.0mg
0.01mol/L磷酸钠缓冲液（pH7.5±0.2）	10.0mL
1%蛋白胨水（pH7.5±0.2）	30.0mL

A.9.1.2 制法

将ONPG溶于缓冲液内，加入蛋白胨水，以过滤法除菌，分装于10mm×75mm试管内，每管0.5mL，用橡皮塞塞紧。

A.9.1.3 试验方法

自琼脂斜面挑取培养物一满环接种，于36℃±1℃培养1~3h和24h观察结果。如果β-D-半乳糖苷酶产生，则于1~3h变黄色，如无此酶则24h不变色。

A.9.2 平板法（X-Gal法）

A.9.2.1 成分

蛋白胨	20.0g
氯化钠	3.0g
5-溴-4-氯-3-吲哚-β-D-半乳糖苷（X-Gal）	200.0mg
琼脂	15.0g
蒸馏水	1000.0mL

A.9.2.2 制法

将各成分（A.9.2.1）加热煮沸于1L水中，冷却至25℃左右校正pH至7.2±0.2，

115℃高压灭菌10min。倾注平板避光冷藏备用。

A.9.2.3　试验方法

挑取琼脂斜面培养物接种于平板，划线和点种均可，于36℃±1℃培养18~24h观察结果。如果β-D-半乳糖苷酶产生，则平板上培养物颜色变蓝色，如无此酶则培养物为无色或不透明色，培养48~72h后有部分转为淡粉红色。

A.10　氨基酸脱羧酶试验培养基

A.10.1　成分

蛋白胨	5.0g
酵母浸膏	3.0g
葡萄糖	1.0g
1.6%溴甲酚紫-乙醇溶液	1.0mL
L型或DL型赖氨酸和鸟氨酸	0.5g/100mL或1.0g/100mL
蒸馏水	1000.0mL

A.10.2　制法

除氨基酸以外的成分加热溶解后，分装每瓶100mL，分别加入赖氨酸和鸟氨酸。L-氨基酸按0.5%加入，DL-氨基酸按1%加入，再校正pH至6.8±0.2。对照培养基不加氨基酸。分装于灭菌的小试管内，每管0.5mL，上面滴加一层石蜡油，115℃高压灭菌10min。

A.10.3　试验方法

从琼脂斜面上挑取培养物接种，于36℃±1℃培养18~24h，观察结果。氨基酸脱羧酶阳性者由于产碱，培养基应呈紫色。阴性者无碱性产物，但因葡萄糖产酸而使培养基变为黄色。阴性对照管应为黄色，空白对照管为紫色。

A.11　糖发酵管

A.11.1　成分

牛肉膏	5.0g
蛋白胨	10.0g
氯化钠	3.0g
磷酸氢二钠（$Na_2HPO_4 \cdot 12H_2O$）	2.0g
0.2%溴麝香草酚蓝溶液	12.0mL
蒸馏水	1000.0mL

A.11.2　制法

A.11.2.1　葡萄糖发酵管按上述成分配好后，按0.5%加入葡萄糖，25℃左右校正pH至

7.4±0.2，分装于有一个倒置小管的小试管内，121℃高压灭菌15min。

A.11.2.2　其他各种糖发酵管可按上述成分配好后，分装每瓶100mL，121℃高压灭菌15min。另将各种糖类分别配好10%溶液，同时高压灭菌。将5mL糖溶液加入于100mL培养基内，以无菌操作分装小试管。

注：蔗糖不纯，加热后会自行水解者，应采用过滤法除菌。

A.11.3　试验方法

从琼脂斜面上挑取小量培养物接种，于36℃±1℃培养，一般观察2~3d。迟缓反应需观察14~30d。

A.12　西蒙氏柠檬酸盐培养基

A.12.1　成分

氯化钠	5.0g
硫酸镁（$MgSO_4 \cdot 7H_2O$）	0.2g
磷酸二氢铵	1.0g
磷酸氢二钾	1.0g
柠檬酸钠	5.0g
琼脂	20g
0.2%溴麝香草酚蓝溶液	40.0mL
蒸馏水	1000.0mL

A.12.2　制法

先将盐类溶解于水内，调至pH 6.8±0.2，加入琼脂，加热溶化。然后加入指示剂，混合均匀后分装试管，121℃灭菌15min。制成斜面备用。

A.12.3　试验方法

挑取少量琼脂培养物接种，于36℃±1℃培养4d，每天观察结果。阳性者斜面上有菌落生长，培养基从绿色转为蓝色。

A.13　黏液酸盐培养基

A.13.1　测试肉汤

A.13.1.1　成分

酪蛋白胨	10.0g
溴麝香草酚蓝溶液	0.024g
蒸馏水	1000.0mL
黏液酸	10.0g

A. 13. 1. 2 制法

慢慢加入 5N 氢氧化钠以溶解黏液酸，混匀。

其余成分加热溶解，加入上述黏液酸，冷却至 25℃ 左右校正 pH 至 7.4±0.2，分装试管，每管约 5mL，于 121℃ 高压灭菌 10min。

A. 13. 2 质控肉汤

A. 13. 2. 1 成分

酪蛋白胨	10. 0g
溴麝香草酚蓝溶液	0. 024g
蒸馏水	1000. 0mL

A. 13. 2. 2 制法

所有成分加热溶解，冷却至 25℃ 左右校正 pH 至 7.4±0.2，分装试管，每管约 5mL，于 121℃ 高压灭菌 10min。

A. 13. 3 试验方法

将待测新鲜培养物接种测试肉汤（A. 13. 1）和质控肉汤（A. 13. 2），于 36℃±1℃ 培养 48h 观察结果，肉汤颜色蓝色不变则为阴性结果，黄色或稻草黄色为阳性结果。

A. 14 蛋白胨水、靛基质试剂

A. 14. 1 成分

蛋白胨（或胰蛋白胨）	20. 0g
氯化钠	5. 0g
蒸馏水	1000. 0mL
pH 7. 4	

A. 14. 2 制法

按上述成分配制，分装小试管，121℃ 高压灭菌 15min。

注：此试剂在 2~8℃ 条件下可储存一个月。

A. 14. 3 靛基质试剂

A. 14. 3. 1 柯凡克试剂：将 5g 对二甲氨基苯甲醛溶解于 75mL 戊醇中。然后缓慢加入浓盐酸 25mL。

A. 14. 3. 2 欧-波试剂：将 1g 对二甲氨基苯甲醛溶解于 95mL 95% 乙醇内。然后缓慢加入浓盐酸 20mL。

A. 14. 4 试验方法

挑取少量培养物接种，在 36℃±1℃ 培养 1~2d，必要时可培养 4~5d。加入柯凡克试剂约 0.5mL，轻摇试管，阳性者于试剂层呈深红色；或加入欧-波试剂约 0.5mL，沿管壁流下，覆盖于培养液表面，阳性者于液面接触处呈玫瑰红色。

注：蛋白胨中应含有丰富的色氨酸。每批蛋白胨买来后，应先用已知菌种鉴定后方可使用，此试剂在 2~8℃条件下可储存一个月。

六、GB 4789.6—2016 食品微生物学检验　致泻大肠埃希氏菌检验

1　范围

本标准规定了食品中致泻大肠埃希氏菌（Diarrheagenic *Escherichia coli*）的检验方法。

本标准适用于食品中致泻大肠埃希氏菌的检验。

2　术语和定义、缩略语

2.1　术语和定义

下列术语和定义适用于本文件。

2.1.1　致泻大肠埃希氏菌 Diarrheagenic *Escherichia coli*

一类能引起人体以腹泻症状为主的大肠埃希氏菌，可经过污染食物引起人类发病。常见的致泻大肠埃希氏菌主要包括肠道致病性大肠埃希氏菌、肠道侵袭性大肠埃希氏菌、产肠毒素大肠埃希氏菌、产志贺毒素大肠埃希氏菌（包括肠道出血性大肠埃希氏菌）和肠道集聚性大肠埃希氏菌。

2.1.2　肠道致病性大肠埃希氏菌 Enteropathogenic *Escherichia coli*

能够引起宿主肠黏膜上皮细胞黏附及擦拭性损伤，且不产生志贺毒素的大肠埃希氏菌。该菌是婴幼儿腹泻的主要病原菌，有高度传染性，严重者可致死。

2.1.3　肠道侵袭性大肠埃希氏菌 Enteroinvasive *Escherichia coli*

能够侵入肠道上皮细胞而引起痢疾样腹泻的大肠埃希氏菌。该菌无动力、不发生赖氨酸脱羧反应、不发酵乳糖，生化反应和抗原结构均近似痢疾志贺氏菌。侵入上皮细胞的关键基因是侵袭性质粒上的抗原编码基因及其调控基因，如 *ipaH* 基因、*ipaR* 基因（又称为 *invE* 基因）。

2.1.4　产肠毒素大肠埃希氏菌 Enterotoxigenic *Escherichia coli*

能够分泌热稳定性肠毒素或/和热不稳定性肠毒素的大肠埃希氏菌。该菌可引起婴幼儿和旅游者腹泻，一般呈轻度水样腹泻，也可呈严重的霍乱样症状，低热或不发热。腹泻常为自限性，一般 2~3d 即自愈。

2.1.5　产志贺毒素大肠埃希氏菌 Shiga toxin-producing *Escherichia coli*（肠道出血性大肠埃希氏菌 Enterohemorrhagic *Escherichia coli*）

能够分泌志贺毒素、引起宿主肠黏膜上皮细胞黏附及擦拭性损伤的大肠埃希氏菌。有些产志贺毒素大肠埃希氏菌在临床上引起人类出血性结肠炎（HC）或血性腹泻，并可进一步发展为溶血性尿毒综合征（HUS），这类产志贺毒素大肠埃希氏菌为肠道出血性大肠埃希氏菌。

2.1.6　肠道集聚性大肠埃希氏菌 Enteroaggregative *Escherichia coli*

肠道集聚性大肠埃希氏菌不侵入肠道上皮细胞，但能引起肠道液体蓄积。不产生热稳定性肠毒素或热不稳定性肠毒素，也不产生志贺毒素。唯一特征是能对 Hep-2 细胞形成

集聚性黏附，也称 Hep-2 细胞黏附性大肠埃希氏菌。

2.2　缩略语

下列缩略语适用于本文件。

2.2.1　DEC：致泻大肠埃希氏菌 Diarrheagenic *Escherichia coli*

2.2.2　EPEC：肠道致病性大肠埃希氏菌 Enteropathogenic *Escherichia coli*

2.2.3　EIEC：肠道侵袭性大肠埃希氏菌 Enteroinvasive *Escherichia coli*

2.2.4　ETEC：产肠毒素大肠埃希氏菌 Enterotoxigenic *Escherichia coli*

2.2.5　STEC：产志贺毒素大肠埃希氏菌 Shiga toxin-producing *Escherichia coli*

2.2.6　EHEC：肠道出血性大肠埃希氏菌 Enterohemorrhagic *Escherichia coli*

2.2.7　EAEC：肠道集聚性大肠埃希氏菌 Enteroaggregative *Echerichia coli*

2.2.8　*escV*：蛋白分泌物调节基因 Gene encoding LEE-encoded type Ⅲ secretion system factor

2.2.9　*eae*：紧密素基因 Gene encoding intimin for *Escherichia coli* attaching and effacing

2.2.10　*bfpB*：束状菌毛 B 基因 bundle-forming pilus B

2.2.11　*stx*1：志贺毒素Ⅰ基因 Shiga toxin one

2.2.12　*stx*2：志贺毒素Ⅱ基因 Shiga toxin two

2.2.13　*lt*：热不稳定性肠毒素基因 heat-labile enterotoxin

2.2.14　*st*：热稳定性肠毒素基因 heat-stable enterotoxin

2.2.15　*stp*（*stIa*）：猪源热稳定性肠毒素基因 heat-stable enterotoxins initially discovered in the isolates from pigs

2.2.16　*sth*（*stIb*）：人源热稳定性肠毒素基因 heat-stable enterotoxins initially discovered in the isolates from human

2.2.17　*invE*：侵袭性质粒调节基因 Invasive plasmid regulator

2.2.18　*ipaH*：侵袭性质粒抗原 H 基因 Invasive plasmid antigen H-gene

2.2.19　*aggR*：集聚黏附菌毛调节基因 Aggregative adhesive fimbriae regulator

2.2.20　*uidA*：β-葡萄糖苷酶基因，β-glucuronidase gene

2.2.21　*astA*：集聚热稳定性毒素 A 基因 Enteroaggregative heat-stable enterotoxin A

2.2.22　*pic*：肠定植因子基因 Protein involved in intestinal colonization

2.2.23　*LEE*：肠细胞损伤基因座 Locus of enterocyte effacement

2.2.24　*EAF*：EPEC 黏附因子 EPEC adhesive factor

3　设备和材料

除微生物实验室常规灭菌及培养设备外，其他设备和材料如下：

3.1　恒温培养箱：36℃±1℃，42℃±1℃。

3.2　冰箱：2~5℃。

3.3　恒温水浴箱：50℃±1℃，100℃或适配 1.5mL 或 2.0mL 金属浴（95~100℃）。

3.4　电子天平：感量为 0.1g 和 0.01g。

3.5　显微镜：10×~100×。

3.6　均质器。

3.7 振荡器。

3.8 无菌吸管：1mL（具0.01mL刻度），10mL（具0.1mL刻度）或微量移液器及吸头。

3.9 无菌均质杯或无菌均质袋：容量500mL。

3.10 无菌培养皿：直径90mm。

3.11 pH计或精密pH试纸。

3.12 微量离心管：1.5mL或2.0mL。

3.13 接种环：1μL。

3.14 低温高速离心机：转速≥13 000r/min，控温4~8℃。

3.15 微生物鉴定系统。

3.16 PCR仪。

3.17 微量移液器及吸头：0.5~2μL，2~20μL，20~200μL，200~1000μL。

3.18 水平电泳仪：包括电源、电泳槽、制胶槽（长度>10cm）和梳子。

3.19 8联排管和8联排盖（平盖/凸盖）。

3.20 凝胶成像仪。

4 培养基和试剂

4.1 营养肉汤：见附录A.1。

4.2 肠道菌增菌肉汤：见附录A.2。

4.3 麦康凯（MAC）琼脂：见附录A.3。

4.4 伊红美蓝（EMB）琼脂：见附录A.4。

4.5 三糖铁（TSI）琼脂：见附录A.5。

4.6 蛋白胨水、靛基质试剂：见附录A.6。

4.7 半固体琼脂：见附录A.7。

4.8 尿素琼脂（pH 7.2）：见附录A.8。

4.9 氰化钾（KCN）培养基：见附录A.9。

4.10 氧化酶试剂：见附录A.10。

4.11 革兰氏染色液：见附录A.11。

4.12 BHI肉汤：见附录A.12。

4.13 福尔马林（含38%~40%甲醛）。

4.14 鉴定试剂盒。

4.15 大肠埃希氏菌诊断血清。

4.16 灭菌去离子水。

4.17 0.85%灭菌生理盐水。

4.18 TE（pH 8.0）：见附录A.13。

4.19 10×PCR反应缓冲液：见附录A.14。

4.20 25mmol/L MgCl$_2$。

4.21 dNTPs：dATP、dTTP、dGTP、dCTP每种浓度为2.5mmol/L。

4.22 5U/L Taq酶。

4.23 引物。

4.24 50×TAE 电泳缓冲液：见附录 A.15。

4.25 琼脂糖。

4.26 溴化乙锭（EB）或其他核酸染料。

4.27 6×上样缓冲液：见附录 A.16。

4.28 Marker：分子量包含 100bp、200bp、300bp、400bp、500bp、600bp、700bp、800bp、900bp、1000bp、1500bp 条带。

4.29 致泻大肠埃希氏菌 PCR 试剂盒。

5 检验程序

致泻大肠埃希氏菌检验程序见图 8-9。

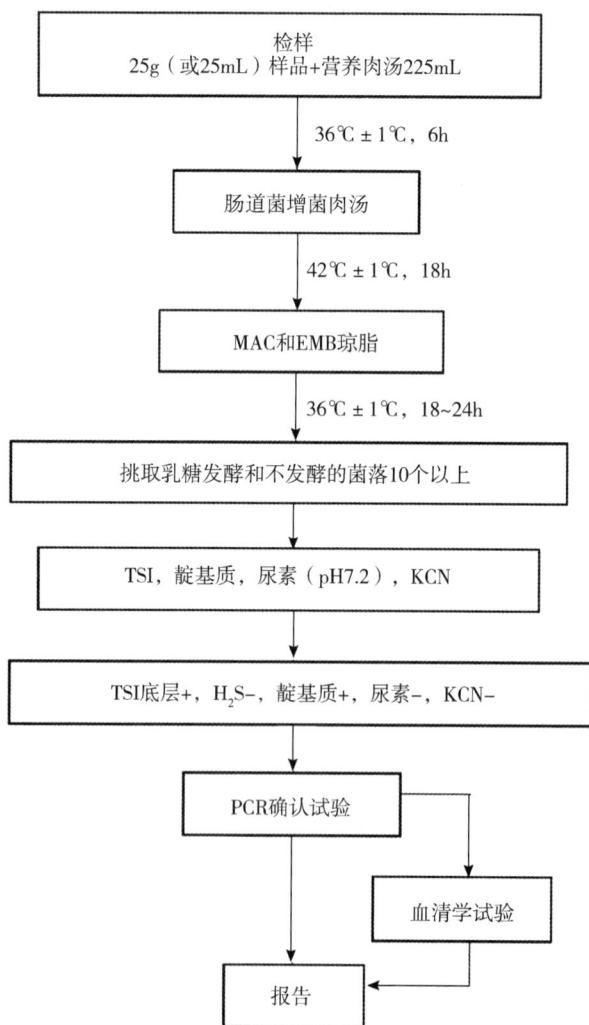

```
┌─────────────────────────────────────┐
│              检样                    │
│  25g（或25mL）样品+营养肉汤225mL      │
└─────────────────────────────────────┘
                  │ 36℃±1℃，6h
                  ▼
        ┌──────────────────┐
        │   肠道菌增菌肉汤   │
        └──────────────────┘
                  │ 42℃±1℃，18h
                  ▼
        ┌──────────────────┐
        │   MAC和EMB琼脂     │
        └──────────────────┘
                  │ 36℃±1℃，18~24h
                  ▼
   ┌─────────────────────────────────┐
   │   挑取乳糖发酵和不发酵的菌落10个以上  │
   └─────────────────────────────────┘
                  │
                  ▼
   ┌─────────────────────────────────┐
   │   TSI，靛基质，尿素（pH7.2），KCN    │
   └─────────────────────────────────┘
                  │
                  ▼
   ┌──────────────────────────────────────┐
   │ TSI底层+，H₂S-，靛基质+，尿素-，KCN-   │
   └──────────────────────────────────────┘
                  │
                  ▼
        ┌──────────────┐
        │  PCR确认试验   │────────┐
        └──────────────┘        │
                  │              ▼
                  │        ┌──────────┐
                  │        │ 血清学试验 │
                  │        └──────────┘
                  ▼              │
        ┌──────────┐◄───────────┘
        │   报告    │
        └──────────┘
```

图 8-9 致泻大肠埃希氏菌检验程序

6 操作步骤

6.1 样品制备

6.1.1 固态或半固态样品

固体或半固态样品，以无菌操作称取检样 25g，加入装有 225mL 营养肉汤的均质杯中，用旋转刀片式均质器以 8000~10 000r/min 均质 1~2min；或加入装有 225mL 营养肉汤的均质袋中，用拍击式均质器均质 1~2min。

6.1.2 液态样品

以无菌操作量取检样 25mL，加入装有 225mL 营养肉汤的无菌锥形瓶（瓶内可预置适当数量的无菌玻璃珠），振荡混匀。

6.2 增菌

将 6.1 制备的样品匀液于 36℃±1℃ 培养 6h。取 10μL，接种于 30mL 肠道菌增菌肉汤管内，于 42℃±1℃ 培养 18h。

6.3 分离

将增菌液划线接种 MAC 和 EMB 琼脂平板，于 36℃±1℃ 培养 18~24h，观察菌落特征。在 MAC 琼脂平板上，分解乳糖的典型菌落为砖红色至桃红色，不分解乳糖的菌落为无色或淡粉色；在 EMB 琼脂平板上，分解乳糖的典型菌落为中心紫黑色带或不带金属光泽，不分解乳糖的菌落为无色或淡粉色。

6.4 生化试验

6.4.1 选取平板上可疑菌落 10~20 个（10 个以下全选），应挑取乳糖发酵，以及乳糖不发酵和迟缓发酵的菌落，分别接种 TSI 斜面。同时将这些培养物分别接种蛋白胨水、尿素琼脂（pH 7.2）和 KCN 肉汤。于 36℃±1℃ 培养 18~24h。

6.4.2 TSI 斜面产酸或不产酸，底层产酸，靛基质阳性，H_2S 阴性和尿素酶阴性的培养物为大肠埃希氏菌。TSI 斜面底层不产酸，或 H_2S、KCN、尿素有任一项为阳性的培养物，均非大肠埃希氏菌。必要时做革兰氏染色和氧化酶试验。大肠埃希氏菌为革兰氏阴性杆菌，氧化酶阴性。

6.4.3 如选择生化鉴定试剂盒或微生物鉴定系统，可从营养琼脂平板上挑取经纯化的可疑菌落用无菌稀释液制备成浊度适当的菌悬液，使用生化鉴定试剂盒或微生物鉴定系统进行鉴定。

6.5 PCR 确认试验

6.5.1 取生化反应符合大肠埃希氏菌特征的菌落进行 PCR 确认试验。

注：PCR 实验室区域设计、工作基本原则及注意事项应参照《疾病预防控制中心建设标准》（建标 127—2009）和国家卫生和计划生育委员会（原卫生部）（2010）《医疗机构临床基因扩增管理办法》附录（医疗机构临床基因扩增检验实验室工作导则）。

6.5.2 使用 1μL 接种环刮取营养琼脂平板或斜面上培养 18~24h 的菌落，悬浮在 200μL 0.85% 灭菌生理盐水中，充分打散制成菌悬液，于 13 000r/min 离心 3min，弃掉上清液。加入 1mL 灭菌去离子水充分混匀菌体，于 100℃ 水浴或者金属浴维持 10min；冰浴冷却后，

13 000r/min 离心 3min，收集上清液；按 1∶10 的比例用灭菌去离子水稀释上清液，取 2μL 作为 PCR 检测的模板；所有处理后的 DNA 模板直接用于 PCR 反应或暂存于 4℃并当天进行 PCR 反应；否则，应在-20℃以下保存备用（1 周内）。也可用细菌基因组提取试剂盒提取细菌 DNA，操作方法按照细菌基因组提取试剂盒说明书进行。

6.5.3 每次 PCR 反应使用 EPEC、EIEC、ETEC、STEC/EHEC、EAEC 标准菌株作为阳性对照。同时，使用大肠埃希氏菌 ATCC25922 或等效标准菌株作为阴性对照，以灭菌去离子水作为空白对照，控制 PCR 体系污染。致泻大肠埃希氏菌特征性基因见表 8-15。

表 8-15 五种致泻大肠埃希氏菌特征基因

致泻大肠埃希氏菌类别	特征性基因	
EPEC	*escV* 或 *eae*、*bfpB*	*uidA*
STEC/EHEC	*escV* 或 *eae*、*stx*1、*stx*2	
EIEC	*invE* 或 *ipaH*	
ETEC	*lt*、*stp*、*sth*	
EAEC	*astA*、*aggR*、*pic*	

6.5.4 PCR 反应体系配制。每个样品初筛需配置 12 个 PCR 扩增反应体系，对应检测 12 个目标基因，具体操作如下：使用 TE 溶液（pH 8.0）将合成的引物干粉稀释成 100μmol/L 储存液。根据表 8-16 中每种目标基因对应 PCR 体系内引物的终浓度，使用灭菌去离子水配制 12 种目标基因扩增所需的 10×引物工作液（以 *uidA* 基因为例，如表 8-17）。将 10×引物工作液、10×PCR 反应缓冲液、25mmol/L MgCl₂、2.5mmol/L dNTPs、灭菌去离子水从-20℃冰箱中取出，融化并平衡至室温，使用前混匀；5U/μL Taq 酶在加样前从-20℃冰箱中取出。每个样品按照表 8-18 的加液量配制 12 个 25μL 反应体系，分别使用 12 种目标基因对应的 10×引物工作液。

表 8-16 五种致泻大肠埃希氏菌目标基因引物序列及每个 PCR 体系内的终浓度[c]

引物名称	引物序列[c]	菌株编号及对应 Genbank 编码	引物所在位置	终浓度 n（μmol/L）	PCR 产物长度（bp）
uid A-F	5′-ATG CCA GTC CAG CGT TTT TGC-3′	*Escherichia coli* DH1Ec169 (accession no. CP012127. 1)	1673870-1673890	0.2	1487
uid A-R	5′-AAA GTG TGG GTC AAT AAT CAG GAA GTG-3′		1675356-1675330	0.2	
esc V-F	5′-ATT CTG GCT CTC TTC TTC TTT ATG GCT G-3′	*Escherichia coli* E2348/69 (accession no. FM180568. 1)	4122765-4122738	0.4	544
Esc V-R	5′-CGT CCC CTT TTA CAA ACT TCA TCG C-3′		4122222-4122246	0.4	
eae-F[a]	5′-ATT ACC ATC CAC ACA GAC GGT-3′	EHEC (accession no. Z11541. 1))	2651-2671	0.2	397
eae-R[a]	5′-ACA GCG TGG TTG GAT CAA CCT-3′		3047-3027	0.2	

（续）

引物名称	引物序列^c	菌株编号及对应 Genbank 编码	引物所在位置	终浓度 n（μmol/L）	PCR 产物长度（bp）
bf p B-F	5′-GAC ACC TCA TTG CTG AAG TCG-3′	Escherichia coli E2348/69（accession no. FM180569. 1）	3796-3816	0. 1	910
bf p B-R	5′-CCA GAA CAC CTC CGT TAT GC-3′		4702-4683	0. 1	
stx 1-F	5′-CGA TGT TAC GGT TTG TTA CTG TGA CAG C-3′	Escherichia coli EDL933（accession no. AE005174. 2）	2996445-2996418	0. 2	244
stx 1-R	5′-AAT GCC ACG CTT CCC AGA ATT G-3′		2996202-2996223	0. 2	
stx 2-F	5′-GTT TTG ACC ATC TTC GTC TGA TTA TTG AG-3′	Escherichia coli EDL933（accession no. AE005174. 2）	1352543-1352571	0. 4	324
stx 2-R	5′-AGC GTA AGG CTT CTG CTG TGA C-3′		1352866-1352845	0. 4	
lt-F	5′-GAA CAG GAG GTT TCT GCG TTA GGT G-3′	Escherichia coli E24377A（accession no. CP000795. 1）	17030-17054	0. 1	655
lt-R	5′-CTT TCA ATG GCT TTT TTT GGG AGT C-3′		17684-17659	0. 1	
st p-F	5′-CCT CTT TTA GYC AGA CAR CTG AAT CAS TTG-3′	Escherichia coli EC2173（accession no. AJ555214. 1）///	1979-1950///14-43	0. 4	157
st p-R	5′-CAG GCA GGA TTA CAA CAA AGT TCA CAG-3′	Escherichia coli F7682（accession no. AY342057. 1）	1823-1849///170-144	0. 4	
sth-F	5′-TGT CTT TTT CAC CTT TCG CTC-3′	Escherichia coli E24377A（accession no. CP000795. 1）	11389-11409	0. 2	171
sth-R	5′-CGG TAC AAG CAG GAT TAC AAC AC-3′		11559-11537	0. 2	

（续）

引物名称	引物序列[c]	菌株编号及对应Genbank编码	引物所在位置	终浓度 n（μmol/L）	PCR产物长度（bp）
inv E-F	5′-CGA TAG ATG GCG AGA AAT TAT ATC CCG-3′	*Escherichia coli* Serotype O164（accession no. AF283289.1）	921–895	0.2	766
inv E-R	5′-CGA TCA AGA ATC CCT AAC AGA AGA ATC AC-3′		156–184	0.2	
ipa H-F[b]	5′-TTG ACC GCC TTT CCG ATA CC-3′	*Escherichia coli* 53638（accession no. CP001064.1）	11471–11490	0.1	647
ipa H-R[b]	5′-ATC CGC ATC ACC GCT CAG AC-3′		12117–12098	0.1	
ag g R-F	5′-ACG CAG AGT TGC CTG ATA AAG-3′	*Escherichia coli* Enteroaggregative 17-2（accession no. Z18751.1）	59–79	0.2	400
ag g R-R	5′-AAT ACA GAA TCG TCA GCA TCA GC-3′		458–436	0.2	
pic-F	5′-AGC CGT TTC CGC AGA AGC C-3′	*Escherichia coli* 042（accession no. AF097644.1）	3700–3682	0.2	1111
pic-R	5′-AAA TGT CAG TGA ACC GAC GAT TGG-3′		2590–2613	0.2	
ast A-F	5′-TGC CAT CAA CAC AGT ATA TCC G-3′	*Escherichia coli* ECOR33（accession no. AF161001.1）	2–23	0.4	102
ast A-R	5′-ACG GCT TTG TAG TCC TTC CAT-3′		103–83	0.4	
16S rDNA-F	5′-GGA GGC AGC AGT GGG AAT A-3′	*Escherichia coli* strain ST2747（accession no. CP007394.1）	149585–149603	0.25	1062
16S rDNA-R	5′-TGA CGG GCG GTG TGT ACA AG-3′		150645–150626	0.25	

[a] *escV* 和 *eae* 基因选作其中一个；

[b] *invE* 和 *ipaH* 基因选作其中一个；

[c] 表中不同基因的引物序列可采用可靠性验证的其他序列代替。

表 8-17　每种目标基因扩增所需 10×引物工作液配制表

引物名称	体积（μL）
100μmol/L *uidA*-F	10×*n*
100μmol/L *uidA*-R	10×*n*
灭菌去离子水	100-2×（10×*n*）
总体积.	100

注：*n* 为每条引物在反应体系内的终浓度（详见表 2）。

表 8-18　五种致泻大肠埃希氏菌目标基因扩增体系配制表

试剂名称	加样体积（μL）
灭菌去离子水	12.1
10×PCR 反应缓冲液	2.5
25mmol/L MgCl$_2$	2.5
2.5mmol/L dNTPs	3.0
10×引物工作液	2.5
5U/μL Taq 酶	0.4
DNA 模板	2.0
总体积	25

6.5.5　PCR 循环条件。预变性 94℃ 5min；变性 94℃ 30s，复性 63℃ 30s，延伸 72℃ 1.5min，30 个循环；72℃延伸 5min。将配制完成的 PCR 反应管放入 PCR 仪中，核查 PCR 反应条件正确后，启动反应程序。

6.5.6　称量 4.0g 琼脂糖粉，加入至 200mL 的 1×TAE 电泳缓冲液中，充分混匀。使用微波炉反复加热至沸腾，直到琼脂糖粉完全融化形成清亮透明的溶液。待琼脂糖溶液冷却至 60℃左右时，加入溴化乙锭（EB）至终浓度为 0.5μg/mL，充分混匀后，轻轻倒入已放置好梳子的模具中，凝胶长度要大于 10cm，厚度宜为 3~5mm。检查梳齿下或梳齿间有无气泡，用一次性吸头小心排掉琼脂糖凝胶中的气泡。当琼脂糖凝胶完全凝结硬化后，轻轻拔出梳子，小心将胶块和胶床放入电泳槽中，样品孔放置在阴极端。向电泳槽中加入 1×TAE 电泳缓冲液，液面高于胶面 1~2mm。将 5μL PCR 产物与 1μL 6×上样缓冲液混匀后，用微量移液器吸取混合液垂直伸入液面下胶孔，小心上样于孔中；阳性对照的 PCR 反应产物加入到最后一个泳道；第一个泳道中加入 2μL 分子量 Marker。接通电泳仪电源，根据公式：电压＝电泳槽正负极间的距离（cm）×5V/cm 计算并设定电泳仪电压数值；启动电压开关，电泳开始以正负极铂金丝出现气泡为准。电泳 30~45min 后，切断电源。取出凝胶放入凝胶成像仪中观察结果，拍照并记录数据。

6.5.7　结果判定。电泳结果中空白对照应无条带出现，阴性对照仅有 *uidA* 条带扩增，阳性对照中出现所有目标条带，PCR 试验结果成立。根据电泳图中目标条带大小，判断目标条带的种类，记录每个泳道中目标条带的种类，在表 8-19 中查找不同目标条带种类及组合所对应的致泻大肠埃希氏菌类别。

表 8-19 五种致泻大肠埃希氏菌目标条带与型别对照表

致泻大肠埃希氏菌类别	目标条带的种类组合	
EAEC	*agg R*，*astA*，*pic* 中一条或一条以上阳性	
EPEC	*bfpB*（+/−），*escV*[a]（+），*stx1*（−），*stx2*（−）	
STEC/EHEC	*esc V*[a]（+/−），*stx1*（+），*stx2*（−），*bfpB*（−）	*uidA*[c]（+/−）
	esc V[a]（+/−），*stx1*（−），*stx2*（+），*bfpB*（−）	
	esc V[a]（+/−），*stx1*（+），*stx2*（+），*bfpB*（−）	
ETEC	*lt*，*stp*，*sth* 中一条或一条以上阳性	
EIEC	*invE*[b]（+）	

a 在判定 *EPEC* 或 *SETC/EHEC* 时 escV 与 eae 基因等效。

b 在判定 *EIEC* 时，invE 与 ipaH 基因等效。

c 97% 以上大肠埃希氏菌为 uidA 阳性。

6.5.8 如用商品化 PCR 试剂盒或多重聚合酶链反应（MPCR）试剂盒，应按照试剂盒说明书进行操作和结果判定。

6.6 血清学试验（选做项目）

6.6.1 取 PCR 试验确认为致泻大肠埃希氏菌的菌株进行血清学试验。

注：应按照生产商提供的使用说明进行 O 抗原和 H 抗原的鉴定。当生产商的使用说明与下面的描述可能有偏差时，按生产商提供的使用说明进行。

6.6.2 O 抗原鉴定

6.6.2.1 假定试验：挑取经生化试验和 PCR 试验证实为致泻大肠埃希氏菌的营养琼脂平板上的菌落，根据致泻大肠埃希氏菌的类别，选用大肠埃希氏菌单价或多价 OK 血清做玻片凝集试验。当与某一种多价 OK 血清凝集时，再与该多价血清所包含的单价 OK 血清做凝集试验。致泻大肠埃希氏菌所包括的 O 抗原群见表 8-20。如与某一单价 OK 血清呈现凝集反应，即为假定试验阳性。

6.6.2.2 证实试验：用 0.85% 灭菌生理盐水制备 O 抗原悬液，稀释至与 Mac Farland 3 号比浊管相当的浓度。原效价为 1∶160~1∶320 的 O 血清，用 0.5% 盐水稀释至 1∶40。将稀释血清与抗原悬液于 10mm×75mm 试管内等量混合，做单管凝集试验。混匀后放于 50℃±1℃水浴箱内，经 16h 后观察结果。如出现凝集，可证实为该 O 抗原。

表 8-20 致泻大肠埃希氏菌主要的 O 抗原

DEC 类别	DEC 主要的 O 抗原
EPEC	O26 O55 O86 O111ab O114 O119 O125ac O127 O128ab O142 O158 等
STEC/EHEC	O4 O26 O45 O91 O103 O104 O111 O113 O121 O128 O157 等
EIEC	O28ac O29 O112ac O115 O124 O135 O136 O143 O144 O152 O164 O167 等
ETEC	O6 O11 O15 O20 O25 O26 O27 O63 O78 O85 O114 O115 O128ac O148 O149 O159 O166 O167 等
EAEC	O9 O62 O73 O101 O134 等

6.6.3 H 抗原鉴定

6.6.3.1 取菌株穿刺接种半固体琼脂管，36℃±1℃培养18~24h，取顶部培养物1环接种至 BHI 液体培养基中，于36℃±1℃培养18~24h。加入福尔马林至终浓度为0.5%，做玻片凝集或试管凝集试验。

6.6.3.2 若待测抗原与血清均无明显凝集，应从首次穿刺培养管中挑取培养物，再进行2~3次半固体管穿刺培养，按照6.6.3.1进行试验。

7 结果报告

7.1 根据生化试验、PCR确认试验的结果，报告25g（或25mL）样品中检出或未检出某类致泻大肠埃希氏菌。

7.2 如果进行血清学试验，根据血清学试验的结果，报告25g（或25mL）样品中检出的某类致泻大肠埃希氏菌血清型别。

附录 A 培养基和试剂

A.1 营养肉汤

A.1.1 成分

蛋白胨	10.0g
牛肉膏	3.0g
氯化钠	5.0g
蒸馏水	1000mL

A.1.2 制法

将以上成分混合加热溶解，冷却至25℃左右校正 pH 至7.4±0.2，分装适当的容器。121℃灭菌15min。

A.2 肠道菌增菌肉汤

A.2.1 成分

蛋白胨	10.0g
葡萄糖	5.0g
牛胆盐	20.0g
磷酸氢二钠	8.0g
磷酸二氢钾	2.0g
煌绿	0.015g
蒸馏水	1000mL

A.2.2 制法

将以上成分混合加热溶解，冷却至 25℃ 左右校正 pH 至 7.2±0.2，分装每瓶 30mL。115℃ 灭菌 20min。

A.3 麦康凯（MAC）琼脂

A.3.1 成分

蛋白胨	20.0g
乳糖	10.0g
3 号胆盐	1.5g
氯化钠	5.0g
中性红	0.03g
结晶紫	0.001g
琼脂	15.0g
蒸馏水	1000mL

A.3.2 制法

将以上成分混合加热溶解，校正 pH 至 7.2±0.2。121℃ 高压灭菌 15min。冷却至 45~50℃，倾注平板。

注：如不立即使用，在 2~8℃ 条件下可储存两周。

A.4 伊红美蓝（EMB）琼脂

A.4.1 成分

蛋白胨	10.0g
乳糖	10.0g
磷酸氢二钾（K_2HPO_4）	2.0g
琼脂	15.0g
2%伊红 Y 水溶液	20.0mL
0.5%美蓝水溶液	13.0mL
蒸馏水	1000mL

A.4.2 制法

在 1000mL 蒸馏水中煮沸溶解蛋白胨、磷酸盐和乳糖，加水补足，冷却至 25℃ 左右校正 pH 至 7.1±0.2。再加入琼脂，121℃ 高压灭菌 15min。冷至 45~50℃，加入 2%伊红 Y 水溶液和 0.5%美蓝水溶液，摇匀，倾注平皿。

A.5 三糖铁（TSI）琼脂

A.5.1 成分

蛋白胨	20.0g
牛肉浸膏	5.0g
乳糖	10.0g
蔗糖	10.0g
葡萄糖	1.0g
硫酸亚铁铵 $[(NH_4)_2Fe(SO_4)_2 \cdot 6H_2O]$	0.2g
氯化钠	5.0g
硫代硫酸钠	0.2g
酚红	0.025g
琼脂	12.0g
蒸馏水	1000mL

A.5.2 制法

除酚红和琼脂外，将其他成分加于 400mL 水中，搅拌均匀，静置约 10min，加热使完全溶化，冷却至 25℃ 左右校正 pH 至 7.4±0.2。另将琼脂加于 600mL 水中，静置约 10min，加热使完全溶化。将两溶液混合均匀，加入 5% 酚红水溶液 5mL，混匀，分装小号试管，每管约 3mL。于 121℃ 灭菌 15min，制成高层斜面。冷却后呈桔红色。如不立即使用，在 2~8℃ 条件下可储存一个月。

A.6 蛋白胨水、靛基质试剂

A.6.1 成分

胰蛋白胨	20.0g
氯化钠	5.0g
蒸馏水	1000mL

A.6.2 制法

将以上成分混合加热溶解，冷却至 25℃ 左右校正 pH 至 7.4±0.2，分装小试管，121℃ 高压灭菌 15min。

注：此试剂在 2~8℃ 条件下可储存一个月。

A.6.3 靛基质试剂

A.6.3.1 柯凡克试剂：将 5g 对二甲氨基苯甲醛溶解于 75mL 戊醇中。然后缓慢加入浓盐酸 25mL。

A.6.3.2 欧-波试剂：将 1g 对二甲氨基苯甲醛溶解于 95mL 95% 乙醇内。然后缓慢加入浓盐酸 20mL。

A.6.4　试验方法

挑取少量培养物接种，在 36℃±1℃ 培养 1~2d，必要时可培养 4~5d。加入柯凡克试剂约 0.5mL，轻摇试管，阳性者于试剂层呈深红色；或加入欧-波试剂约 0.5mL，沿管壁流下，覆盖于培养液表面，阳性者于液面接触处呈玫瑰红色。

A.7　半固体琼脂

A.7.1　成分

蛋白胨	1.0g
牛肉膏	0.3g
氯化钠	0.5g
琼脂	0.3~0.5g
蒸馏水	100.0mL

A.7.2　制法

按以上成分配好，加热溶解，冷却至 25℃ 左右校正 pH 至 7.4±0.2，分装小试管。121℃ 灭菌 15min，直立凝固备用。

A.8　尿素琼脂（pH 7.2）

A.8.1　成分

蛋白胨	1.0g
氯化钠	5.0g
葡萄糖	1.0g
磷酸二氢钾	2.0g
0.4% 酚红	3.0mL
琼脂	20.0g
20% 尿素溶液	100.0mL
蒸馏水	1000mL

A.8.2　制法

除酚红、尿素和琼脂外的其他成分加热溶解，冷却至 25℃ 左右校正 pH 至 7.2±0.2，加入酚红指示剂，混匀，于 121℃ 灭菌 15min。冷至约 55℃，加入用 0.22μm 过滤膜除菌后的 20% 尿素水溶液 100mL，混匀，以无菌操作分装灭菌试管，每管约 3~4mL，制成斜面后放冰箱备用。

A.8.3　试验方法

挑取琼脂培养物接种，在 36℃±1℃ 培养 24h，观察结果。尿素酶阳性者由于产碱而使培养基变为红色。

A.9 氰化钾（KCN）培养基

A.9.1 成分

蛋白胨	10.0g
氯化钠	5.0g
磷酸二氢钾	0.225g
磷酸氢二钠	5.64g
0.5%氰化钾	20.0mL
蒸馏水	1000mL

A.9.2 制法

将除氰化钾以外的成分加入蒸馏水中，煮沸溶解，分装后121℃高压灭菌15min。放在冰箱内使其充分冷却。每100mL培养基加入0.5%氰化钾溶液2.0mL（最后浓度为1：10 000），分装于无菌试管内，每管约4mL，立刻用无菌橡皮塞塞紧，放在4℃冰箱内，至少可保存两个月。同时，将不加氰化钾的培养基作为对照培养基，分装试管备用。

A.9.3 试验方法

将琼脂培养物接种于蛋白胨水内成为稀释菌液，挑取1环接种于氰化钾（KCN）培养基。并另挑取1环接种于对照培养基。在36℃±1℃培养1~2d，观察结果。如有细菌生长即为阳性（不抑制），经2d细菌不生长为阴性（抑制）。

注：氰化钾是剧毒药，使用时应小心，切勿沾染，以免中毒。夏天分装培养基应在冰箱内进行。试验失败的主要原因是封口不严，氰化钾逐渐分解，产生氢氰酸气体逸出，以致药物浓度降低，细菌生长，因而造成假阳性反应。试验时对每一环节都要特别注意。

A.10 氧化酶试剂

A.10.1 成分

N，N'-二甲基对苯二胺盐酸盐或 N，N，N'，N'-四甲基对苯二胺盐酸盐	1.0g
蒸馏水	100mL

A.10.2 制法

少量新鲜配制，于2~8℃冰箱内避光保存，在7d内使用。

A.10.3 试验方法

用无菌棉拭子取单个菌落，滴加氧化酶试剂，10s内呈现粉红色或紫红色即为氧化酶试验阳性，不变色者为氧化酶试验阴性。

A.11 革兰氏染色液

A.11.1 结晶紫染色液

A.11.1.1 成分

结晶紫	1.0g
95%乙醇	20.0mL
1%草酸铵水溶液	80.0mL

A.11.1.2 制法

将结晶紫完全溶解于乙醇中，然后与草酸铵溶液混合。

A.11.2 革兰氏碘液

A.11.2.1 成分

碘	1.0g
碘化钾	2.0g
蒸馏水	300mL

A.11.2.2 制法

将碘与碘化钾先行混合，加入蒸馏水少许充分振摇，待完全溶解后，再加蒸馏水至300mL。

A.11.3 沙黄复染液

A.11.3.1 成分

沙黄	0.25g
95%乙醇	10.0mL
蒸馏水	90.0mL

A.11.3.2 制法

将沙黄溶解于乙醇中，然后用蒸馏水稀释。

A.11.4 染色法

A.11.4.1 涂片在火焰上固定，滴加结晶紫染液，染1min，水洗。

A.11.4.2 滴加革兰氏碘液，作用1min，水洗。

A.11.4.3 滴加95%乙醇脱色约15～30s，直至染色液被洗掉，不要过分脱色，水洗。

A.11.4.4 滴加复染液，复染1min，水洗、待干、镜检。

A.12 BHI 肉汤

A.12.1 成分

小牛脑浸液	200g
牛心浸液	250g
蛋白胨	10.0g
NaCl	5.0g

葡萄糖	2.0g
磷酸氢二钠（Na$_2$HPO$_4$）	2.5g
蒸馏水	1000mL

A.12.2 制法

按以上成分配好，加热溶解，冷却至25℃左右校正 pH 至 7.4±0.2，分装小试管。121℃灭菌15min。

A.13 TE（pH 8.0）

A.13.1 成分

1mol/L Tris-HCl（pH 8.0）	10.0mL
0.5mol/L EDTA（pH 8.0）	2.0mL
灭菌去离子水	988mL

A.13.2 制法

将 1mol/L Tris-HCl 缓冲液（pH8.0）、0.5mol/L EDTA 溶液（pH8.0）加入约 800mL 灭菌去离子水均匀，再定容至 1000mL，121℃高压灭菌 15min，4℃保存。

A.14 10×PCR 反应缓冲液

A.14.1 成分

1mol/L Tris-HCl（pH8.5）	840mL
氯化钾（KCl）	37.25g
灭菌去离子水	160mL

A.14.2 制法

将氯化钾溶于 1mol/L Tris-HCl（pH=8.5），定容至 1000mL，121℃高压灭菌 15min，分装后-20℃保存。

A.15 50×TAE 电泳缓冲液

A.15.1 成分

Tris	242.0g
EDTA-2Na（Na$_2$EDTA·2H$_2$O）	37.2g
冰乙酸（CH$_3$COOH）	57.1mL
灭菌去离子水	942.9mL

A.15.2 制法

Tris 和 EDTA-2Na 溶于 800mL 灭菌去离子水，充分搅拌均匀；加入冰乙酸，充分溶解；用 1mol/L NaOH 调 pH 至 8.3，定容至 1L 后，室温保存。使用时稀释 50 倍即为 1×

TAE 电泳缓冲液。

A. 16　6×上样缓冲液

A. 16. 1　成分

溴酚蓝	0. 5g
二甲苯氰 FF	0. 5g
0. 5mol/L EDTA（pH8. 0）	0. 06mL
甘油	360mL
灭菌去离子水	640mL

A. 16. 2　制法

0. 5mol/L EDTA（pH8. 0）溶于 500mL 灭菌去离子水中，加入溴酚蓝和二甲苯氰 FF 溶解，与甘油混合，定容至 1000mL，分装后 4℃ 保存。

七、GB 4789. 7—2013 食品微生物学检验　副溶血性弧菌检验

1　范围

本标准规定了食品中副溶血性弧菌（*Vibrio parahaemolyticus*）的检验方法。

本标准适用于食品中副溶血性弧菌的检验。

2　设备和材料

除微生物实验室常规灭菌及培养设备外，其他设备和材料如下：

a. 恒温培养箱：36℃±1℃；

b. 冰箱：2~5℃、7~10℃；

c. 恒温水浴箱：36℃±1℃；

d. 均质器或无菌乳钵；

e. 天平：感量 0. 1g；

f. 无菌试管：18mm×180mm、15mm×100mm；

g. 无菌吸管：1mL（具 0. 01mL 刻度）、10mL（具 0. 1mL 刻度）或微量移液器及吸头；

h. 无菌锥形瓶：容量 250mL、500mL、1000mL；

i. 无菌培养皿：直径 90mm；

j. 全自动微生物生化鉴定系统；

k. 无菌手术剪、镊子。

3　培养基和试剂

3. 1　3% 氯化钠碱性蛋白胨水：见附录 A. 1。

3. 2　硫代硫酸盐-柠檬酸盐-胆盐-蔗糖（TCBS）琼脂：见附录 A. 2。

3. 3　3% 氯化钠胰蛋白胨大豆琼脂：见附录 A. 3。

3.4 3%氯化钠三糖铁琼脂：见附录 A.4。

3.5 嗜盐性试验培养基：见附录 A.5。

3.6 3%氯化钠甘露醇试验培养基：见附录 A.6。

3.7 3%氯化钠赖氨酸脱羧酶试验培养基：见附录 A.7。

3.8 3%氯化钠 MR-VP 培养基：见附录 A.8。

3.9 3%氯化钠溶液：见附录 A.9。

3.10 我妻氏血琼脂：见附录 A.10。

3.11 氧化酶试剂：见附录 A.11。

3.12 革兰氏染色液：见附录 A.12。

3.13 ONPG 试剂：见附录 A.13。

3.14 Voges-Proskauer（V-P）试剂：见附录 A.14。

3.15 弧菌显色培养基。

3.16 生化鉴定试剂盒。

4 检验程序

副溶血性弧菌检验程序见图 8-10。

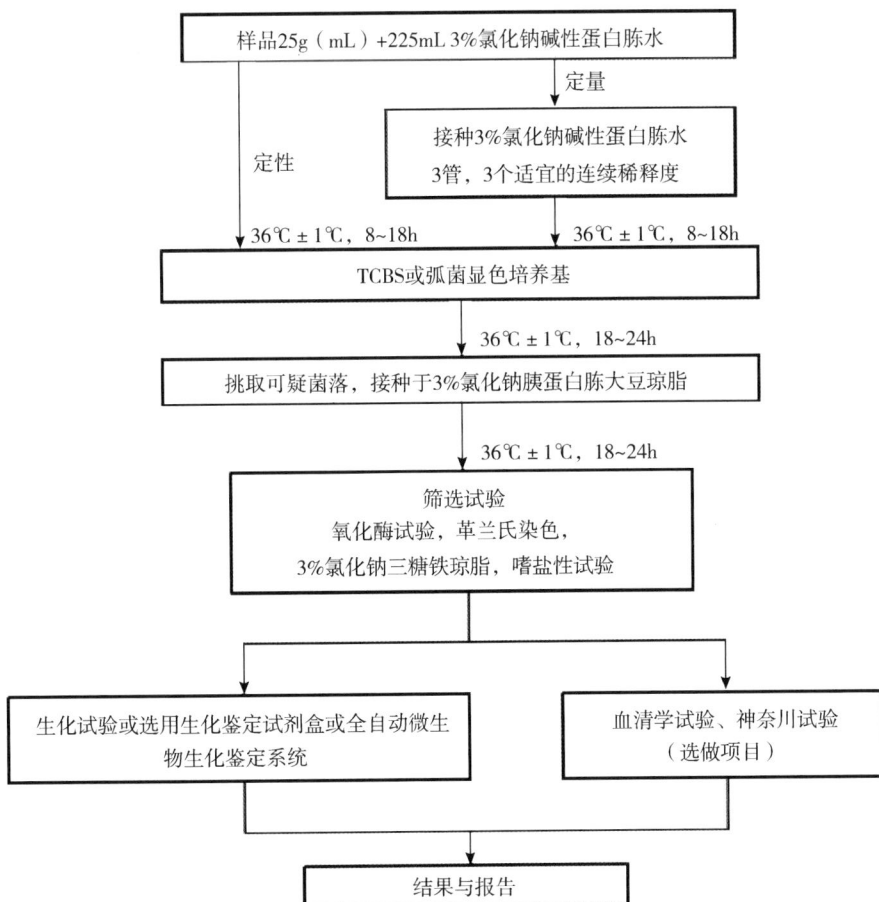

图 8-10 副溶血性弧菌检验程序

5 操作步骤

5.1 样品制备

5.1.1 非冷冻样品采集后应立即置 7～10℃ 冰箱保存，尽可能及早检验；冷冻样品应在 45℃ 以下不超过 15min 或在 2～5℃ 不超过 18h 解冻。

5.1.2 鱼类和头足类动物取表面组织、肠或鳃。贝类取全部内容物，包括贝肉和体液；甲壳类取整个动物，或者动物的中心部分，包括肠和鳃。如为带壳贝类或甲壳类，则应先在自来水中洗刷外壳并甩干表面水分，然后以无菌操作打开外壳，按上述要求取相应部分。

5.1.3 以无菌操作取样品 25g（mL），加入 3% 氯化钠碱性蛋白胨水 225mL，用旋转刀片式均质器以 8000r/min 均质 1min，或拍击式均质器拍击 2min，制备成 1∶10 的样品匀液。如无均质器，则将样品放入无菌乳钵，自 225mL 3% 氯化钠碱性蛋白胨水中取少量稀释液加入无菌乳钵，样品磨碎后放入 500mL 无菌锥形瓶，再用少量稀释液冲洗乳钵中的残留样品 1～2 次，洗液放入锥形瓶，最后将剩余稀释液全部放入锥形瓶，充分振荡，制备 1∶10 的样品匀液。

5.2 增菌

5.2.1 定性检测

将 5.1.3 制备的 1∶10 样品匀液于 36℃±1℃ 培养 8～18h。

5.2.2 定量检测

5.2.2.1 用无菌吸管吸取 1∶10 样品匀液 1mL，注入含有 9mL 3% 氯化钠碱性蛋白胨水的试管内，振摇试管混匀，制备 1∶100 的样品匀液。

5.2.2.2 另取 1mL 无菌吸管，按 5.2.2.1 操作程序，依次制备 10 倍系列稀释样品匀液，每递增稀释一次，换用一支 1mL 无菌吸管。

5.2.2.3 根据对检样污染情况的估计，选择 3 个适宜的连续稀释度，每个稀释度接种 3 支含有 9mL 3% 氯化钠碱性蛋白胨水的试管，每管接种 1mL。置 36℃±1℃ 恒温箱内，培养 8～18h。

5.3 分离

5.3.1 对所有显示生长的增菌液，用接种环在距离液面以下 1cm 内沾取一环增菌液，于 TCBS 平板或弧菌显色培养基平板上划线分离。一支试管划线一块平板。于 36℃±1℃ 培养 18～24h。

5.3.2 典型的副溶血性弧菌在 TCBS 上呈圆形、半透明、表面光滑的绿色菌落，用接种环轻触，有类似口香糖的质感，直径 2～3mm。从培养箱取出 TCBS 平板后，应尽快（不超过 1h）挑取菌落或标记要挑取的菌落。典型的副溶血性弧菌在弧菌显色培养基上的特征按照产品说明进行判定。

5.4 纯培养

挑取 3 个或以上可疑菌落，划线接种 3% 氯化钠胰蛋白胨大豆琼脂平板，36℃±1℃ 培养 18～24h。

5.5 初步鉴定

5.5.1 氧化酶试验：挑选纯培养的单个菌落进行氧化酶试验，副溶血性弧菌为氧化酶阳性。

5.5.2 涂片镜检：将可疑菌落涂片，进行革兰氏染色，镜检观察形态。副溶血性弧菌为革兰氏阴性，呈棒状、弧状、卵圆状等多形态，无芽胞，有鞭毛。

5.5.3 挑取纯培养的单个可疑菌落，转种3%氯化钠三糖铁琼脂斜面并穿刺底层，36℃±1℃培养24h观察结果。副溶血性弧菌在3%氯化钠三糖铁琼脂中的反应为底层变黄不变黑，无气泡，斜面颜色不变或红色加深，有动力。

5.5.4 嗜盐性试验：挑取纯培养的单个可疑菌落，分别接种0%、6%、8%和10%不同氯化钠浓度的胰胨水，36℃±1℃培养24h，观察液体混浊情况。副溶血性弧菌在无氯化钠和10%氯化钠的胰胨水中不生长或微弱生长，在6%氯化钠和8%氯化钠的胰胨水中生长旺盛。

5.6 确定鉴定

取纯培养物分别接种含3%氯化钠的甘露醇试验培养基、赖氨酸脱羧酶试验培养基、MR-VP培养基，36℃±1℃培养24～48h后观察结果；3%氯化钠三糖铁琼脂隔夜培养物进行ONPG试验。可选择生化鉴定试剂盒或全自动微生物生化鉴定系统。

6 血清学分型（选做项目）

6.1 制备

接种两管3%氯化钠胰蛋白胨大豆琼脂试管斜面，36℃±1℃培养18～24h。用含3%氯化钠的5%甘油溶液冲洗3%氯化钠胰蛋白胨大豆琼脂斜面培养物，获得浓厚的菌悬液。

6.2 K抗原的鉴定

取一管6.1制备好的菌悬液，首先用多价K抗血清进行检测，出现凝集反应时再用单个的抗血清进行检测。用蜡笔在一张玻片上划出适当数量的间隔和一个对照间隔。在每个间隔内各滴加一滴菌悬液，并对应加入一滴K抗血清。在对照间隔内加一滴3%氯化钠溶液。轻微倾斜玻片，使各成分相混合，再前后倾动玻片1min。阳性凝集反应可以立即观察到。

6.3 O抗原的鉴定

将另外一管的菌悬液转移到离心管内，121℃灭菌1h。灭菌后4000r/min离心15min，弃去上层液体，沉淀用生理盐水洗三次，每次4000r/min离心15min，最后一次离心后留少许上层液体，混匀制成菌悬液。用蜡笔将玻片划分成相等的间隔。在每个间隔内加入一滴菌悬液，将O群血清分别加一滴到间隔内，最后一个间隔加一滴生理盐水作为自凝对照。轻微倾斜玻片，使各成分相混合，再前后倾动玻片1min。阳性凝集反应可以立即观察到。如果未见到与O群血清的凝集反应，将菌悬液121℃再次高压1h后，重新检测。如果仍为阴性，则培养物的O抗原属于未知。根据表8-21报告血清学分型结果。

表 8-21 副溶血性弧菌的抗原

O 群	K 型
1	1, 5, 20, 25, 26, 32, 38, 41, 56, 58, 60, 64, 69
2	3, 28
3	4, 5, 6, 7, 25, 29, 30, 31, 33, 37, 43, 45, 48, 54, 56, 57, 58, 59, 72, 75
4	4, 8, 9, 10, 11, 12, 13, 34, 42, 49, 53, 55, 63, 67, 68, 73
5	15, 17, 30, 47, 60, 61, 68
6	18, 46
7	19
8	20, 21, 22, 39, 41, 70, 74
9	23, 44
10	24, 71
11	19, 36, 40, 46, 50, 51, 61
12	19, 52, 61, 66
13	65

7 神奈川试验（选做项目）

神奈川试验是在我妻氏琼脂上测试是否存在特定溶血素。神奈川试验阳性结果与副溶血性弧菌分离株的致病性显著相关。

用接种环将测试菌株的 3% 氯化钠胰蛋白胨大豆琼脂 18h 培养物点种于表面干燥的我妻氏血琼脂平板。每个平板上可以环状点种几个菌。36℃±1℃ 培养不超过 24h，并立即观察。阳性结果为菌落周围呈半透明环的 β 溶血。

8 结果与报告

根据检出的可疑菌落生化性状，报告 25g（mL）样品中检出副溶血性弧菌。如果进行定量检测，根据证实为副溶血性弧菌阳性的试管管数，查最可能数（MPN）检索表，报告每 g（mL）副溶血性弧菌的 MPN 值。副溶血性弧菌菌落生化性状和与其他弧菌的鉴别情况分别见表 8-22 和表 8-23。

表 8-22 副溶血性弧菌的生化性状

试验项目	结果
革兰氏染色镜检	阴性，无芽胞
氧化酶	+
动力	+
蔗糖	−
葡萄糖	+
甘露醇	+
分解葡萄糖产气	−
乳糖	−
硫化氢	−
赖氨酸脱羧酶	+
V-P	−
ONPG	−

注：+ 表示阳性；− 表示阴性。

表 8–23　副溶血性弧菌主要性状与其他弧菌的鉴别

名称	氧化酶	赖氨酸	精氨酸	鸟氨酸	明胶	脲酶	V-P	42℃生长	蔗糖	D-纤维二糖	乳糖	阿拉伯糖	D-甘露糖	D-甘露醇	ONPG	嗜盐性试验 氯化钠含量 %				
																0	3	6	8	10
副溶血性弧菌 V. parahaemolyticus	+	+	–	+	+	V	–	+	–	V	–	+	+	+	–	–	+	+	+	–
创伤弧菌 V. vulnificus	+	+	–	+	+	–	–	+	–	+	+	–	+	V	+	–	+	+	+	–
溶藻弧菌 V. alginolyticus	+	+	–	+	+	–	+	+	+	–	–	+	+	+	–	–	+	+	+	+
霍乱弧菌 V. cholerae	+	+	–	+	+	–	V	+	+	–	+	–	+	+	+	+	+	–	–	–
拟态弧菌 V. mimicus	+	+	–	+	+	–	–	+	–	+	+	–	+	+	+	+	+	–	–	–
河弧菌 V. fluvialis	+	–	+	–	+	–	–	V	+	+	+	+	+	+	V	–	+	+	V	–
弗氏弧菌 V. furnissii	+	–	+	–	+	–	–	+	+	+	+	+	+	+	+	–	+	+	+	–
梅氏弧菌 V. metschnikovii	–	+	–	+	+	–	+	V	+	+	–	+	+	+	V	+	+	+	V	–
霍利斯弧菌 V. hollisae	+	–	–	–	–	–	–	nd	–	+	–	+	+	+	–	–	+	+	+	–

注：+表示阳性；–表示阴性；nd 表示未试验；V 表示可变。

附录 A　培养基与试剂

A.1　3%氯化钠碱性蛋白胨水

A.1.1　成分

蛋白胨	10.0g
氯化钠	30.0g
蒸馏水	1000.0mL

A.1.2　制法

将 A.1.1 中成分溶于蒸馏水中，校正 pH 至 8.5±0.2，121℃高压灭菌 10min。

A.2　硫代硫酸盐–柠檬酸盐–胆盐–蔗糖（TCBS）琼脂

A.2.1　成分

蛋白胨	10.0g
酵母浸膏	5.0g
柠檬酸钠（$C_6H_5O_7Na_3 \cdot 2H_2O$）	10.0g
硫代硫酸钠（$Na_2S_2O_3 \cdot 5H_2O$）	10.0g

氯化钠	10.0g
牛胆汁粉	5.0g
柠檬酸铁	1.0g
胆酸钠	3.0g
蔗糖	20.0g
溴麝香草酚蓝	0.04g
麝香草酚蓝	0.04g
琼脂	15.0g
蒸馏水	1000.0mL

A.2.2　制法

将 A.2.1 中成分溶于蒸馏水中，校正 pH 至 8.6±0.2，加热煮沸至完全溶解。冷至 50℃左右倾注平板备用。

A.3　3%氯化钠胰蛋白胨大豆琼脂

A.3.1　成分

胰蛋白胨	15.0g
大豆蛋白胨	5.0g
氯化钠	30.0g
琼脂	15.0g
蒸馏水	1000.0mL

A.3.2　制法

将 A.3.1 中成分溶于蒸馏水中，校正 pH 至 7.3±0.2，121℃高压灭菌 15min。

A.4　3%氯化钠三糖铁琼脂

A.4.1　成分

胰蛋白胨	15.0g
胨蛋白胨	5.0g
牛肉膏	3.0g
酵母浸膏	3.0g
氯化钠	30.0g
乳糖	10.0g

蔗糖	10.0g
葡萄糖	1.0g
硫酸亚铁（$FeSO_4$）	0.2g
苯酚红	0.024g
硫代硫酸钠（$Na_2S_2O_3$）	0.3g
琼脂	12.0g
蒸馏水	1000.0mL

A.4.2 制法

将 A.4.1 中成分溶于蒸馏水中，校正 pH 至 7.4±0.2。分装到适当容量的试管中。121℃高压灭菌 15min。制成高层斜面，斜面长 4~5cm，高层深度为 2~3cm。

A.5 嗜盐性试验培养基

A.5.1 成分

胰蛋白胨	10.0g
氯化钠	按不同量加入
蒸馏水	1000.0mL

A.5.2 制法

按 A.5.1 中成分溶于蒸馏水中，校正 pH 至 7.2±0.2，共配制 5 瓶，每瓶 100mL。每瓶分别加入不同量的氯化钠：①不加；②3g；③6g；④8g；⑤10g。分装试管，121℃高压灭菌 15min。

A.6 3%氯化钠甘露醇试验培养基

A.6.1 成分

牛肉膏	5.0g
蛋白胨	10.0g
氯化钠	30.0g
磷酸氢二钠（$Na_2HPO_4 \cdot 12H_2O$）	2.0g
甘露醇	5.0g
溴麝香草酚蓝	0.024g
蒸馏水	1000.0mL

A.6.2 制法

将 A.6.1 中成分溶于蒸馏水中，校正 pH 至 7.4±0.2，分装小试管，121℃高压灭菌 10min。

A.6.3　试验方法

从琼脂斜面上挑取培养物接种，于 36℃±1℃ 培养不少于 24h，观察结果。甘露醇阳性者培养物呈黄色，阴性者为绿色或蓝色。

A.7　3%氯化钠赖氨酸脱羧酶试验培养基

A.7.1　成分

蛋白胨	5.0g
酵母浸膏	3.0g
葡萄糖	1.0g
溴甲酚紫	0.02g
L-赖氨酸	5.0g
氯化钠	30.0g
蒸馏水	1000.0mL

A.7.2　制法

除赖氨酸以外的成分溶于蒸馏水中，校正 pH 至 6.8±0.2。再按 0.5% 的比例加入赖氨酸，对照培养基不加赖氨酸。分装小试管，每管 0.5mL，121℃ 高压灭菌 15min。

A.7.3　试验方法

从琼脂斜面上挑取培养物接种，于 36℃±1℃ 培养不少于 24h，观察结果。赖氨酸脱羧酶阳性者由于产碱中和葡萄糖产酸，故培养基仍应呈紫色。阴性者无碱性产物，但因葡萄糖产酸而使培养基变为黄色。对照管应为黄色。

A.8　3%氯化钠 MR-VP 培养基

A.8.1　成分

多胨	7.0g
葡萄糖	5.0g
磷酸氢二钾（K_2HPO_4）	5.0g
氯化钠	30.0g
蒸馏水	1000.0mL

A.8.2　制法

将 A.8.1 中成分溶于蒸馏水中，校正 pH 至 6.9±0.2，分装试管，121℃ 高压灭菌 15min。

A.9　3%氯化钠溶液

A.9.1　成分

氯化钠	30.0g
蒸馏水	1000.0mL

A.9.2　制法

将氯化钠溶于蒸馏水中，校正 pH 至 7.2±0.2，121℃高压灭菌 15min。

A.10　我妻氏血琼脂

A.10.1　成分

酵母浸膏	3.0g
蛋白胨	10.0g
氯化钠	70.0g
磷酸氢二钾（K_2HPO_4）	5.0g
甘露醇	10.0g
结晶紫	0.001g
琼脂	15.0g
蒸馏水	1000.0mL

A.10.2　制法

将 A.10.1 中成分溶于蒸馏水中，校正 pH 至 8.0±0.2，加热至 100℃，保持 30min，冷至 45~50℃，与 50mL 预先洗涤的新鲜人或兔红细胞（含抗凝血剂）混合，倾注平板。干燥平板，尽快使用。

A.11　氧化酶试剂

A.11.1　成分

N，N，N'，N'-四甲基对苯二胺盐酸盐	1.0g
蒸馏水	100.0mL

A.11.2　制法

将 N，N，N'，N'-四甲基对苯二胺盐酸盐溶于蒸馏水中，2~5℃冰箱内避光保存，在 7d 之内使用。

A.11.3　试验方法

用细玻璃棒或一次性接种针挑取新鲜（24h）菌落，涂布在氧化酶试剂湿润的滤纸上。如果滤纸在 10s 之内呈现粉红色或紫红色，即为氧化酶试验阳性。不变色为氧化酶试验阴性。

A.12 革兰氏染色液

A.12.1 结晶紫染色液

A.12.1.1 成分

结晶紫	1.0g
95%乙醇	20.0mL
1%草酸铵水溶液	80.0mL

A.12.1.2 制法

将结晶紫完全溶解于乙醇中，然后与草酸铵溶液混合。

A.12.2 革兰氏碘液

A.12.2.1 成分

碘	1.0g
碘化钾	2.0g
蒸馏水	300.0mL

A.12.2.2 制法

将碘与碘化钾先进行混合，加入蒸馏水少许充分振摇，待完全溶解后，再加蒸馏水至300mL。

A.12.3 沙黄复染液

A.12.3.1 成分

沙黄	0.25g
95%乙醇	10.0mL
蒸馏水	90.0mL

A.12.3.2 制法

将沙黄溶解于乙醇中，然后用蒸馏水稀释。

A.12.4 染色法

A.12.4.1 将涂片在酒精灯火焰上固定，滴加结晶紫染色液，染1min，水洗。

A.12.4.2 滴加革兰氏碘液，作用1min，水洗。

A.12.4.3 滴加95%乙醇脱色，约15~30s，直至染色液被洗掉，不要过分脱色，水洗。

A.12.4.4 滴加复染液，复染1min。水洗、待干、镜检。

A.13 ONPG 试剂

A.13.1 缓冲液

A.13.1.1 成分

磷酸二氢钠（$NaH_2PO_4 \cdot H_2O$）	6.9g

蒸馏水加至	50.0mL

A.13.1.2　制法

将磷酸二氢钠溶于蒸馏水中，校正 pH 至 7.0。缓冲液置 2~5℃ 冰箱保存。

A.13.2　ONPG 溶液

A.13.2.1　成分

邻硝基酚-β-D-半乳糖苷（ONPG）	0.08g
蒸馏水	15.0mL
缓冲液	5.0mL

A.13.2.2　制法

将 ONPG 在 37℃ 的蒸馏水中溶解，加入缓冲液。ONPG 溶液置 2~5℃ 冰箱保存。试验前，将所需用量的 ONPG 溶液加热至 37℃。

A.13.3　试验方法

将待检培养物接种 3% 氯化钠三糖铁琼脂，36℃±1℃ 培养 18h。挑取 1 满环新鲜培养物接种于 0.25mL 3% 氯化钠溶液，在通风橱中，滴加 1 滴甲苯，摇匀后置 37℃ 水浴 5min。加 0.25mL ONPG 溶液，36℃±1℃ 培养观察 24h。阳性结果呈黄色。阴性结果则 24h 不变色。

A.14　Voges-Proskauer（V-P）试剂

A.14.1　成分

甲液

α-萘酚	5.0g
无水乙醇	100.0mL

乙液

氢氧化钾	40.0g
用蒸馏水加至	100.0mL

A.14.2　试验方法

将 3% 氯化钠胰蛋白胨大豆琼脂生长物接种 3% 氯化钠 MR-VP 培养基，36℃±1℃ 培养 48h。取 1mL 培养物，转放到一个试管内，加 0.6mL 甲液，摇动。加 0.2mL 乙液，摇动。加入 3mg 肌酸结晶，4h 后观察结果。阳性结果呈现伊红的粉红色。

附录 B 副溶血性弧菌最可能数（MPN）检索表

每克（毫升）检样中副溶血性弧菌最可能数（MPN）的检索见表 B.1。

表 B.1 副溶血性弧菌最可能数（MPN）检索表

阳性管数			MPN	95%可信限		阳性管数			MPN	95%可信限	
0.10	0.01	0.001		下限	上限	0.10	0.01	0.001		下限	上限
0	0	0	<3.0	—	9.5	2	2	0	21	4.5	42
0	0	1	3.0	0.15	9.6	2	2	1	28	8.7	94
0	1	0	3.0	0.15	11	2	2	2	35	8.7	94
0	1	1	6.1	1.2	18	2	3	0	29	8.7	94
0	2	0	6.2	1.2	18	2	3	1	36	8.7	94
0	3	0	9.4	3.6	38	3	0	0	23	4.6	94
1	0	0	3.6	0.17	18	3	0	1	38	8.7	110
1	0	1	7.2	1.3	18	3	0	2	64	17	180
1	0	2	11	3.6	38	3	1	0	43	9	180
1	1	0	7.4	1.3	20	3	1	1	75	17	200
1	1	1	11	3.6	38	3	1	2	120	37	420
1	2	0	11	3.6	42	3	1	3	160	40	420
1	2	1	15	4.5	42	3	2	0	93	18	420
1	3	0	16	4.5	42	3	2	1	150	37	420
2	0	0	9.2	1.4	38	3	2	2	210	40	430
2	0	1	14	3.6	42	3	2	3	290	90	1000
2	0	2	20	4.5	42	3	3	0	240	42	1000
2	1	0	15	3.7	42	3	3	1	460	90	2000
2	1	1	20	4.5	42	3	3	2	1100	180	4100
2	1	2	27	8.7	94	3	3	3	>1100	420	—

注1：本表采用3个稀释度 [0.1g（mL）、0.01g（mL）和0.001g（mL）]，每个稀释度接种3管。

注2：表内所列检样量如改用 1g（mL）、0.1g（mL）和 0.01g（mL）时，表内数字应相应降低10倍；如改用 0.01g（mL）、0.001g（mL），0.0001g（mL）时，则表内数字应相应增加10倍，其余类推。

八、GB 4789.10—2016 食品微生物学检验 金黄色葡萄球菌检验

1 范围

本标准规定了食品中金黄色葡萄球菌（*Staphylococcus aureus*）的检验方法。

本标准第一法适用于食品中金黄色葡萄球菌的定性检验；第二法适用于金黄色葡萄球菌含量较高的食品中金黄色葡萄球菌的计数；第三法适用于金黄色葡萄球菌含量较低的食品中金黄色葡萄球菌的计数。

2 设备和材料

除微生物实验室常规灭菌及培养设备外，其他设备和材料如下：

2.1 恒温培养箱：36℃±1℃。

2.2 冰箱：2~5℃。

2.3 恒温水浴箱：36~56℃。

2.4 天平：感量0.1g。

2.5 均质器。

2.6 振荡器。

2.7 无菌吸管：1mL（具0.01mL刻度）、10mL（具0.1mL刻度）或微量移液器及吸头。

2.8 无菌锥形瓶：容量100mL、500mL。

2.9 无菌培养皿：直径90mm。

2.10 涂布棒。

2.11 pH计或pH比色管或精密pH试纸。

3 培养基和试剂

3.1 7.5%氯化钠肉汤：见附录A.1。

3.2 血琼脂平板：见附录A.2。

3.3 Baird-Parker琼脂平板：见附录A.3。

3.4 脑心浸出液肉汤（BHI）：见附录A.4。

3.5 兔血浆：见附录A.5。

3.6 磷酸盐缓冲液：见附录A.6。

3.7 营养琼脂小斜面：见附录A.7。

3.8 革兰氏染色液：见附录A.8。

3.9 无菌生理盐水：见附录A.9。

第一法 金黄色葡萄球菌定性检验

4 检验程序

金黄色葡萄球菌定性检验程序见图8-11。

5 操作步骤

5.1 样品的处理

称取25g样品至盛有225mL 7.5%氯化钠肉汤的无菌均质杯内，8000~10 000r/min均质1~2min，或放入盛有225mL 7.5%氯化钠肉汤无菌均质袋中，用拍击式均质器拍打1~2min。若样品为液态，吸取25mL样品至盛有225mL 7.5%氯化钠肉汤的无菌锥形瓶（瓶内可预置适当数量的无菌玻璃珠）中，振荡混匀。

5.2 增菌

将上述样品匀液于36℃±1℃培养18~24h。金黄色葡萄球菌在7.5%氯化钠肉汤中呈

```
                    ┌──────────────────────────────────────────┐
                    │                 检样                       │
                    │ 25g（mL）样品+225mL 7.5%氯化钠肉汤，均质      │
                    └──────────────────────────────────────────┘
                    36℃±1℃   │  18～24h
                              ▼
                    ┌──────────────────────────────────────────┐
                    │        Baird-Parker平板，血平板             │
                    └──────────────────────────────────────────┘
                    36℃±1℃   │  血平板18～24h
                              │  Baird-Parker平板 24～48h
        ┌─────────────────────┼─────────────────────┐
        ▼                     ▼                     ▼
   ┌─────────┐          ┌─────────┐       ┌────────────────────────┐
   │ 涂片染色  │          │ 观察溶血  │       │ BHI肉汤和营养琼脂小斜面    │
   └─────────┘          └─────────┘       └────────────────────────┘
        │                     │            36℃±1℃ │ 18～24h
        │                     │                    ▼
        │                     │            ┌────────────────────┐
        │                     │            │   血浆凝固酶试验       │
        │                     │            └────────────────────┘
        │                     │                    │
        └─────────────────────┼────────────────────┘
                              ▼
                       ┌─────────────┐
                       │    报告       │
                       └─────────────┘
```

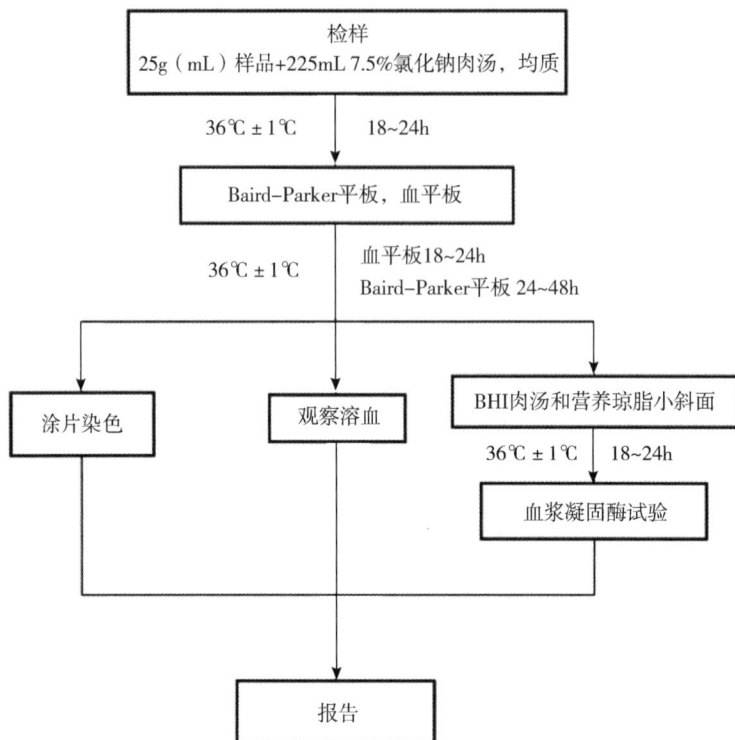

图 8-11　金黄色葡萄球菌检验程序

混浊生长。

5.3　分离

将增菌后的培养物，分别划线接种到 Baird-Parker 平板和血平板，血平板 36℃±1℃ 培养 18～24h。Baird-Parker 平板 36℃±1℃ 培养 24～48h。

5.4　初步鉴定

金黄色葡萄球菌在 Baird-Parker 平板上呈圆形，表面光滑、凸起、湿润、菌落直径为 2～3mm，颜色呈灰黑色至黑色，有光泽，常有浅色（非白色）的边缘，周围绕以不透明圈（沉淀），其外常有一清晰带。当用接种针触及菌落时具有黄油样黏稠感。有时可见到不分解脂肪的菌株，除没有不透明圈和清晰带外，其他外观基本相同。从长期贮存的冷冻或脱水食品中分离的菌落，其黑色常较典型菌落浅些，且外观可能较粗糙，质地较干燥。在血平板上，形成菌落较大、圆形、光滑凸起、湿润、金黄色（有时为白色），菌落周围可见完全透明溶血圈。挑取上述可疑菌落进行革兰氏染色镜检及血浆凝固酶试验。

5.5　确证鉴定

5.5.1　染色镜检：金黄色葡萄球菌为革兰氏阳性球菌，排列呈葡萄球状，无芽胞，无荚膜，直径约为 0.5～1μm。

5.5.2　血浆凝固酶试验：挑取 Baird-Parker 平板或血平板上至少 5 个可疑菌落（小于 5 个全选），分别接种到 5mL BHI 和营养琼脂小斜面，36℃±1℃ 培养 18～24h。

取新鲜配制兔血浆 0.5mL，放入小试管中，再加入 BHI 培养物 0.2~0.3mL，振荡摇匀，置 36℃±1℃ 温箱或水浴箱内，每半小时观察一次，观察 6h，如呈现凝固（即将试管倾斜或倒置时，呈现凝块）或凝固体积大于原体积的一半，被判定为阳性结果。同时以血浆凝固酶试验阳性和阴性葡萄球菌菌株的肉汤培养物作为对照。也可用商品化的试剂，按说明书操作，进行血浆凝固酶试验。

结果如可疑，挑取营养琼脂小斜面的菌落到 5mL BHI，36℃±1℃ 培养 18~48h，重复试验。

5.6 葡萄球菌肠毒素的检验（选做）

可疑食物中毒样品或产生葡萄球菌肠毒素的金黄色葡萄球菌菌株的鉴定，应按附录 B 检测葡萄球菌肠毒素。

6 结果与报告

6.1 结果判定：符合 5.4、5.5，可判定为金黄色葡萄球菌。

6.2 结果报告：在 25g（mL）样品中检出或未检出金黄色葡萄球菌。

第二法 金黄色葡萄球菌平板计数法

7 检验程序

金黄色葡萄球菌平板计数法检验程序见图 8-12。

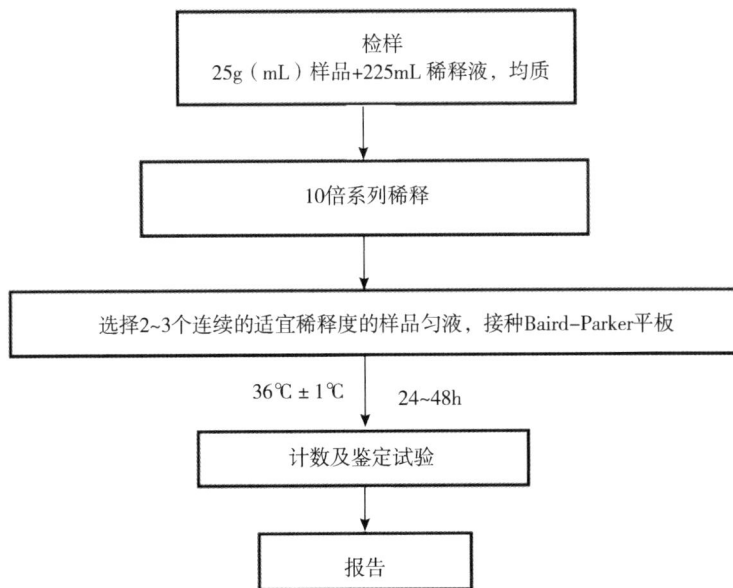

```
┌─────────────────────────────────┐
│           检样                   │
│  25g（mL）样品+225mL 稀释液，均质  │
└─────────────────────────────────┘
                │
                ▼
┌─────────────────────────────────┐
│         10倍系列稀释              │
└─────────────────────────────────┘
                │
                ▼
┌─────────────────────────────────────────────┐
│ 选择2~3个连续的适宜稀释度的样品匀液，接种Baird-Parker平板 │
└─────────────────────────────────────────────┘
         36℃±1℃       24~48h
                │
                ▼
┌─────────────────────────────────┐
│         计数及鉴定试验           │
└─────────────────────────────────┘
                │
                ▼
┌─────────────────────────────────┐
│           报告                   │
└─────────────────────────────────┘
```

图 8-12 金黄色葡萄球菌平板计数法检验程序

8　操作步骤

8.1　样品的稀释

8.1.1　固体和半固体样品：称取 25g 样品置于盛有 225mL 磷酸盐缓冲液或生理盐水的无菌均质杯内，8000～10 000r/min 均质 1～2min，或置于盛有 225mL 稀释液的无菌均质袋中，用拍击式均质器拍打 1～2min，制成 1∶10 的样品匀液。

8.1.2　液体样品：以无菌吸管吸取 25mL 样品置于盛有 225mL 磷酸盐缓冲液或生理盐水的无菌锥形瓶（瓶内预置适当数量的无菌玻璃珠）中，充分混匀，制成 1∶10 的样品匀液。

8.1.3　用 1mL 无菌吸管或微量移液器吸取 1∶10 样品匀液 1mL，沿管壁缓慢注于盛有 9mL 磷酸盐缓冲液或生理盐水的无菌试管中（注意吸管或吸头尖端不要触及稀释液面），振摇试管或换用 1 支 1mL 无菌吸管反复吹打使其混合均匀，制成 1∶100 的样品匀液。

8.1.4　按 8.1.3 操作程序，制备 10 倍系列稀释样品匀液。每递增稀释一次，换用 1 次 1mL 无菌吸管或吸头。

8.2　样品的接种

根据对样品污染状况的估计，选择 2～3 个适宜稀释度的样品匀液（液体样品可包括原液），在进行 10 倍递增稀释的同时，每个稀释度分别吸取 1mL 样品匀液以 0.3mL、0.3mL、0.4mL 接种量分别加入三块 Baird-Parker 平板，然后用无菌涂布棒涂布整个平板，注意不要触及平板边缘。使用前，如 Baird-Parker 平板表面有水珠，可放在 25～50℃ 的培养箱里干燥，直到平板表面的水珠消失。

8.3　培养

在通常情况下，涂布后，将平板静置 10min，如样液不易吸收，可将平板放在培养箱 36℃±1℃ 培养 1h；等样品匀液吸收后翻转平板，倒置后于 36℃±1℃ 培养 24～48h。

8.4　典型菌落计数和确认

8.4.1　金黄色葡萄球菌在 Baird-Parker 平板上呈圆形，表面光滑、凸起、湿润、菌落直径为 2～3mm，颜色呈灰黑色至黑色，有光泽，常有浅色（非白色）的边缘，周围绕以不透明圈（沉淀），其外常有一清晰带。当用接种针触及菌落时具有黄油样黏稠感。有时可见到不分解脂肪的菌株，除没有不透明圈和清晰带外，其他外观基本相同。从长期贮存的冷冻或脱水食品中分离的菌落，其黑色常较典型菌落浅些，且外观可能较粗糙，质地较干燥。

8.4.2　选择有典型的金黄色葡萄球菌菌落的平板，且同一稀释度 3 个平板所有菌落数合计在 20CFU～200CFU 之间的平板，计数典型菌落数。

8.4.3　从典型菌落中至少选 5 个可疑菌落（小于 5 个全选）进行鉴定试验。分别做染色镜检，血浆凝固酶试验（见 5.5）；同时划线接种到血平板 36℃±1℃ 培养 18～24h 后观察菌落形态，金黄色葡萄球菌菌落较大，圆形、光滑凸起、湿润、金黄色（有时为白色），菌落周围可见完全透明溶血圈。

9 结果计算

9.1 若只有一个稀释度平板的典型菌落数在 20CFU～200CFU 之间，计数该稀释度平板上的典型菌落，按式（1）计算。

9.2 若最低稀释度平板的典型菌落数小于 20CFU，计数该稀释度平板上的典型菌落，按式（1）计算。

9.3 若某一稀释度平板的典型菌落数大于 200CFU，但下一稀释度平板上没有典型菌落，计数该稀释度平板上的典型菌落，按式（1）计算。

9.4 若某一稀释度平板的典型菌落数大于 200CFU，而下一稀释度平板上虽有典型菌落但不在 20CFU～200CFU 范围内，应计数该稀释度平板上的典型菌落，按式（1）计算。

9.5 若 2 个连续稀释度的平板典型菌落数均在 20CFU～200CFU 之间，按式（2）计算。

9.6 计算公式

式（1）：

$$T = \frac{AB}{Cd} \quad \cdots\cdots\cdots\cdots\cdots\cdots\cdots\cdots\cdots\cdots\cdots\cdots\cdots \quad （1）$$

式中：T——样品中金黄色葡萄球菌菌落数；

　　　A——某一稀释度典型菌落的总数；

　　　B——某一稀释度鉴定为阳性的菌落数；

　　　C——某一稀释度用于鉴定试验的菌落数；

　　　d——稀释因子。

式（2）：

$$T = \frac{A_1B_1/C_1 + A_2B_2/C_2}{1.1d} \quad \cdots\cdots\cdots\cdots\cdots\cdots\cdots\cdots\cdots\cdots \quad （2）$$

式中：T——样品中金黄色葡萄球菌菌落数；

　　　A_1——第一稀释度（低稀释倍数）典型菌落的总数；

　　　B_1——第一稀释度（低稀释倍数）鉴定为阳性的菌落数；

　　　C_1——第一稀释度（低稀释倍数）用于鉴定试验的菌落数；

　　　A_2——第二稀释度（高稀释倍数）典型菌落的总数；

　　　B_2——第二稀释度（高稀释倍数）鉴定为阳性的菌落数；

　　　C_2——第二稀释度（低稀释倍数）用于鉴定试验的菌落数；

　　　1.1——计算系数；

　　　d——稀释因子（第一稀释度）。

10 报告

根据 9 中公式计算结果，报告每 g（mL）样品中金黄色葡萄球菌数，以 CFU/g（mL）表示；如 T 值为 0，则以小于 1 乘以最低稀释倍数报告。

第三法　金黄色葡萄球菌 MPN 计数

11　检验程序

金黄色葡萄球菌 MPN 计数检验程序见图 8-13。

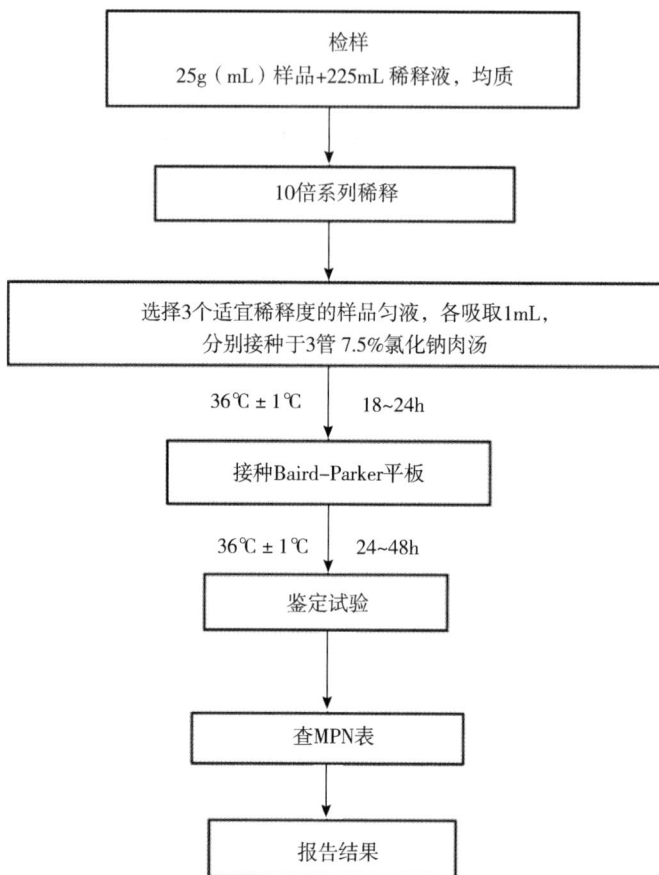

```
┌─────────────────────────────────────┐
│              检样                    │
│   25g（mL）样品+225mL 稀释液，均质    │
└─────────────────────────────────────┘
                  ↓
┌─────────────────────────────────────┐
│           10倍系列稀释               │
└─────────────────────────────────────┘
                  ↓
┌─────────────────────────────────────┐
│   选择3个适宜稀释度的样品匀液，各吸取1mL，│
│     分别接种于3管 7.5%氯化钠肉汤      │
└─────────────────────────────────────┘
         36℃±1℃    18~24h
                  ↓
┌─────────────────────────────────────┐
│        接种Baird-Parker平板           │
└─────────────────────────────────────┘
         36℃±1℃    24~48h
                  ↓
┌─────────────────────────────────────┐
│            鉴定试验                  │
└─────────────────────────────────────┘
                  ↓
┌─────────────────────────────────────┐
│            查MPN表                   │
└─────────────────────────────────────┘
                  ↓
┌─────────────────────────────────────┐
│            报告结果                  │
└─────────────────────────────────────┘
```

图 8-13　金黄色葡萄球菌 MPN 法检验程序

12　操作步骤

12.1　样品的稀释

按 8.1 进行。

12.2　接种和培养

12.2.1　根据对样品污染状况的估计，选择 3 个适宜稀释度的样品匀液（液体样品可包括原液），在进行 10 倍递增稀释的同时，每个稀释度分别接种 1mL 样品匀液至 7.5%氯化钠肉汤管（如接种量超过 1mL，则用双料 7.5%氯化钠肉汤），每个稀释度接种 3 管，将上述接种物 36℃±1℃培养，18~24h。

12.2.2　用接种环从培养后的 7.5%氯化钠肉汤管中分别取培养物 1 环，移种于 Baird-Parker 平板 36℃±1℃培养，24~48h。

12.3 典型菌落确认

按 8.4.1、8.4.3 进行。

13 结果与报告

根据证实为金黄色葡萄球菌阳性的试管管数，查 MPN 检索表（见附录 C），报告每 g（mL）样品中金黄色葡萄球菌的最可能数，以 MPN/g（mL）表示。

附录 A 培养基和试剂

A.1 7.5%氯化钠肉汤

A.1.1 成分

蛋白胨	10.0g
牛肉膏	5.0g
氯化钠	75g
蒸馏水	1000mL

A.1.2 制法

将上述成分加热溶解，调节 pH 至 7.4±0.2，分装，每瓶 225mL，121℃ 高压灭菌 15min。

A.2 血琼脂平板

A.2.1 成分

豆粉琼脂（pH 7.5±0.2）	100mL
脱纤维羊血（或兔血）	5~10mL

A.2.2 制法

加热溶化琼脂，冷却至50℃，以无菌操作加入脱纤维羊血，摇匀，倾注平板。

A.3 Baird-Parker 琼脂平板

A.3.1 成分

胰蛋白胨	10.0g
牛肉膏	5.0g
酵母膏	1.0g
丙酮酸钠	10.0g
甘氨酸	12.0g

氯化锂（LiCl·6H₂O）	5.0g
琼脂	20.0g
蒸馏水	950mL

A.3.2　增菌剂的配法

30%卵黄盐水 50mL 与通过 0.22μm 孔径滤膜进行过滤除菌的 1%亚碲酸钾溶液 10mL 混合，保存于冰箱内。

A.3.3　制法

将各成分加到蒸馏水中，加热煮沸至完全溶解，调节 pH 至 7.0±0.2。分装每瓶 95mL，121℃高压灭菌 15min。临用时加热溶化琼脂，冷至 50℃，每 95mL 加入预热至 50℃的卵黄亚碲酸钾增菌剂 5mL 摇匀后倾注平板。培养基应是致密不透明的。使用前在冰箱储存不得超过 48h。

A.4　脑心浸出液肉汤（BHI）

A.4.1　成分

胰蛋白质胨	10.0g
氯化钠	5.0g
磷酸氢二钠（12H₂O）	2.5g
葡萄糖	2.0g
牛心浸出液	500mL

A.4.2　制法

加热溶解，调节 pH 至 7.4±0.2，分装 16mm×160mm 试管，每管 5mL 置 121℃，15min 灭菌。

A.5　兔血浆

取柠檬酸钠 3.8g，加蒸馏水 100mL，溶解后过滤，装瓶，121℃高压灭菌 15min。兔血浆制备：取 3.8%柠檬酸钠溶液一份，加兔全血 4 份，混好静置（或以 3000r/min 离心 30min），使血液细胞下降，即可得血浆。

A.6　磷酸盐缓冲液

A.6.1　成分

磷酸二氢钾（KH₂PO₄）	34.0g
蒸馏水	500mL

A.6.2　制法

贮存液：称取 34.0g 的磷酸二氢钾溶于 500mL 蒸馏水中，用大约 175mL 的 1mol/L 氢氧化钠溶液调节 pH 至 7.2，用蒸馏水稀释至 1000mL 后贮存于冰箱。

稀释液：取贮存液 1.25mL，用蒸馏水稀释至 1000mL，分装于适宜容器中，121℃高压灭菌 15min。

A.7 营养琼脂小斜面

A.7.1 成分

蛋白胨	10.0g
牛肉膏	3.0g
氯化钠	5.0g
琼脂	15.0g～20.0g
蒸馏水	1000mL

A.7.2 制法

将除琼脂以外的各成分溶解于蒸馏水内，加入 15%氢氧化钠溶液约 2mL 调节 pH 至 7.3±0.2。加入琼脂，加热煮沸，使琼脂溶化，分装 13mm×130mm 试管，121℃高压灭菌 15min。

A.8 革兰氏染色液

A.8.1 结晶紫染色液

A.8.1.1 成分

结晶紫	1.0g
95%乙醇	20.0mL
1%草酸铵水溶液	80.0mL

A.8.1.2 制法

将结晶紫完全溶解于乙醇中，然后与草酸铵溶液混合。

A.8.2 革兰氏碘液

A.8.2.1 成分

碘	1.0g
碘化钾	2.0g
蒸馏水	300mL

A.8.2.2 制法

将碘与碘化钾先行混合，加入蒸馏水少许充分振摇，待完全溶解后，再加蒸馏水至 300mL。

A.8.3　沙黄复染液

A.8.3.1　成分

沙黄	0.25g
95%乙醇	10.0mL
蒸馏水	90.0mL

A.8.3.2　制法

将沙黄溶解于乙醇中，然后用蒸馏水稀释。

A.8.4　染色法

a）涂片在火焰上固定，滴加结晶紫染液，染1min，水洗。

b）滴加革兰氏碘液，作用1min，水洗。

c）滴加95%乙醇脱色约15~30s，直至染色液被洗掉，不要过分脱色，水洗。

d）滴加复染液，复染1min，水洗、待干、镜检。

A.9　无菌生理盐水

A.9.1　成分

氯化钠	8.5g
蒸馏水	1000mL

A.9.2　制法

称取8.5g氯化钠溶于1000mL蒸馏水中，121℃高压灭菌15min。

附录B　葡萄球菌肠毒素检验

B.1　试剂和材料

除另有规定外，所用试剂均为分析纯，试验用水应符合GB/T 6682对一级水的规定。

B.1.1　A、B、C、D、E型金黄色葡萄球菌肠毒素分型ELISA检测试剂盒。

B.1.2　pH试纸，范围在3.5~8.0，精度0.1。

B.1.3　0.25mol/L、pH=8.0的Tris缓冲液：将121.1g的Tris溶解到800mL的去离子水中，待温度冷至室温后，加42mL浓HCl，调pH至8.0。

B.1.4　pH7.4的磷酸盐缓冲液：称取$NaH_2PO_4 \cdot H_2O$ 0.55g（或称取$NaH_2PO_4 \cdot 2H_2O$ 0.62g）、$Na_2HPO_4 \cdot 2H_2O$ 2.85g（或$Na_2HPO_4 \cdot 12H_2O$ 5.73g）、NaCl 8.7g溶于1000mL蒸馏水中，充分混匀即可。

B.1.5　庚烷。

B.1.6　10%次氯酸钠溶液。

B.1.7　肠毒素产毒培养基

B.1.7.1　成分

蛋白胨	20.0g
胰消化酪蛋白	200mg（氨基酸）
氯化钠	5.0g
磷酸氢二钾	1.0g
磷酸二氢钾	1.0g
氯化钙	0.1g
硫酸镁	0.2g
菸酸	0.01g
蒸馏水	1000mL

pH 7.3±0.2

B.1.7.2　制法

将所有成分混于水中，溶解后调节 pH，121℃高压灭菌 30min。

B.1.8　营养琼脂

B.1.8.1　成分

蛋白胨	10.0g
牛肉膏	3.0g
氯化钠	5.0g
琼脂	15.0~20.0g
蒸馏水	1000mL

B.1.8.2　制法

将除琼脂以外的各成分溶解于蒸馏水内，加入 15%氢氧化钠溶液约 2mL 校正 pH 至 7.3±0.2。

加入琼脂，加热煮沸，使琼脂溶化。分装烧瓶，121℃高压灭菌 15min。

B.2　仪器和设备

B.2.1　电子天平：感量 0.01g。

B.2.2　均质器。

B.2.3　离心机：转速 3000~5000g。

B.2.4　离心管：50mL。

B.2.5　滤器：滤膜孔径 0.2μm。

B.2.6　微量加样器：20~200μL、200~1000μL。

B.2.7　微量多通道加样器：50~300μL。

B.2.8 自动洗板机（可选择使用）。

B.2.9 酶标仪：波长 450nm。

B.3 原理

本方法可用 A、B、C、D、E 型金黄色葡萄球菌肠毒素分型酶联免疫吸附试剂盒完成。本方法测定的基础是酶联免疫吸附反应（ELISA）。96 孔酶标板的每一个微孔条的 A~E 孔分别包被了 A、B、C、D、E 型葡萄球菌肠毒素抗体，H 孔为阳性质控，已包被混合型葡萄球菌肠毒素抗体，F 和 G 孔为阴性质控，包被了非免疫动物的抗体。样品中如果有葡萄球菌肠毒素，游离的葡萄球菌肠毒素则与各微孔中包被的特定抗体结合，形成抗原抗体复合物，其余未结合的成分在洗板过程中被洗掉；抗原抗体复合物再与过氧化物酶标记物（二抗）结合，未结合上的酶标记物在洗板过程中被洗掉；加入酶底物和显色剂并孵育，酶标记物上的酶催化底物分解，使无色的显色剂变为蓝色；加入反应终止液可使颜色由蓝变黄，并终止了酶反应；以 450nm 波长的酶标仪测量微孔溶液的吸光度值，样品中的葡萄球菌肠毒素与吸光度值成正比。

B.4 检测步骤

B.4.1 从分离菌株培养物中检测葡萄球菌肠毒素方法

待测菌株接种营养琼脂斜面（试管 18mm×180mm）36℃ 培养 24h，用 5mL 生理盐水洗下菌落，倾入 60mL 产毒培养基中，36℃ 振荡培养 48h，振速为 100 次/min，吸出菌液离心，8000r/min 20min，加热 100℃，10min，取上清液，取 100μL 稀释后的样液进行试验。

B.4.2 从食品中提取和检测葡萄球菌毒素方法

B.4.2.1 牛奶和奶粉

将 25g 奶粉溶解到 125mL、0.25M、pH 8.0 的 Tris 缓冲液中，混匀后同液体牛奶一样按以下步骤制备。将牛奶于 15℃，3500g 离心 10min。将表面形成的一层脂肪层移走，变成脱脂牛奶。用蒸馏水对其进行稀释（1∶20）。取 100μL 稀释后的样液进行试验。

B.4.2.2 脂肪含量不超过 40% 的食品

称取 10g 样品绞碎，加入 pH7.4 的 PBS 液 15mL 进行均质。振摇 15min。于 15℃，3500g 离心 10min。必要时，移去上面脂肪层。取上清液进行过滤除菌。取 100μL 的滤出液进行试验。

B.4.2.3 脂肪含量超过 40% 的食品

称取 10g 样品绞碎，加入 pH7.4 的 PBS 液 15mL 进行均质。振摇 15min。于 15℃，3500g 离心 10min。吸取 5mL 上层悬浮液，转移到另外一个离心管中，再加入 5mL 的庚烷，充分混匀 5min。于 15℃，3500g 离心 5min。将上部有机相（庚烷层）全部弃去，注意该过程中不要残留庚烷。将下部水相层进行过滤除菌。取 100μL 的滤出液进行试验。

B.4.2.4 其他食品可酌情参考上述食品处理方法。

B.4.3 检测

B.4.3.1 所有操作均应在室温（20~25℃）下进行，A、B、C、D、E 型金黄色葡萄球菌肠毒素分型 ELISA 检测试剂盒中所有试剂的温度均应回升至室温方可使用。测定中吸取不同的试剂和样品溶液时应更换吸头，用过的吸头以及废液处理前要浸泡到 10% 次氯酸钠溶液中过夜。

B.4.3.2　将所需数量的微孔条插入框架中（一个样品需要一个微孔条）。将样品液加入微孔条的 A～G 孔，每孔 100μL。H 孔加 100μL 的阳性对照，用手轻拍微孔板充分混匀，用黏胶纸封住微孔以防溶液挥发，置室温下孵育 1h。

B.4.3.3　将孔中液体倾倒至含 10% 次氯酸钠溶液的容器中，并在吸水纸上拍打几次以确保孔内不残留液体。每孔用多通道加样器注入 250μL 的洗液，再倾倒掉并在吸水纸上拍干。重复以上洗板操作 4 次。本步骤也可由自动洗板机完成。

B.4.3.4　每孔加入 100μL 的酶标抗体，用手轻拍微孔板充分混匀，置室温下孵育 1h。

B.4.3.5　重复 B.4.3.3 的洗板程序。

B.4.3.6　加 50μL 的 TMB 底物和 50μL 的发色剂至每个微孔，轻拍混匀，室温黑暗避光处孵育 30min。

B.4.3.7　加入 100μL 的 2mol/L 硫酸终止液，轻拍混匀，30min 内用酶标仪在 450nm 波长条件下测量每个微孔溶液的 OD 值。

B.4.4　结果的计算和表述

B.4.4.1　质量控制

测试结果阳性质控的 OD 值要大于 0.5，阴性质控的 OD 值要小于 0.3，如果不能同时满足以上要求，测试的结果不被认可。对阳性结果要排除内源性过氧化物酶的干扰。

B.4.4.2　临界值的计算

每一个微孔条的 F 孔和 G 孔为阴性质控，两个阴性质控 OD 值的平均值加上 0.15 为临界值。

示例：阴性质控 1 = 0.08

阴性质控 2 = 0.10

平均值 = 0.09

临界值 = 0.09+0.15 = 0.24

B.4.4.3　结果表述

OD 值小于临界值的样品孔判为阴性，表述为样品中未检出某型金黄色葡萄球菌肠毒素；OD 值大于或等于临界值的样品孔判为阳性，表述为样品中检出某型金黄色葡萄球菌肠毒素。

B.5　生物安全

因样品中不排除有其他潜在的传染性物质存在，所以要严格按照 GB 19489《实验室生物安全通用要求》对废弃物进行处理。

附录 C　金黄色葡萄球菌最可能数（MPN）检索表

每克（毫升）检样中金黄色葡萄球菌最可能数（MPN）的检索见表 C.1。

表 C.1　金黄色葡萄球菌最可能数（MPN）检索表

阳性管数			MPN	95%可信限		阳性管数			MPN	95%可信限	
0.10	0.01	0.001		下限	上限	0.10	0.01	0.001		下限	上限
0	0	0	<3.0	—	9.5	2	2	0	21	4.5	42
0	0	1	3.0	0.15	9.6	2	2	1	28	8.7	94
0	1	0	3.0	0.15	11	2	2	2	35	8.7	94
0	1	1	6.1	1.2	18	2	3	0	29	8.7	94
0	2	0	6.2	1.2	18	2	3	1	36	8.7	94
0	3	0	9.4	3.6	38	3	0	0	23	4.6	94
1	0	0	3.6	0.17	18	3	0	1	38	8.7	110
1	0	1	7.2	1.3	18	3	0	2	64	17	180
1	0	2	11	3.6	38	3	1	0	43	9	180
1	1	0	7.4	1.3	20	3	1	1	75	17	200
1	1	1	11	3.6	38	3	1	2	120	37	420
1	2	0	11	3.6	42	3	1	3	160	40	420
1	2	1	15	4.5	42	3	2	0	93	18	420
1	3	0	16	4.5	42	3	2	1	150	37	420
2	0	0	9.2	1.4	38	3	2	2	210	40	430
2	0	1	14	3.6	42	3	2	3	290	90	1000
2	0	2	20	4.5	42	3	3	0	240	42	1000
2	1	0	15	3.7	42	3	3	1	460	90	2000
2	1	1	20	4.5	42	3	3	2	1100	180	4100
2	1	2	27	8.7	94	3	3	3	>1100	420	—

注1：本表采用3个稀释度［0.1g（mL）、0.01g（mL）和0.001g（mL）］、每个稀释度接种3管。

注2：表内所列检样量如改用 1g（mL）、0.1g（mL）和 0.01g（mL）时，表内数字应相应降低10倍；如改用 0.01g（mL）、0.001g（mL）、0.0001g（mL）时，则表内数字应相应增高10倍，其余类推。

九、GB 4789.12—2016 食品微生物学检验　肉毒梭菌及肉毒毒素检验

1　范围

本标准规定了食品中肉毒梭菌（*Clostridium botulinum*）及肉毒毒素（botulinum toxin）的检验方法。

本标准适用于食品中肉毒梭菌及肉毒毒素的检验。

2　设备和材料

除微生物实验室常规灭菌及培养设备外，其他设备和材料如下：

2.1 冰箱：2~5℃、-20℃。

2.2 天平：感量 0.1g。

2.3 无菌手术剪、镊子、试剂勺。

2.4 均质器或无菌乳钵。

2.5 离心机：3000r/min、14 000r/min。

2.6 厌氧培养装置。

2.7 恒温培养箱：35℃±1℃、28℃±1℃。

2.8 恒温水浴箱：37℃±1℃、60℃±1℃、80℃±1℃。

2.9 显微镜：10~100 倍。

2.10 PCR 仪。

2.11 电泳仪或毛细管电泳仪。

2.12 凝胶成像系统或紫外检测仪。

2.13 核酸蛋白分析仪或紫外分光光度计。

2.14 可调微量移液器：0.2~2μL、2~20μL、20~200μL、100~1000μL。

2.15 无菌吸管：1.0mL、10.0mL、25.0mL。

2.16 无菌锥形瓶：100mL。

2.17 培养皿：直径 90mm。

2.18 离心管：50mL、1.5mL。

2.19 PCR 反应管。

2.20 无菌注射器：1.0mL。

2.21 小鼠：15~20g，每一批次试验应使用同一品系的 KM 或 ICR 小鼠。

3 培养基和试剂

除另有规定外，PCR 试验所用试剂为分析纯或符合生化试剂标准，水应符合 GB/T 6682 中一级水的要求。

3.1 庖肉培养基：见附录 A.1。

3.2 胰蛋白酶胰蛋白胨葡萄糖酵母膏肉汤（TPGYT）：见附录 A.2。

3.3 卵黄琼脂培养基：见附录 A.3。

3.4 明胶磷酸盐缓冲液：见附录 A.4。

3.5 革兰氏染色液：见附录 A.5。

3.6 10%胰蛋白酶溶液：见附录 A.6。

3.7 磷酸盐缓冲液（PBS）：见附录 A.7。

3.8 1mol/L 氢氧化钠溶液。

3.9 1mol/L 盐酸溶液。

3.10 肉毒毒素诊断血清。

3.11 无水乙醇和 95%乙醇。

3.12 10mg/mL 溶菌酶溶液。

3.13 10mg/mL 蛋白酶 K 溶液。

3.14 3mol/L 乙酸钠溶液（pH 5.2）。

3.15 TE 缓冲液。

3.16 引物：根据表1中序列合成，临用时用超纯水配制引物浓度为 10μmol/L。

3.17 10×PCR 缓冲液。

3.18 25mmol/L MgCl$_2$。

3.19 GNTPs：GATP、GTTP、GCTP、GGTP。

3.20 *Taq* 酶。

3.21 琼脂糖：电泳级。

3.22 溴化乙锭或 Goldview。

3.23 5×TBE 缓冲液。

3.24 6×加样缓冲液。

3.25 DNA 分子量标准。

4 检验程序

肉毒梭菌及肉毒毒素检验程序见图8-14。

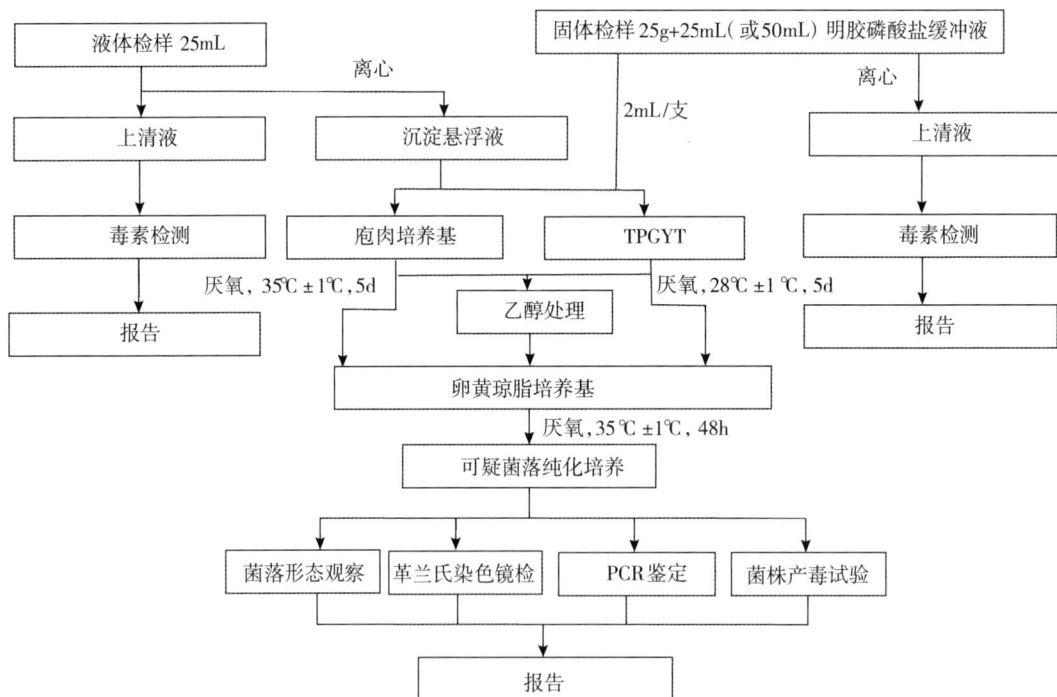

图8-14 肉毒梭菌及肉毒毒素检验程序

5 操作步骤

5.1 样品制备

5.1.1 样品保存

待检样品应放置 2~5℃冰箱冷藏。

5.1.2　固态与半固态食品

　　固体或游离液体很少的半固态食品，以无菌操作称取样品 25g，放入无菌均质袋或无菌乳钵，块状食品以无菌操作切碎，含水量较高的固态食品加入 25mL 明胶磷酸盐缓冲液，乳粉、牛肉干等含水量低的食品加入 50mL 明胶磷酸盐缓冲液，浸泡 30min，用拍击式均质器拍打 2min 或用无菌研杵研磨制备样品匀液，收集备用。

5.1.3　液态食品

　　液态食品摇匀，以无菌操作量取 25mL 检验。

5.1.4　剩余样品处理

　　取样后的剩余样品放 2~5℃冰箱冷藏，直至检验结果报告发出后，按感染性废弃物要求进行无害化处理，检出阳性的样品应采用压力蒸汽灭菌方式进行无害化处理。

5.2　肉毒毒素检测

5.2.1　毒素液制备

　　取样品匀液约 40mL 或均匀液体样品 25mL 放入离心管，3000r/min 离心 10~20min，收集上清液分为两份放入无菌试管中，一份直接用于毒素检测，一份用于胰酶处理后进行毒素检测。液体样品保留底部沉淀及液体约 12mL，重悬，制备沉淀悬浮液备用。

　　胰酶处理：用 1mol/L 氢氧化钠或 1mol/L 盐酸调节上清液 pH 至 6.2，按 9 份上清液加 1 份 10% 胰酶（活力 1：250）水溶液，混匀，37℃ 孵育 60min，期间间或轻轻摇动反应液。

5.2.2　检出试验

　　用 5 号针头注射器分别取离心上清液和胰酶处理上清液腹腔注射小鼠 3 只，每只 0.5mL，观察和记录小鼠 48h 内的中毒表现。典型肉毒毒素中毒症状多在 24h 内出现，通常在 6h 内发病和死亡，其主要表现为竖毛、四肢瘫软，呼吸困难，呈现风箱式呼吸、腰腹部凹陷、宛如峰腰，多因呼吸衰竭而死亡，可初步判定为肉毒毒素所致。若小鼠在 24h 后发病或死亡，应仔细观察小鼠症状，必要时浓缩上清液重复试验，以排除肉毒毒素中毒。若小鼠出现猝死（30min 内）导致症状不明显时，应将毒素上清液进行适当稀释，重复试验。

　　注：毒素检测动物试验应遵循 GB 15193.2《食品安全国家标准　食品毒理学实验室操作规范》的规定。

5.2.3　确证试验

　　上清液或（和）胰酶处理上清液的毒素试验阳性者，取相应试验液 3 份，每份 0.5mL，其中第一份加等量多型混合肉毒毒素诊断血清，混匀，37℃ 孵育 30min；第二份加等量明胶磷酸盐缓冲液，混匀后煮沸 10min；第三份加等量明胶磷酸盐缓冲液，混匀。将三份混合液分别腹腔注射小鼠各两只，每只 0.5mL，观察 96h 内小鼠的中毒和死亡情况。

　　结果判定：若注射第一份和第二份混合液的小鼠未死亡，而第三份混合液小鼠发病死亡，并出现肉毒毒素中毒的特有症状，则判定检测样品中检出肉毒毒素。

5.2.4 毒力测定（选做项目）

取确证试验阳性的试验液，用明胶磷酸盐缓冲液稀释制备一定倍数稀释液，如10倍、50倍、100倍、500倍等，分别腹腔注射小鼠各两只，每只0.5mL，观察和记录小鼠发病与死亡情况至96h，计算最低致死剂量（MLD/mL或MLD/g），评估样品中肉毒毒素毒力，MLD等于小鼠全部死亡的最高稀释倍数乘以样品试验液稀释倍数。例如，样品稀释两倍制备的上清液，再稀释100倍试验液使小鼠全部死亡，而500倍稀释液组存活，则该样品毒力为200MLD/g。

5.2.5 定型试验（选做项目）

根据毒力测定结果，用明胶磷酸盐缓冲液将上清液稀释至10～1000MLD/mL作为定型试验液，分别与各单型肉毒毒素诊断血清等量混合（国产诊断血清一般为冻干血清，用1mL生理盐水溶解），37℃孵育30min，分别腹腔注射小鼠两只，每只0.5mL，观察和记录小鼠发病与死亡情况至96h。同时，用明胶磷酸盐缓冲液代替诊断血清，与试验液等量混合作为小鼠试验对照。

结果判定：某一单型诊断血清组动物未发病且正常存活，而对照组和其他单型诊断血清组动物发病死亡，则判定样品中所含肉毒毒素为该型肉毒毒素。

注：未经胰酶激活处理的样品上清液的毒素检出试验或确证试验为阳性者，则毒力测定和定型试验可省略胰酶激活处理试验。

5.3 肉毒梭菌检验

5.3.1 增菌培养与检出试验

5.3.1.1 取出庖肉培养基4支和TPGY肉汤管2支，隔水煮沸10～15min，排除溶解氧，迅速冷却，切勿摇动，在TPGY肉汤管中缓慢加入胰酶液至液体石蜡液面下肉汤中，每支1mL，制备成TPGYT。

5.3.1.2 吸取样品匀液或毒素制备过程中的离心沉淀悬浮液2mL接种至庖肉培养基中，每份样品接种4支，2支直接放置35℃±1℃厌氧培养至5d，另2支放80℃保温10min，再放置35℃±1℃厌氧培养至5d；同样方法接种2支TPGYT肉汤管，28℃±1℃厌氧培养至5d。

注：接种时，用无菌吸管轻轻吸取样品匀液或离心沉淀悬浮液，将吸管口小心插入肉汤管底部，缓缓放出样液至肉汤中，切勿搅动或吹气。

5.3.1.3 检查记录增菌培养物的浊度、产气、肉渣颗粒消化情况，并注意气味。肉毒梭菌培养物为产气、肉汤浑浊（庖肉培养基中A型和B型肉毒梭菌肉汤变黑）、消化或不消化肉粒、有异臭味。

5.3.1.4 取增菌培养物进行革兰氏染色镜检，观察菌体形态，注意是否有芽胞、芽胞的相对比例、芽胞在细胞内的位置。

5.3.1.5 若增菌培养物5d无菌生长，应延长培养至10d，观察生长情况。

5.3.1.6 取增菌培养物阳性管的上清液，按5.2方法进行毒素检出和确证试验，必要时进行定型试验，阳性结果可证明样品中有肉毒梭菌存在。

注：TPGYT增菌液的毒素试验无需添加胰酶处理。

5.3.2 分离与纯化培养

5.3.2.1 增菌液前处理，吸取 1mL 增菌液至无菌螺旋帽试管中，加入等体积过滤除菌的无水乙醇，混匀，在室温下放置 1h。

5.3.2.2 取增菌培养物和经乙醇处理的增菌液分别划线接种至卵黄琼脂平板，35℃±1℃厌氧培养 48h。

5.3.2.3 观察平板培养物菌落形态，肉毒梭菌菌落隆起或扁平、光滑或粗糙，易成蔓延生长，边缘不规则，在菌落周围形成乳色沉淀晕圈（E 型较宽，A 型和 B 型较窄），在斜视光下观察，菌落表面呈现珍珠样虹彩，这种光泽区可随蔓延生长扩散到不规则边缘区外的晕圈。

5.3.2.4 菌株纯化培养，在分离培养平板上选择 5 个肉毒梭菌可疑菌落，分别接种卵黄琼脂平板，35℃±1℃，厌氧培养 48h，按 5.3.2.3 观察菌落形态及其纯度。

5.3.3 鉴定试验

5.3.3.1 染色镜检

挑取可疑菌落进行涂片、革兰氏染色和镜检，肉毒梭菌菌体形态为革兰氏阳性粗大杆菌、芽胞卵圆形、大于菌体、位于次端，菌体呈网球拍状。

5.3.3.2 毒素基因检测

a. 菌株活化：挑取可疑菌落或待鉴定菌株接种 TPGY，35℃±1℃厌氧培养 24h。

b. DNA 模板制备：吸取 TPGY 培养液 1.4mL 至无菌离心管中，14 000×g 离心 2min，弃上清，加入 1.0mL PBS 悬浮菌体，14 000×g 离心 2min，弃上清，用 400μL PBS 重悬沉淀，加入 10mg/mL 溶菌酶溶液 100μL，摇匀，37℃水浴 15min，加入 10mg/mL 蛋白酶 K 溶液 10μL，摇匀，60℃水浴 1h，再沸水浴 10min，14 000×g 离心 2min，上清液转移至无菌小离心管中，加入 3mol/L NaAc 溶液 50μL 和 95%乙醇 1.0mL，摇匀，−70℃或−20℃放置 30min，14 000×g 离心 10min，弃去上清液，沉淀干燥后溶于 200μL TE 缓冲液，置于−20℃保存备用。

注：根据实验室实际情况，也可采用常规水煮沸法或商品化试剂盒制备 DNA 模板。

c. 核酸浓度测定（必要时）：取 5μL DNA 模板溶液，加超纯水稀释至 1mL，用核酸蛋白分析仪或紫外分光光度计分别检测 260nm 和 280nm 波段的吸光值 A_{260} 和 A_{280}。按式（1）计算 DNA 浓度。当浓度在 0.34~340μg/mL 或 A_{260}/A_{280} 比值在 1.7~1.9 之间时，适宜于 PCR 扩增。

$$C = A_{260} \times N \times 50 \quad\cdots\cdots\cdots\cdots\cdots\cdots\cdots\cdots\cdots\cdots\cdots \quad (1)$$

式中：C——DNA 浓度，单位为微克每毫升（μg/mL）；

　　A_{260}——260nm 处的吸光值；

　　N——核酸稀释倍数。

d. PCR 扩增

①分别采用针对各型肉毒梭菌毒素基因设计的特异性引物（见表 8-24）进行 PCR 扩增，包括 A 型肉毒毒素（botulinum neurotoxin A，bont/A）、B 型肉毒毒素（botulinum neurotoxin B，bont/B）、E 型肉毒毒素（botulinum neurotoxin E，bont/E）和 F 型肉毒毒素（botulinum neurotoxin F，bont/F），每个 PCR 反应管检测一种型别的肉毒梭菌。

②反应体系配制见表 8-25，反应体系中各试剂的量可根据具体情况或不同的反应总体积进行相应调整。

表 8-24　肉毒梭菌毒素基因 PCR 检测的引物序列及其产物

检测肉毒梭菌类型	引物序列	扩增长度（bp）
A 型	F5'– GTG ATA CAA CCA GAT GGT A GT TAT A G-3' R5'–AAA AAA CAA GTC CCA ATT ATT AAC TTT-3'	983
B 型	F5'– GAG ATG TTT GTG AAT ATT ATG ATC CAG-3' R5'– GTT CAT GCA TTA ATA TCA AGG CTG G-3'	492
E 型	F5'–CCA GGC GGT TGT CAA GAA TTT TAT-3' R5'–TCA AAT AAA TCA GGC TCT GCT CCC-3'	410
F 型	F5'– GCT TCA TTA AAG AAC GGA AGC AGT GCT-3' R5'– GTG GCG CCT TTG TAC CTT TTC TAG G-3'	1137

表 8-25　肉毒梭菌毒素基因 PCR 检测的反应体系

试剂	终浓度	加入体积（μL）
10×PCR 缓冲液	1×	5.0
25mmol/L MgCl$_2$	2.5mmol/L	5.0
10mmol/L dNTPs	0.2mmol/L	1.0
10μmol/L 正向引物	0.5μmol/L	2.5
10μmol/L 反向引物	0.5μmol/L	2.5
5U/μL Taq 酶	0.05U/μL	0.5
DNA 模板	—	1.0
ddH$_2$O	—	32.5
总体积	—	50.0

③反应程序，预变性 95℃、5min；循环参数 94℃、1min，60℃、1min，72℃、1min；循环数 40；后延伸 72℃、10min；4℃保存备用。

④PCR 扩增体系应设置阳性对照、阴性对照和空白对照。用含有已知肉毒梭菌菌株或含肉毒毒素基因的质控品作阳性对照、非肉毒梭菌基因组 DNA 作阴性对照、无菌水作空白对照。

e. 凝胶电泳检测 PCR 扩增产物，用 0.5×TBE 缓冲液配制 1.2%～1.5% 的琼脂糖凝胶，凝胶加热融化后冷却至 60℃ 左右加入溴化乙锭至 0.5μg/mL 或 Goldview 5μL/100mL 制备胶块，取 10μL PCR 扩增产物与 2.0μL 6× 加样缓冲液混合，点样，其中一孔加入 DNA 分子量标准。0.5×TBE 电泳缓冲液，10V/cm 恒压电泳，根据溴酚蓝的移动位置确定电泳时间，用紫外检测仪或凝胶成像系统观察和记录结果。

PCR 扩增产物也可采用毛细管电泳仪进行检测。

f. 结果判定，阴性对照和空白对照均未出现条带，阳性对照出现预期大小的扩增条带，判定本次 PCR 检测成立；待测样品出现预期大小的扩增条带，判定为 PCR 结果阳性，根据表 1 判定肉毒梭菌菌株型别，待测样品未出现预期大小的扩增条带，判定 PCR 结果为阴性。

注：PCR 试验环境条件和过程控制应参照 GB/T 27403《实验室质量控制规范 食品分子生物学检测》规定执行。

5.3.3.3 菌株产毒试验

将 PCR 阳性菌株或可疑肉毒梭菌菌株接种庖肉培养基或 TPGYT 肉汤（用于 E 型肉毒梭菌），按 5.3.1.2 条件厌氧培养 5d，按 5.2 方法进行毒素检测和（或）定型试验，毒素确证试验阳性者，判定为肉毒梭菌，根据定型试验结果判定肉毒梭菌型别。

注：根据 PCR 阳性菌株型别，可直接用相应型别的肉毒毒素诊断血清进行确证试验。

6 结果报告

6.1 肉毒毒素检测结果报告

根据 5.2.2 和 5.2.3 试验结果，报告 25g（mL）样品中检出或未检出肉毒毒素。

根据 5.2.5 定型试验结果，报告 25g（mL）样品中检出某型肉毒毒素。

6.2 肉毒梭菌检验结果报告

根据 5.3 各项试验结果，报告样品中检出或未检出肉毒梭菌或检出某型肉毒梭菌。

附录 A 培养基和试剂

A.1 庖肉培养基

A.1.1 成分

新鲜牛肉	500.0g
蛋白胨	30.0g
酵母浸膏	5.0g
磷酸二氢钠	5.0g
葡萄糖	3.0g
可溶性淀粉	2.0g
蒸馏水	1000.0mL

A.1.2 制法

称取新鲜除去脂肪与筋膜的牛肉 500.0g，切碎，加入蒸馏水 1000mL 和 1mol/L 氢氧化钠溶液 25mL，搅拌煮沸 15min，充分冷却，除去表层脂肪，纱布过滤并挤出肉渣余液，分别收集肉汤和碎肉渣。在肉汤中加入成分表中其他物质并用蒸馏水补足至 1000mL，调节 pH 至 7.4±0.1，肉渣凉至半干。

在 20mm×150mm 试管中先加入碎肉渣 1~2cm 高，每管加入还原铁粉 0.1~0.2g 或少许铁屑，再加入配制肉汤 15mL，最后加入液体石蜡覆盖培养基 0.3~0.4cm，121℃高压蒸汽灭菌 20min。

A.2 胰蛋白酶胰蛋白胨葡萄糖酵母膏肉汤（TPGYT）

A.2.1 基础成分（TPGY 肉汤）

胰酪胨（trypticase）	50.0g
蛋白胨	5.0g
酵母浸膏	20.0g
葡萄糖	4.0g
硫乙醇酸钠	1.0g
蒸馏水	1000.0mL

A.2.2 胰酶液

称取胰酶（1∶250）1.5g，加入 100mL 蒸馏水中溶解，膜过滤除菌，4℃保存备用。

A.2.3 制法

将 A.2.1 中成分溶于蒸馏水中，调节 pH 至 7.2±0.1，分装 20mm×150mm 试管，每管 15mL，加入液体石蜡覆盖培养基 0.3~0.4cm，121℃高压蒸汽灭菌 10min。冰箱冷藏，两周内使用。临用接种样品时，每管加入胰酶液 1.0mL。

A.3 卵黄琼脂培养基

A.3.1 基础培养基成分

酵母浸膏	5.0g
胰胨	5.0g
胨胨（proteose peptone）	20.0g
氯化钠	5.0g
琼脂	20.0g
蒸馏水	1000.0mL

A.3.2 卵黄乳液

用硬刷清洗鸡蛋 2~3 个，沥干，杀菌消毒表面，无菌打开，取出内容物，弃去蛋白，用无菌注射器吸取蛋黄，放入无菌容器中，加等量无菌生理盐水，充分混合调匀，4℃保存备用。

A.3.3 制法

将 A.3.1 中成分溶于蒸馏水中，调节 pH 至 7.0±0.2，分装锥形瓶，121℃高压蒸汽灭菌 15min，冷却至 50℃左右，按每 100mL 基础培养基加入 15mL 卵黄乳液，充分混匀，倾注平板，35℃培养24h进行无菌检查后，冷藏备用。

A.4 明胶磷酸盐缓冲液

A.4.1 成分

明胶	2.0g
磷酸氢二钠（Na$_2$HPO$_4$）	4.0g
蒸馏水	1000.0mL

A.4.2 制法

将A.4.1中成分溶于蒸馏水中，调节pH至6.2，121℃高压蒸汽灭菌15min。

A.5 革兰氏染色液

A.5.1 结晶紫染色液

A.5.1.1 成分

结晶紫	1.0g
95%乙醇	20.0mL
1%草酸铵水溶液	80.0mL

A.5.1.2 制法

将结晶紫完全溶于乙醇中，再与草酸铵溶液混合。

A.5.2 革兰氏碘液

A.5.2.1 成分

碘	1.0g
碘化钾	2.0g
蒸馏水	300.0mL

A.5.2.2 制法

将碘和碘化钾混合，加入少许蒸馏水充分振摇，待完全溶解后，再加蒸馏水至300mL。

A.5.3 沙黄复染液

A.5.3.1 成分

沙黄	0.25g
95%乙醇	10.0mL
蒸馏水	90.0mL

A.5.3.2 制法

将沙黄溶于乙醇中，再加蒸馏水至100mL。

A.5.4　染色方法

涂片在酒精灯火焰上固定，滴加结晶紫染色液覆盖，染色1min，水洗；滴加革兰氏碘液覆盖，作用1min，水洗；滴加95%乙醇脱色约15～30s（可将乙醇覆盖整个涂片，立即倾去，再用乙醇覆盖涂片，作用约10s，倾去脱色液，滴加乙醇从涂片流下至出现无色为止），水洗；滴加沙黄复染液覆盖，染色1min，水洗，待干、镜检。

A.6　10%胰蛋白酶溶液

A.6.1　成分

胰蛋白酶（1∶250）	10.0g
蒸馏水	100.0mL

A.6.2　制法

将胰蛋白酶溶于蒸馏水中，膜过滤除菌，4℃保存备用。

A.7　磷酸盐缓冲液（PBS）

A.7.1　成分

氯化钠	7.650g
磷酸氢二钠	0.724g
磷酸二氢钾	0.210g
超纯水	1000.0mL

A.7.2　制法

准确称取A.7.1中化学试剂，溶于超纯水中，测试pH7.4。

十、GB 4789.14—2014 食品微生物学检验　蜡样芽胞杆菌检验

1　范围

本标准规定了食品中蜡样芽胞杆菌（*Bacillus cereus*）的检验方法。

本标准第一法适用于蜡样芽胞杆菌含量较高的食品中蜡样芽胞杆菌的计数；第二法适用于蜡样芽胞杆菌含量较低的食品样品中蜡样芽胞杆菌的计数。

2　设备和材料

除微生物实验室常规灭菌及培养设备外，其他设备和材料如下：

a. 冰箱：2～5℃；

b. 恒温培养箱：30℃±1℃、36℃±1℃；

c. 均质器；

d. 电子天平：感量0.1g；

e. 无菌锥形瓶：100mL、500mL；

f. 无菌吸管：1mL（具0.01mL刻度）、10mL（具0.1mL刻度）或微量移液器及

吸头；

    g. 无菌平皿：直径 90mm；

    h. 无菌试管：18mm×180mm；

    i. 显微镜：10~100 倍（油镜）；

    j. L 涂布棒。

3   培养基和试剂

3.1   磷酸盐缓冲液（PBS）：见附录 A.1。

3.2   甘露醇卵黄多黏菌素（MYP）琼脂：见附录 A.2。

3.3   胰酪胨大豆多黏菌素肉汤：见附录 A.3。

3.4   营养琼脂：见附录 A.4。

3.5   过氧化氢溶液：见附录 A.5。

3.6   动力培养基：见附录 A.6。

3.7   硝酸盐肉汤：见附录 A.7。

3.8   酪蛋白琼脂：见附录 A.8。

3.9   硫酸锰营养琼脂培养基：见附录 A.9。

3.10   0.5%碱性复红：见附录 A.10。

3.11   动力培养基：见附录 A.11。

3.12   糖发酵管：见附录 A.12。

3.13   V-P 培养基：见附录 A.13。

3.14   胰酪胨大豆羊血（TSSB）琼脂：见附录 A.14。

3.15   溶菌酶营养肉汤：见附录 A.15。

3.16   西蒙氏柠檬酸盐培养基：见附录 A.16。

3.17   明胶培养基：见附录 A.17。

4   蜡样芽胞杆菌平板计数法（第一法）

4.1 检验程序

    蜡样芽胞杆菌平板计数法检验程序见图 8-15。

4.2 操作步骤

4.2.1 样品处理

    冷冻样品应在 45℃以下不超过 15min 或在 2~5℃不超过 18h 解冻，若不能及时检验，应放于−10~−20℃保存；非冷冻而易腐的样品应尽可能及时检验，若不能及时检验，应置于 2~5℃冰箱保存，24h 内检验。

4.2.2 样品制备

    称取样品 25g，放入盛有 225mL PBS 或生理盐水的无菌均质杯内，用旋转刀片式均质器以 8000~10 000r/min 均质 1~2min，或放入盛有 225mL PBS 或生理盐水的无菌均质袋中，用拍击式均质器拍打 1~2min。若样品为液态，吸取 25mL 样品至盛有 225mL PBS 或生理盐水的无菌锥形瓶（瓶内可预置适当数量的无菌玻璃珠）中，振荡混匀，作为 1∶10

检样
25g（mL）样品+225mL 稀释液，均质

↓

10倍系列稀释

↓

选取2~3个适宜的连续稀释度的样品匀液，涂布
MYP琼脂平板

30℃±1℃　　　24~48h

↓

典型菌落计数及确定鉴定

↓

报告

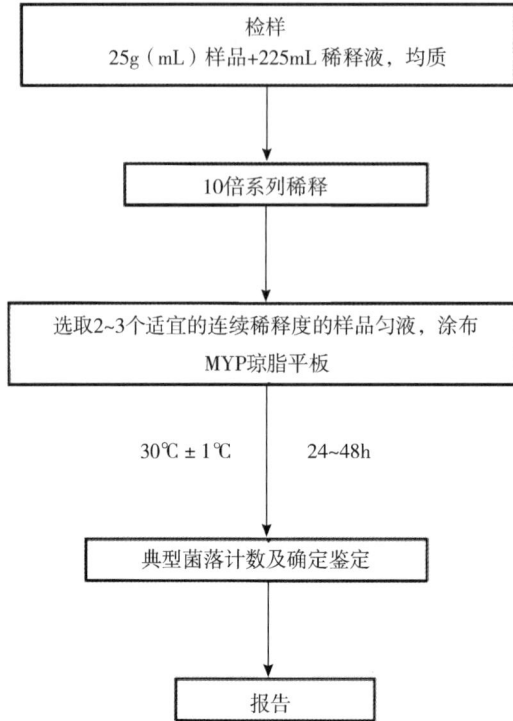

图 8-15　蜡样芽胞杆菌平板计数法检验程序

的样品匀液。

4.2.3　样品的稀释

吸取 4.2.2 中 1：10 的样品匀液 1mL 加到装有 9mL PBS 或生理盐水的稀释管中，充分混匀制成 1：100 的样品匀液。根据对样品污染状况的估计，按上述操作，依次制成 10 倍递增系列稀释样品匀液。每递增稀释 1 次，换用 1 支 1mL 无菌吸管或吸头。

4.2.4　样品接种

根据对样品污染状况的估计，选择 2~3 个适宜稀释度的样品匀液（液体样品可包括原液），以 0.3mL、0.3mL、0.4mL 接种量分别移入三块 MYP 琼脂平板，然后用无菌 L 棒涂布整个平板，注意不要触及平板边缘。使用前，如 MYP 琼脂平板表面有水珠，可放在 25~50℃ 的培养箱里干燥，直到平板表面的水珠消失。

4.2.5　分离、培养

4.2.5.1　分离

在通常情况下，涂布后，将平板静置 10min。如样液不易吸收，可将平板放在培养箱 30℃±1℃ 培 1h，等样品匀液吸收后翻转平皿，倒置于培养箱，30℃±1℃ 培养 24h±2h。如果菌落不典型，可继续培养 24h±2h 再观察。在 MYP 琼脂平板上，典型菌落为微粉红色（表示不发酵甘露醇），周围有白色至淡粉红色沉淀环（表示产卵磷脂酶）。

4.2.5.2　纯培养

从每个平板（符合 4.4.1.1 要求的平板）中挑取至少 5 个典型菌落（小于 5 个全选），

分别划线接种于营养琼脂平板做纯培养，30℃±1℃培养24h±2h，进行确证实验。在营养琼脂平板上，典型菌落为灰白色，偶有黄绿色，不透明，表面粗糙似毛玻璃状或融蜡状，边缘常呈扩展状，直径为4~10mm。

4.3 确定鉴定

4.3.1 染色镜检

挑取纯培养的单个菌落，革兰氏染色镜检。蜡样芽胞杆菌为革兰氏阳性芽胞杆菌，大小为（1~1.3μm）×（3~5μm），芽胞呈椭圆形位于菌体中央或偏端，不膨大于菌体，菌体两端较平整，多呈短链或长链状排列。

4.3.2 生化鉴定

4.3.2.1 概述

挑取纯培养的单个菌落，进行过氧化氢酶试验、动力试验、硝酸盐还原试验、酪蛋白分解试验、溶菌酶耐性试验、V-P试验、葡萄糖利用（厌氧）试验、根状生长试验、溶血试验、蛋白质毒素结晶试验。蜡样芽胞杆菌生化特征与其他芽胞杆菌的区别见表8-26。

表8-26 蜡样芽胞杆菌生化特征与其他芽胞杆菌的区别

项目	蜡样芽胞杆菌 *Bacillus cereus*	苏云金芽胞杆菌 *Bacillus thuringiensis*	蕈状芽胞杆菌 *Bacillus mycoides*	炭疽芽胞杆菌 *Bacillus anthracis*	巨大芽胞杆菌 *Bacillus megaterium*
革兰氏染色	+	+	+	+	+
过氧化氢酶	+	+	+	+	+
动力	+/-	+/-	-	-	+/-
硝酸盐还原	+	+/-	+	+	-/+
酪蛋白分解	+	+	+/-	-/+	+/-
溶菌酶耐性	+	+	+	+	-
卵黄反应	+	+	+	+	-
葡萄糖利用（厌氧）	+	+	+	+	-
V-P试验	+	+	+	+	-
甘露醇产酸	-	-	-	-	+
溶血（羊红细胞）	+	+	+	-/+	-
根状生长	-	-	+	-	-
蛋白质毒素晶体	-	+	-	-	-

注：+表示90%~100%的菌株阳性；-表示90%~100%的菌株阴性；+/-表示大多数的菌株阳性；-/+表示大多数的菌株阴性。

4.3.2.2 动力试验

用接种针挑取培养物穿刺接种于动力培养基中，30℃培养24h。有动力的蜡样芽胞杆菌应沿穿刺线呈扩散生长，而蕈状芽孢杆菌常呈"绒毛状"生长。也可用悬滴法检查。

4.3.2.3 溶血试验

挑取纯培养的单个可疑菌落接种于TSSB琼脂平板上，30℃±1℃培养24h±2h。蜡样芽胞杆菌菌落为浅灰色，不透明，似白色毛玻璃状，有草绿色溶血环或完全溶血环。苏云金芽胞杆菌和蕈状芽胞杆菌呈现弱的溶血现象，而多数炭疽芽胞杆菌为不溶血，巨大芽胞杆菌为不溶血。

4.3.2.4 根状生长试验

挑取单个可疑菌落按间隔2~3cm左右距离划平行直线于经室温干燥1~2d的营养琼脂平板上，30℃±1℃培养24~48h，不能超过72h。用蜡样芽胞杆菌和蕈状芽胞杆菌标准株作为对照进行同步试验。蕈状芽胞杆菌呈根状生长的特征。蜡样芽胞杆菌菌株呈粗糙山谷状生长的特征。

4.3.2.5 溶菌酶耐性试验

用接种环取纯菌悬液一环，接种于溶菌酶肉汤中，36℃±1℃培养24h。蜡样芽胞杆菌在本培养基（含0.001%溶菌酶）中能生长。如出现阴性反应，应继续培养24h。巨大芽胞杆菌不生长。

4.3.2.6 蛋白质毒素结晶试验

挑取纯培养的单个可疑菌落接种于硫酸锰营养琼脂平板上，30℃±1℃培养24h±2h，并于室温放置3~4d，挑取培养物少许于载玻片上，滴加蒸馏水混匀并涂成薄膜。经自然干燥，微火固定后，加甲醇作用30s后倾去，再通过火焰干燥，于载玻片上滴满0.5%碱性复红，放火焰上加热（微见蒸气，勿使染液沸腾）持续1~2min，移去火焰，再更换染色液再次加温染色30s，倾去染液用洁净自来水彻底清洗、晾干后镜检。观察有无游离芽胞（浅红色）和染成深红色的菱形蛋白结晶体。如发现游离芽胞形成的不丰富，应再将培养物置室温2~3d后进行检查。除苏云金芽胞杆菌外，其他芽胞杆菌不产生蛋白结晶体。

4.3.3 生化分型（选做项目）

根据对柠檬酸盐利用、硝酸盐还原、淀粉水解、V-P试验反应、明胶液化试验，将蜡样芽胞杆菌分成不同生化型别，见表8-27。

表8-27 蜡样芽胞杆菌生化分型试验

型别	生化试验				
	柠檬酸盐	硝酸盐	淀粉	V-P	明胶
1	+	+	+	+	+
2	−	+	+	+	+
3	+	+	−	+	+
4	+	−	+	+	+
5	−	−	−	+	+
6	+	+	+	−	+
7	+	−	+	−	+
8	−	+	+	−	+
9	−	+	−	−	+
10	−	+	+	+	−
11	+	+	+	−	+

（续）

型别	生化试验				
	柠檬酸盐	硝酸盐	淀粉	V-P	明胶
12	+	+	−	−	+
13	−	−	+	−	−
14	+	−	−	−	+
15	+	−	+	−	+

注：+ 表示 90%~100% 的菌株阳性；− 表示 90%~100% 的菌株阴性。

4.4 结果计算

4.4.1 典型菌落计数和确认

4.4.1.1 选择有典型蜡样芽胞杆菌菌落的平板，且同一稀释度 3 个平板所有菌落数合计在 20~200CFU 之间的平板，计数典型菌落数。如果出现 a~f 现象按 4.4.2.1 中公式（1）计算，如果出现 g）现象则按 4.4.2.2 中公式（2）计算。

　　a. 只有一个稀释度的平板菌落数在 20~200CFU 之间且有典型菌落，计数该稀释度平板上的典型菌落；

　　b. 2 个连续稀释度的平板菌落数均在 20~200CFU 之间，但只有一个稀释度的平板有典型菌落，应计数该稀释度平板上的典型菌落；

　　c. 所有稀释度的平板菌落数均小于 20CFU 且有典型菌落，应计数最低稀释度平板上的典型菌落；

　　d. 某一稀释度的平板菌落数大于 200CFU 且有典型菌落，但下一稀释度平板上没有典型菌落，应计数该稀释度平板上的典型菌落；

　　e. 所有稀释度的平板菌落数均大于 200CFU 且有典型菌落，应计数最高稀释度平板上的典型菌落；

　　f. 所有稀释度的平板菌落数均不在 20~200CFU 之间且有典型菌落，其中一部分小于 20CFU 或大于 200CFU 时，应计数最接近 20CFU 或 200CFU 的稀释度平板上的典型菌落。

　　g. 2 个连续稀释度的平板菌落数均在 20~200CFU 之间且均有典型菌落。

4.4.1.2 从每个平板中至少挑取 5 个典型菌落（小于 5 个全选），划线接种于营养琼脂平板做纯培养，30℃±1℃培养 24h±2h。

4.4.2 计算公式

4.4.2.1 菌落计算公式（1）

$$T = \frac{AB}{Cd} \quad\cdots\cdots\cdots\cdots\cdots\cdots\cdots\cdots\cdots\cdots\cdots\cdots\cdots\cdots（1）$$

式中：T ——样品中蜡样芽胞杆菌菌落数；

　　　A ——某一稀释度蜡样芽胞杆菌典型菌落的总数；

　　　B ——鉴定结果为蜡样芽胞杆菌的菌落数；

　　　C ——用于蜡样芽胞杆菌鉴定的菌落数；

d ——稀释因子。

4.4.2.2　菌落计算公式（2）

$$T=\frac{A_1B_1/C_1+A_2B_2/C_2}{1.1d} \cdots\cdots\cdots\cdots\cdots\cdots\cdots\cdots\cdots\cdots\cdots\cdots（2）$$

式中：T ——样品中蜡样芽胞杆菌菌落数；

A_1——第一稀释度（低稀释倍数）蜡样芽胞杆菌典型菌落的总数；

A_2——第二稀释度（高稀释倍数）蜡样芽胞杆菌典型菌落的总数；

B_1——第一稀释度（低稀释倍数）鉴定结果为蜡样芽胞杆菌的菌落数；

B_2——第二稀释度（高稀释倍数）鉴定结果为蜡样芽胞杆菌的菌落数；

B_2——第二稀释度（高稀释倍数）鉴定为阳性的菌落数；

C_1——第一稀释度（低稀释倍数）用于蜡样芽胞杆菌鉴定的菌落数；

C_2——第二稀释度（高稀释倍数）用于蜡样芽胞杆菌鉴定的菌落数；

1.1——计算系数（如果第二稀释度蜡样芽胞杆菌鉴定结果为0，计算系数采用1）；

d ——稀释因子（第一稀释度）。

4.5　结果与报告

4.5.1　根据 MYP 平板上蜡样芽胞杆菌的典型菌落数，按 4.4 中公式（1）、公式（2）计算，报告每 g（mL）样品中蜡样芽胞杆菌菌数，以 CFU/g（mL）表示；如 T 值为 0，则以小于 1 乘以最低稀释倍数报告。

4.5.2　必要时报告蜡样芽胞杆菌生化分型结果。

5　蜡样芽胞杆菌 MPN 计数法（第二法）

5.1　检验程序

蜡样芽胞杆菌 MPN 计数法检验程序见图 8-16。

5.2　操作步骤

5.2.1　样品处理

同 4.2.1。

5.2.2　样品制备

同 4.2.2。

5.2.3　样品的稀释

同 4.2.3。

5.2.4　样品接种

取 3 个适宜连续稀释度的样品匀液（液体样品可包括原液），接种于 10mL 胰酪胨大豆多黏菌素肉汤中，每一稀释度接种 3 管，每管接种 1mL（如果接种量需要超过 1mL，则用双料胰酪胨大豆多黏菌素肉汤）。于 30℃±1℃培养 48h±2h。

5.2.5　培养

用接种环从各管中分别移取 1 环，划线接种到 MYP 琼脂平板上，30℃±1℃培养 24h±2h。如果菌落不典型，可继续培养 24h±2h 再观察。

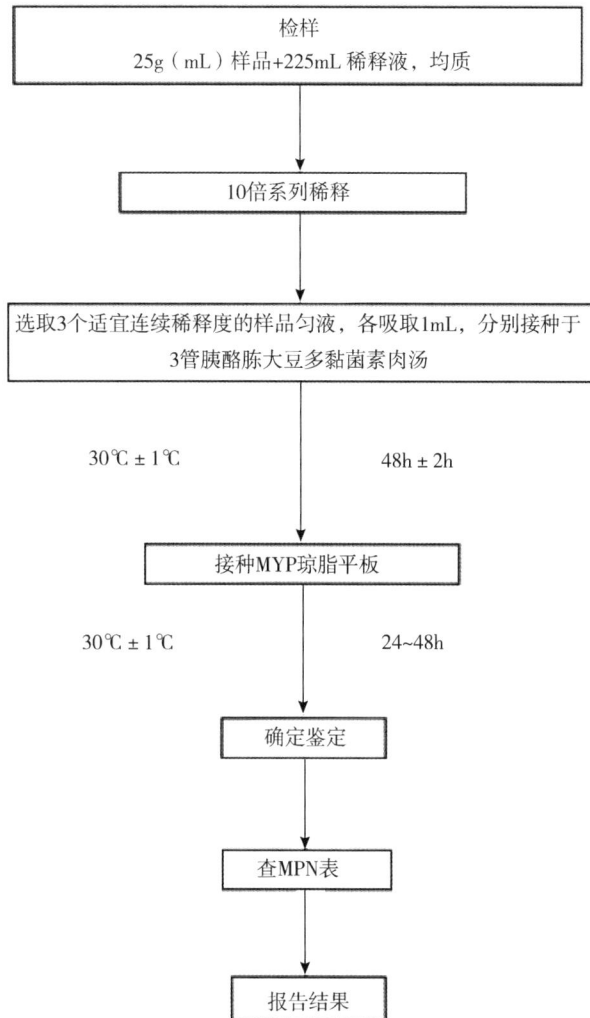

图 8-16　蜡样芽胞杆菌 MPN 计数法检验程序

5.2.6　确定鉴定

　　从每个平板选取 5 个典型菌落（小于 5 个全选），划线接种于营养琼脂平板做纯培养，30℃±1℃培养 24h±2h，进行确证实验，见 4.3。

5.3　结果与报告

　　根据证实为蜡样芽胞杆菌阳性的试管管数，查 MPN 检索表（见附录 B），报告每 g（mL）样品中蜡样芽胞杆菌的最可能数，以 MPN/g（mL）表示。

附录 A　培养基和试剂

A.1　磷酸盐缓冲液（PBS）

A.1.1　成分

磷酸二氢钾	34.0g
蒸馏水	500.0mL

A.1.2　制法

贮存液：称取 34.0g 的磷酸二氢钾溶于 500mL 蒸馏水中，用大约 175mL 的 1mol/L 氢氧化钠溶液调节 pH 至 7.2，用蒸馏水稀释至 1000mL 后贮存于冰箱。

稀释液：取贮存液 1.25mL，用蒸馏水稀释至 1000mL，分装于适宜容器中，121℃ 高压灭菌 15min。

A.2　甘露醇卵黄多黏菌素（MYP）琼脂

A.2.1　成分

蛋白胨	10.0g
牛肉粉	1.0g
D-甘露醇	10.0g
氯化钠	10.0g
琼脂粉	12.0~15.0g
0.2%酚红溶液	13.0mL
50%卵黄液	50.0mL
多黏菌素 B	100 000IU
蒸馏水	950.0mL

A.2.2　制法

按 A.2.1 前五种成分加入于 950mL 蒸馏水中，加热溶解，校正 pH 至 7.3±0.1，加入酚红溶液。分装，每瓶 95mL，121℃ 高压灭菌 15min。临用时加热溶化琼脂，冷却至 50℃，每瓶加入 50%卵黄液 5mL 和浓度为 10 000IU 的多黏菌素 B 溶液 1mL，混匀后倾注平板。

A.2.2.1　50%卵黄液

取鲜鸡蛋，用硬刷将蛋壳彻底洗净，沥干，于 70%酒精溶液中浸泡 30min。用无菌操作取出卵黄，加入等量灭菌生理盐水，混匀后备用。

A.2.2.2　多黏菌素 B 溶液

在 50mL 灭菌蒸馏水中溶解 500 000IU 的无菌硫酸盐多黏菌素 B。

A.3　胰酪胨大豆多黏菌素肉汤

A.3.1　成分

胰酪胨（或酪蛋白胨）	17.0g
植物蛋白胨（或大豆蛋白胨）	3.0g
氯化钠	5.0g
无水磷酸氢二钾	2.5g
葡萄糖	2.5g
多黏菌素 B	100IU/mL
蒸馏水	1000.0mL

A.3.2　制法

将 A.3.1 前五种成分加入于蒸馏水中，加热溶解，校正 pH 至 7.3±0.2，121℃高压灭菌 15min。临用时加入多黏菌素 B 溶液混匀即可。多黏菌素 B 溶液制法同附录 A.2.2.2。

A.4　营养琼脂

A.4.1　成分

蛋白胨	10.0g
牛肉膏	5.0g
氯化钠	5.0g
琼脂粉	12.0~15.0g
蒸馏水	1000.0mL

A.4.2　制法

将 A.4.1 所述成分溶解于蒸馏水内，校正 pH 至 7.2±0.2，加热使琼脂溶化。121℃高压灭菌 15min，备用。

A.5　过氧化氢溶液

A.5.1　试剂

3%过氧化氢溶液：临用时配制，用 H_2O_2 配制。

A.5.2　试验方法

用细玻璃棒或一次性接种针挑取单个菌落，置于洁净试管内，滴加 3%过氧化氢溶液 2mL，观察结果。

A.5.3 结果

于 30s 内发生气泡者为阳性，不发生气泡者为阴性。

A.6 动力培养基

A.6.1 成分

胰酪胨（或酪蛋白胨）	10.0g
酵母粉	2.5g
葡萄糖	5.0g
无水磷酸氢二钠	2.5g
琼脂粉	3.0~5.0g
蒸馏水	1000.0mL

A.6.2 制法

将 A.6.1 所述成分于蒸馏水，校正 pH 至 7.2±0.2，加热溶解。分装每管 2~3mL。115℃高压灭菌 20min，备用。

A.6.3 试验方法

用接种针挑取培养物穿刺接种于动力培养基中，30℃±1℃培养 48h±2h。蜡样芽胞杆菌应沿穿刺线呈扩散生长，而蕈状芽胞杆菌常常呈绒毛状生长，形成蜂巢状扩散。动力试验也可用悬滴法检查。蜡样芽胞杆菌和苏云金芽胞杆菌通常运动极为活泼，而炭疽杆菌则不运动。

A.7 硝酸盐肉汤

A.7.1 成分

蛋白胨	5.0g
硝酸钾	0.2g
蒸馏水	1000.0mL

A.7.2 制法

将 A.7.1 所述成分溶解于蒸馏水。校正 pH 至 7.4，分装每管 5mL，121℃高压灭菌 15min。

A.7.3 硝酸盐还原试剂

甲液：将对氨基苯磺酸 0.8g 溶解于 2.5mol/L 乙酸溶液 100mL 中。

乙液：将甲萘胺 0.5g 溶解于 2.5mol/L 乙酸溶液 100mL 中。

A.7.4 试验方法

接种后在 36℃±1℃培养 24~72h。加甲液和乙液各 1 滴，观察结果，阳性反应立即或数分钟内显红色。如为阴性，可再加入锌粉少许，如出现红色，表示硝酸盐未被还原，为阴性。反之，则表示硝酸盐已被还原，为阳性。

A.8 酪蛋白琼脂

A.8.1 成分

酪蛋白	10.0g
牛肉粉	3.0g
无水磷酸氢二钠	2.0g
氯化钠	5.0g
琼脂粉	12.0~15.0g
蒸馏水	1000.0mL
0.4%溴麝香草酚蓝溶液	12.5mL

A.8.2 制法

除溴麝香草酚蓝溶液外，将 A.8.1 所述各成分溶于蒸馏水中加热溶解（酪蛋白不会溶解）。校正 pH 至 7.4±0.2，加入溴麝香草酚蓝溶液，121℃高压灭菌 15min 后倾注平板。

A.8.3 试验方法

用接种环挑取可疑菌落，点种于酪蛋白琼脂培养基上，36℃±1℃培养 48h±2h，阳性反应菌落周围培养基应出现澄清透明区（表示产生酪蛋白酶）。阴性反应时应继续培养 72h 再观察。

A.9 硫酸锰营养琼脂培养基

A.9.1 成分

胰蛋白胨	5.0g
葡萄糖	5.0g
酵母浸膏	5.0g
磷酸氢二钾	4.0g
3.08%硫酸锰（$MnSO_4 \cdot H_2O$）	1.0mL
琼脂粉	12.0~15.0g
蒸馏水	1000.0mL

A.9.2 制法

将 A.9.1 所述成分溶解于蒸馏水。校正 pH 至 7.2±0.2。121℃高压灭菌 15min，备用。

A.10　0.5%碱性复红

A.10.1　成分

碱性复红	0.5g
乙醇	20.0mL
蒸馏水	80.0mL

A.10.2　制法

取碱性复红 0.5g 溶解于 20mL 乙醇中，再用蒸馏水稀释至 100mL，滤纸过滤后储存备用。

A.11　动力培养基

A.11.1　成分

蛋白胨	10.0g
牛肉浸粉	3.0g
琼脂	4.0g
氯化钠	5.0g
蒸馏水	1000.0mL

A.11.2　制法

将 A.11.1 所述成分溶解于蒸馏水。校正 pH 至 7.2±0.2，分装小试管，121℃高压灭菌 15min，备用。

A.12　糖发酵管

A.12.1　成分

牛肉粉	5.0g
蛋白胨	10.0g
氯化钠	3.0g
磷酸氢二钠（$Na_2HPO_4 \cdot 12H_2O$）	2.0g
0.2%溴麝香草酚蓝溶液	12.0mL
蒸馏水	1000.0mL

A.12.2　制法

A.12.2.1　糖发酵管按 A.12.1 所述成分配好后，校正 pH 至 7.2±0.2，按 0.5%加入葡萄糖，分装于一个有倒置小管的小试管内，115℃高压灭菌 15min。

A.12.2.2　其他各种糖发酵管可按 A.12.1 所述成分配好后，分装每瓶 100mL，115℃高压灭菌 15min。另将各种糖类分别配好 10% 溶液，同时 115℃ 高压灭菌 15min。将 5mL 糖溶液加入于 100mL 培养基内，以无菌操作分装小试管。

注：蔗糖不纯，加热后会自行水解者，应采用过滤法除菌。

A.12.3　试验方法

挑取可疑菌落接种于葡萄糖发酵管中，厌氧条件下 36℃±1℃ 培养 24h±2h。培养基由红色变为黄色者表明该菌在厌氧条件下能发酵葡萄糖。

A.13　V-P 培养基

A.13.1　成分

磷酸氢二钾	5.0g
蛋白胨	7.0g
葡萄糖	5.0g
氯化钠	5.0g
蒸馏水	1000.0mL

A.13.2　制法

将 A.13.1 所述成分溶解于蒸馏水。校正 pH 至 7.0±0.2，分装每管 1mL。115℃ 高压灭菌 20min，备用。

A.13.3　试验方法

用营养琼脂培养物接种于本培养基中，36℃±1℃ 培养 48~72h。加入 6% α-萘酚-乙醇溶液 0.5mL 和 40% 氢氧化钾溶液 0.2mL，充分振摇试管，观察结果，阳性反应立即或于数分钟内出现红色。如为阴性，应放在 36℃±1℃ 培养 4h 再观察。

A.14　胰酪胨大豆羊血（TSSB）琼脂

A.14.1　成分

胰酪胨（或酪蛋白胨）	15.0g
植物蛋白胨（或大豆蛋白胨）	5.0g
氯化钠	5.0g
无水磷酸氢二钾	2.5g
葡萄糖	2.5g
琼脂粉	12.0~15.0g
蒸馏水	1000.0mL

A.14.2　制法

将 A.14.1 所述各成分于蒸馏水中加热溶解。校正 pH 至 7.2±0.2，分装每瓶 100mL。

121℃高压灭菌15min。水浴中冷却至45~50℃，每100mL加入5~10mL无菌脱纤维羊血，混匀后倾注平板。

A.15 溶菌酶营养肉汤

A.15.1 成分

牛肉粉	3.0g
蛋白胨	5.0g
蒸馏水	990.0mL
0.1%溶菌酶溶液	10.0mL

A.15.2 制法

除溶菌酶溶液外，将A.15.1所述成分溶解于蒸馏水。校正pH至6.8±0.1，分装每瓶99mL。121℃高压灭菌15min。每瓶加入0.1%溶菌酶溶液1mL，混匀后分装灭菌试管，每管2.5mL。0.1%溶菌酶溶液配制：在65mL灭菌的0.1mol/L盐酸中加入0.1g溶菌酶，隔水煮沸20min溶解后，再用灭菌的0.1mol/L盐酸稀释至100mL。或者称取0.1g溶菌酶溶于100mL的无菌蒸馏水后，用孔径为0.45μm硝酸纤维膜过滤。使用前测试是否无菌。

A.15.3 试验方法

用接种环取纯菌悬液一环，接种于溶菌酶肉汤中，36℃±1℃培养24h。蜡样芽胞杆菌在本培养基（含0.001%溶菌酶）中能生长。如出现阴性反应，应继续培养24h。

A.16 西蒙氏柠檬酸盐培养基

A.16.1 成分

氯化钠	5.0g
硫酸镁（$MgSO_4 \cdot 7H_2O$）	0.2g
磷酸二氢铵	1.0g
磷酸氢二钾	1.0g
柠檬酸钠	1.0g
琼脂粉	12.0~15.0g
蒸馏水	1000.0mL
0.2%溴麝香草酚蓝溶液	40.0mL

A.16.2 制法

除溴麝香草酚蓝溶液和琼脂外，将A.16.1所述各成分溶解于1000.0mL蒸馏水内，校正pH至6.8，再加琼脂，加热溶化。然后加入溴麝香草酚蓝溶液，混合均匀后分装试管，121℃高压灭菌15min。制成斜面。

A.16.3 试验方法

挑取少量琼脂培养物接种于西蒙氏柠檬酸培养基，36℃±1℃培养4d。每天观察结果，阳性者斜面上有菌落生长，培养基从绿色转为蓝色。

A.17 明胶培养基

A.17.1 成分

蛋白胨	5.0g
牛肉粉	3.0g
明胶	120.0g
蒸馏水	1000.0mL

A.17.2 制法

将A.17.1所述成分混合，置流动蒸汽灭菌器内，加热溶解，校正pH至7.4~7.6，过滤。分装试管，121℃高压灭菌10min，备用。

A.17.3 试验方法

挑取可疑菌落接种于明胶培养基，36℃±1℃培养24h±2h，取出，2~8℃放置30min，取出，观察明胶液化情况。

附录B 蜡样芽胞杆菌最可能数（MPN）检索表

每g（mL）检样中蜡样芽胞杆菌最可能数（MPN）的检索见表B.1。

表B.1 蜡样芽胞杆菌最可能数（MPN）检索表

阳性管数			MPN	95%置信区间		阳性管数			MPN	95%置信区间	
0.10	0.01	0.001		下限	上限	0.10	0.01	0.001		下限	上限
0	0	0	<3.0	—	9.5	2	2	0	21	4.5	42
0	0	1	3.0	0.15	9.6	2	2	1	28	8.7	94
0	1	0	3.0	0.15	11	2	2	2	35	8.7	94
0	1	1	6.1	1.2	18	2	3	0	29	8.7	94
0	2	0	6.2	1.2	18	2	3	1	36	8.7	94
0	3	0	9.4	3.6	38	3	0	0	23	4.6	94
1	0	0	3.6	0.17	18	3	0	1	38	8.7	110
1	0	1	7.2	1.3	18	3	0	2	64	17	180
1	0	2	11	3.6	38	3	1	0	43	9	180
1	1	0	7.4	1.3	20	3	1	1	75	17	200

（续）

阳性管数			MPN	95%置信区间		阳性管数			MPN	95%置信区间	
0.10	0.01	0.001		下限	上限	0.10	0.01	0.001		下限	上限
1	1	1	11	3.6	38	3	1	2	120	37	420
1	2	0	11	3.6	42	3	1	3	160	40	420
1	2	1	15	4.5	42	3	2	0	93	18	420
1	3	0	16	4.5	42	3	2	1	150	37	420
2	0	0	9.2	1.4	38	3	2	2	210	40	430
2	0	1	14	3.6	42	3	2	3	290	90	1000
2	0	2	20	4.5	42	3	3	0	240	42	1000
2	1	0	15	3.7	42	3	3	1	460	90	2000
2	1	1	20	4.5	42	3	3	2	1100	180	4100
2	1	2	27	8.7	94	3	3	3	>1100	420	—

注1：本表采用3个稀释度［0.1g（mL）、0.01g（mL）和0.001g（mL）］，每个稀释度接种3管。

注2：表内所列检样量如改用1g（mL）、0.1g（mL）和0.01g（mL）时，表内数字应相应降低10倍；如改用0.01g（mL）、0.001g（mL）、0.0001g（mL）时，则表内数字应相应增高10倍，其余类推。

十一、GB 4789.15—2016 食品微生物学检验　霉菌和酵母计数

1　范围

本标准规定了食品中霉菌和酵母（moulds and yeasts）的计数方法。

本标准第一法适用于各类食品中霉菌和酵母的计数；第二法适用于番茄酱罐头、番茄汁中霉菌的计数。

2　设备和材料

除微生物实验室常规灭菌及培养设备外，其他设备和材料如下：

2.1　培养箱：28℃±1℃。

2.2　拍击式均质器及均质袋。

2.3　电子天平：感量0.1g。

2.4　无菌锥形瓶：容量500mL。

2.5　无菌吸管：1mL（具0.01mL刻度）、10mL（具0.1mL刻度）。

2.6　无菌试管：18mm×180mm。

2.7　旋涡混合器。

2.8　无菌平皿：直径90mm。

2.9　恒温水浴箱：46℃±1℃。

2.10　显微镜：10~100倍。

2.11　微量移液器及枪头：1.0mL。

2.12　折光仪。

2.13　郝氏计测玻片：具有标准计测室的特制玻片。

2.14　盖玻片。

2.15　测微器：具标准刻度的玻片。

3　培养基和试剂

3.1　生理盐水：见附录 A.1

3.2　马铃薯葡萄糖琼脂：见附录 A.2。

3.3　孟加拉红琼脂：见附录 A.3。

3.4　磷酸盐缓冲液：见附录 A.4。

第一法　霉菌和酵母平板计数法

4　检验程序

霉菌和酵母平板计数法的检验程序见图 8-17。

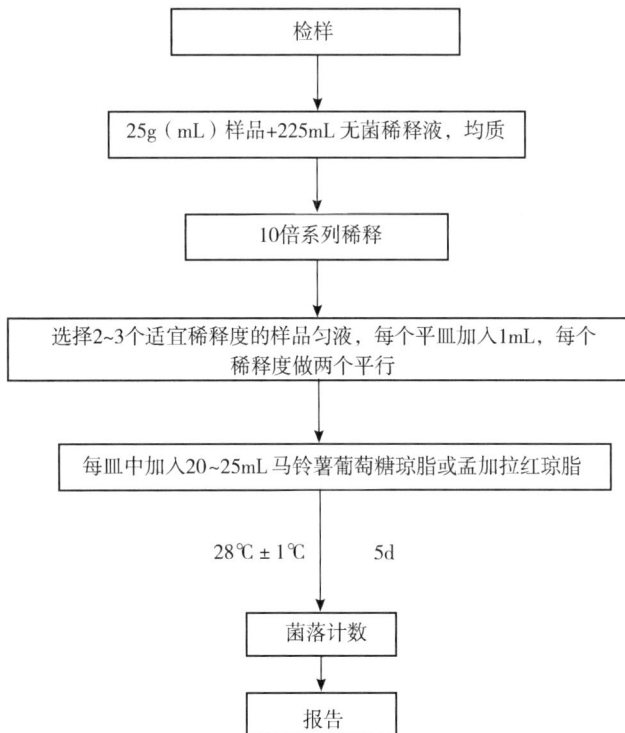

图 8-17　霉菌和酵母平板计数法的检验程序

5　操作步骤

5.1　样品的稀释

5.1.1　固体和半固体样品：称取 25g 样品，加入 225mL 无菌稀释液（蒸馏水或生理盐水或磷酸盐缓冲液），充分振摇，或用拍击式均质器拍打 1~2min，制成 1∶10 的样品匀液。

5.1.2　液体样品：以无菌吸管吸取 25mL 样品至盛有 225mL 无菌稀释液（蒸馏水或生理盐水或磷酸盐缓冲液）的适宜容器内（可在瓶内预置适当数量的无菌玻璃珠）或无菌均

质袋中，充分振摇或用拍击式均质器拍打 1~2min，制成 1∶10 的样品匀液。

5.1.3　取 1mL 1∶10 样品匀液注入含有 9mL 无菌稀释液的试管中，另换一支 1mL 无菌吸管反复吹吸，或在旋涡混合器上混匀，此液为 1∶100 的样品匀液。

5.1.4　按 5.1.3 操作，制备 10 倍递增系列稀释液样品匀液。每递增稀释一次，换用 1 支 1mL 无菌吸管。

5.1.5　根据对样品污染状况的估计，选择 2~3 个适宜稀释度的样品匀液（液体样品可包括原液），在进行 10 倍递增稀释的同时，每个稀释度分别吸取 1mL 样品匀液于 2 个无菌平皿内。同时分别取 1mL 无菌稀释液加入 2 个无菌平皿作空白对照。

5.1.6　及时将 20~25mL 冷却至 46℃ 的马铃薯葡萄糖琼脂或孟加拉红琼脂（可放置于 46℃±1℃ 恒温水浴箱中保温）倾注平皿，并转动平皿使其混合均匀。置水平台面待培养基完全凝固。

5.2　培养

琼脂凝固后，正置平板，置 28℃±1℃ 培养箱中培养，观察并记录培养至第 5d 的结果。

5.3　菌落计数

用肉眼观察，必要时可用放大镜或低倍镜，记录稀释倍数和相应的霉菌和酵母菌落数。以菌落形成单位（colony-forming units，CFU）表示。

选取菌落数在 10~150CFU 的平板，根据菌落形态分别计数霉菌和酵母。霉菌蔓延生长覆盖整个平板的可记录为菌落蔓延。

6　结果与报告

6.1　结果

6.1.1　计算同一稀释度的两个平板菌落数的平均值，再将平均值乘以相应稀释倍数。

6.1.2　若有两个稀释度平板上菌落数均在 10~150CFU 之间，则按照 GB 4789.2 的相应规定进行计算。

6.1.3　若所有平板上菌落数均大于 150CFU，则对稀释度最高的平板进行计数，其他平板可记录为多不可记，结果按平均菌落数乘以最高稀释倍数计算。

6.1.4　若所有平板上菌落数均小于 10CFU，则应按稀释度最低的平均菌落数乘以稀释倍数计算。

6.1.5　若所有稀释度（包括液体样品原液）平板均无菌落生长，则以小于 1 乘以最低稀释倍数计算。

6.1.6　若所有稀释度的平板菌落数均不在 10~150CFU 之间，其中一部分小于 10CFU 或大于 150CFU 时，则以最接近 10CFU 或 150CFU 的平均菌落数乘以稀释倍数计算。

6.2　报告

6.2.1　菌落数按"四舍五入"原则修约。菌落数在 10 以内时，采用一位有效数字报告；菌落数在 10~100 之间时，采用两位有效数字报告。

6.2.2　菌落数大于或等于 100 时，前第 3 位数字采用"四舍五入"原则修约后，取前 2

位数字，后面用 0 代替位数来表示结果；也可用 10 的指数形式来表示，此时也按"四舍五入"原则修约，采用两位有效数字。

6.2.3 若空白对照平板上有菌落出现，则此次检测结果无效。

6.2.4 称重取样以 CFU/g 为单位报告，体积取样以 CFU/mL 为单位报告，报告或分别报告霉菌和/或酵母数。

第二法 霉菌直接镜检计数法

7 操作步骤

7.1 检样的制备：取适量检样，加蒸馏水稀释至折光指数为 1.3447～1.3460（即浓度为 7.9%～8.8%），备用。

7.2 显微镜标准视野的校正：将显微镜按放大率 90～125 倍调节标准视野，使其直径为 1.382mm。

7.3 涂片：洗净郝氏计测玻片，将制好的标准液，用玻璃棒均匀的摊布于计测室，加盖玻片，以备观察。

7.4 观测：将制好之载玻片置于显微镜标准视野下进行观测。一般每一检样每人观察 50 个视野。同一检样应由两人进行观察。

7.5 结果与计算：在标准视野下，发现有霉菌菌丝其长度超过标准视野（1.382mm）的 1/6 或三根菌丝总长度超过标准视野的 1/6（即测微器的一格）时即记录为阳性（+），否则记录为阴性（－）。

7.6 报告：报告每 100 个视野中全部阳性视野数为霉菌的视野百分数（视野%）。

附录 A 培养基和试剂

A.1 生理盐水

A.1.1 成分

氯化钠	8.5g
蒸馏水	1000mL

A.1.2 制法

氯化钠加入 1000mL 蒸馏水中，搅拌至完全溶解，分装后，121℃高压灭菌 15min，备用。

A.2 马铃薯葡萄糖琼脂

A.2.1 成分

马铃薯（去皮切块）	300g

葡萄糖	20. 0g
琼脂	20. 0g
氯霉素	0. 1g
蒸馏水	1000mL

A. 2. 2　制法

将马铃薯去皮切块，加 1000mL 蒸馏水，煮沸 10~20min。用纱布过滤，补加蒸馏水至 1000mL。加入葡萄糖和琼脂，加热溶解，分装后，121℃灭菌 15min，备用。

A. 3　孟加拉红琼脂

A. 3. 1　成分

蛋白胨	5. 0g
葡萄糖	10. 0g
磷酸二氢钾	1. 0g
硫酸镁（无水）	0. 5g
琼脂	20. 0g
孟加拉红	0. 033g
氯霉素	0. 1g
蒸馏水	1000mL

A. 3. 2　制法

上述各成分加入蒸馏水中，加热溶解，补足蒸馏水至 1000mL，分装后，121℃灭菌 15min，避光保存备用。

A. 4　磷酸盐缓冲液

A. 4. 1　成分

磷酸二氢钾	34. 0g
蒸馏水	500mL

A. 4. 2　制法

贮存液：称取 34. 0g 的磷酸二氢钾溶于 500mL 蒸馏水中，用大约 175mL 的 1mol/L 氢氧化钠溶液调节 pH 至 7. 2±0. 1，用蒸馏水稀释至 1000mL 后贮存于冰箱。

稀释液：取贮存液 1. 25mL，用蒸馏水稀释至 1000mL，分装于适宜容器中，121℃高压灭菌 15min。

十二、GB 4789.26—2013 食品微生物学检验　商业无菌检验

1　范围

本标准规定了食品商业无菌检验的基本要求、操作程序和结果判定。

本标准适用于食品商业无菌的检验。

2　术语和定义

下列术语和定义适用于本文件。

2.1　低酸性罐藏食品 low acid canned food

除酒精饮料以外，凡杀菌后平衡 pH 大于 4.6，水分活度大于 0.85 的罐藏食品，原来是低酸性的水果、蔬菜或蔬菜制品，为加热杀菌的需要而加酸降低 pH 的，属于酸化的低酸性罐藏食品。

2.2　酸性罐藏食品 acid canned food

杀菌后平衡 pH 等于或小于 4.6 的罐藏食品。pH 小于 4.7 的番茄、梨和菠萝以及由其制成的汁，以及 pH 小于 4.9 的无花果均属于酸性罐藏食品。

3　设备和材料

除微生物实验室常规灭菌及培养设备外，其他设备和材料如下：

a. 冰箱：2~5℃；

b. 恒温培养箱：30℃±1℃；36℃±1℃；55℃±1℃；

c. 恒温水浴箱：55℃±1℃；

d. 均质器及无菌均质袋、均质杯或乳钵；

e. 电位 pH 计（精确度 pH 0.05 单位）；

f. 显微镜：10~100 倍；

g. 开罐器和罐头打孔器；

h. 电子秤或台式天平；

i. 超净工作台或百级洁净实验室。

4　培养基和试剂

4.1　无菌生理盐水：见附录 A.1。

4.2　结晶紫染色液：见附录 A.2。

4.3　二甲苯。

4.4　含 4% 碘的乙醇溶液：4g 碘溶于 100mL 的 70% 乙醇溶液。

5　检验程序

商业无菌检验程序见图 8-18。

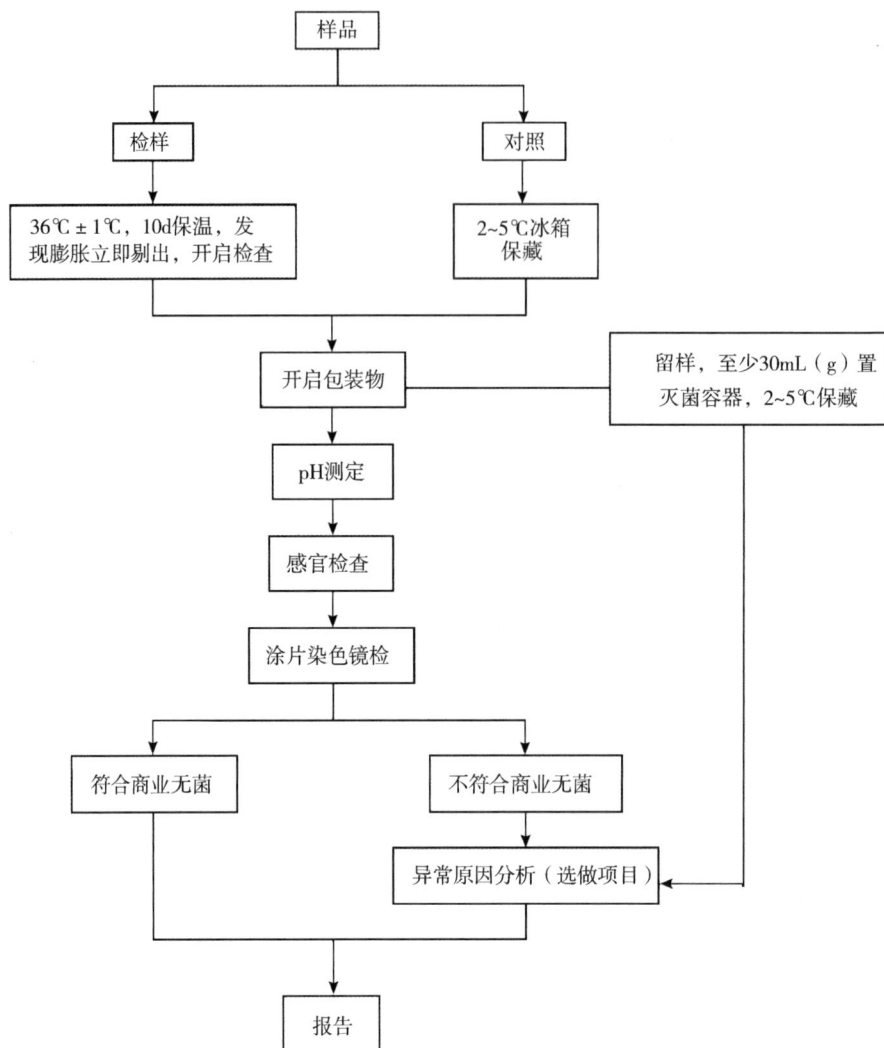

图 8-18 商业无菌检验程序

6 操作步骤

6.1 样品准备

去除表面标签，在包装容器表面用防水的油性记号笔做好标记，并记录容器、编号、产品性状、泄漏情况、是否有小孔或锈蚀、压痕、膨胀及其他异常情况。

6.2 称重

1kg 及以下的包装物精确到 1g，1kg 以上的包装物精确到 2g，10kg 以上的包装物精确到 10g，并记录。

6.3 保温

6.3.1 每个批次取 1 个样品置 2~5℃冰箱保存作为对照，将其余样品在 36℃±1℃下保温 10d。保温过程中应每天检查，如有膨胀或泄漏现象，应立即剔出，开启检查。

6.3.2 保温结束时，再次称重并记录，比较保温前后样品重量有无变化。如有变轻，表明样品发生泄漏。将所有包装物置于室温直至开启检查。

6.4 开启

6.4.1 如有膨胀的样品，则将样品先置于2~5℃冰箱内冷藏数小时后开启。

6.4.2 如有膨用冷水和洗涤剂清洗待检样品的光滑面。水冲洗后用无菌毛巾擦干。以含4%碘的乙醇溶液浸泡消毒光滑面15min后用无菌毛巾擦干，在密闭罩内点燃至表面残余的碘乙醇溶液全部燃烧完。膨胀样品以及采用易燃包装材料包装的样品不能灼烧，以含4%碘的乙醇溶液浸泡消毒光滑面30min后用无菌毛巾擦干。

6.4.3 在超净工作台或百级洁净实验室中开启。带汤汁的样品开启前应适当振摇。使用无菌开罐器在消毒后的罐头光滑面开启一个适当大小的口，开罐时不得伤及卷边结构，每一个罐头单独使用一个开罐器，不得交叉使用。如样品为软包装，可以使用灭菌剪刀开启，不得损坏接口处。立即在开口上方嗅闻气味，并记录。

　　注：严重膨胀样品可能会发生爆炸，喷出有毒物。可以采取在膨胀样品上盖一条灭菌毛巾或者用一个无菌漏斗倒扣在样品上等预防措施来防止这类危险的发生。

6.5 留样

开启后，用灭菌吸管或其他适当工具以无菌操作取出内容物至少30mL（g）至灭菌容器内，保存2~5℃冰箱中，在需要时可用于进一步试验，待该批样品得出检验结论后可弃去。开启后的样品可进行适当的保存，以备日后容器检查时使用。

6.6 感官检查

在光线充足、空气清洁无异味的检验室中，将样品内容物倾入白色搪瓷盘内，对产品的组织、形态、色泽和气味等进行观察和嗅闻，按压食品检查产品性状，鉴别食品有无腐败变质的迹象，同时观察包装容器内部和外部的情况，并记录。

6.7 pH测定

6.7.1 样品处理

6.7.1.1 液态制品混匀备用，有固相和液相的制品则取混匀的液相部分备用。

6.7.1.2 对于稠厚或半稠厚制品以及难以从中分出汁液的制品（如：糖浆、果酱、果冻、油脂等），取一部分样品在均质器或研钵中研磨，如果研磨后的样品仍太稠厚，加入等量的无菌蒸馏水，混匀备用。

6.7.2 测定

6.7.2.1 将电极插入被测试样液中，并将pH计的温度校正器调节到被测液的温度。如果仪器没有温度校正系统，被测试样液的温度应调到20℃±2℃的范围之内，采用适合于所用pH计的步骤进行测定。当读数稳定后，从仪器的标度上直接读出pH，精确到pH0.05单位。

6.7.2.2 同一个制备试样至少进行两次测定。两次测定结果之差应不超过0.1pH单位。取两次测定的算术平均值作为结果，报告精确到pH0.05单位。

6.7.3 分析结果

与同批中冷藏保存对照样品相比，比较是否有显著差异。pH相差0.5及以上判为显著差异。

6.8 涂片染色镜检

6.8.1 涂片

取样品内容物进行涂片。带汤汁的样品可用接种环挑取汤汁涂于载玻片上，固态食品可直接涂片或用少量灭菌生理盐水稀释后涂片，待干后用火焰固定。油脂性食品涂片自然干燥并火焰固定后，用二甲苯流洗，自然干燥。

6.8.2 染色镜检

取 6.8.1 中涂片用结晶紫染色液进行单染色，干燥后镜检，至少观察 5 个视野，记录菌体的形态特征以及每个视野的菌数。与同批冷藏保存对照样品相比，判断是否有明显的微生物增殖现象。菌数有百倍或百倍以上的增长则判为明显增殖。

7 结果判定

样品经保温试验未出现泄漏；保温后开启，经感官检验、pH 测定、涂片镜检，确证无微生物增殖现象，则可报告该样品为商业无菌。

样品经保温试验出现泄漏；保温后开启，经感官检验、pH 测定、涂片镜检，确证有微生物增殖现象，则可报告该样品为非商业无菌。

若需核查样品出现膨胀、pH 或感官异常、微生物增殖等原因，可取样品内容物的留样按照附录 B 进行接种培养并报告。若需判定样品包装容器是否出现泄漏，可取开启后的样品按照附录 B 进行密封性检查并报告。

附录 A 培养基和试剂

A.1 无菌生理盐水

A.1.1 成分

氯化钠	8.5g
蒸馏水	1000.0mL

A.1.2 制法

称取 8.5g 氯化钠溶于 1000mL 蒸馏水中，121℃高压灭菌 15min。

A.2 结晶紫染色液

A.2.1 成分

结晶紫	1.0g
95%乙醇	20.0mL
1%草酸铵溶液	80.0mL

A. 2. 2　制法

将 1.0g 结晶紫完全溶解于 95% 乙醇中，再与 1% 草酸铵溶液混合。

A. 2. 3　染色法

将涂片在酒精灯火焰上固定，滴加结晶紫染液，染 1min，水洗。

附录 B　异常原因分析（选做项目）

B. 1　培养基和试剂

B. 1. 1　溴甲酚紫葡萄糖肉汤

B. 1. 1. 1　成分

蛋白胨	10. 0g
牛肉浸膏	3. 0g
葡萄糖	10. 0g
氯化钠	5. 0g
溴甲酚紫	0. 04g（或 1. 6% 乙醇溶液 2. 0mL）
蒸馏水	1000. 0mL

B. 1. 1. 2　制法

将除溴甲酚紫外的各成分加热搅拌溶解，校正 pH 至 7.0±0.2，加入溴甲酚紫，分装于带有小倒管的试管中，每管 10mL，121℃高压灭菌 10min。

B. 1. 2　庖肉培养基

B. 1. 2. 1　成分

牛肉浸液	1000. 0mL
蛋白胨	30. 0g
酵母膏	5. 0g
葡萄糖	3. 0g
磷酸二氢钠	5. 0g
可溶性淀粉	2. 0g
碎肉渣	适量

B. 1. 2. 2　制法

B. 1. 2. 2. 1　称取新鲜除去脂肪和筋膜的碎牛肉 500g，加蒸馏水 1000mL 和 1mol/L 氢氧化钠溶液 25.0mL，搅拌煮沸 15min，充分冷却，除去表层脂肪，澄清，过滤，加水补足至

1000mL，即为牛肉浸液。加入 B.1.2.1 除碎肉渣外的各种成分，校正 pH 至 7.8±0.2。

B.1.2.2.2　碎肉渣经水洗后晾至半干，分装 15mm×150mm 试管约 2~3cm 高，每管加入还原铁粉 0.1~0.2g 或铁屑少许。将 B.1.2.2.1 配制的液体培养基分装至每管内超过肉渣表面约 1cm。上面覆盖溶化的凡士林或液体石蜡 0.3~0.4cm。121℃灭菌 15min。

B.1.3　营养琼脂

B.1.3.1　成分

蛋白胨	10.0g
牛肉膏	3.0g
氯化钠	5.0g
琼脂	15.0~20.0g
蒸馏水	1000.0mL

B.1.3.2　制法

将除琼脂以外的各成分溶解于蒸馏水内，加入 15%氢氧化钠溶液约 2mL，校正 pH 至 7.2~7.4。加入琼脂，加热煮沸，使琼脂溶化。分装烧瓶或 13mm×130mm 试管，121℃高压灭菌 15min。

B.1.4　酸性肉汤

B.1.4.1　成分

多价蛋白胨	5.0g
酵母浸膏	5.0g
葡萄糖	5.0g
磷酸二氢钾	5.0g
蒸馏水	1000.0mL

B.1.4.2　制法

将 B.1.4.1 中各成分加热搅拌溶解，校正 pH 至 5.0±0.2，121℃灭菌 15min。

B.1.5　麦芽浸膏汤

B.1.5.1　成分

麦芽浸膏	15.0g
蒸馏水	1000.0mL

B.1.5.2　制法

将麦芽浸膏在蒸馏水中充分溶解，滤纸过滤，校正 pH 至 4.7±0.2，分装，121℃高压灭菌 15min。

B.1.6　沙氏葡萄糖琼脂

B.1.6.1　成分

蛋白胨	10.0g
琼脂	15.0g
葡萄糖	40.0g
蒸馏水	1000.0mL

B.1.6.2 制法

将各成分在蒸馏水中溶解，加热煮沸，分装在烧瓶中，校正 pH 至 5.6±0.2，121℃高压灭菌 15min。

B.1.7 肝小牛肉琼脂

B.1.7.1 成分

肝浸膏	50.0g
小牛肉浸膏	500.0g
胨蛋白胨	20.0g
新蛋白胨	1.3g
胰蛋白胨	1.3g
葡萄糖	5.0g
可溶性淀粉	10.0g
等离子酪蛋白	2.0g
氯化钠	5.0g
硝酸钠	2.0g
明胶	20.0g
琼脂	15.0g
蒸馏水	1000.0mL

B.1.7.2 制法

在蒸馏水中将各种成分混合。校正 pH 至 7.3±0.2，121℃高压灭菌 15min。

B.1.8 革兰氏染色液

B.1.8.1 结晶紫染色液

B.1.8.1.1 成分

结晶紫	1.0g
95%乙醇	20.0mL
1%草酸铵水溶液	80.0mL

B.1.8.1.2 制法

将 1.0g 结晶紫完全溶解于 95%乙醇中，再与 1%草酸铵溶液混合。

B.1.8.2　革兰氏碘液

B.1.8.2.1　成分

碘	1.0g
碘化钾	2.0g
蒸馏	300.0mL

B.1.8.2.2　制法

将 1.0g 碘与 2.0g 碘化钾先行混合，加入蒸馏水少许充分振摇，待完全溶解后，再加蒸馏水至 300mL。

B.1.8.3　沙黄复染液

B.1.8.3.1　成分

沙黄	0.25g
95%乙醇	10.0mL
蒸馏水	90.0mL

B.1.8.3.2　制法

将 0.25g 沙黄溶解于乙醇中，然后用蒸馏水稀释。

B.1.8.4　染色法

B.1.8.4.1　涂片在火焰上固定，滴加结晶紫染液，染 1min，水洗。

B.1.8.4.2　滴加革兰氏碘液，作用 1min，水洗。

B.1.8.4.3　滴加 95%乙醇脱色约 15~30s，直至染色液被洗掉，不要过分脱色，水洗。

B.1.8.4.4　滴加复染液，复染 1min，水洗、待干、镜检。

B.2　低酸性罐藏食品的接种培养（pH 大于 4.6）

B.2.1　对低酸性罐藏食品，每份样品接种 4 管预先加热到 100℃并迅速冷却到室温的疱肉培养基内；同时接种 4 管溴甲酚紫葡萄糖肉汤。每管接种 1~2mL（g）样品（液体样品为 1~2mL，固体为 1~2g，两者皆有时，应各取一半）。培养条件见表 B.1。

表 B.1　低酸性罐藏食品（pH>4.6）接种的疱肉培养基和溴甲酚紫葡萄糖肉汤

培养基	管数	培养温度（℃）	培养时间（h）
疱肉培养基	2	36±1	96~120
疱肉培养基	2	55±1	24~72
溴甲酚紫葡萄糖肉汤	2	55±1	24~48
溴甲酚紫葡萄糖肉汤	2	36±1	96~120

B.2.2　经过表 B.1 规定的培养条件培养后，记录每管有无微生物生长。如果没有微生物生长，则记录后弃去。

B.2.3　如果有微生物生长，以接种环沾取液体涂片，革兰氏染色镜检。如在溴甲酚紫葡萄糖肉汤管中观察到不同的微生物形态或单一的球菌、真菌形态，则记录并弃去。在疱肉培养基中未发现杆菌，培养物内含有球菌、酵母、霉菌或其混合物，则记录并弃去。将溴甲酚紫葡萄糖肉汤和疱肉培养基中出现生长的其他各阳性管分别划线接种 2 块肝小牛肉琼脂或营养琼脂平板，一块平板作需氧培养，另一平板作厌氧培养。培养程序见图 B.1。

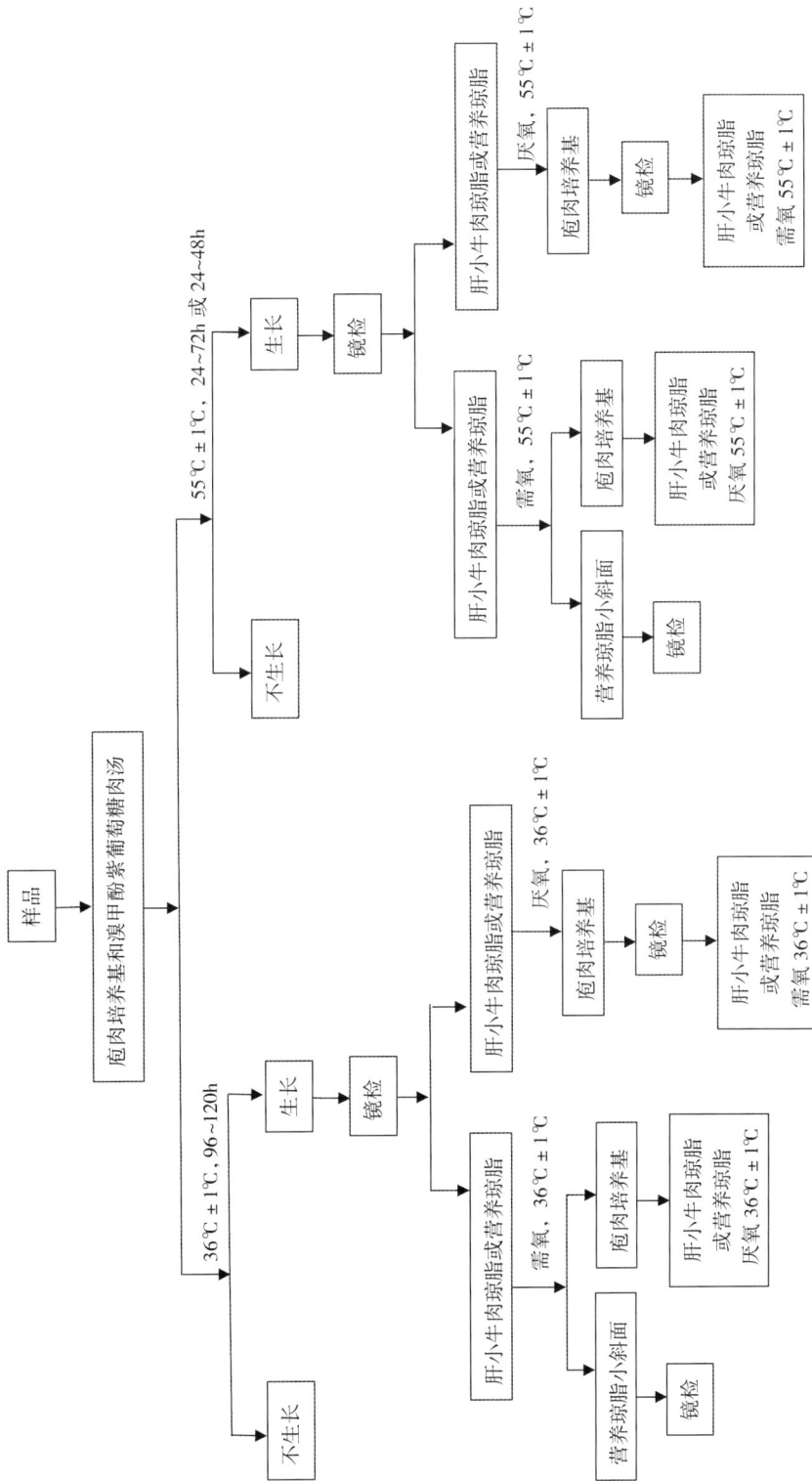

图 B.1　低酸性罐藏食品接种培养程序

B.2.4 挑取需氧培养中单个菌落，接种于营养琼脂小斜面，用于后续的革兰氏染色镜检；挑取厌氧培养中的单个菌落涂片，革兰氏染色镜检。挑取需氧和厌氧培养中的单个菌落，接种于庖肉培养基，进行纯培养。

B.2.5 挑取营养琼脂小斜面和厌氧培养的庖肉培养基中的培养物涂片镜检。

B.2.6 挑取纯培养中的需氧培养物接种肝小牛肉琼脂或营养琼脂平板，进行厌氧培养；挑取纯培养中的厌氧培养物接种肝小牛肉琼脂或营养琼脂平板，进行需氧培养。以鉴别是否为兼性厌氧菌。

B.2.7 如果需检测梭状芽胞杆菌的肉毒毒素，挑取典型菌落接种庖肉培养基作纯培养。36℃培养5d，按照GB/T 4789.12进行肉毒毒素检验。

B.3　酸性罐藏食品的接种培养（pH 小于或等于 4.6）

B.3.1 每份样品接种4管酸性肉汤和2管麦芽浸膏汤。每管接种1~2mL（g）样品（液体样品为1~2mL，固体为1~2g，两者皆有时，应各取一半）。培养条件见表B.2。

表 B.2　酸性罐藏食品（pH≤4.6）接种的酸性肉汤和麦芽浸膏汤

培养基	管数	培养温度（℃）	培养时间（h）
酸性肉汤	2	55±1	48
酸性肉汤	2	30±1	96
麦芽浸膏汤	2	30±1	96

B.3.2 经过表B.2中规定的培养条件培养后，记录每管有无微生物生长。如果没有微生物生长，则记录后弃去。

B.3.3 对有微生物生长的培养管，取培养后的内容物的直接涂片，革兰氏染色镜检，记录观察到的微生物。

B.3.4 如果在30℃培养条件下在酸性肉汤或麦芽浸膏汤中有微生物生长，将各阳性管分别接种2块营养琼脂或沙氏葡萄糖琼脂平板，一块作需氧培养，另一块作厌氧培养。

B.3.5 如果在55℃培养条件下，酸性肉汤中有微生物生长，将各阳性管分别接种2块营养琼脂平板，一块作需氧培养，另一块作厌氧培养。对有微生物生长的平板进行染色涂片镜检，并报告镜检所见微生物型别。培养程序见图B.2。

B.3.6 挑取30℃需氧培养的营养琼脂或沙氏葡萄糖琼脂平板中的单个菌落，接种营养琼脂小斜面，用于后续的革兰氏染色镜检。同时接种酸性肉汤或麦芽浸膏汤进行纯培养。

挑取30℃厌氧培养的营养琼脂或沙氏葡萄糖琼脂平板中的单个菌落，接种酸性肉汤或麦芽浸膏汤进行纯培养。

挑取55℃需氧培养的营养琼脂平板中的单个菌落，接种营养琼脂小斜面，用于后续的革兰氏染色镜检。同时接种酸性肉汤进行纯培养。

挑取55℃厌氧培养的营养琼脂平板中的单个菌落，接种酸性肉汤进行纯培养。

B.3.7 挑取营养琼脂小斜面中的培养物涂片镜检。挑取30℃厌氧培养的酸性肉汤或麦芽浸膏汤培养物和55℃厌氧培养的酸性肉汤培养物涂片镜检。

B.3.8 将30℃需氧培养的纯培养物接种于营养琼脂或沙氏葡萄糖琼脂平板中进行厌氧培

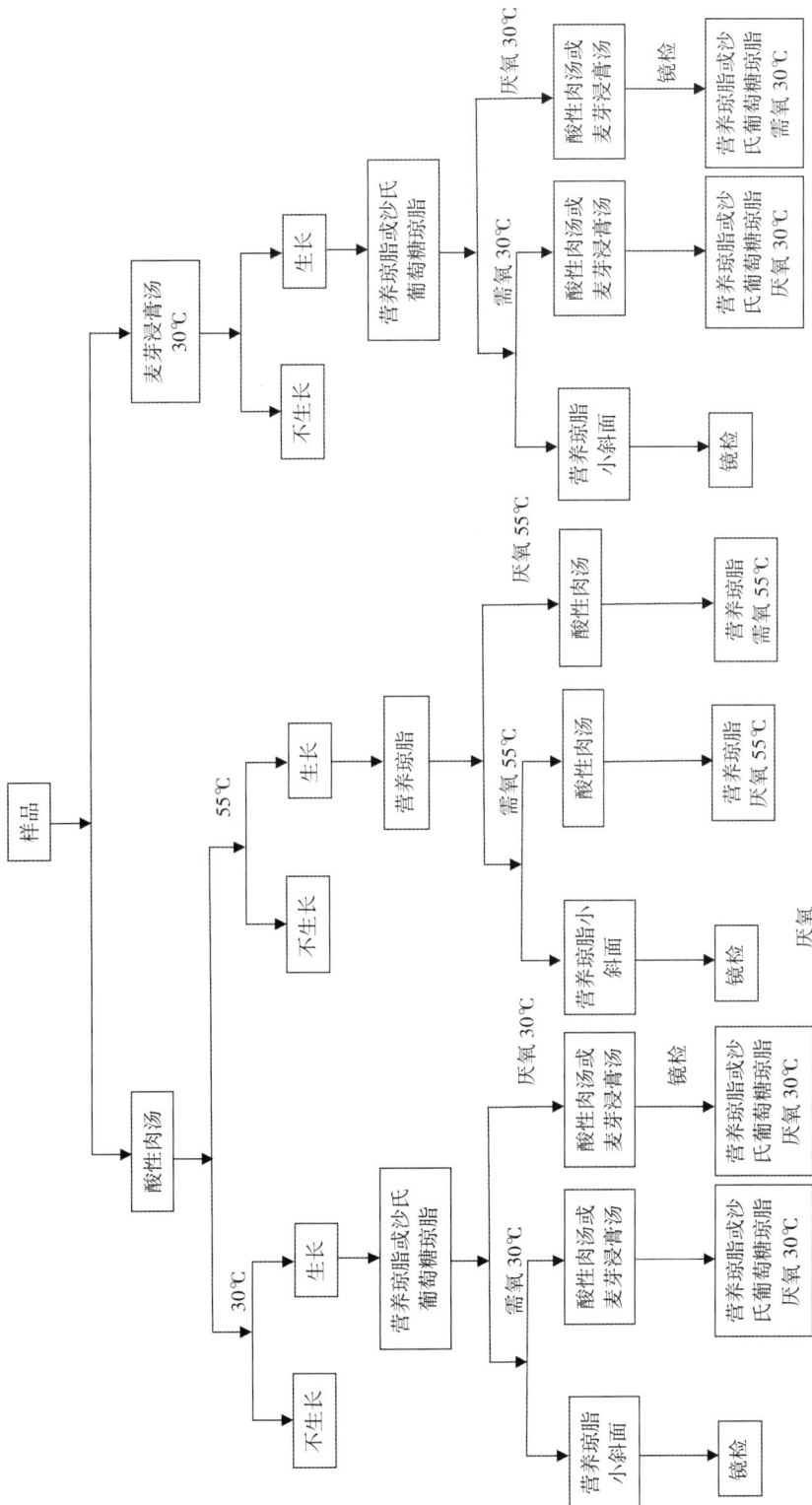

图 B.2 酸性罐藏食品接种培养程序

养，将 30℃ 厌氧培养的纯培养物接种于营养琼脂或沙氏葡萄糖琼脂平板中进行需氧培养，将 55℃ 需氧培养的纯培养物接种于营养琼脂中进行厌氧培养，将 55℃ 厌氧培养的纯培养物接种于营养琼脂中进行需氧培养，以鉴别是否为兼性厌氧菌。

B.3.9　结果分析

B.3.9.1　如果在膨胀的样品里没有发现微生物的生长，膨胀可能是由于内容物和包装发生反应产生氢气造成的。产生氢气的量随储存的时间长短和存储条件而变化。填装过满也可能导致轻微的膨胀，可以通过称重来确定是否由于填装过满所致。

在直接涂片中看到有大量细菌的混合菌相，但是经培养后不生长，表明杀菌前发生的腐败。由于密闭包装前细菌生长的结果，导致产品的 pH、气味和组织形态呈现异常。

B.3.9.2　包装容器密封性良好时，在 36℃ 培养条件下若只有芽胞杆菌生长，且它们的耐热性不高于肉毒梭菌（*Clostridium botulinum*），则表明生产过程中杀菌不足。

B.3.9.3　培养出现杆菌和球菌、真菌的混合菌落，表明包装容器发生泄漏。也有可能是杀菌不足所致，但在这种情况下同批产品的膨胀率将很高。

B.3.9.4　在 36℃ 或 55℃ 溴甲酚紫葡萄糖肉汤培养观察产酸产气情况，如有产酸，表明是有嗜中温的微生物，如嗜温耐酸芽胞杆菌，或者嗜热微生物，如嗜热脂肪芽胞杆菌（*Bacillus stearothermophilus*）生长。

在 55℃ 的庖肉培养基上有细菌生长并产气，发出腐烂气味，表明样品腐败是由嗜热的厌氧梭菌所致。

在 36℃ 庖肉培养基上生长并产生带腐烂气味的气体，镜检可见芽胞，表明腐败可能是由肉毒梭菌、生孢梭菌（*C. sporogenes*）或产气荚膜梭菌（*C. perfringens*）引起的。有需要可以进一步进行肉毒毒素检测。

B.3.9.5　酸性罐藏食品的变质通常是由于无芽胞的乳杆菌和酵母所致。

一般 pH 低于 4.6 的情况下不会发生由芽胞杆菌引起的变质，但变质的番茄酱或番茄汁罐头并不出现膨胀，但有腐臭味，伴有或不伴有 pH 降低，一般是由于需氧的芽胞杆菌所致。

B.3.9.6　许多罐藏食品中含有嗜热菌，在正常的储存条件下不生长，但当产品暴露于较高的温度（50~55℃）时，嗜热菌就会生长并引起腐败。嗜热耐酸的芽胞杆菌和嗜热脂肪芽胞杆菌分别在酸性和低酸性的食品中引起腐败但是并不出现包装容器膨胀。在 55℃ 培养不会引起包装容器外观的改变，但会产生臭味，伴有或不伴有 pH 的降低。番茄、梨、无花果和菠萝等类罐头的腐败变质有时是由于巴斯德梭菌（*C. pasteurianum*）引起的。嗜热解糖梭状芽胞杆菌（*C. thermosaccharolyticum*）就是一种嗜热厌氧菌，能够引起膨胀和产品的腐烂气味。

嗜热厌氧菌也能产气，由于在细菌开始生长之后迅速增殖，可能混淆膨胀是由于氢气引起的还是嗜热厌氧菌产气引起的。化学物质分解将产生二氧化碳，尤其是集中发生在含糖和一些酸的食品如番茄酱、糖蜜、甜馅和高糖的水果的罐头中。这种分解速度随着温度上升而加快。

B.3.9.7　灭菌的真空包装和正常的产品直接涂片，分离出任何微生物应该怀疑是实验室污染。为了证实是否实验室污染，在无菌的条件下接种该分离出的活的微生物到另一个正常的对照样品，密封，在36℃培养14d。如果发生膨胀或产品变质，这些微生物就可能不是来自于原始样品。如果样品仍然是平坦的，无菌操作打开样品包装并按上述步骤做再次培养；如果同一种微生物被再次发现并且产品是正常的，认为该产品商业无菌，因为这种微生物在正常的保存和运送过程中不生长。

B.3.9.8 如果食品本身发生混浊，肉汤培养可能得不出确定性结论，这种情况需进一步培养以确定是否有微生物生长。

B.4 镀锡薄钢板食品空罐密封性检验方法

B.4.1 减压试漏

将样品包装罐洗净，36℃烘干。在烘干的空罐内注入清水至容积的80%~90%，将一带橡胶圈的有机玻璃板放置罐头开启端的卷边上，使其保持密封。启动真空泵，关闭放气阀，用手按住盖板，控制抽气，使真空表从0Pa升到$6.8×10^4$Pa（510mmHg）的时间在1min以上，并保持此真空度1min以上。倾斜并仔细观察罐体，尤其是卷边及焊缝处，有无气泡产生。凡同一部位连续产生气泡，应判断为泄漏，记录漏气的时间和真空度，并标注漏气部位。

B.4.2 加压试漏

将样品包装罐洗净，36℃烘干。用橡皮塞将空罐的开孔塞紧，将空罐浸没在盛水玻璃缸中，开动空气压缩机，慢慢开启阀门，使罐内压力逐渐加大，直至压力升至$6.8×10^4$Pa并保持2min。仔细观察罐体，尤其是卷边及焊缝处，有无气泡产生。凡同一部位连续产生气泡，应判断为泄漏，记录漏气开始的时间和压力，并标注漏气部位。

十三、GB 4789.30—2016 食品微生物学检验 单核细胞增生李斯特氏菌检验

1 范围

本标准规定了食品中单核细胞增生李斯特氏菌（*Listeria monocytogenes*）的检验方法。

本标准第一法适用于食品中单核细胞增生李斯特氏菌的定性检验；第二法适用于单核细胞增生李斯特氏菌含量较高的食品中单核细胞增生李斯特氏菌的计数；第三法适用于单核细胞增生李斯特氏菌含量较低（<100CFU/g）而杂菌含量较高的食品中单核细胞增生李斯特氏菌的计数，特别是牛奶、水以及含干扰菌落计数的颗粒物质的食品。

2 设备和材料

除微生物实验室常规灭菌及培养设备外，其他设备和材料如下：

2.1 冰箱：2~5℃。

2.2 恒温培养箱：30℃±1℃、36℃±1℃。

2.3 均质器。

2.4 显微镜：10×~100×。

2.5 电子天平：感量0.1g。

2.6 锥形瓶：100mL、500mL。

2.7　无菌吸管：1mL（具 0.01mL 刻度）、10mL（具 0.1mL 刻度）或微量移液器及吸头。

2.8　无菌平皿：直径 90mm。

2.9　无菌试管：16mm×160mm。

2.10　离心管：30mm×100mm。

2.11　无菌注射器：1mL。

2.12　单核细胞增生李斯特氏菌（*Listeria monocytogenes*）ATCC19111 或 CMCC54004，或其他等效标准菌株。

2.13　英诺克李斯特氏菌（*Listeria innocua*）ATCC33090，或其他等效标准菌株。

2.14　伊氏李斯特氏菌（*Listeria ivanovii*）ATCC19119，或其他等效标准菌株。

2.15　斯氏李斯特氏菌（*Listeria seeligeri*）ATCC35967，或其他等效标准菌株。

2.16　金黄色葡萄球菌（*Staphylococcus aureus*）ATCC25923 或其他产 β-溶血环金葡菌，或其他等效标准菌株。

2.17　马红球菌（*Rhodococcus equi*）ATCC6939 或 NCTC1621，或其他等效标准菌株。

2.18　小白鼠：ICR 体重 18~22g。

2.19　全自动微生物生化鉴定系统。

3　培养基和试剂

3.1　含 0.6%酵母浸膏的胰酪胨大豆肉汤（TSB-YE）：见附录 A.1。

3.2　含 0.6%酵母浸膏的胰酪胨大豆琼脂（TSA-YE）：见附录 A.2。

3.3　李氏增菌肉汤 LB（LB$_1$、LB$_2$）：见附录 A.3。

3.4　1%盐酸吖啶黄（acriflavine HCl）溶液：见附录 A.3.2.1、A.3.2.2。

3.5　1%萘啶酮酸钠盐（naladixic acid）溶液：见附录 A.3.2.1、A.3.2.2。

3.6　PALCAM 琼脂：见附录 A.4。

3.7　革兰氏染色液：见附录 A.5。

3.8　SIM 动力培养基：见附录 A.6。

3.9　缓冲葡萄糖蛋白胨水［甲基红（MR）和 V-P 试验用］：见附录 A.7。

3.10　5%~8%羊血琼脂：见附录 A.8。

3.11　糖发酵管：见附录 A.9。

3.12　过氧化氢试剂：见附录 A.10。

3.13　李斯特氏菌显色培养基。

3.14　生化鉴定试剂盒或全自动微生物鉴定系统。

3.15　缓冲蛋白胨水（BPW）：见附录 A.11。

第一法　单核细胞增生李斯特氏菌定性检验

4　检验程序

单核细胞增生李斯特氏菌定性检验程序见图 8-19。

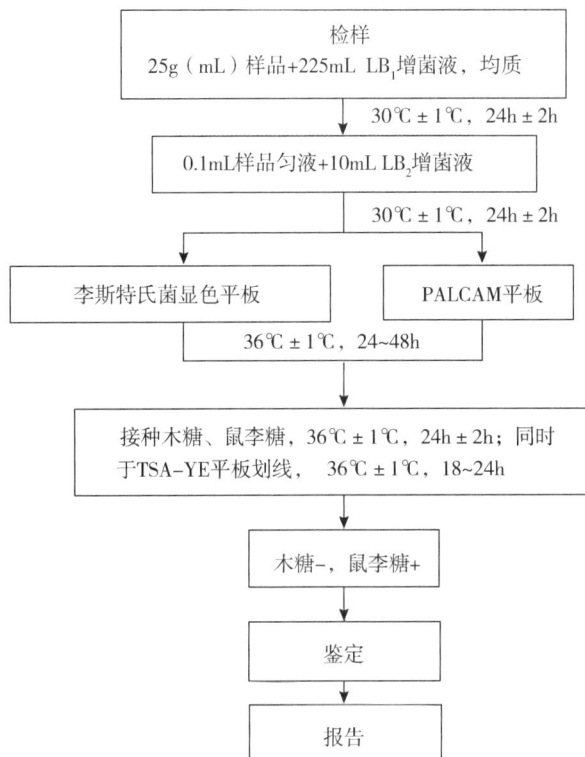

图8-19　单核细胞增生李斯特氏菌定性检验程序

5　操作步骤

5.1　增菌

以无菌操作取样品25g（mL）加入到含有225mL LB$_1$增菌液的均质袋中，在拍击式均质器上连续均质1~2min；或放入盛有225mL LB$_1$增菌液的均质杯中，以8000~10 000r/min均质1~2min。于30℃±1℃培养24h±2h，移取0.1mL，转种于10mL LB$_2$增菌液内，于30℃±1℃培养24h±2h。

5.2　分离

取LB$_2$二次增菌液划线接种于李斯特氏菌显色平板和PALCAM琼脂平板，于36℃±1℃培养24~48h，观察各个平板上生长的菌落。典型菌落在PALCAM琼脂平板上为小的圆形灰绿色菌落，周围有棕黑色水解圈，有些菌落有黑色凹陷；在李斯特氏菌显色平板上的菌落特征，参照产品说明进行判定。

5.3　初筛

自选择性琼脂平板上分别挑取3~5个典型或可疑菌落，分别接种木糖、鼠李糖发酵管，于36℃±1℃培养24h±2h，同时在TSA-YE平板上划线，于36℃±1℃培养18~24h，然后选择木糖阴性、鼠李糖阳性的纯培养物继续进行鉴定。

5.4　鉴定（或选择生化鉴定试剂盒或全自动微生物鉴定系统等）

5.4.1　染色镜检：李斯特氏菌为革兰氏阳性短杆菌，大小为（0.4~0.5μm）×（0.5~

2.0μm）；用生理盐水制成菌悬液，在油镜或相差显微镜下观察，该菌出现轻微旋转或翻滚样的运动。

5.4.2　动力试验：挑取纯培养的单个可疑菌落穿刺半固体或 SIM 动力培养基，于 25～30℃培养 48h，李斯特氏菌有动力，在半固体或 SIM 培养基上方呈伞状生长，如伞状生长不明显，可继续培养 5d，再观察结果。

5.4.3　生化鉴定：挑取纯培养的单个可疑菌落，进行过氧化氢酶试验，过氧化氢酶阳性反应的菌落继续进行糖发酵试验和 MR-VP 试验。单核细胞增生李斯特氏菌的主要生化特征见表 8-28。

5.4.4　溶血试验：将新鲜的羊血琼脂平板底面划分为 20～25 个小格，挑取纯培养的单个可疑菌落刺种到血平板上，每格刺种一个菌落，并刺种阳性对照菌（单增李斯特氏菌、伊氏李斯特氏菌和斯氏李斯特氏菌）和阴性对照菌（英诺克李斯特氏菌），穿刺时尽量接近底部，但不要触到底面，同时避免琼脂破裂，36℃±1℃培养 24～48h，于明亮处观察，单增李斯特氏菌呈现狭窄、清晰、明亮的溶血圈，斯氏李斯特氏菌在刺种点周围产生弱的透明溶血圈，英诺克李斯特氏菌无溶血圈，伊氏李斯特氏菌产生宽的、轮廓清晰的 β-溶血区域，若结果不明显，可置 4℃冰箱 24～48h 再观察。

注：也可用划线接种法。

表 8-28　单核细胞增生李斯特氏菌生化特征与其他李斯特氏菌的区别

菌种	溶血反应	葡萄糖	麦芽糖	MR-VP	甘露醇	鼠李糖	木糖	七叶苷
单核细胞增生李斯特氏菌 （*L. monocytogenes*）	+	+	+	+/+	−	+	−	+
格氏李斯特氏菌 （*L. grayi*）	−	+	+	+/+	+	−	−	+
斯氏李斯特氏菌 （*L. seeligeri*）	+	+	+	+/+	−	−	+	+
威氏李斯特氏菌 （*L. welshimeri*）	−	+	+	+/+	−	V	+	+
伊氏李斯特氏菌 （*L. ivanovii*）	+	+	+	+/+	−	−	+	+
英诺克李斯特氏菌 （*L. innocua*）	−	+	+	+/+	−	V	−	+

注：+表示阳性；−表示阴性；V 表示反应不定。

5.4.5　协同溶血试验 cAMP（可选项目）：在羊血琼脂平板上平行划线接种金黄色葡萄球菌和马红球菌，挑取纯培养的单个可疑菌落垂直划线接种于平行线之间，垂直线两端不要触及平行线，距离 1～2mm，同时接种单核细胞增生李斯特氏菌、英诺克李斯特氏菌、伊氏李斯特氏菌和斯氏李斯特氏菌，于 36℃±1℃培养 24～48h。单核细胞增生李斯特氏菌在靠近金黄色葡萄球菌处出现约 2mm 的 β-溶血增强区域，斯氏李斯特氏菌也出现微弱的溶血增强区域，伊氏李斯特氏菌在靠近马红球菌处出现约 5～10mm 的"箭头状"β-溶血增强区域，英诺克李斯特氏菌不产生溶血现象。若结果不明显，可置 4℃ 冰箱 24～48h 再观察。

注：5%～8% 的单核细胞增生李斯特氏菌在马红球菌一端有溶血增强现象。

5.5 小鼠毒力试验（可选项目）

将符合上述特性的纯培养物接种于 TSB-YE 中，于 36℃±1℃ 培养 24h，4000r/min 离心 5min，弃上清液，用无菌生理盐水制备成浓度为 10^{10} CFU/mL 的菌悬液，取此菌悬液对 3～5 只小鼠进行腹腔注射，每只 0.5mL，同时观察小鼠死亡情况。接种致病株的小鼠于 2～5d 内死亡。试验设单增李斯特氏菌致病株和灭菌生理盐水对照组。单核细胞增生李斯特氏菌、伊氏李斯特氏菌对小鼠有致病性。

5.6 结果与报告

综合以上生化试验和溶血试验的结果，报告 25g（mL）样品中检出或未检出单核细胞增生李斯特氏菌。

第二法 单核细胞增生李斯特氏菌平板计数法

6 检验程序

单核细胞增生李斯特氏菌平板计数程序见图 8-20。

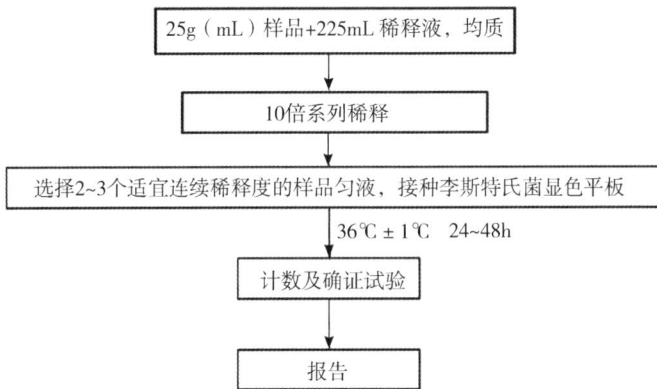

```
┌─────────────────────────────────────┐
│  25g（mL）样品+225mL 稀释液，均质      │
└─────────────────────────────────────┘
                 │
┌─────────────────────────────────────┐
│          10 倍系列稀释                 │
└─────────────────────────────────────┘
                 │
┌─────────────────────────────────────┐
│ 选择2～3个适宜连续稀释度的样品匀液，接种李斯特氏菌显色平板 │
└─────────────────────────────────────┘
                 │  36℃±1℃  24～48h
┌─────────────────────────────────────┐
│          计数及确证试验                │
└─────────────────────────────────────┘
                 │
┌─────────────────────────────────────┐
│              报告                     │
└─────────────────────────────────────┘
```

图 8-20 单核细胞增生李斯特氏菌平板计数程序

7 操作步骤

7.1 样品的稀释

7.1.1 以无菌操作称取样品 25g（mL），放入盛有 225mL 缓冲蛋白胨水或无添加剂的 LB 肉汤的无菌均质袋内（或均质杯）内，在拍击式均质器上连续均质 1～2min 或以 8000～10 000r/min 均质 1～2min。液体样品，振荡混匀，制成 1∶10 的样品匀液。

7.1.2 用 1mL 无菌吸管或微量移液器吸取 1∶10 样品匀液 1mL，沿管壁缓慢注于盛有 9mL 缓冲蛋白胨水或无添加剂的 LB 肉汤的无菌试管中（注意吸管或吸头尖端不要触及稀释液面），振摇试管或换用 1 支 1mL 无菌吸管反复吹打使其混合均匀，制成 1∶100 的样品匀液。

7.1.3 按 7.1.2 操作程序，制备 10 倍系列稀释样品匀液。每递增稀释 1 次，换用 1 支 1mL 无菌吸管或吸头。

7.2 样品的接种

根据对样品污染状况的估计，选择 2~3 个适宜连续稀释度的样品匀液（液体样品可包括原液），每个稀释度的样品匀液分别吸取 1mL 以 0.3mL、0.3mL、0.4mL 的接种量分别加入 3 块李斯特氏菌显色平板，用无菌 L 棒涂布整个平板，注意不要触及平板边缘。使用前，如琼脂平板表面有水珠，可放在 25~50℃ 的培养箱里干燥，直到平板表面的水珠消失。

7.3 培养

7.3.1 在通常情况下，涂布后，将平板静置 10min，如样液不易吸收，可将平板放在培养箱 36℃±1℃ 培养 1h；等样品匀液吸收后翻转平皿，倒置于培养箱，36℃±1℃ 培养 24~48h。

7.4 典型菌落计数和确认

7.4.1 单核细胞增生李斯特氏菌在李斯特氏菌显色平板上的菌落特征以产品说明为准。

7.4.2 选择有典型单核细胞增生李斯特氏菌菌落的平板，且同一稀释度 3 个平板所有菌落数合计在 15~150CFU 之间的平板，计数典型菌落数。如果：

a. 只有一个稀释度的平板菌落数在 15~150CFU 之间且有典型菌落，计数该稀释度平板上的典型菌落；

b. 所有稀释度的平板菌落数均小于 15CFU 且有典型菌落，应计数最低稀释度平板上的典型菌落；

c. 某一稀释度的平板菌落数大于 150CFU 且有典型菌落，但下一稀释度平板上没有典型菌落，应计数该稀释度平板上的典型菌落；

d. 所有稀释度的平板菌落数大于 150CFU 且有典型菌落，应计数最高稀释度平板上的典型菌落；

e. 所有稀释度的平板菌落数均不在 15~150CFU 之间且有典型菌落，其中一部分小于 15CFU 或大于 150CFU 时，应计数最接近 15CFU 或 150CFU 的稀释度平板上的典型菌落。

以上按式（1）计算。

f. 2 个连续稀释度的平板菌落数均在 15~150CFU 之间，按式（2）计算。

7.4.3 从典型菌落中任选 5 个菌落（小于 5 个全选），分别按 5.3、5.4 进行鉴定。

8 结果计数

$$T = \frac{AB}{Cd} \cdots\cdots\cdots\cdots\cdots\cdots\cdots\cdots\cdots\cdots\cdots (1)$$

式中：T——样品中单核细胞增生李斯特氏菌菌落数；

A——某一稀释度典型菌落的总数；

B——某一稀释度确证为单核细胞增生李斯特氏菌的菌落数；

C——某一稀释度用于单核细胞增生李斯特氏菌确证试验的菌落数；

d——稀释因子。

$$T=\frac{A_1B_1/C_1+A_2B_2/C_2}{1.1d} \quad\cdots\cdots\cdots\cdots\cdots\cdots\cdots\cdots\cdots\cdots\quad (2)$$

式中：T——样品中单核细胞增生李斯特氏菌菌落数；

$\quad\quad A_1$——第一稀释度（低稀释倍数）典型菌落的总数；

$\quad\quad B_1$——第一稀释度（低稀释倍数）确证为单核细胞增生李斯特氏菌的菌落数；

$\quad\quad C_1$——第一稀释度（低稀释倍数）用于单核细胞增生李斯特氏菌确证试验的菌落数；

$\quad\quad A_2$——第二稀释度（高稀释倍数）典型菌落的总数；

$\quad\quad B_2$——第二稀释度（高稀释倍数）确证为单核细胞增生李斯特氏菌的菌落数；

$\quad\quad C_2$——第二稀释度（高稀释倍数）用于单核细胞增生李斯特氏菌确证试验的菌落数；

$\quad$ 1.1——计算系数；

$\quad\quad d$ ——稀释因子（第一稀释度）。

9　结果报告

报告每 g（mL）样品中单核细胞增生李斯特氏菌菌数，以 CFU/g（mL）表示；如 T 值为 0，则以小于 1 乘以最低稀释倍数报告。

第三法　单核细胞增生李斯特氏菌 MPN 计数法

10　检验程序

单核细胞增生李斯特氏菌 MPN 计数法检验程序见图 8-21。

11　操作步骤

11.1　样品的稀释

按 7.1 进行。

11.2　接种和培养

11.2.1　根据对样品污染状况的估计，选取 3 个适宜连续稀释度的样品匀液（液体样品可包括原液），接种于 10mL LB$_1$ 肉汤，每一稀释度接种 3 管，每管接种 1mL（如果接种量需要超过 1mL，则用双料 LB$_1$ 增菌液）于 30℃±1℃ 培养 24h±2h。每管各移取 0.1mL，转种于 10mL LB$_2$ 增菌液内，于 30℃±1℃ 培养 24h±2h。

11.2.2　用接种环从各管中移取 1 环，接种李斯特氏菌显色平板，36℃±1℃ 培养 24~48h。

11.3　确证试验

自每块平板上挑取 5 个典型菌落（5 个以下的全选），按照 5.3、5.4 进行鉴定。

12　结果与报告

根据证实为单核细胞增生李斯特氏菌阳性的试管管数，查 MPN 检索表（见附录 B），报告每 g（mL）样品中单核细胞增生李斯特氏菌的最可能数，以 MPN/g（mL）表示。

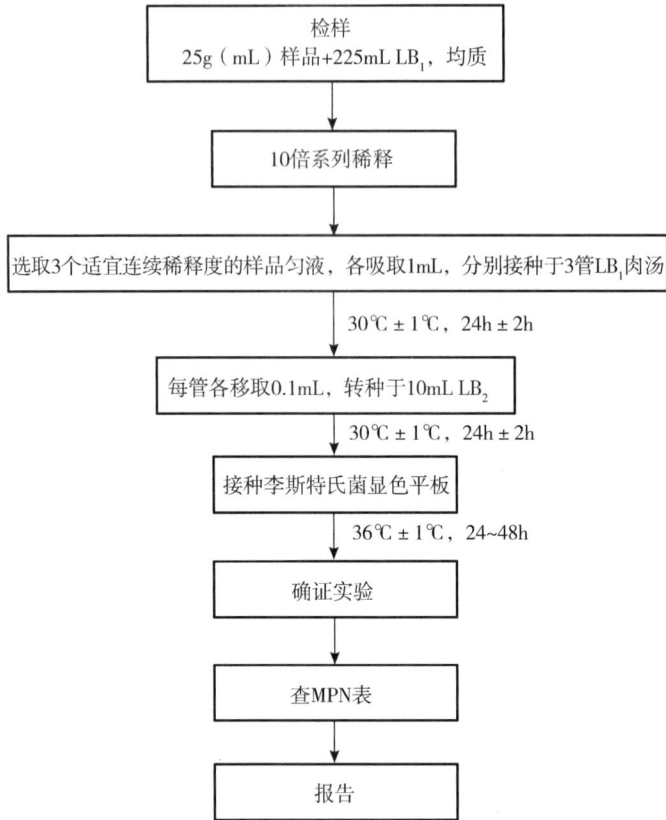

检样
25g（mL）样品+225mL LB₁，均质

10倍系列稀释

选取3个适宜连续稀释度的样品匀液，各吸取1mL，分别接种于3管LB₁肉汤

30℃±1℃，24h±2h

每管各移取0.1mL，转种于10mL LB₂

30℃±1℃，24h±2h

接种李斯特氏菌显色平板

36℃±1℃，24~48h

确证实验

查MPN表

报告

图 8-21 单核细胞增生李斯特氏菌 MPN 计数程序

附录 A 培养基和试剂

A.1 含 0.6% 酵母浸膏的胰酪胨大豆肉汤（TSB-YE）

A.1.1 成分

胰胨	17.0g
多价胨	3.0g
酵母膏	6.0g
氯化钠	5.0g
磷酸氢二钾	2.5g
葡萄糖	2.5g
蒸馏水	1000mL

A.1.2 制法

将上述各成分加热搅拌溶解，调节 pH 至 7.2±0.2，分装，121℃ 高压灭菌 15min，

备用。

A.2　含0.6%酵母浸膏的胰酪胨大豆琼脂（TSA-YE）

A.2.1　成分

胰胨	17.0g
多价胨	3.0g
酵母膏	6.0g
氯化钠	5.0g
磷酸氢二钾	2.5g
葡萄糖	2.5g
琼脂	15.0g
蒸馏水	1000mL

A.2.2　制法

将上述各成分加热搅拌溶解，调节 pH 至 7.2±0.2，分装，121℃高压灭菌 15min，备用。

A.3　李氏增菌肉汤（LB$_1$，LB$_2$）

A.3.1　成分

胰胨	5.0g
多价胨	5.0g
酵母膏	5.0g
氯化钠	20.0g
磷酸二氢钾	1.4g
磷酸氢二钠	12.0g
七叶苷	1.0g
蒸馏水	1000mL

A.3.2　制法

将上述成分加热溶解，调节 pH 至 7.2±0.2，分装，121℃高压灭菌 15min，备用。

A.3.2.1　李氏 I 液（LB$_1$）225mL 中加入：

1%萘啶酮酸（用 0.05mol/L 氢氧化钠溶液配制）	0.5mL
1%吖啶黄（用无菌蒸馏水配制）	0.3mL

A.3.2.2　李氏 II 液（LB$_2$）200mL 中加入：

1%萘啶酮酸	0.4mL

1%吖啶黄   0.5mL

A.4 PALCAM 琼脂

A.4.1 成分

酵母膏	8.0g
葡萄糖	0.5g
七叶甙	0.8g
柠檬酸铁铵	0.5g
甘露醇	10.0g
酚红	0.1g
氯化锂	15.0g
酪蛋白胰酶消化物	10.0g
心胰酶消化物	3.0g
玉米淀粉	1.0g
肉胃酶消化物	5.0g
氯化钠	5.0g
琼脂	15.0g
蒸馏水	1000mL

A.4.2 制法

将上述成分加热溶解，调节 pH 至 7.2±0.2，分装，121℃高压灭菌 15min，备用。

A.4.2.1 PALCAM 选择性添加剂

多粘菌素 B	5.0mg
盐酸吖啶黄	2.5mg
头孢他啶	10.0mg
无菌蒸馏水	500mL

A.4.2.2 制法

将 PALCAM 基础培养基溶化后冷却到 50℃，加入 2mL PALCAM 选择性添加剂，混匀后倾倒在无菌的平皿中，备用。

A.5 革兰氏染色液

A.5.1 结晶紫染色液

A.5.1.1 成分

结晶紫	1.0g
95%乙醇	20.0mL

1%草酸铵水溶液	80.0mL

A.5.1.2　制法

将结晶紫完全溶解于乙醇中，然后与草酸铵溶液混合。

A.5.2　革兰氏碘液

A.5.2.1　成分

碘	1.0g
碘化钾	2.0g
蒸馏水	300mL

A.5.2.2　制法

将碘与碘化钾先进行混合，加入蒸馏水少许，充分振摇，待完全溶解后，再加蒸馏水至300mL。

A.5.3　沙黄复染液

A.5.3.1　成分

沙黄	0.25g
95%乙醇	10.0mL
蒸漏水	90.0mL

A.5.3.2　制法

将沙黄溶解于乙醇中，然后用蒸馏水稀释。

A.5.4　染色法

A.5.4.1　涂片用火焰固定后滴加结晶紫染液，作用1min，水洗。

A.5.4.2　滴加革兰氏碘液，作用1min，水洗。

A.5.4.3　滴加95%乙醇脱色，约15~30s，直至染色液被洗掉，不要过分脱色，水洗。

A.5.4.4　滴加复染液，复染1min，水洗、待干、镜检。

A.6　SIM 动力培养基

A.6.1　成分

胰胨	20.0g
多价胨	6.0g
硫酸铁铵	0.2g
硫代硫酸钠	0.2g
琼脂	3.5g
蒸馏水	1000mL

A.6.2　制法

将上述各成分加热混匀，调节 pH 至 7.2±0.2，分装小试管，121℃高压灭菌 15min，备用。

A.6.3　试验方法

挑取纯培养的单个可疑菌落穿刺接种到 SIM 培养基中，于 25~30℃培养 48h，观察结果。

A.7　缓冲葡萄糖蛋白胨水（MR 和 V-P 试验用）

A.7.1　成分

多价胨	7.0g
葡萄糖	5.0g
磷酸氢二钾	5.0g
蒸馏水	1000mL

A.7.2　制法

溶化后调节 pH 至 7.0±0.2，分装试管，每管 1mL，121℃高压灭菌 15min，备用。

A.7.3　甲基红（MR）试验

A.7.3.1　甲基红试剂

A.7.3.1.1　成分

甲基红	10mg
95%乙醇	30mL
蒸馏水	20mL

A.7.3.1.2　制法

10mg 甲基红溶于 30mL 95%乙醇中，然后加入 20mL 蒸馏水。

A.7.3.1.3　试验方法

取适量琼脂培养物接种于缓冲葡萄糖蛋白胨水中，36℃±1℃培养 2~5d。滴加甲基红试剂一滴，立即观察结果。鲜红色为阳性，黄色为阴性。

A.7.4　V-P 试验

A.7.4.1　6% α-萘酚-乙醇溶液

成分及制法：取 α-萘酚 6.0g，加无水乙醇溶解，定容至 100mL。

A.7.4.2　40%氢氧化钾溶液

成分及制法：取氢氧化钾 40g，加蒸馏水溶解，定容至 100mL。

A.7.4.3　试验方法

取适量琼脂培养物接种于缓冲葡萄糖蛋白胨水中，36℃±1℃培养 2~4d。加入 6% α-萘酚-乙醇溶液 0.5mL 和 40%氢氧化钾溶液 0.2mL，充分振摇试管，观察结果。阳性反应立刻或于数分钟内出现红色，如为阴性，应放在 36℃±1℃继续培养 1h 再进行观察。

A.8　5%~8%羊血琼脂

A.8.1　成分

蛋白胨	1.0g
牛肉膏	0.3g
氯化钠	0.5g
琼脂	1.5g
蒸馏水	100mL
脱纤维羊血	5~8mL

A.8.2 制法

除新鲜脱纤维羊血外，加热溶化上述各组分，121℃高压灭菌 15min，冷到 50℃，以无菌操作加入新鲜脱纤维羊血，摇匀，倾注平板。

A.9 糖发酵管

A.9.1 成分

牛肉膏	5.0g
蛋白胨	10.0g
氯化钠	3.0g
磷酸氢二钠（$Na_2HPO_4 \cdot 12H_2O$）	2.0g
0.2%溴麝香草酚蓝溶液	12.0mL
蒸馏水	1000mL

A.9.2 制法

A.9.2.1 葡萄糖发酵管按上述成分配好后，按 0.5%比例加入葡萄糖，分装于有一个倒置小管的小试管内，调节 pH 至 7.4，115℃高压灭菌 15min，备用。

A.9.2.2 其他各种糖发酵管可按上述成分配好后，分装每瓶 100mL，115℃高压灭菌 15min。另将各种糖类分别配好 10%溶液，同时高压灭菌。将 5mL 糖溶液加入于 100mL 培养基内，以无菌操作分装于含倒置小管的小试管中。或按照 A.9.2.1 葡萄糖发酵管的配制方法制备其他糖类发酵管。

A.9.3 试验方法

取适量纯培养物接种于糖发酵管，36℃±1℃ 培养 24~48h，观察结果，蓝色为阴性，黄色为阳性。

A.10 过氧化氢试剂

A.10.1 试剂

3%过氧化氢溶液：临用时配制。

A.10.2 试验方法

用细玻璃棒或一次性接种针挑取单个菌落，置于洁净玻璃平皿内，滴加 3%过氧化氢溶液 2 滴，观察结果。

A.10.3 结果

于半分钟内发生气泡者为阳性，不发生气泡者为阴性。

A.11 缓冲蛋白胨水（BPW）

A.11.1 成分

蛋白胨	10.0g
氯化钠	5.0g

磷酸氢二钠（Na₂HPO₄·12H₂O）	9.0g
磷酸二氢钾	1.5g
蒸馏水	1000mL

磷酸氢二钠（$Na_2HPO_4 \cdot 12H_2O$）　9.0g

磷酸二氢钾　1.5g

蒸馏水　1000mL

A. 11. 2　制法

加热搅拌至溶解，调节 pH 至 7.2±0.2，121℃高压灭菌 15min。

附录 B　单核细胞增生李斯特氏菌最可能数（MPN）检索表

每 g（mL）检样中单核细胞增生李斯特氏菌最可能数（MPN）检索表见表 B.1。

表 B. 1　单核细胞增生李斯特氏菌最可能数（MPN）检索表

阳性管数			MPN	95%置信区间		阳性管数			MPN	95%置信区间	
0.10	0.01	0.001		下限	上限	0.10	0.01	0.001		下限	上限
0	0	0	<3.0	—	9.5	2	2	0	21	4.5	42
0	0	1	3.0	0.15	9.6	2	2	1	28	8.7	94
0	1	0	3.0	0.15	11	2	2	2	35	8.7	94
0	1	1	6.1	1.2	18	2	3	0	29	8.7	94
0	2	0	6.2	1.2	18	2	3	1	36	8.7	94
0	3	0	9.4	3.6	38	3	0	0	23	4.6	94
1	0	0	3.6	0.17	18	3	0	1	38	8.7	110
1	0	1	7.2	1.3	18	3	0	2	64	17	180
1	0	2	11	3.6	38	3	1	0	43	9	180
1	1	0	7.4	1.3	20	3	1	1	75	17	200
1	1	1	11	3.6	38	3	1	2	120	37	420
1	2	0	11	3.6	42	3	1	3	160	40	420
1	2	1	15	4.5	42	3	2	0	93	18	420
1	3	0	16	4.5	42	3	2	1	150	37	420
2	0	0	9.2	1.4	38	3	2	2	210	40	430
2	0	1	14	3.6	42	3	2	3	290	90	1000
2	0	2	20	4.5	42	3	3	0	240	42	1000
2	1	0	15	3.7	42	3	3	1	460	90	2000
2	1	1	20	4.5	42	3	3	2	1100	180	4100
2	1	2	27	8.7	94	3	3	3	>1100	420	—

注1：本表采用3个稀释度 [0.1g（mL）、0.01g（mL）和0.001g（mL）]，每个稀释度接种3管。

注2：表内所列检样量如改用 1g（mL），0.1g（mL）和 0.01g（mL）时，表内数字应相应降低 10 倍；如改用 0.01g（mL）、0.001g（mL），0.0001g（mL）时，则表内数字应相应增加 10 倍，其余类推。

十四、GB 4789.38—2012 食品微生物学检验　大肠埃希氏菌计数

1　范围

本标准规定了食品中大肠埃希氏菌（*Escherichia coli*）计数的方法。

本标准适用于食品中大肠埃希氏菌的计数，其中大肠埃希氏菌平板计数法（第二法）不适用于贝类产品。

2　术语和定义

2.1　大肠埃希氏菌　*Escherichia coli*

大肠杆菌广泛存在于人和温血动物的肠道中，能够在 44.5℃ 发酵乳糖产酸产气，IMViC（靛基质、甲基红、VP 试验、柠檬酸盐）生化试验为++−−或−+−−的革兰氏阴性杆菌。以此作为粪便污染指标来评价食品的卫生状况，推断食品中肠道致病菌污染的可能性。

2.2　最可能数

基于泊松分布的一种间接计数方法，简称为 MPN。

3　设备和材料

除微生物实验室常规灭菌及培养设备外，其他设备和材料如下：

a. 恒温培养箱：36℃±1℃；

b. 冰箱：2~5℃；

c. 恒温水浴箱：44.5℃±0.2℃；

d. 天平：感量为 0.1g；

c. 均质器；

d. 振荡器；

e. 无菌吸管：1mL（具 0.01mL 刻度）、10mL（具 0.1mL 刻度）或微量移液器及吸头；

f. 无菌锥形瓶：容量 500mL；

g. 无菌培养皿：直径 90mm；

h. pH 计或 pH 比色管或精密 pH 试纸；

i. 菌落计数器；

j. 紫外灯：波长 360~366nm，功率≤6W。

4　培养基和试剂

4.1　月桂基硫酸盐胰蛋白胨（LST）肉汤：见附录 A.1。

4.2　EC 肉汤（*E.coli* broth）：见附录 A.2。

4.3　蛋白胨水：见附录 A.3。

4.4　缓冲葡萄糖蛋白胨水［甲基红（MR）和 V-P 试验用］：见附录 A.4。

4.5　西蒙氏柠檬酸盐培养基：见附录 A.5。

4.6 磷酸盐缓冲液：见附录 A.6。

4.7 伊红美蓝（EMB）琼脂：见附录 A.7。

4.8 营养琼脂斜面：见附录 A.8。

4.9 结晶紫中性红胆盐琼脂（VRBA）：见附录 A.9。

4.10 结晶紫中性红胆盐-4-甲基伞形酮-β-D-葡萄糖苷琼脂（VRBA-MUG）：见附录 A.10。

4.11 革兰氏染色液：见附录 A.11。

4.12 Kovacs 靛基质试剂：见附录 A.12。

4.13 无菌 1mol/L NaOH：见附录 A.13。

4.14 无菌 1mol/L HCl：见附录 A.14。

5 大肠埃希氏菌 MPN 计数（第一法）

5.1 检验程序

大肠埃希氏菌 MPN 计数的检验程序见图 8-22。

5.2 操作步骤

5.2.1 样品的稀释

5.2.1.1 固体和半固体样品：称取 25g 样品，放入盛有 225mL 磷酸盐缓冲液的无菌均质杯内，8000~10 000r/min 均质 1~2min，制成 1：10 样品匀液，或放入盛有 225mL 磷酸盐缓冲液的无菌均质袋中，用拍击式均质器拍打 1~2min 制成 1：10 的样品匀液。

5.2.1.2 液体样品：以无菌吸管吸取 25mL 样品置盛有 225mL 磷酸盐缓冲液的无菌锥形瓶（瓶内预置适当数量的无菌玻璃珠）中，充分混匀，制成 1：10 的样品匀液。

5.2.1.3 样品匀液的 pH 应在 6.5~7.5 之间，必要时分别用 1mol/L NaOH 或 1mol/L HCl 调节。

5.2.1.4 用 1mL 无菌吸管或微量移液器吸取 1：10 样品匀液 1mL，沿管壁缓缓注入 9mL 磷酸盐缓冲液的无菌试管中（注意吸管或吸头尖端不要触及稀释液面），振摇试管或换用 1 支 1mL 无菌吸管或吸头反复吹打，使其混合均匀，制成 1：100 的样品匀液。

5.2.1.5 根据对样品污染状况的估计，按上述操作，依次制成 10 倍递增系列稀释样品匀液。每递增稀释 1 次，换用 1 支 1mL 无菌吸管或吸头。从制备样品匀液至样品接种完毕，全过程不得超过 15min。

5.2.2 初发酵试验

每个样品，选择 3 个适宜的连续稀释度的样品匀液（液体样品可以选择原液），每个稀释度接种 3 管月桂基硫酸盐胰蛋白胨（LST）肉汤，每管接种 1mL（如接种量超过 1mL，则用双料 LST 肉汤），36℃±1℃ 培养 24h±2h，观察小倒管内是否有气泡产生，24h±2h 产气者进行复发酵试验，如未产气则继续培养 48h±2h。产气者进行复发酵试验。如所有 LST 肉汤管均未产气，即可报告大肠埃希氏菌 MPN 结果。

5.2.3 复发酵试验

用接种环从产气的 LST 肉汤管中分别取培养物 1 环，移种于已提前预温至 45℃ 的 EC

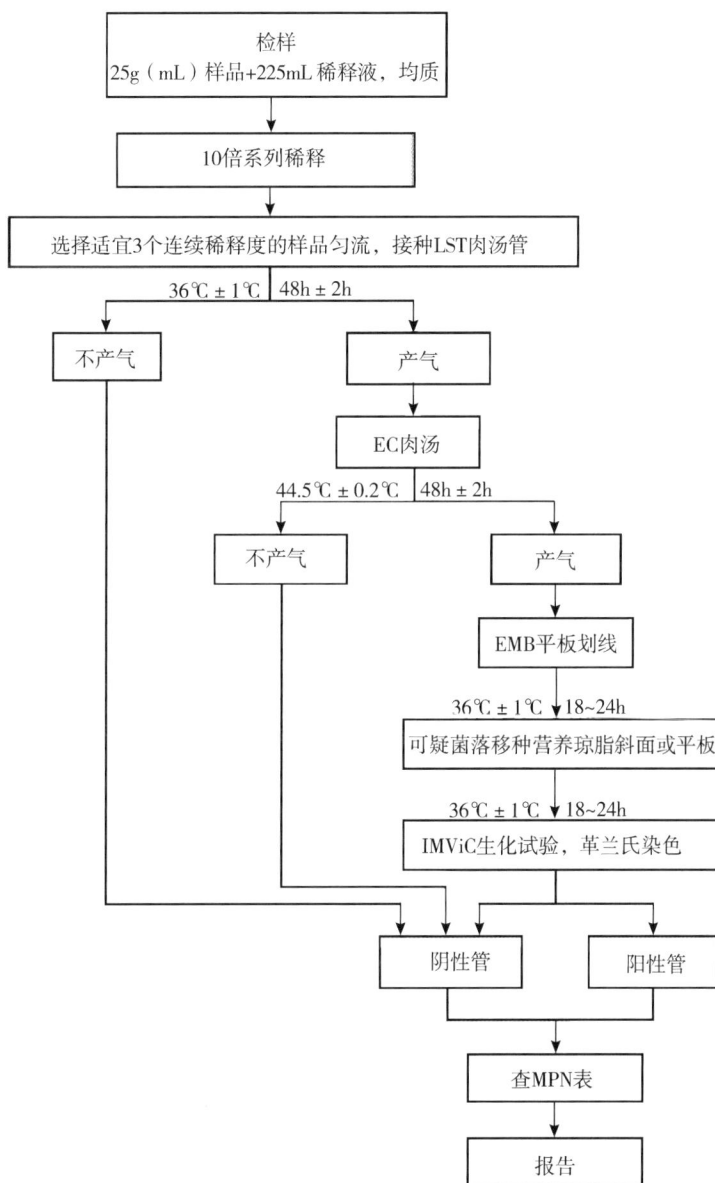

图 8-22 大肠埃希氏菌 MPN 计数法检验程序

肉汤管中，放入带盖的 44.5℃±0.2℃ 水浴箱内。水浴的水面应高于肉汤培养基液面，培养 24h±2h，检查小倒管内是否有气泡产生，如未有产气则继续培养至 48h±2h。记录在 24h 和 48h 内产气的 EC 肉汤管数。如所有 EC 肉汤管均未产气，即可报告大肠埃希氏菌 MPN 结果；如有产气者，则进行 EMB 平板分离培养。

5.2.4　伊红美蓝平板分离培养

轻轻振摇各产气管，用接种环取培养物分别划线接种于 EMB 平板，36℃±1℃ 培养 18~24h。观察平板上有无具黑色中心有光泽或无光泽的典型菌落。

5.2.5　营养琼脂斜面或平板培养

从每个平板上挑 5 个典型菌落，如无典型菌落则挑取可疑菌落。用接种针接触菌落中心部位，移种到营养琼脂斜面或平板上，36℃±1℃，培养18~24h。取培养物进行革兰氏染色和生化试验。

5.2.6 鉴定

取培养物进行靛基质试验、MR-VP试验和柠檬酸盐利用试验。大肠埃希氏菌与非大肠埃希氏菌的生化鉴别见表8-29。

表8-29 大肠埃希氏菌与非大肠埃希氏菌的生化鉴别

靛基质（I）	甲基红（MR）	VP试验（VP）	柠檬酸盐（C）	鉴定（型别）
+	+	-	-	典型大肠埃希氏菌
-	+	-	-	非典型大肠埃希氏菌
+	+	-	+	典型中间型
-	+	-	+	非典型中间型
-	-	+	+	典型产气肠杆菌
+	-	+	+	非典型产气肠杆菌

注1：如出现表1以外的生化反应类型，表明培养物可能不纯，应重新划线分离，必要时做重复试验。

注2：生化试验也可以选用生化鉴定试剂盒或全自动微生物生化鉴定系统等方法，按照产品说明书进行操作。

5.3 大肠埃希氏菌MPN计数的报告

大肠埃希氏菌为革兰氏阴性无芽胞杆菌，发酵乳糖、产酸、产气，IMViC生化试验为++--或-+--。只要有1个菌落鉴定为大肠埃希氏菌，其所代表的LST肉汤管即为大肠埃希氏菌阳性。依据LST肉汤阳性管数查MPN表（见附录B），报告每g（mL）样品中大肠埃希氏菌MPN值。

6 大肠埃希氏菌平板计数法（第二法）

6.1 检验程序

大肠埃希氏菌平板计数法的检验程序见图8-23。

6.2 操作步骤

6.2.1 样品的稀释

按5.2.1进行。

6.2.2 平板计数

6.2.2.1 选取2~3个适宜的连续稀释度的样品匀液，每个稀释度接种2个无菌平皿，每皿1mL。同时取1mL稀释液加入无菌平皿做空白对照。

6.2.2.2 将10~15mL冷至45℃±0.5℃的结晶紫中性红胆盐琼脂（VRBA）倾注于每个平皿中。小心旋转平皿，将培养基与样品匀液充分混匀。待琼脂凝固后，再加3~4mL VRBA-MUG覆盖平板表层。凝固后翻转平板，36℃±1℃培养18~24h。

6.3 平板菌落数的选择

选择菌落数在10~100CFU之间的平板，暗室中360~366nm波长紫外灯照射下，计数平板上发浅蓝色荧光的菌落。

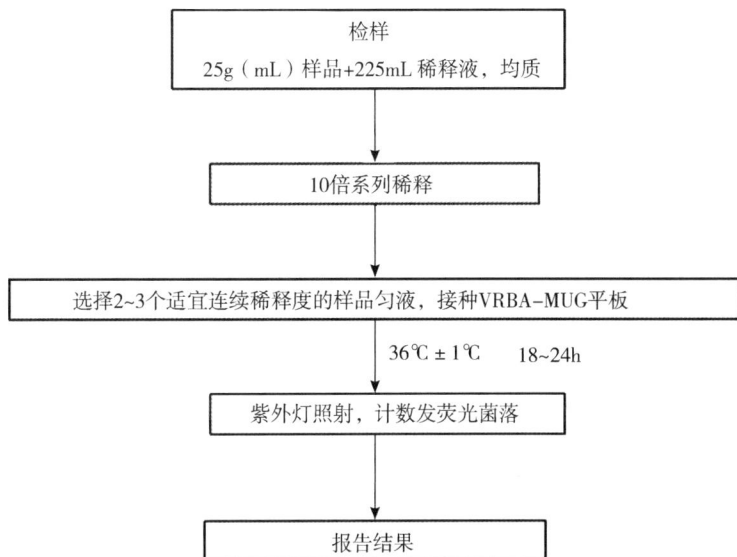

图 8-23　大肠埃希氏菌平板计数法检验程序

检验时用已知 MUG 阳性菌株（如大肠埃希氏菌 ATCC25922）和产气肠杆菌（如 ATCC13048）做阳性和阴性对照。

6.4　大肠埃希氏菌平板计数的报告

两个平板上发荧光菌落数的平均数乘以稀释倍数，报告每 g（mL）样品中大肠埃希氏菌数，以 CFU/g（mL）表示。若所有稀释度（包括液体样品原液）平板均无菌落生长，则以小于 1 乘以最低稀释倍数报告。

附录 A　培养基和试剂

A.1　月桂基硫酸盐胰蛋白胨（LST）肉汤

A.1.1　成分

胰蛋白胨或胰酪胨	20.0g
氯化钠	5.0g
乳糖	5.0g
磷酸氢二钾（K_2HPO_4）	2.75g
磷酸二氢钾（KH_2PO_4）	2.75g
月桂基硫酸钠	0.1g
蒸馏水	1000.0mL

pH 6.8±0.2

A.1.2　制法

将上述成分溶解于蒸馏水中，调节 pH。分装到有玻璃小倒管的试管中，每管 10mL。121℃高压灭菌 15min。

制备双料 LST 肉汤时，除蒸馏水外其他成分加倍。

A.2　EC 肉汤（*E. coli* broth）

A.2.1　成分

胰蛋白胨或胰酪胨	20.0g
3 号胆盐或混合胆盐	1.5g
乳糖	5.0g
磷酸氢二钾（K_2HPO_4）	4.0g
磷酸二氢钾（KH_2PO_4）	1.5g
氯化钠	5.0g
蒸馏水	1000.0mL

pH 6.9±0.1

A.2.2　制法

将上述成分溶解于蒸馏水中，调节 pH，分装到有玻璃小倒管的试管中，每管 8mL。121℃高压灭菌 15min。

A.3　蛋白胨水

A.3.1　成分

胰胨或胰酪胨	10.0g
蒸馏水	1000.0mL

pH 6.9±0.2

A.3.2　制法

加热搅拌溶解胰胨或胰酪胨于蒸馏水中。分装试管，每管 5mL。121℃高压灭菌 15min。

A.4　缓冲葡萄糖蛋白胨水［甲基红（MR）和 V-P 试验用］

A.4.1　成分

多胨	7.0g

葡萄糖	5.0g
磷酸氢二钾（K_2HPO_4）	5.0g
蒸馏水	1000.0mL
pH 7.0	

A.4.2 制法

将上述成分溶解于蒸馏水中，调节 pH，分装试管，每管 1mL，121℃高压灭菌 15min，备用。

A.4.3 甲基红（MR）试验

A.4.3.1 甲基红试剂

A.4.3.2 成分

甲基红	10mg
95%乙醇	30.0mL
蒸馏水	20.0mL

A.4.3.3 制法

10mg 甲基红溶于 30mL 95%乙醇中，然后加入 20mL 蒸馏水。

A.4.3.4 试验方法

取适量琼脂培养物接种于缓冲葡萄糖蛋白胨水，36℃±1℃培养 2~5d。滴加甲基红试剂一滴，立即观察结果。鲜红色为阳性，黄色为阴性。

A.4.4 V-P 试验

A.4.4.1 6% α-萘酚-乙醇溶液

成分及制法：取 α-萘酚 6.0g，加无水乙醇溶解，定容至 100mL。

A.4.4.2 40%氢氧化钾溶液

成分及制法：取氢氧化钾 40g，加蒸馏水溶解，定容至 100mL。

A.4.4.3 试验方法

取适量琼脂培养物接种于缓冲葡萄糖蛋白胨水，36℃±1℃培养 2~4d。加入 6% α-萘酚-乙醇溶液 0.5mL 和 40%氢氧化钾溶液 0.2mL，充分振摇试管，观察结果。阳性反应立刻或于数分钟内出现红色，如为阴性，应放在 36℃±1℃继续培养 4h 再进行观察。

A.5 西蒙氏柠檬酸盐培养基

A.5.1 成分

柠檬酸钠	2.0g
氯化钠	5.0g
磷酸氢二钾	1.0g

磷酸二氢铵	1.0g
硫酸镁	0.2g
溴百里香酚蓝	0.08g
琼脂	8.0~18.0g
蒸馏水	1000.0mL

pH 6.8±0.2

A.5.2　制法

将各成分加热溶解，必要时调节 pH。每管分装 10mL，121℃高压灭菌 15min，制成斜面。

A.5.3　实验方法

挑取培养物接种于整个培养基斜面，36℃±1℃培养 24h±2h，观察结果。阳性者培养基变为蓝色。

A.6　磷酸盐缓冲液

A.6.1　成分

| 磷酸二氢钾（KH_2PO_4） | 34.0g |
| 蒸馏水 | 500.0mL |

pH 7.2

A.6.2　制法

贮存液：称取 34.0g 的磷酸二氢钾溶于 500mL 蒸馏水中，用大约 175mL 的 1mol/L 氢氧化钠调节 pH，用蒸馏水稀释至 1000mL 后贮存于冰箱。

稀释液：取贮存液 1.25mL，用蒸馏水稀释至 1000mL，分装于适宜容器中，121℃高压灭菌 15min。

A.7　伊红美蓝（EMB）琼脂

A.7.1　成分

蛋白胨	10.0g
乳糖	10.0g
磷酸氢二钾（K_2HPO_4）	2.0g
琼脂	15.0g
伊红 γ（水溶液）	0.4g 或 2%水溶液 20.0mL
美蓝	0.065g 或 0.5%水溶液 13.0mL

蒸馏水	1000.0mL

pH 7.1±0.2

A.7.2　制法

在1000mL蒸馏水中煮沸溶解蛋白胨、磷酸盐和琼脂，加水补足。分装于三角烧瓶中。每瓶100mL或200mL，调节pH，121℃高压灭菌15min。使用前将琼脂融化，于每100mL琼脂中加5mL灭菌的20%乳糖溶液，2mL的2%的伊红γ水溶液和1.3mL 0.5%的美蓝水溶液，摇匀，冷至45~50℃倾注平皿。

A.8　营养琼脂斜面

A.8.1　成分

牛肉膏	3.0g
蛋白胨	5.0g
琼脂	15.0g
蒸馏水	1000.0mL

pH 7.3±0.1

A.8.2　制法

将上述成分加于蒸馏水中，煮沸溶解，调节pH。分装合适的试管，121℃高压灭菌15min。灭菌后摆成斜面备用。

A.9　结晶紫中性红胆盐琼脂（VRBA）

A.9.1　成分

蛋白胨	7.0g
酵母膏	3.0g
乳糖	10.0g
氯化钠	5.0g
胆盐或3号胆盐	1.5g
中性红	0.03g
结晶紫	0.002g
琼脂	15~18g
蒸馏水	1000.0mL

pH 7.4±0.1

A.9.2　制法

将上述成分溶于蒸馏水中，静置几分钟，充分搅拌，调节pH。煮沸2min，将培养基冷至 45~50℃ 倾注平板。使用前临时制备，不得超过 3h。

A.10 结晶紫中性红胆盐-4-甲基伞形酮-β-D-葡萄糖苷琼脂（VRBA-MUG）

A.10.1 成分

蛋白胨	7.0g
酵母膏	3.0g
乳糖	10.0g
氯化钠	5.0g
胆盐或 3 号胆盐	1.5g
中性红	0.03g
结晶紫	0.002g
琼脂	15~18g
蒸馏水	1000.0mL
4-甲基伞形酮-β-D-葡萄糖苷（MUG）	0.1g

pH 7.4±0.1

A.10.2 制法

将上述成分溶于蒸馏水中，静置几分钟，充分搅拌，调节 pH。煮沸 2min，将培养基冷至 45~50℃ 使用。

A.11 革兰氏染色液

A.11.1 结晶紫染色液

A.11.1.1 成分

结晶紫	1.0g
95% 乙醇	20.0mL
1% 草酸铵水溶液	80.0mL

A.11.1.2 制法

将结晶紫完全溶解于乙醇中，然后与草酸铵溶液混合。

A.11.2 革兰氏碘液

A.11.2.1 成分

碘	1.0g
碘化钾	2.0g

| 蒸馏水 | 300.0mL |

A.11.2.2 制法

将碘与碘化钾先行混合，加入少许蒸馏水充分振摇，待完全溶解后，再加蒸馏水至 300mL。

A.11.3 沙黄复染液

A.11.3.1 成分

沙黄	0.25g
95%乙醇	10.0mL
蒸馏水	90.0mL

A.11.3.2 制法

将沙黄溶解于乙醇中，然后用蒸馏水稀释。

A.11.4 染色法

A.11.4.1 涂片在火焰上固定，滴加结晶紫染液，染 1min，水洗。

A.11.4.2 滴加革兰氏碘液，作用 1min，水洗。

A.11.4.3 滴加 95%乙醇脱色约 15~30s，直至染色液被洗掉，不要过分脱色，水洗。

A.11.4.4 滴加复染液，复染 1min，水洗、待干、镜检。

A.12 Kovacs 靛基质试剂

A.12.1 成分

对二甲氨基苯甲醛	5.0g
戊醇	75.0mL
盐酸（浓）	25.0mL

A.12.2 制法

将对二甲氨基苯甲醛溶于戊醇中，然后慢慢加入浓盐酸即可。

A.12.3 试验方法

将培养物接种蛋白胨水，36℃±1℃ 培养 24h±2h 后，加 Kovacs 靛基质试剂 0.2~0.3mL，上层出现红色为靛基质阳性反应。

A.13 无菌 1mol/L NaOH

A.13.1 成分

| NaOH | 40.0g |
| 蒸馏水 | 1000.0mL |

A.13.2 制法

称取 40g 氢氧化钠溶于 1000mL 蒸馏水中，121℃高压灭菌 15min。

A. 14　无菌 1mol/L HCl

A. 14. 1　成分

HCl	90. 0mL
蒸馏水	1000. 0mL

A. 14. 2　制法

移取浓盐酸 90mL，用蒸馏水稀释至 1000mL，121℃高压灭菌 15min。

附录 B　大肠埃希氏菌最可能数（MPN）检索表

每 g（mL）检样中大肠埃希氏菌最可能数（MPN）的检索见表 B. 1。

表 B. 1　大肠埃希氏菌最可能数（MPN）检索表

阳性管数			MPN	95%置信区间		阳性管数			MPN	95%置信区间	
0. 10	0. 01	0. 001		下限	上限	0. 10	0. 01	0. 001		下限	上限
0	0	0	<3. 0	—	9. 5	2	2	0	21	4. 5	42
0	0	1	3. 0	0. 15	9. 6	2	2	1	28	8. 7	94
0	1	0	3. 0	0. 15	11	2	2	2	35	8. 7	94
0	1	1	6. 1	1. 2	18	2	3	0	29	8. 7	94
0	2	0	6. 2	1. 2	18	2	3	1	36	8. 7	94
0	3	0	9. 4	3. 6	38	3	0	0	23	4. 6	94
1	0	0	3. 6	0. 17	18	3	0	1	38	8. 7	110
1	0	1	7. 2	1. 3	18	3	0	2	64	17	180
1	0	2	11	3. 6	38	3	1	0	43	9	180
1	1	0	7. 4	1. 3	20	3	1	1	75	17	200
1	1	1	11	3. 6	38	3	1	2	120	37	420
1	2	0	11	3. 6	42	3	1	3	160	40	420
1	2	1	15	4. 5	42	3	2	0	93	18	420
1	3	0	16	4. 5	42	3	2	1	150	37	420
2	0	0	9. 2	1. 4	38	3	2	2	210	40	430
2	0	1	14	3. 6	42	3	2	3	290	90	1000
2	0	2	20	4. 5	42	3	3	0	240	42	1000
2	1	0	15	3. 7	42	3	3	1	460	90	2000
2	1	1	20	4. 5	42	3	3	2	1100	180	4100
2	1	2	27	8. 7	94	3	3	3	>1100	420	—

注 1：本表采用 3 个稀释度 [0. 1g（mL）、0. 01g（mL）和 0. 001g（mL）]，每个稀释度接种 3 管。

注 2：表内所列检样量如改用 1g（mL），0. 1g（mL）和 0. 01g（mL）时，表内数字应相应降低 10 倍；如改用 0. 01g（mL）、0. 001g（mL）、0. 0001g（mL）时，则表内数字应相应增加 10 倍，其余类推。